傅

存自己以诚，待别人以谦
观万化以几，合天道以德

傅佩荣解读易经

傅佩荣 傅琪媗 著

·增订版·

東方出版社

目　录

增订版序　　　　　　　　　　　　　　7
前言一　《易经》这本书　　　　　　　9
前言二　《易经》的魅力　　　　　　　12
前言三　怎样读《易经》？　　　　　　14

01　乾　卦　☰　　　　　　　　　　　17
02　坤　卦　☷　　　　　　　　　　　36
03　屯　卦　䷂　　　　　　　　　　　50
04　蒙　卦　䷃　　　　　　　　　　　57
05　需　卦　䷄　　　　　　　　　　　64
06　讼　卦　䷅　　　　　　　　　　　70
07　师　卦　䷆　　　　　　　　　　　77
08　比　卦　䷇　　　　　　　　　　　83
09　小畜卦　䷈　　　　　　　　　　　89
10　履　卦　䷉　　　　　　　　　　　95

11 泰卦 ䷊	*101*
12 否卦 ䷋	*108*
13 同人卦 ䷌	*114*
14 大有卦 ䷍	*120*
15 谦卦 ䷎	*126*
16 豫卦 ䷏	*133*
17 随卦 ䷐	*140*
18 蛊卦 ䷑	*146*
19 临卦 ䷒	*152*
20 观卦 ䷓	*159*
21 噬嗑卦 ䷔	*166*
22 贲卦 ䷕	*173*
23 剥卦 ䷖	*180*
24 复卦 ䷗	*186*
25 无妄卦 ䷘	*192*
26 大畜卦 ䷙	*198*
27 颐卦 ䷚	*204*
28 大过卦 ䷛	*210*
29 习坎卦 ䷜	*217*
30 离卦 ䷝	*224*
31 咸卦 ䷞	*230*
32 恒卦 ䷟	*237*

33	遁卦 ䷠	*244*
34	大壮卦 ䷡	*250*
35	晋卦 ䷢	*256*
36	明夷卦 ䷣	*263*
37	家人卦 ䷤	*270*
38	睽卦 ䷥	*276*
39	蹇卦 ䷦	*283*
40	解卦 ䷧	*289*
41	损卦 ䷨	*296*
42	益卦 ䷩	*303*
43	夬卦 ䷪	*310*
44	姤卦 ䷫	*317*
45	萃卦 ䷬	*324*
46	升卦 ䷭	*331*
47	困卦 ䷮	*337*
48	井卦 ䷯	*344*
49	革卦 ䷰	*351*
50	鼎卦 ䷱	*359*
51	震卦 ䷲	*366*
52	艮卦 ䷳	*373*
53	渐卦 ䷴	*380*
54	归妹卦 ䷵	*387*

55	丰卦 ䷶	*394*
56	旅卦 ䷷	*401*
57	巽卦 ䷸	*408*
58	兑卦 ䷹	*415*
59	涣卦 ䷺	*421*
60	节卦 ䷻	*427*
61	中孚卦 ䷼	*433*
62	小过卦 ䷽	*440*
63	既济卦 ䷾	*447*
64	未济卦 ䷿	*453*

系辞・上传	*459*
系辞・下传	*486*
说卦传	*509*
序卦传	*521*
杂卦传	*526*
附　录	*528*
主要参考文献	*574*

增订版序

"学无止境"一语，用在《易经》研究方面最为贴切。过去二十年，我在推广《易经》的义理与象数方面，所出版的书已有八种。其中，作为基础教材的，正是这本《解读易经》。这是出发点，我持续在向历代以来的易学专家请益，并且每年都有机会为不同背景的同学讲述《易经》。我得以累积许多教学相长的心得，因此每隔十年修订再版本书，使它更为完善，也成为无可回避的责任了。

本书是对《易经》文本，包括《易经》与《易传》，所做的译解与诠释。在探讨义理方面，我采取儒家立场，强调居安思危与乐天知命，在"德行、能力、智慧"三个层次修炼自己。间或参酌史事，以对照某些卦辞与爻辞，由此使义理更为生动活泼而可信。至于某些难解的卦爻辞，如蛊卦卦辞"先甲三日，后甲三日"，巽卦九五爻辞"先庚三日，后庚三日"，革卦卦辞"己日乃孚"及其六二爻辞"己日乃革之"等，这些需待他日继续研究。此时，出乎意料之外并使我惊喜异常的事发生了。长期为我修整《易经》录音课程的女儿琪媗，写了一篇论文《易经难解之卦爻辞》，要我提供意见。她在一年前发表的"试探傅佩荣教授易经教学之进路"一文（收入《人性向善论发微》，傅琪媗为共同作者之一），已经使我惊艳。自修自学而有这种成绩，殊属不易。现在这一篇新作，她参考了大约十家不同说法，分类评估其是非曲直，归纳出合理的结论，使前述蛊卦、巽卦、革卦的文本显示了清晰的面貌，大有助于今人的理解。她还进一步大量参考商周时期的古史资料与史事派的相关论点，就明夷卦、丰卦、革卦、同人卦来对应商周之际改朝换代的史实，可谓丝丝入扣，让我一新耳目又颇有所悟，我由此而对史事派之易经解读有了较为正面的看法。我把琪媗此文列为本书附录与读者共享，应该符合中孚卦九二之"我有好爵，吾与尔靡之"的精神吧。

本书解读《易经》文本，在义理上固然有所阐发，但是在象数的实际操作上则无法多作说明。此时我想到西方心理学家荣格（Carl Gustav Jung，1875—1961）的一篇文章。谈到西方学者研究《易经》，自然会想到卫礼贤（Richard Wilhelm，1873—1930）的德文版译文。德译版在1951年由贝恩斯（C. F. Baynes）译为英文，并请荣格作序。荣格在序中畅谈《易经》占卜何以准确的道理，他提出"共时性原理"，肯定同时发生的事件之间有内在的关联。而所谓的巧合、机遇或偶然，其实是有意义的。他还亲自示范占问两个问题：一、这本《易经》英译本出版之后的际遇；二、他为此书写序之后的处境。

针对其一，他占得鼎卦（九二、九三为变爻），之卦为晋卦。他的解法是此书出版之后，在西方世界有如鼎，其内容代表中国古人贡献世界的精神食粮。而其后续发展有如晋卦，象征光明出现于大地之上。针对其二，他占得坎卦（六三为变爻），之卦为井卦。他的解法是，虽然自知困难重重，但坎卦卦辞提醒他要有信心，"行有尚"；而且后续发展有如井卦，在修砌内部之后将成为生命之泉，利益众生。

荣格的占卦与解卦，或许仍有讨论空间，但他启发我们依此线索，来认识自己正在进行的工作有何际遇与处境，而结论也符合居安思危与乐天知命这两点重要的义理。我以荣格所言为例，期许本书修订新版也能承担鼎卦的重任，并且与读者朋友共勉：在艰难有如坎卦的学习过程之后，也将如晋卦一般明出地上，进而像井卦一般润泽生命。

傅佩荣于2022年12月19日

前言一

《易经》这本书

《十三经注疏》是古人智慧的集合，中华文化的宝库，而《易经》位列其首。这不仅是因为《易经》在时代上最为古老，更是因为它的内容涵盖了"天道、人道、地道"，亦即要在天地之间让人类安身立命。其方法则是"设卦观象"，以符号代表自然界的现象，再藉符号的组合与移动，描绘自然界千变万化的奥妙情境，由之展示人世间的吉凶祸福与因应之道。

目前通行的《易经》读本，是经由"魏王弼、韩康伯注，唐孔颖达等正义"所传下来的。孔颖达知道这项注疏工作十分艰巨，所以特地撰写《周易正义序》，探讨八个题材。首先，"论易之三名"，"易"字有易简、变易、不易三个意思；其次，"论重卦之人"，伏羲最先画了八个单卦，并且重叠为六十四卦的人也应该是他；第三，"论三代易名"，夏代有连山，殷代有归藏，周代有周易；第四，"论卦辞爻辞谁作"，答案是周文王；第五，"论分上下二篇"，上篇自乾坤至坎离，下篇由咸恒到既济未济；第六，"论夫子十翼"，孔子是"十翼"的作者；第七，"论传易之人"，从孔子的学生商瞿，一直传到王弼；最后，"论谁加经字"，答案是无从查考。

由此可知，《易经》是伏羲氏、周文王、孔子这三位古代圣人合作的成果。我们从今天的眼光，对此再作简单的说明。《易经》包括两个部分：一是"经"，内容极少，只有六十四卦的卦象以及卦辞与爻辞，这是伏羲氏与周文王的贡献所在；二是"传"，原是为经作注解的，称为"十翼"（翼为辅助），包括彖（上、下）、象（上、下)、系辞(上、下)、文言、说卦、序卦、杂卦。彖与象,是依《易经》分上下篇(一卦至三十卦为上篇,三十一卦至六十四卦为下篇)而分上下。文言只论及乾坤二卦。系辞提供全面而深入的解说,极富哲理。说卦说明卦象,亦即八个单卦所象征的实物与处境,扩大了想象的空间。序卦就六十四卦的排列顺序加以解释,想要找出其中道理。杂卦并无次序,试图找出六十四卦分为三十二组的不同解读。目前学术界的共识是,"十翼"为孔子及其后学的合作成果。换言之,《易经》已经包含《易传》在内,成为一本独立而完整的经典了。它的主体是六十四卦、卦辞爻辞,以及彖传、象传。一般在研究《易经》时,大部分的心力都用在这里。以下稍作说明。

《易经》首先肯定万物的起源、发展、变化、结束,都是阴与阳这二元因素(或力量)所造成的。阴爻(--)与阳爻(—)这简单的两画,合作组成八个单卦,每卦三爻。于是有了乾(☰)与坤(☷),有如父与母。由此再衍生出震(☳)、坎(☵)、艮(☶)三子,以及巽(☴)、离(☲)、兑(☱)三女。八卦分别象征天与地,以及雷、水、山、风、火、泽。然后八个单卦再两两相叠,形成六十四卦,代表六十四种自然现象,以及对应的六十四种人间处境。由于每一卦有六爻,所以人间处境变成了三百八十四种。这些足以使人眼花缭乱,但是我们的真实人生远非如此简单就能掌握。于是,《易经》一方面助人因应特定状况,同时也提醒人"世事无绝对",我们还是拥有主动抉择的能力与责任。

历代研究《易经》的学者,主要分为象数派与义理派。两派各有根据,也各有贡献,但是却无法获得共识,以致每一卦的每一爻都有千奇百怪的诠释,足以让人望洋兴叹。《易经》的卦辞与爻辞中,出现许多占验之辞,显示卜筮的操作痕迹,而这一部分更是专门的学问,难以深究。

事实上,《易经》展开一个无限宽广与丰富的世界,我们所盼望的只是得其门而入。我在解读此书时，除了传统的注疏之外，主要参考了程颐的《易程传》、朱熹的《易本义》、杨万里的《诚斋易学》、王船山的《周易内传》、尚秉和的《周易尚氏学》、朱骏声的《六十四卦经解》、马恒君的《周易正宗》等书。受益及掠美之处不及详说，只愿与读者共享入门之乐。

前言二

《易经》的魅力

长期以来，我一直盼望拥有一本可以看得懂的《易经》。年过五十以后，想到孔子所说的，"加我数年，五十以学《易》，可以无大过矣。"（《论语·述而》）这种期待就更为殷切了。

最初听到《易经》，是在大学时代，当时的感觉是：大家都在推崇这部宝典，但是又说不清楚是什么缘故。我的老师方东美先生在年轻时，以"易之逻辑问题"一文而受人肯定，他想要解决的是六十四卦的排列顺序有何逻辑根据。他后来发挥的，大都是《系辞传》里"生生之德"的理念，并且由之推展出一套生命哲学，对于诠释儒家的思想基调颇有助益。稍后，我听说西方学术界对《易经》（由传教士译为拉丁文）也颇为着迷。譬如，德国哲学家莱布尼茨就由《易经》一阴一阳的启示，领悟了二元对数（阴为零，阳为一），进而奠下了计算机运作的原理。瑞士心理学家荣格则由《易经》体认了共时性原理，亦即许多现象在同一时段发生，彼此之间可能有神秘的联系，而这正是占卜的主要依据。翻开任何一本《易经》版本，都会念到六十四卦三百八十四爻的爻辞，这些爻辞三言两语，并且下了占验之辞，简直就像算命师的铁口直断。难怪朱熹会主张"易为卜筮之书"了。

《易经》里面出现的占验之辞，大约有九个等级，从最好到最坏依序是"元吉，大吉，吉，无咎，悔，吝，厉，咎，凶"，其意思是"最为吉祥，非常吉祥，吉祥，没有灾难，懊悔，困难，危险，灾难，凶祸"。当然，这要看一个人处在什么时位而定。

"时"为时间，引申为人生的阶段、客观的情势、主客之间形成的时机，以及个人对时机的感受。"位"为空间，引申为个人的地位及处境，以及他与其他人之间的相对关系。人的吉凶祸福，一半是由时与位所决定，有如命中注定的客观条件；而另外一半，则取决于当事人自己对时与位的认识，以及由此而采取的回应行动。说"易为卜筮之书"，只说对了一半；因为当卦辞爻辞揭示吉凶时，后续还有每一个人修正或改变命运的弹性空间。

更重要的是，六十四卦形成一套完整的人生密码，其中首尾相应，福祸相倚，甚至吉中有凶，凶中带吉；在你才陷入懊悔情绪时，随即出现生机；在你正想额首称庆时，危险却已悄悄逼近。然后再总结这一切为：自我意识的觉醒，自我责任之提升，德行修养的必要，以及乐天知命的智慧。人生遭遇虽有一定的步骤与结局，但是苦乐却是个人的"德行、智慧、能力"所左右的。德行修养是离苦得乐的最佳保证；智慧觉悟使人显示整体而根本的视野，不为苦乐所困；能力卓越的人立即采取行动，或是改变环境，或是自我调适。《易经》全书再三着墨的，正是期许人们开发这三个方面的资源。

我们在日常生活中，早已习惯了《易经》的许多启示。处于逆境中，会想到"否极泰来"；前无去路，会希望"剥极而复"；看到社会乱象，则要求"革故鼎新"；遇到分配不均，则知道"有损有益"。每一卦都有好有坏，如果寻找六爻皆吉的，大概只有谦卦了。人有真才实学，又能谦卑自处，那么还需要占卜吗？"善为易者不占"，真正懂得《易经》道理的人，不会事事去占卜的。占卜的结果若为吉，你还是要脚踏实地活在每一个当下；占卜的结果若为凶，那么你想尽办法避开之后，占卜岂非失灵？这是最简单的"算命悖论"，既然如此，何不增强理性能力，学习《易经》的义理呢？

《易经》是不必也不能一口气读完的。它是手边的必备参考，每天念一两卦，久之心领神会，境界自然开阔。我一直盼望拥有一本看得懂的《易经》。求人不如求己，现在如愿以偿，心得公诸同好，正是"我有好爵，吾与尔靡之"（中孚卦九二爻辞）。

前言三

怎样读《易经》？

若想进入《易经》的世界，必须先学习它所特有的术语。《易经》的主体是六十四个卦象，这些卦象都是由八个基本卦所构成的。所谓基本卦，是指八个三爻卦，就是我们在先天或后天八卦图上所见的。

为了记住八卦，有一个简单的口诀：乾三连（☰），坤六断（☷），震仰盂（☳），艮覆碗（☶），离中虚（☲），坎中满（☵），兑上缺（☱），巽下断（☴）。会背就会画，然后两两相重就可以画出六十四卦了。

接着，必须稍费心思，依序背诵六十四卦。朱熹特地编写了《周易卦序歌》，其文如下：

乾 坤 屯 蒙 需 讼 师，比 小 畜 兮 履 泰 否；
1　2　3　4　5　6　7　　8　9　　　10　11　12

同 人 大 有 谦 豫 随，蛊 临 观 兮 噬 嗑 贲；
13　　14　　15 16 17　18 19 20　　21　　22

剥 复 无 妄 大 畜 颐，大 过 坎 离 三 十 备。
23 24　25　　26　27　28　29 30

咸 恒 遁 兮 及 大 壮，晋 与 明 夷 家 人 睽；
31 32 33　　　34　　35　　36　　37　　38

蹇 解 损 益 夬 姤 萃，升 困 井 革 鼎 震 继；
39 40 41 42 43 44 45　46 47 48 49 50 51

艮 渐 归 妹 丰 旅 巽，兑 涣 节 兮 中 孚 至；
52 53　54　55 56 57　58 59 60　　61

小 过 既 济 兼 未 济，是 为 下 经 三 十 四。
62　　63　　　64

念书与做事一样，都是熟能生巧。背完卦名次序歌之后，还有更难的一步，就是要能画出这些卦象。每一个卦都是由两个基本卦组成的，而基本卦的原始象征是自然界。譬如，乾为天，坤为地，震为雷，艮为山，离为火，坎为水，兑为泽，巽为风。

在画卦的时候，一定要养成由下往上画的习惯。但是人的眼睛与记忆是由上往下的，所以口中念的是上下组合，手中画的是由下而上。譬如，屯卦是"水雷屯"（䷂），蒙卦是"山水蒙"（䷃），依此类推。

以上是入门知识。最难的挑战来了，就是：怎样读懂卦辞与爻辞？

《易传》在此发挥其作用。《彖传》是说明卦辞的；《象传》则说明卦象与爻辞。一般把说明卦象的称为《大象传》，把说明爻辞的称为《小象传》。问题是这些说明过于扼要，未必能让人明白其中道理。历代学者研究《易经》，可谓费尽心思，形成两派六宗，就是象数派有占卜、禨祥、图书三宗，义理派有老庄、儒理、史事三宗。

不管何派何宗，目的都是要读懂卦辞与爻辞。我的立场是结合占卜与儒理，因此研习方法是"先有答案再找理由"。卦辞与爻辞即是答案，它为什么这么写呢？要设法找出这么写的理由。

譬如，乾卦初九的爻辞是"潜龙勿用"，这是什么意思？首先，乾卦六爻有四爻提到"龙"，这是因为古人认为龙是充满活力，在水中、地上、天空都可以自由行动的生物，只有它最能代表乾卦六个阳爻所显示的无限生机。其次，为何说初九是潜龙？因为六爻可以配合天地人三才：初与二为地，三与四为人，五与上为天。初与二为地，初是地的底下一爻，由此转成地面之下，地面之下为水，所以说潜龙。至于"勿用"，则是占验之词，表示这时不能有所作为，因为位置太低，往上又有五个阳爻挡着，不妨稍安勿躁，好好修养自己，以备未来之用。

前言三　怎样读《易经》？

判断一爻的好坏，可以考虑许多因素，譬如：是否当位（阳爻在初、三、五；阴爻在二、四、上）；是否阴阳正应（初与四，二与五，三与上）；是否居中（二、五）；是否阴阳相比邻；阴爻是否乘刚（在担任一卦主爻的阳爻上），阳爻是否有阴爻承顺；上下二卦的整体关系；中间四爻构成两个互卦（二、三、四；三、四、五）的关系；卦变（本卦由何卦变来）；爻变（本爻由阴变阳，或由阳变阴）；等等。然后，爻辞所描写的具体内容，主要来自八个基本卦的象征，而这些象征之复杂多样与广泛联想，不免让人望洋兴叹。

我曾归纳自己学易的三点心得：不学一定不会；学了不一定会；学会终身受用。正因为十分困难，所以才特别值得去学。义理与象数并进，人生因而更充实也更有趣。

01　乾卦

乾：元亨利贞。

象曰：天行健，君子以自强不息。

上九：亢龙有悔。
象曰：亢龙有悔，盈不可久也。

九五：飞龙在天，利见大人。
象曰：飞龙在天，大人造也。

九四：或跃在渊，无咎。
象曰：或跃在渊，进无咎也。

九三：君子终日乾乾，夕惕若；厉，无咎。
象曰：终日乾乾，反复道也。

九二：见龙在田，利见大人。
象曰：见龙在田，德施普也。

初九：潜龙勿用。
象曰：潜龙勿用，阳在下也。

用九：
见群龙无首，吉。
象曰：用九，
天德不可为首也。

乾：元亨利贞。

[白话]

乾卦：创始、通达、合宜、正固。

[解读]

① 《易经》有六十四卦，每一卦都是先画出卦图，再标出卦名。

卦图由六爻组成，爻有阴（--）与阳（—）之分。所谓六爻，其实是由两个单卦（各有三爻）所合成。本卦称为"乾卦"（下乾上乾），六爻皆阳，阳有刚健之意，象征原始的生命力，充满动态的能量。

② 乾卦在六十四卦中，是八纯卦之一。所谓纯卦，是指上下皆为同一个单卦所组成者。依序出现的八纯卦有乾卦（☰，第1卦）、坤卦（☷，第2卦）、习坎卦（☵，第29卦）、离卦（☲，第30卦）、震卦（☳，第51卦）、艮卦（☶，第52卦）、巽卦（☴，第57卦）、兑卦（☱，第58卦）。

③ 《易经》有《序卦传》，说明六十四卦的排列顺序，可供我们理解各卦之参考。譬如，《序卦》开头就说："有天地，然后万物生焉。"意思是以乾卦为天，并以坤卦为地。有天地才能化生万物。乾代表阳刚劲健的主动力，坤则是承受力，两者相摩相荡而变化生出万物。

④ "元亨利贞"是本卦的"卦辞"，附在卦名之后，是对本卦所作的占验判断。"元"，原也，万物由此创始；"亨"，通也，万物有其共同来源，并且形成一个整体，所以彼此之间通顺畅达；"利"，宜也，万物变迁运行，对一切都有利而和谐；"贞"，正也，由此所展现的万物，可以坚持自身的途径，进而恒久不息。

初九。潜龙勿用。

[白话]

初九。龙潜伏着，不要有所作为。

[解读]

① 初九："初"指六爻由下而上的序位，依序是初、二、三、四、五、上。"九"指阳爻，而"六"指阴爻。阳为奇数，又以动

为主，所以取奇数（一、三、五、七、九）之终，表示动之极。阴为偶数，且以静为主，所以取偶数（二、四、六、八、十）之中，表示静之极。另一说法，则以揲蓍成卦时，得"六、七、八、九"四个数字，其中九为老阳（九大于七，七为少阳），六为老阴（阴数如负数，所以八为少阴）。《易经》用老不用少，故称九为阳爻，而六为阴爻。

② "潜龙勿用"是本爻的"爻辞"，以下各爻皆有爻辞。"龙"是古代传说中的神奇生物，充满刚健的活力与变化的势能，可以"乘风云而上天"。爻辞多就本爻所处之"位"，作一客观的描述，此为筮辞；再论断其出处进退以及吉凶祸福，此为占验之辞。以位而言，初、二是"地"；三、四是"人"；五、上是"天"。初九位于地之下，犹如在深渊之中，所以称为潜龙，此时不宜有所作为。正如人在年轻时，要努力进德修业，培养实力。

九二。见（xiàn）龙在田，利见（jiàn）大人。

[白话]

九二。龙出现在地上，适宜见到大人。

[解读]

① 九二：九为阳爻，二为由下而上的第二位。二、三、四、五爻，皆先称九（或者阴爻则称六）。二为"地"之上，表示龙已经崭露头角，才华受到注意了。这时见到大人是有利的，可以获得进一步的栽培与磨炼。

② 大人：德行完备的人，在此可以指称圣君（与九二对应的九五，为天子）。譬如，舜在耕田、捕鱼时，他的卓越表现开始受到尧的赏识，那么舜就是利见大人。通常，"大人"是指有位者，"君子"则是无位者。

九三。君子终日乾乾，夕惕（tì）若；厉，无咎。

[白话]

九三。君子整天勤奋不休，晚上还戒惕谨慎；有危险，但没有灾难。

[解读]

① 君子：九三是阳爻，亦即刚爻（阴爻则称柔爻）。在《易经》的用例中，刚爻为君子，柔爻为小人。三、四是"人"位，所以九三谈到君子的表现。九三位居下卦（或内卦）之上位，本身在一个小的乾卦中，上面是另一个小的乾卦，所以说"乾乾"。"终日"与"夕"都是因为乾为昼，而九三完成了小的乾卦。九三位居上下二卦之间，无法确知下一步的发展，唯有本着乾卦的精神，日夜精进。

② "乾乾"是健行不息，"若"是语辞，有"如此"之意。"厉"与"无咎"都是占验之辞，所论为吉凶祸福。

九四。或跃在渊，无咎。

[白话]

九四。或往上跃升，或留在深渊，没有灾难。

[解读]

① 九四之位，上不在天（五、上），下不在田（初、二），中呢？它才由下卦移到上卦之初位，进入新的位置，有犹疑不定的情况，所以又可称之为"中不在人"。

② "或跃在渊"的"或"是疑辞，"跃"与"在渊"是两种不同的选择，表示可上可下，要看时机与条件是否配合。九四已至上卦，为何用"渊"字？因为上卦与下卦对应的位置会互相影

响。初九在水中，为"潜"。九四若不跃升，就会自觉委屈，有如"在渊"。保持此一机动状态，就不会有灾难了。在《易经》中，"或"字多用于三爻与四爻。

九五。飞龙在天，利见大人。

[白话]

九五。龙飞翔在天空，适宜见到大人。

[解读]

① 九五：九五进入"天"位，又居上卦之"中"，并且阳爻居刚位（初、三、五为刚位，二、四、上为柔位），称为"当位"。这是既中且正的位置。

② 龙飞上天，可以行云布雨，大显身手。这时所见的大人可能有二义：一是天子，二是贤臣，要看此龙本身所居之位而定。事实上，这时"龙"所象征的人，自己也是德行完备的大人了，可以呼召同伴共同发挥才干，造福天下百姓。北宋程颐（1033—1107）在《易程传》中说："圣人既得天位，则利见在下大德之人，与共成天下之事。天下固利见夫大德之君也。"由此可知，"大人"可以指君，也可以指臣。

上九。亢（kàng）龙有悔。

[白话]

上九。龙飞得太高，已经有所懊悔。

[解读]

① 上九：每一卦的最上一爻都称"上"（上九或上六）。

② 亢龙相对于初九的潜龙，达到另一极端。在物极必反的原则下，必须周而复始。亢龙前无去路，高处不胜寒，所以有悔。

用九。见（xiàn）群龙无首，吉。

[白话]

用在乾卦整体，显示六个阳爻无首无尾，吉祥。

[解读]

① 用九：六十四卦中，只有乾卦另加"用九"，坤卦另加"用六"。这二卦为六爻皆同的纯阳卦与纯阴卦，所以可以适用（或贯通）于全卦各爻。

② 群龙无首，亦即六爻各龙顺时而变、随位而成。由于看出六爻为一个整体，没有首尾、本末、先后、上下之分，所以结果是吉祥的。万物的变化"始卒若环"（开始与结束像是一个连环），无法分辨先后，因而可以一往平等；人面对生命的历程，若能体认变化的微妙，在适当的时候做合宜的事，"顺受其正"（顺着情理去接受它正当的部分），自然心安理得。

彖（tuàn）曰：大哉乾元，万物资始，乃统天。云行雨施，品物流形；大明终始，六位时成；时乘六龙以御天。乾道变化，各正性命；保合太和，乃利贞。首出庶物，万国咸宁。

[白话]

《彖传》说：伟大啊！乾卦所象征的元气，万物藉它而开始存在，它也由此主导了天体。云四处飘行，雨降落下来，各类物种在流动中成其形体；太阳的光明终而复始地出现，爻的六个位置也按照时序形成了；然后依循时序乘着六条龙去驾驭天体的运行。乾卦的原理是引发变化，让万物各自安顿本性与命运；万物保存聚合并处于最和谐的状态，就达到合宜而正固了。乾卦为首，创生出万物，普世都可以获得安宁。

[解读]

① 彖：彖是《彖传》，用来解释卦辞，说明一卦之卦名、卦象、卦义。最初，卦辞亦称彖辞，"彖"字音近"断"，意指裁断一卦的吉凶。后来，为了标志出卦辞，就专以"彖"代表《彖传》，属于易传（十翼）之一。一般认为《十翼》是孔子及其后学的贡献。

② 本段所言，是为了解释卦辞"元、亨、利、贞"，因此全文第一句说的是"元"，第二句说"亨"，第三句合说"利、贞"。最后一句则赞叹其伟大的效应，使自然界与人世间都平静安宁。

③ "乾元"是指原始的能量（元气），由此创生出万物。万物处于变化之中，有开始也有结束，并且一直生生灭灭，因此需要一个总源头。

《易经》就以乾卦为其象征符号，并且以龙的形象来展现其充满活力又变化无已的特性。行天者莫若龙，行地者莫若马。

④ 文中两次提及的"天"（"统天""御天"），在此意指天体（日、月、星辰，以及风云变化等），是人在仰观时所见的至大之象。"天"概念在古代有多重意义，在此所谓的"天体"（或"天象"）是指自然之天，与它相对的是大地，以及天地之间的万物。自然之天的运行规律称为"天道"，但是一说"天道"又有二义：一是整个自然界（包括天地与万物）的规则，二是针对人世间的善恶所作的规范及其报应。这些概念将在本书相关部分予以说明。

⑤ 六位：依《说卦》所云："分阴分阳，迭用柔刚，故《易》六位而成章。"六位是指六个爻的位置，各依其时而成立。而所谓

的"时",则来自于对"大明终始"的观察。接着所说的"六龙",则是指爻辞中以"龙"来象征六个阶段的表现。"御天"的主词仍是乾元,但是人可以效法这样的作为,依时而进。

⑥ 乾道一直在"变化"之中,而其效应是要让万物各自"正"其性命,亦即在变之中有不变,并且使整体达到"太和"状态。如此即是利与贞。

⑦ "首出庶物"的"首",应指乾卦而言。程颐说:"乾道首出庶物而万汇亨,君道尊临天位而四海从,王者体天之道,则万国咸宁也。"他以乾道与君道对比,可知首是指乾卦,而不是"首先"之意。

象曰:天行健,君子以自强不息。

[白话]

《象传》说:天体的运行刚健不已,君子因而要求自己不断奋发上进。

[解读]

① 象:象是《象传》,又可再分为二:"大象"解释卦象,附在《彖传》之后,"小象"解释爻象,附在各爻爻辞之后。但是在《易经》中两者都用"象曰"来表示。在乾卦中,大象与小象并未分列。自坤卦起,小象附在各爻的爻辞之后。

② 大象所言,一般都是从上下两个单卦(亦即基本的八卦,各有三爻)的组合上,分析卦象所显示的意义,然后再推述人在德行修养上应该如何取法。譬如,乾卦上下皆是乾;乾为天,为健,因此要说天体的运行刚健不已;然后,君子是指立志发挥人性潜能,成就完美人格者;他在取法此卦时,所要做的是自强不息。关于"自强不息"指修养德行,请参看本卦《文言传》

的最后一段。

潜龙勿用，阳在下也。见龙在田，德施普也。终日乾乾，反复道也。或跃在渊，进无咎也。飞龙在天，大人造也。亢龙有悔，盈不可久也。用九，天德不可为首也。

[白话]

初九爻辞"龙潜伏着，不要有所作为"，是因为这个阳爻在全卦的底部。九二爻辞"龙出现在地上，适宜见到大人"，是肯定德行可以普遍施展开来。九三爻辞"整天勤奋不休"，是说要在君子之道上反复修炼。九四爻辞"或往上跃升，或留在深渊"，是因为向上进取没有灾难。九五爻辞"龙飞翔在天空"，是肯定大人处于兴旺的时候。上九爻辞"龙飞得太高，已经有所懊悔"，是说满盈的状态无法长久维持。用在乾卦整体，发现天体的运行无始无终，循环不已，因此不可认定自己居先。

[解读]

① 本文是乾卦的小象部分，共七句话，分别对应六爻的爻辞与"用九"。

② 九三的"反复道也"，是因为它处于下卦之上位，为下卦之终，同时面临新阶段的开始，形成极大的挑战。九五的"大人造也"，"造"为聚，是说德行完备的人得君行道，群贤毕至，可以大有作为了。

③ 天德不可为首：乾卦虽为六十四卦之首，以其无限元气创生万物，但是由于万物变化不已，形成一个整体，所以不可认定乾卦居于一个固定不移的"首"位。换言之，在乾卦六爻中，可以说"群龙无首"，而在全部六十四卦中，乾卦也"不可为首"，如此可以让其他各卦依次展现，轮流为首。

文言曰：元者，善之长也；亨者，嘉之会也；利者，义之和也；贞者，事之干也。君子体仁，足以长人；嘉会，足以合礼；利物，足以和义；贞固，足以干事。君子行此四德者，故曰：乾，元亨利贞。

[白话]

《文言传》说：创始，是一切善行的首位；通达，是美好事物的会合；适宜，是正当作为的协调；正固，是具体行事的骨干。君子实践仁德，足以担任领袖；会合美好事物，足以符合礼制；维持一切适宜，足以协调义行；守正并且坚持，足以办成事业。君子就是要做到这四种德行的人，所以说：乾卦代表了创始、通达、适宜、正固。

[解读]

① 文言：是对乾坤二卦之经文（文）加以解说（言）。亦即，只有乾坤二卦有《文言传》。此二卦代表天地，为一切变化之始，最为重要，所以特别加以说明。本段总述卦辞，以下接着分述六爻的爻辞。

② 有创始才有万物，一切价值由此开端，所以这是众善之长。万物彼此之间通顺畅达，所有的会合皆是美好的。凡是有利或适宜于万物的，皆有其正当性。然后，要完成一事一物，非有正固不可。君子体认"元亨利贞"，可以明白仁、礼、义，并成就事业，无异于找到了人间的康庄大道。

初九曰"潜龙勿用"，何谓也？子曰："龙德而隐者也。不易乎世，不成乎名，遁世无闷，不见是而无闷。乐则行之，忧则违之，确乎其不可拔，潜龙也。"

[白话]

初九的爻辞说"龙潜伏着，不要有所作为"，这是什么意思？孔子说："这是指具有龙的德行而隐遁的人。他不会为了世俗而改变自己，也不会为了名声而有所作为，避开社会而不觉苦闷，不被别人承认也不觉苦闷。别人乐于接受，他就推行主张；别人有所疑虑，他就自己退避。他的心志是坚定而无法动摇的，这就是潜伏的龙啊。"

[解读]

① 本文以师生问答的方式，进一步说明乾卦各爻对人生的启发。"子"是指孔子。

② 既有龙德，为何要潜隐？因为位居初爻，时机未至。即使德行已著，但是尚未显示效应，尚未受到别人的肯定。由此可见，儒家一方面要有坚定的立场，同时也保持深刻的社会关怀。

九二曰"见龙在田，利见大人"，何谓也？子曰："龙德而正中者也。庸言之信，庸行之谨，闲邪存其诚，善世而不伐，德博而化。《易》曰'见龙在田，利见大人'，君德也。"

[白话]

九二爻辞说，"龙出现在地上，适宜见到大人"，这是什么意思？孔子说："这是指具有龙的德行而处于正中位置的人。平常说话都能守信，平常做事都能谨慎，防范邪恶以保持内心的真诚，为善于世而不夸耀，德行广被而感化世人。《易经》说'龙出现在地上，适宜见到大人'，这是君主的德行啊！"

[解读]

① 九二居下卦三爻之中，所以称为"正中"。由于位置适当，龙德发挥了作用。其作用依然是从自己开始，要反身而诚，由近及远，再修己以安人，化民成俗。

② 君德：上述的表现已经是君主的德行，但是并未拥有君主之位。

为人臣者，也应有人君之德，矢志为百姓服务。事实上，若是修养到了"君子"的程度，则担任"君主"亦非难事。

③ 闲邪存其诚与下一段的"修辞立其诚"，是理解儒家"真诚"观点的重要参考。若防范邪恶才可保持真诚，则真诚与邪恶势不两立，由此可知人性向善。

九三曰"君子终日乾乾，夕惕若；厉，无咎"，何谓也？子曰："君子进德修业。忠信，所以进德也；修辞立其诚，所以居业也。知至至之，可与言几也；知终终之，可与存义也。是故，居上位而不骄，在下位而不忧。故乾乾因其时而惕，虽危无咎矣。"

[白话]

九三爻辞说，"君子整天勤奋不休，晚上还戒惕谨慎；有危险，但没有灾难"，这是什么意思？孔子说："这是讲君子应该增进德行与树立功业。做到忠诚而信实，由此可以增进德行；修饰言词以确保其诚意，由此可以累积功业。知道时势将会如何来到，就设法使它来到，这样才可以同他谈论几微之理；知道时势将会如何终止，就坦然让它终止，这样才可以同他坚守正当作为。因此，处在上位而不骄傲，处在下位而不忧愁。所以能够勤奋不休，按所处的时势来警惕自己，这样即使有危险也不会有灾难啊。"

[解读]

① 九三居下卦之上位，走到终点，但是尚未进入上卦，因此面临了考验。就下卦而言，它处于上位，就全卦而言，它仍在下卦；所以除了进德修业之外，别无良策。这种考验培养了过人的智慧，否则如何可以与他"言几"、"存义"。由"修辞立其诚"，可知真诚并非自以为是，而应做到"言为心声，言行一致"，妥善与人沟通。

② "几"是几微之理，亦即可以洞烛机先，在事情发生前就看出了端倪，然后可以预作准备。"义"是适宜，在此指正当的作为，否则没有坚守的必要。

③ "进德修业"一语在下一段重复出现。进德在于自己努力，修业的业是指功业，要对人群有所贡献。这代表了儒家"修己安人"的立场。

九四曰"或跃在渊，无咎"，何谓也？子曰："上下无常，非为邪也。进退无恒，非离群也。君子进德修业，欲及时也，故无咎。"

[白话]

九四爻辞说，"或往上跃升，或留在深渊，没有灾难"，这是什么意思？孔子说："上去或下来没有一定，但不是出于邪恶的动机；前进或后退也没有一定，但不会离开自己的同类。君子增进德行与树立功业，都想要把握时机，所以没有灾难。"

[解读]

① 九四开始进入上卦，又以刚爻（阳爻）居于柔位（二、四为柔位），显得不够安稳，所以用"或"这个疑辞。由于配合时位而无常、无恒，反而是正确的表现，所以没有灾难。

② "君子进德修业，欲及时也"，表示不论是在出处进退的任何状况下，都必须努力进德修业。这才是"无咎"的真正原因。这是"下学而上达"的关键阶段，所谓"君子行法以俟命"也。

九五曰"飞龙在天，利见大人"，何谓也？子曰："同声相应，同气相求；水流湿，火就燥；云从龙，风从虎；圣人作而万物睹。本乎天者亲上，本乎地者亲下，则各从其类也。"

[白话]

九五爻辞说,"龙飞翔在天空,适宜见到大人",这是什么意思?孔子说:"声调相同就会互相呼应,气息相同就会彼此吸引;水会流向潮湿的地方,火会烧向干燥的区域。云随着龙而浮现,风跟着虎而飘动;圣人兴起,引来万物瞩目。以天为本的事物会亲近在上的天,以地为本的事物会亲近在下的地,万物都是各自随从它自己的群类。"

[解读]

① 九五之位既中(在上卦之中)且正(阳爻居刚位),所以充分彰显了乾卦龙德的精彩。本文所述为变化中之各安其位,秩序井然。这一切的关键在于"圣人作";而"万物睹"的"物"包含人在内,表示自然界与人世间都获得了安顿。

② 云从龙,风从虎:唐朝孔颖达(574—648)说:"龙是水畜,云是水气,故龙吟则景云出,是云从龙也。虎是威猛之兽,风是震动之气,此亦是同类相感,故虎啸则谷风生,是风从虎也。"这一段所说的是感应:只有圣人在位,万物才会依其感应而真正安定。

③ "本乎天者",是指日、月、星辰等;"本乎地者",则是草木、鸟兽、虫鱼等。

上九曰"亢龙有悔",何谓也?子曰:"贵而无位,高而无民,贤人在下位而无辅,是以动而有悔也。"

[白话]

上九爻辞说,"龙飞得太高,已经有所懊悔",这是什么意思?孔子说:"地位尊贵却没有职位,高高在上却失去百姓,贤人居下位而无法前来辅佐,所以他一行动就会有所懊悔。"

[解读]

① 上九位居上卦之终，为全卦之最高位，但是已非九五之中位，所以虽然高贵，却无民无位，亦得不到贤人辅助。此时不必有所作为，否则将会懊悔。

② 乾卦各爻形成一个对比：初九与上九是"潜龙勿用"与"亢龙有悔"，都不宜行动。九二与九五都强调"利见大人"，因为两者皆居中位；九三与九四在《文言传》中都提及"进德修业"，表示自强不息之意。此六爻形成一个整体，始卒若环，首尾相应。《易经》所标举的变化之意，在此得一最佳示范。

潜龙勿用，下也。见龙在田，时舍也。终日乾乾，行事也。或跃在渊，自试也。飞龙在天，上治也。亢龙有悔，穷之灾也。乾元用九，天下治也。

[白话]

（初九）龙潜伏着，不要有所作为，这是因为处于卑下的位置。（九二）龙出现在地上，这是因为顺着时势而一步步前进。（九三）整天勤奋不休，这是因为正要进行该做的事。（九四）或往上跃升，或留在深渊，这是因为要检验自己的能力。（九五）龙飞翔在天空，这是因为处于上位，可以治理百姓。（上九）龙飞得太高，已经有所懊悔，这是因为走到穷困时会有灾难。（用九）乾卦的元气施展在全卦中，这是因为天下都治理好了。

[解读]

① 本段依各爻爻辞，说明人的行动应如何配合时与位。

② "时舍"是指因时而舍。"舍"是古代行军或旅行时，到了一站住下来。九二的"时"是"地"的上位，并且处于下卦之中位，所以有较佳的机会。

③ "乾元用九",因为全卦皆为阳爻,可以上下贯通,无首无尾,形成一个不断流变的过程,亦即"穷则变,变则通,通则久"。这与"天下治也"是互为表里的。

潜龙勿用,阳气潜藏。见龙在田,天下文明。终日乾乾,与时偕行。或跃在渊,乾道乃革。飞龙在天,乃位乎天德。亢龙有悔,与时偕极。乾元用九,乃见天则。

[白话]

(初九)龙潜伏者,不要有所作为,这是由于阳气处在潜伏隐藏的时期。(九二)龙出现在地上,这是由于天下万物纷纭有序并且显现光明。(九三)整天勤奋不休,这是由于随着时势一起前进。(九四)或往上跃升,或留在深渊,这是由于乾卦进展的变革已经来到。(九五)龙飞翔在天空,这是由于上达天位,可以展现天的功能。(上九)龙飞得太高,已经有所懊悔,这是由于随着时势走到穷困的地步。(用九)乾卦的元气施展在全卦中,这是由于显现了天的规律。

[解读]

① 本段依各爻爻辞,说明其相关的现象是怎么回事。
② "阳气"是指阳刚的生命活力,亦即乾卦的元气;初九代表一切生命处于萌发状态。九二,阳气升到地面,万物显示了文采与光明。九三顺着时势抵达下卦的终点。九四的"乾道",是指阳气所形成的乾卦已经有其进展路线,而由下卦走到上卦了。九五的"天德",是指天位而言,因为从阳气发展为乾道,接着所体现出来的莫过于"天"。天德是就天的功能而言,亦即九五已是天子之位,应该治理百姓。最后用九所说的"天则",是指天的规律,亦即真正的统治是让乾元的变化自然运作,显示"群龙无首"的和谐境界。

③ 本段文字所形成的对比,与前段有所不同。初九与九四,是阳气潜藏与乾道乃革;九二与九五,是天下文明与乃位乎天德;九三与上九,是与时偕行和与时偕极。这三组对照,在《易经》中是常见的,亦即有相应的关系,就是上下二单卦各就其相同位置而呼应。

乾元者,始而亨者也。利贞者,性情也。乾始能以美利利天下,不言所利,大矣哉!大哉乾乎!刚健中正,纯粹精也。六爻发挥,旁通情也。时乘六龙,以御天也。云行雨施,天下平也。

[白话]

乾卦所象征的元气,是万物得以创始并且通顺畅达的基础。至于适宜与正固,则是就万物的本性与实情来说的。乾卦的创始作用能够以美妙与适宜来造福天下万物,但是它并不指明自己对什么有利,这实在太伟大了!伟大啊,乾卦!刚强劲健而居中守正,本身是纯粹不杂的精气。六爻按时位进展运作,向外贯通了万物的实情。依循时序乘着六条龙,是要驾驭天体的运行。云四处飘行,雨降落下来,是要使天下获得太平。

[解读]

① 本段是就前面的《象传》再作说明。
② 首先解释"元亨利贞":"元"是始,"亨"是通,"利贞"则是指万物"各正性命,保合太和",亦即万物要保持天赋的"性情"(本性与实情)。
③ 乾之"大"在于"不言所利",就是不限定它对何物有利,也即是对万物皆有利,但是毫不居功。
④ 乾的元气是纯粹精气,因为六爻皆阳,"其性刚强,其行劲健";占有二位与五位,是为居中守正。六爻发挥,描写万物

变化的状况，形成一个周流不虚的整体。"旁通"一词值得留意，因为随着任何一个阳爻或阴爻的变化，六十四卦之间皆有相通的可能。云行雨施，则万物皆蒙其利，而天下平也。

君子以成德为行，日可见之行也。潜之为言也，隐而未见，行而未成，是以君子弗用也。君子学以聚之，问以辨之，宽以居之，仁以行之。易曰："见龙在田，利见大人。"君德也。九三重刚而不中，上不在天，下不在田，故乾乾，因其时而惕，虽危无咎矣。九四重刚而不中，上不在天，下不在田，中不在人，故或之。或之者，疑之也，故无咎。夫大人者，与天地合其德，与日月合其明，与四时合其序，与鬼神合其吉凶。先天而天弗违，后天而奉天时。天且弗违，而况于人乎？况于鬼神乎？亢之为言也，知进而不知退，知存而不知亡，知得而不知丧。其唯圣人乎？知进退存亡，而不失其正者，其唯圣人乎？

[白话]

君子以成就道德作为行动的目标，要体现在日常可见的行为中。（初九）所谓的潜伏，是说隐藏而尚未显露能力，行动而尚未成就道德，因此君子不会有所作为。（九二）君子努力学习以累积知识，向人请教以辨别是非，以宽容态度处世，以仁爱之心做事。《易经》说："龙出现在地上，适宜见到大人。"因为他具备了君主所应有的德行。九三上下皆为刚爻，又未居中位（二、五），往上没有达到天位，向下又已离开了地位，所以要勤奋不休，按所处的时势来警惕自己，这样即使有危险也不会有灾难啊。九四上下皆为刚爻，又未居中位，往上没有达到天位，向下已经脱离地位，中间又失去了人的合适位置，所以用"或"字来描写它。所谓"或"，是疑而未决的意思，所以没有灾难。（九五）至于大人，他的道德与天地的功能相合，他的智慧与日月的光明相合，他的行事作风与四时的秩序相合，他的赏善罚恶与鬼神的吉凶报应相合。他的行动先于天的法则，天的法则不会违逆他；他的行动后于天的法则，他就会顺应天的法则所界定的时势。天的法则尚且不会违逆他，那么何况是人类呢？何况是鬼神呢？（上九）所谓的"亢"，是说只知前进而不知后退，只知生存而不知死亡，只知获得而不知丧失。只有圣人吧？能知进退存亡的道理而不致偏离正途的，大概只有圣人做得到吧？

[解读]

① 本段是对《象传》（包括大象与小象）所作的说明。首先谈的就是自强不息，"以成德为行"。以下接着分述六爻。

② 九二的"君德"，意指处于下卦中位，君主之德已具，但是毕竟未到九五可以大显身手的阶段。

③ 九四比起九三，多了"中不在人"一语，是指它已完全脱离"地"位，而接近"天"位，这不是人的合宜位置。此时的"或"代表警觉状态，保持可上可下的弹性，所以"无咎"。

④ 九五的一段描述是常被引用的材料，但意思不够明确。"与天地合其德"，是指天地有大生广生之德；在天地是"功能"，在大人则是"道德"。"与日月合其明"，是指大人的智慧不会受到遮蔽，可以洞察一切真相。"与四时合其序"，表示大人的施政合乎时宜。"与鬼神合其吉凶"，所指应是大人对于百姓的善恶所作的裁决与赏罚，符合鬼神的吉凶报应。"先天"与"后天"二词，表示天的法则在运作上有一定的时机，所以应以"天的法则"来翻译"天"。至于此一法则所代表的是"主宰之天"或"自然之天"，则仍有讨论空间。

02　坤卦 ☷

坤：元亨，利牝马之贞。君子有攸往，先迷，后得主。利西南得朋，东北丧朋。安贞吉。

象曰：地势坤，君子以厚德载物。

上六：龙战于野，其血玄黄。 象曰：龙战于野，其道穷也。	用六：利永贞 象曰：用六永贞，以大终也。
六五：黄裳，元吉。 象曰：黄裳元吉，文在中也。	
六四：括囊，无咎无誉。 象曰：括囊无咎，慎不害也。	
六三：含章可贞。或从王事，无成有终。 象曰：含章可贞，以时发也；或从王事，知光大也。	
六二：直方大，不习，无不利。 象曰：六二之动，直以方也；不习，无不利，地道光也。	
初六：履霜，坚冰至。 象曰：履霜坚冰，阴始凝也。驯致其道，至坚冰也。	

坤：元亨，利牝（pìn）马之贞。君子有攸（yōu）往，先迷，后得主。利西南得朋，东北丧朋。安贞吉。

[白话]

坤卦：开始，通达，适宜像母马那样的正固。君子有所前往时，领先而走会迷路，随后而走会找到主人。有利于在西南方得到朋友，并在东北方丧失朋友。安于正固就会吉祥。

[解读]

① "元"只有在乾卦是指创始,在其他卦则是指开始。不过坤卦的"元"特别是指继创始之后的最初生成作用。这一点在《象传》会有所说明。万物生成之后所形成的整体,自然也是通顺畅达的。相对于乾为天,坤是地,是万物之母。

② 坤卦异于乾卦之处,是"利牝马之贞",而不是普遍的利贞。牝马是母马,柔顺而健行,所以取为象征。在此,牝马象征坤道有如大地,顺着天的法则健行不已,又能养育万物。

③ 君子有攸(所)往时,要参考坤卦的随顺,而不能率先带头。随顺在后,则会找到主人,亦即以乾卦为其依归。《易经》有阳先阴从的观念。

④ 西南是阴方,坤可以找到同类;东北是阳方,虽然失去同类,但获得了主人。因此,以上二者皆为有利。关于方位,在此可参考后天八卦图:西南皆为阴类,东北则属阳类。

彖曰：至哉坤元，万物资生，乃顺承天。坤厚载物，德合无疆。含弘光大，品物咸亨。牝马地类，行地无疆，柔顺利贞。君子攸行，先迷失道，后顺得常。西南得朋，乃与类行；东北丧朋，乃终有庆。安贞之吉，应地无疆。

[白话]

《彖传》说：至广啊！坤卦所象征的元气，万物藉它而得以生成，它也由此顺应了天体。坤卦代表的大地以其厚重来承载万物，功能也回应了无边无际的需求。它包容宽裕而广阔远大，使各类物种都通顺畅达。母马是属于大地的生物，驰行大地而没有疆界，性格柔顺而适宜正固。君子在前进时，率先行动会迷惑而失去正道，在后随顺就可以获得恒常法则。在西南方得到朋友，是指伴随同类前进；在东北方丧失朋友，是指最终会有喜庆。安于正固的吉祥，在于配合大地而没有疆界。

[解读]

① 从坤卦开始，都是在《卦辞》之后，接上《彖传》与《象传》（大象）。然后是分述各爻爻辞。各爻的《象传》（小象）则直接附于其爻辞之后。

② 至哉坤元："至"有微妙无比之意，在此译为至广，是为了配合地的属性。坤元：乾与坤称"元"，有如父与母，代表原始的生命力。由此可知，《易经》在以"乾"为首时，并未忽略要靠乾坤并建、阳与阴合作，才可充分说明万物生成变化之理。乾是"资始"，坤是"资生"。乾是"统天"，坤是"顺承天"，各有功能，不可互缺。我们以"天地"为万物之父母，即出于类似观点。

③ 坤卦六爻皆阴，所象征的是无比的承受力与柔顺度。这正是与"天"相对应的"地"。像母马那样，既能健行又至为柔顺，如此恒常坚持，就是它的"利贞"所在。换言之，这种柔顺其

实也是一种刚强。君子效法坤卦，随顺而行，但仍可"得常"。
④ "西南得朋"与"东北丧朋"各有其利。譬如，女子年轻时有众多同性朋友，后来离开众友而与男子成亲；二者皆利。朱震《汉上易传》说："得君者，臣之庆；得亲者，子之庆；得夫者，妇之庆。庆者，未有不离其朋类而得者也。"由此可知，乾与坤（阳与阴）的关系是可以应用在多重人际关系上的。一般而言，阳主阴从，阳先阴后。阳为主动者，阴为受动者。坤卦以"安贞"为吉，其故也在此。

象曰：地势坤，君子以厚德载物。

[白话]

《象传》说：大地的形势顺应无比，君子因而厚植自己的道德来承载众人。

[解读]

① "大象"是解说全卦的。坤卦由下坤上坤组成。它所代表的是"地"，而其性质则是"顺"。
② 相对于乾卦的"自强不息"，坤卦是"厚德载物"。物包括人在内，此处的物是指众人。乾坤搭配，则过程与目的同时显现，而君子的人生规划也十分清楚。

初六。履霜，坚冰至。
象曰：履霜坚冰，阴始凝也。驯致其道，至坚冰也。

[白话]

初六。脚下踏着霜，坚冰将会到来。
《象传》说：脚下踏着霜，坚冰将会到来，这是因为霜是阴气开始凝结的现象。循着此一规律发展下去，就会出现坚冰。

[解读]

① 坤卦第一爻是阴爻，称为"初六"，位居最下，有如人之"足"，所以用"履"字。霜是稀薄的碎冰，看似微不足道，但是由"见微知著"，可以判断将有坚冰。霜与冰皆为阴寒之物，初六上面全为阴爻，故有此喻。

② 程颐说："犹小人始虽甚微，不可使长，长则至于盛也。"《易经》常以阴爻比拟小人，可供参考。

六二。直方大，不习，无不利。
象曰：六二之动，直以方也；不习，无不利，地道光也。

[白话]

六二。直接产生，遍及四方，广大无边；不必修炼，无不有利。
《象传》说：六二这一爻的活动，是直接产生而可以遍及四方；不必修炼却无不有利，是因为大地之道广大无边。

[解读]

① 六二居下卦之中位，又是阴爻居柔位，并且二是"地"位，所以它是最足以代表全卦之爻。爻辞无异于对坤卦作为地道的描述。

② 古人认为天的运动是圆环状，地的运动是直线状，由此形成"天圆地方"的观念。在此，依孔颖达所云："生物不邪，谓之直也；地体安静，是其方也；无物不载，是其大也。"换言之，"直"是万物各自依其条件，"直接"产生，只要条件成熟就"自然"出现了。能够如此，才会使万物遍及"四方"，由此造成"广大"无边的大地现象。"地道光也"的"光"，意为"广"。

③ 地道是"直方大",君子在效法时,直代表"真诚",方代表"方正",大代表"包容"。对内真诚而对外方正,互为表里;而根本态度则是包容。"不习"是不必刻意修炼或修治,顺其自然就可以了。"无不利"之意是"无不有利"(而不只是"没有不利"),如此文意较顺并且符合地道的性质。

六三。含章可贞。或从王事,无成有终。
象曰:含章可贞,以时发也;或从王事,知光大也。

[白话]

六三。蕴含文采而可以正固。或者跟随君王做事,没有功业却有好的结局。

《象传》说:蕴含文采而可以正固,是要等待时机再作发挥;或者跟随君王做事,是因为智虑周延而远大。

[解读]

① 六三进入"人"位,相较于"天"位而言,它代表了臣道。此外,六三处于下卦之上位,必须待时而动。
② 此时完成了一个小的坤卦,可以含章,但虽有文采(亦即德行可观),也要正固守之位,等待时机成熟。
③ "或从王事"的"或"字,代表可能性,这是配合六三的位置而言。如果真有这种机会,也须"无成",不谈功业,要将荣耀归于君王(六五),如此才会"有终"。处于危疑变动之际,最需要的就是"知光大也"。"光"字通"广"。顾炎武《日知录》说:"凡交于大国,朝聘、会盟、征伐之事,谓之王事。其国之事,谓之政事。"
④ 由全卦看来,六三已经形成一个单卦的坤,具有坤的基本德行,但是因为处于下卦,所以合而言之是"含章可贞"。其

次，六三尚未形成完整的坤卦（无成），但是下卦已经走到终点（有终）。

六四。括囊，无咎无誉。
象曰：括囊无咎，慎不害也。

[白话]

六四。扎起口袋，没有灾难也没有称誉。
《象传》说：扎起口袋而没有灾难，是因为谨慎所以没有祸害。

[解读]

① 六四进入上卦，位近六五之君，处境危疑不安，最好更加收敛。"括囊"是不管才华如何杰出，也须扎起袋口，不要外露，即要谨言慎行。
② 如此，自然可以"无咎"，但是相对的也不会有任何称誉。如果与乾卦的九三与九四对照，可知处在"三、四"这二爻能做到"无咎"，就应该满意了。

六五。黄裳，元吉。
象曰：黄裳元吉，文在中也。

[白话]

六五。黄色的裙子，最为吉祥。
《象传》说：黄色的裙子，最为吉祥，是因为既有文采又居于中位。

[解读]

① 六五是阴爻居刚位，并且是中位。这时应该怎么办？"黄"是中色，依后代的五行之说，认为黄是土的色，并且位居中间

（东为木，青色；南为火，红色；西为金，白色；北为水，黑色；中为土，黄色）。"裳"是下身之衣（古代所谓的"衣裳"，是指上衣下裳），所以译为"裙子"。六五居中位，所以穿上黄色（中色，又是土地之色）的裳。"裳"是下衣，表示阴之顺阳，不敢居上位。因此，俞琰《俞氏易集说》指出："坤之从乾，犹裳之从衣。六五虽君，其道则臣，故不言黄衣，而言黄裳。"配合大地之色，又是居中的黄色，穿上黄色裙子，可谓完全符合坤卦的角色，因此"元吉"。元吉的美好程度最高，超过了大吉。

② 如果在此没有采取"黄裳"，则后果不堪设想。这无异于以臣代君，以妇代夫，元吉可能成为大凶。至于"文在中也"，则再度强调有文采而能守中的重要。

上六。龙战于野，其血玄黄。
象曰：龙战于野，其道穷也。

[白话]

上六。龙在郊野争战，它的血是青黄色的。
《象传》说：龙在郊野争战，是因为它的路已经到了尽头。

[解读]

① 上六是坤卦完成的一爻，此时六爻皆阴，阴气盛极，因此自以为是龙。它与象征乾卦的龙在郊野（上六居六爻最外，有如在大地的边远地区）作战。

② "玄"为青，是天色；"黄"是地色。"血"是两龙俱伤之证，表示阴爻在让位之前的挣扎，出现交接之际的玄黄混杂阶段。

③ 乾卦上九爻辞说"亢"，坤卦上六象传说"穷"，都在提醒我们上位是个结束，必须改弦更张。只有变化才可能找到新的出

路，也才可能让生命力持续发展。

用六。利永贞。
象曰：用六永贞，以大终也。

[白话]

用在坤卦整体。适宜永久正固。
《象传》说：用在坤卦整体可以永久正固，是因为它是大的终局。

[解读]

① "用六"有如乾卦的"用九"，是《易经》中仅有的两句附加爻辞。由于坤卦六爻皆阴，就以"用六"说明如何应用于全卦。由于坤卦本性柔顺，所以须由"永贞"而有利。
② 乾为始，坤为终。乾创始万物，坤接纳万物，犹如大地让一切安顿，把上天所造的一切都加以完成。要实现此一大的终局，则要靠永贞。

文言曰：坤至柔而动也刚，至静而德方。后得主而有常，含万物而化光。坤道其顺乎，承天而时行。

[白话]

《文言传》说：坤卦最为柔顺，但活动时却是刚健的；最为静止，但功能遍及四方。它随后而走才找到主人，但却有恒常法则；包容万物，并且化育广大。坤卦的原理就是顺应吧，它顺承天体并且按照时序运行。

[解读]

① 《文言传》只论乾坤二卦，无异于揭示纯阳与纯阴的性质、功

② 《易经》有一套相对观,就是以阳表示动、刚、圆、开,以阴表示静、柔、方、合,但是阳与阴并非截然二分,而是彼此相含,有如太极图中的阴阳鱼(阴鱼有阳眼,阳鱼有阴眼)。以坤卦为例,它是至柔的(顺承天体),但活动却依然刚健(按时序进行而不曾中止)。它是至静的(宛如没有任何变动),但功能却遍及四方。在此,"德方"常被译为"德行方正",这是联想到人的修养功夫,离本段主题稍远。

③ 最能代表坤卦的是六二,配合六二爻辞的"直方大",可知本段所指:动也刚是描写"直"(直接产生),德方是描写"方"(遍及四方),化光是描写"大"(广大无边)。最后谈及"坤道"时,再回归到《象传》的主旨。本段以下分别述及各爻,则发挥《象传》主旨,其中着重君子所得之启发。这也是我们不把本段的"德方"译为"德行方正"的原因之一。

④ "承天而时行"一语中的"天",是指天体,或天体的运行法则(此时可称为"天道")。在此若使用"天道"一词,必须强调其自然义,否则"时行"二字失去对应。

积善之家必有余庆,积不善之家必有余殃。臣弑其君,子弑其父,非一朝一夕之故,其所由来者渐矣,由辨之不早辨也。《易》曰:"履霜,坚冰至。"盖言顺也。

[白话]

(初六)积累善行的人家必定会有多余的吉庆留给后代,积累恶行的人家必定会有多余的灾祸留给后代。像臣子杀害国君,儿子杀害父亲这种大罪,其原因不是一天之内突然发生的,而是长期逐渐累积形成的,只是由于没有及早辨明罢了。《易经》说:"脚下踏着霜,坚冰将会到来。"说的就是循着趋势发展的现象。

[解读]

① 从人的性格养成，到社会各种现象，都是逐渐形成的，所以对于恶行要"防微杜渐"。等到出现重大祸害，就来不及了。因此，要留意"趋势"与"方向"，早作防备。

② "积善之家"一语，是由上述趋势观点来强调"积"的重要，并且以"必有"来下断语，提醒人们多加注意。不过，所谓的"善恶"，若以"家"为单位，则每一个人作为行动主体与道德主体的角色，将会显得模糊。一方面，长期下来，每一"家"的善恶在加加减减之下可能差不太多；另一方面，后代子孙由于"家"而有余庆余殃，那么他个人的角色与责任如何界定呢？结果可能变成：每一个人都须为祖先及子孙负责，却反而忘记了对自己负责才是人生的重点。

直其正也，方其义也。君子敬以直内，义以方外，敬义立而德不孤。"直方大，不习，无不利"，则不疑其所行也。

[白话]

（六二）直接产生，是说它的正确模式；遍及四方，是说它的适当表现。君子以严肃态度持守内心的真诚，以正当方式规范言行的表现。做到既严肃又正当，他的德行就不会孤单了。"直接产生，遍及四方，广大无边；不必修炼，无不有利。"这样就不会疑惑自己的所作所为了。

[解读]

① 由"直其正也，方其义也"一语，可知到了《文言传》，才推衍出爻辞的道德意义。由直接（直）与正确（正），推及严肃（敬）与内心真诚（直内）；由四方（方）与适当（义），推及正当（义）与规范言行（方外）。而"德不孤"即是"大"的效应。

这种效应将会自动出现，所以可以"不疑其所行"。
② 《论语·里仁》有：子曰，"德不孤，必有邻。"如果深思此语，可知其前提是人性"向"善，所以有德者"必定"引发人心的支持。《论语·雍也》也记载孔子的话："人之生也直，罔之生也幸而免。"在此的"直"是指真诚而正直，可供参考。

阴虽有美含之，以从王事，弗敢成也。地道也，妻道也，臣道也。地道无成，而代有终也。

[白话]

（六三）阴性角色虽有美好条件也要隐藏起来，以这种态度跟随君王做事，不敢成就什么功业。这是地的法则，妻的法则，臣的法则。地的法则并不成就什么，只是代替天去完成好的结局。

[解读]

① 古人的阴阳观念在此说得较为明确。属于阳性的有"天、夫、君"，阴性则有"地、妻、臣"。这是相对而相成的想法，彼此相需而各有功能。此外，阴阳角色是多重而复杂的。譬如，一男子为臣，则属阴；为夫，则属阳。
② 地道的"无成"有三种可能：一、真正没有成就；二、有成就而不自居；三、不敢有所成就（弗敢成）。在此，还有第四种可能，就是它的成就是完成天所开始的工作，让一切顺利终结。

天地变化，草木蕃。天地闭，贤人隐。《易》曰："括囊，无咎无誉。"盖言谨也。

[白话]

（六四）天地之间变化不已，草木滋长茂盛。天地之间闭塞不通，贤人就会隐退。《易经》说："扎起口袋,没有灾难也没有称誉。"说的就是要谨慎啊。

[解读]

① "天地变化"是指阴阳二气交感流通,连草木都茂盛,何况是人间?但是遇到"天地闭",万物凋零,贤人就应该隐遁,表示要小心谨慎。
② 人的出处进退,要考量时势。孟子推崇孔子为"圣之时者也"(《孟子·万章下》),认为这是最高明的圣人表现。

君子黄中通理,正位居体,美在其中,而畅于四支,发于事业,美之至也。

[白话]

(六五)君子采用属于中色的黄色,表示他明白道理;坐在正确的位置上,表示他处世安稳;他内心蕴含的美德,流通在身体的行动中,再展现于他所经营的事业上,这真是美德的极致啊。

[解读]

① 坤为地,六五为中,而黄色正是属于地的中色。君子明白道理,穿上黄色的裙子,代表六五居中守正,立身安稳。
② "美在其中",是含蓄之德;内在有源头活水,才会真诚而自动地显示于行动中,再扩及他的事业。古人以所经营的为"事",经营成功的为"业"。"美之至也"一语,表示美德以实践出来为最理想。

阴疑于阳必战。为其嫌于无阳也,故称龙焉。犹未离其类也,故称血焉。夫玄黄者,天地之杂也。天玄而地黄。

[白话]

(上六)阴气受到阳气猜疑,必然发生争战。由于阴气猜测没有阳气存在,所以也称它为龙。但是阴气尚未离开它的类别,亦即阴无法胜过阳,所以用流血来描写。至于"青黄",那是天地混杂的颜色。天是青色,地是黄色。

[解读]

① 到了上六,六爻皆阴,阴气盛极,必然会受到相对的另一元素"阳气"的猜疑,因而发生争战。此时,阴气以为根本没有阳气,所以可以称之为龙。这是双龙争霸的局面。

② 不过,阴气毕竟仍是阴气,依其类别就无法胜过阳气,相斗的结果只能用"血"来描写。换言之,极盛的阴气与蓄势待发的阳气,仍只是战个平手而已。"其血玄黄"一语,表示两败俱伤。既然如此,还是放弃独大的心态,让阴阳二气合作来演变后续的六十二卦吧。

03　屯卦 ䷂

屯：元亨利贞，勿用有攸往，利建侯。

象曰：云雷屯，君子以经纶。

上六：乘马班如，泣血涟如。
象曰：泣血涟如，何可长也？

九五：屯其膏，小贞吉，大贞凶。
象曰：屯其膏，施未光也。

六四：乘马班如，求婚媾，往吉，无不利。
象曰：求而往，明也。

六三：即鹿无虞，惟入于林中。君子几，不如舍。往吝。
象曰：即鹿无虞，以从禽也，君子舍之，往吝，穷也。

六二：屯如邅如，乘马班如。匪寇婚媾，女子贞不字，十年乃字。
象曰：六二之难，乘刚也；十年乃字，反常也。

初九：磐桓，利居贞，利建侯。
象曰：虽磐桓，志行正也；以贵下贱，大得民也。

屯（zhūn）：元亨利贞，勿用有攸往，利建侯。

[白话]

屯卦：开始、通达、适宜、正固。不要有所前往，适宜建国立侯。

[解读]

① 屯卦是下震上坎，亦即"水雷屯"。《序卦》说："盈天地之间

者唯万物，故受之以屯。屯者，盈也；屯者，物之始生也。"
② "元"在此是指"开始"，而不是乾卦的"创始"，也异于坤卦的"生成"。屯卦象征万物开始出生的阶段，这种生命力将会使万物充满天地之间，进而通顺畅达，并且显得适宜而正固。"元亨利贞"是卦的四德，这四者只有在乾卦是充分而完美的意义，在其他各卦（如坤卦、屯卦、随卦、临卦、无妄卦、革卦）则是"具体而微"，并且各有其限制。譬如，屯卦的"利"是指"建侯"而言。
③ 勿用有攸往：此时万物刚刚出现，一切都在动荡之中，人们没有必要到处奔走，反而适宜安定下来，建国立侯。

象曰：屯，刚柔始交而难生。动乎险中，大亨贞。雷雨之动满盈，天造草昧（mèi），宜建侯而不宁。

[白话]

《象传》说：屯卦，阳刚之气与阴柔之气开始交流，困难随之而生。在险阻中活动不已，要使一切通达而正固。打雷下雨遍布各地，上天的造化仍在草创冥昧的阶段，适宜建国立侯，并且勤奋努力不休。

[解读]

① "刚柔始交"，在卦象上是指阳爻与阴爻开始交错搭配，所指即是二气交流开始具体产生万物。这时的困难是指万物始生之不易。
② "动乎险中"，来自下震上坎的解说。震为动，居下卦；坎为险，居上卦。下与上，犹如内与外，内为外所包，所以说"动乎险中"。"大亨贞"的"大"有普遍涵盖之意，所以译为"要使一切通达而正固"。

③ "雷雨之动"也是取象。震为雷，有振起之用；坎为水或为雨，有滋润之用，两者合作足以引发万物生生不息。不过，万物的创始根源仍须归之于"天"（由乾卦所象征）。此时对人而言是原始的草昧阶段，最好聚集成部落，建国立侯来领导大家，而不能安逸休息。

象曰：云雷屯，君子以经纶。

[白话]

《象传》说：上卦坎为云雨，下卦震为雷，两者相合就是屯卦。君子由此领悟，要努力经营筹划。

[解读]

① 此为"大象"，解释卦象，依例都是先说明上下卦的组合，再指出它对人们的启发。坎是水，引申为雨，或为云。有关"云雷屯"，可以对照"雷雨解"（解是第40卦，下坎上震䷧），可知以坎为"云"时，是说云在聚集，正如"屯"有屯聚之意，尚未解开，所以君子要"经纶"以化解困难。

② 坎为水，为坎陷；震为足，为行动。行动入于坎陷，则有回旋难进之象，这是解析各爻时可以参考的。有关基本八卦所指涉之丰富而多样的物象，请参考本书《说卦传》。

初九。磐桓（huán），利居贞，利建侯。
象曰：虽磐桓，志行正也；以贵下贱，大得民也。

[白话]

初九。徘徊不进，适宜守住正固，适宜建国立侯。
《象传》说：虽然徘徊不进，但是前进的心意是正当的；尊贵而处于卑贱之下，这样可以得到百姓的广泛支持。

[解读]

① 屯卦由下震上坎组成。震为行，总要有所作为，而震卦的初九正是发动的力量所在。这也是本爻的"志行"，此志行之"正"，在于阳爻居刚位，并且上有六四与之相应（初与四，二与五，三与上，若为一阴一阳，则属正应）。至于"磐桓"的缘由，则是上卦坎为险，磐为大石，桓为大柱，使人无法顺利前进。另外，初九为本卦主爻，因为它的爻辞"利建侯"亦见于卦辞中。

② 《易经》以阳爻为贵，阴爻为贱。由全卦看来，初九在三个阴爻之下，是"以贵下贱"，而这三个阴爻又形成一个坤卦的互卦（六爻之二、三、四、五，可以另行组为不同的单卦，称为互卦；对于理解某爻之意，常可提供参考。）坤为民，自然拥护谦虚的初九，愿意推举他为侯王。

六二。屯如邅（zhān）如，乘马班如。匪（fēi）寇婚媾（gòu），女子贞不字，十年乃字。
象曰：六二之难，乘刚也；十年乃字，反常也。

[白话]

六二。困难重重，徘徊难行，骑上马也是团团打转。要是没有盗贼，就前去结婚了。女子守正而不出嫁，十年才可出嫁。
《象传》说：六二的难局，是因为凌驾于刚爻之上；十年才可出嫁，是因为最后一切回归正常。

[解读]

① 六二处于困境之中，即使骑上马（在震卦中，震为善鸣马）也

走不得，原因在于"乘刚"（阴爻居于作为主爻的阳爻之上，这是不吉利的现象）。与六二正应的九五在坎卦中，坎为寇，九五是其所欲婚媾的对象。

② 六二居下卦之中，又是阴爻居柔位，并且上有正应，所以可以"贞"得住。至于"十年乃字"，有二说：一是十为数之终，只要坚持到底，总会回归正常；二是十为坤之数，而六二在互坤（坤作为坤卦的简称）里，所以如此说。

六三。即鹿无虞，惟入于林中。君子几（jī），不如舍（shě）。往吝。
象曰：即鹿无虞，以从禽也。君子舍之，往吝，穷也。

[白话]

六三。追逐野鹿却没有猎官带领，这样只会困处于山林中。君子察知几微，不如放弃算了。前往会有困难。

《象传》说：追逐野鹿却没有猎官带领，是因为贪图禽兽。君子放弃了，是因为前往会有困难，会陷于困境。

[解读]

① 六三在下卦震里，震为行动；又在互坤里，坤为地、为田。两者相合而引申为田猎。不过，六三以阴爻居刚位，又与上六相敌（不应就是敌），所以没有虞人（古代掌山林的官，担任打猎时的向导）来配合。六三、六四、九五这三爻形成互艮，艮为山，所以说它"惟入于林中"。

② 禽：泛指飞禽走兽。"从禽"是贪念在作祟，君子察觉事情不妙，只好放弃了。"吝"是吉凶断语之一，有困难、屈辱之意。再往下就是"厉"（危险）与咎（灾难）了。

六四。乘马班如,求婚媾,往吉,无不利。

象曰:求而往,明也。

[白话]

六四。骑上马而团团打转。若是要求结婚,前往是吉祥的,没有什么不适宜。

《象传》说:要求结婚而前往,是明智的做法。

[解读]

① 六四已进入上坎,坎为美脊马,所以也说"乘马"。六四和六二处境同样是"班如",因为仍然处于屯卦下震上坎的大格局中。

② "求婚媾"有二途:一是比(相邻为比),亦即往上找相邻的九五,是为"往吉";二是应,六四与初九正应,但它本身在互艮中,艮为止。舍初取五,是明智的选择。

九五。屯其膏,小贞吉,大贞凶。

象曰:屯其膏,施未光也。

[白话]

九五。屯积恩泽,小规模的正固是吉祥的,大规模的正固就有凶祸。

《象传》说:屯积恩泽,是因为施布不够广大。

[解读]

① 九五居坎卦之中,坎在此为云,表示集聚为云气而尚未转化为普施天下的雨,所以说"屯其膏"。膏是油脂、膏泽,屯而未施,表示天子的恩泽未能广布。

② 九五与六二正应,在此表示有所私,是"施未光也",所以适

宜小规模（或小事上）正固，亦即以渐进方式守正，而无法全面大规模要求正固。若是勉强为之，则大贞将会带来凶祸。另一说法是，以贞为"占"，亦即占问小事（与己有关者）吉祥，占问大事（与国有关者）则凶险。从象辞"施未光也"看来，两种解法可以并存。

上六。乘马班如，泣血涟（lián）如。
象曰：泣血涟如，何可长也？

[白话]

上六。骑着马团团打转，哭泣得血泪涟涟。
《象传》说：哭泣得血泪涟涟，怎么能够长久呢？

[解读]

① 上六居坎卦上爻，坎为美脊马，所以说"乘马"。本卦三个阴爻（二、四、上）都居柔位，也都提及"乘马"，意图有所前进，但是三者都陷于"班如"的处境。这是屯卦的特色。

② 上六走到顶点，前无去路，下与六三又是敌而不应，所以情况最惨。它所居的坎卦，又有水、血之象，于是只得"泣血涟如"了。这样是不会持久的。屯卦也到了向前变化的时机了。

04　蒙卦　䷃

蒙：亨。匪我求童蒙，童蒙求我。初筮告，再三渎，渎则不告。利贞。

象曰：山下出泉，蒙。君子以果行育德。

上九：击蒙。不利为寇，利御寇。
象曰：利用御寇，上下顺也。

六五：童蒙，吉。
象曰：童蒙之吉，顺以巽也。

六四：困蒙，吝。
象曰：困蒙之吝，独远实也。

六三：勿用取女，见金夫，不有躬。无攸利。
象曰：勿用取女，行不顺也。

九二：包蒙，吉。纳妇吉。子克家。
象曰：子克家，刚柔接也。

初六：发蒙，利用刑人，用说桎梏。以往，吝。
象曰：利用刑人，以正法也。

蒙：亨。匪我求童蒙，童蒙求我。初筮（shì）告，再三渎（dú），渎则不告。利贞。

[白话]

蒙卦：通达。不是我去求蒙昧的儿童，是蒙昧的儿童来求我。初次占筮，告诉他结果；两次三次占筮，是亵渎神明；亵渎就不告诉他。适宜正固。

[解读]

① 蒙卦是下坎上艮，亦即"山水蒙"，《序卦》说："物生必蒙。蒙者，蒙也，物之稚也。"物之幼稚阶段，有如蒙昧未开的状态，在人则是童蒙。

② 蒙卦是万物初生之后的发展阶段，所以不说它"元"（开始），而说它"亨"，因为发展的目标是要使一切通顺畅达。至于文末所说的"利贞"，则是必须先考量中间一段话所设定的条件，亦即做到这些才可进而利贞。

③ 童蒙：儿童尚未拜师学习时，心智处于蒙昧状态（亦即依本能的需要而行动），所以称为童蒙。在此借为比喻，所指为心智像童蒙的人。他自知有所不明，所以要来求我（明白易理，懂得占筮的人）。占筮以诚意为要，再三占筮则有渎神之嫌，即对神明不敬，想利用神明来肯定自己的意念。

彖曰：蒙。山下有险，险而止，蒙。蒙亨，以亨行时中也。匪我求童蒙，童蒙求我，志应也。初筮告，以刚中也。再三渎，渎则不告，渎蒙也。蒙以养正，圣功也。

[白话]

《彖传》说：蒙卦。山下有危险，遇到危险就停下来，这就是蒙昧的状况。蒙卦通达，是因为它以通达的方式做到合时与中道。不是我去求蒙昧的儿童，是蒙昧的儿童来求我，这表示心意相互呼应。初次占筮，告诉他结果，那是因为本卦有刚毅中正之象。两次三次占筮，是亵渎神明，亵渎就不告诉他，因为他既蒙昧又亵渎。蒙昧之时可以用来培养正道，这是造就圣人的功业啊。

[解读]

① 蒙卦：由下坎上艮组成。艮为山，为止；坎为水，为险；所以

说"山下有险"。外有山阻挡，内又有险难，使人不知所适，"险而止"，情况蒙昧。

② 蒙昧则求通达，在此所指为九二所显示的象，亦即九二得时（有六五为应）而处中（居下卦中位）。程颐说："时谓得君之应，中谓处得其中。"他所谓的"君"是指六五（五为君位），但是此君以阴爻居刚位，又在上卦艮中，艮为少男，所以说是童蒙。"童蒙求我"，是六五求九二，两者心意相应。

③ "刚中"是指九二以刚爻居中位，表示刚毅中正，可以正确引导童蒙。但是，童蒙再三占筮，已无诚意可言，就不必对他多言了。"蒙以养正"，是说一启蒙就要培养正道，由此可以修成圣人功夫。儿童阶段若有偏差言行，往后一生也将歧路多艰。

象曰：山下出泉，蒙。君子以果行育德。

[白话]

《象传》说：山下流出泉水，形成蒙卦的意象。君子由此领悟，要以果决的行动培育道德。

[解读]

① 蒙卦下坎上艮，是山下有水，亦即山下流出泉水，清澈又可汇聚成河，是成长之象。此时必须把握良机，接受适当教育。

② "君子"是指立志成为君子的人。儒家以"君子"为理想人格的典型，凡是有此心志者，即是君子。相形之下，"小人"或凡民则是无此心志的人。因此，君子也须由年轻时就"果行育德"。

初六。发蒙，利用刑人，用说（tuō）桎梏（zhì gù）。以往，吝。
象曰：利用刑人，以正法也。

[白话]

初六。启发蒙昧,适宜用刑罚来规范人们,藉此让他们摆脱桎梏。依此有所前往,会陷入困难。

《象传》说:适宜用刑罚来规范人们,是为了端正法纪。

[解读]

① 初六以阴爻居下,代表被统治的人民处于蒙昧之中。这时统治者以刑罚规范,是为了让他们摆脱(说,同脱)桎梏。"桎梏"是脚镣手铐的刑具,在此有二义:本能欲望对人的控制,以及真正犯法受刑的状态。启蒙对于解脱这两种桎梏,皆有具体的作用。初六在下卦坎中,坎为陷,为险,所以用"刑人"为喻。

② 以往,吝:如果只知借助于刑罚,往未来推展下去,结果将会陷入困境,有如孔子所说的:"道之以政,齐之以刑,民免而无耻;道之以德,齐之以礼,有耻且格。"(《论语·为政》)"民免而无耻",将是整个社会的困境。此外,"以往,吝"也可以由爻象来看,亦即初六与六四敌而不应,所以不宜前往。"以正法也",表示这样做是为了端正法纪,除此之外还需要德与礼的配合。

九二。包蒙,吉。纳妇吉。子克家。
象曰:子克家,刚柔接也。

[白话]

九二。包容蒙昧,吉祥。容纳妇人,吉祥。儿子能够持家。
《象传》说:儿子能够持家,因为刚爻与柔爻可以接应。

[解读]

① 在蒙卦中,九二以阳爻居中,又有六五与之相应,自然可以承

担责任，包容蒙昧之人。"纳妇"是指接纳六五而言。"刚柔接"亦由此取象，只要阴阳相济，就吉祥了。

② 在古代封建制度下，诸侯的封地称"国"，大夫的采邑称"家"。五是天子位，二是大夫位，所以九二提及"家"。并且，九二与六三、六四，形成一个互卦震（☳），而震为长子。这是"子克家"的依据。

六三。勿用取女，见金夫，不有躬。无攸利。
象曰：勿用取女，行不顺也。

[白话]

六三。不要娶这个女子，她见到有钱的男子，就会失身。娶她没有任何好处。
《象传》说：不要娶这个女子，是因为她的行为不顺理。

[解读]

① 六三与上九是正应，但是蒙卦的主角是九二。九二为众望所归，成为"金夫"；六三以阴爻居刚位，又居上下卦交接之际，原本就三心二意很不安分，现在与九二相邻，难免见利忘义，取悦九二。在理解爻辞时，也可使用"爻变"。此处即为变六三为九三，形成互兑（九二、九三、六四）。兑为少女，亦为金，夫则是指原来的互震（九二、六三、六四）。如此，则爻辞可以阐释得更为清楚。

② "取"通"娶"；"躬"为"自身"。六三在互坤（六三、六四、六五）中，坤为母，为有身，引申为自身。它若取悦九二，就会离开互坤，所以说它"不有躬"。娶了无法守住自身的女子，不会有任何好处。至于"行不顺"，是指六三"乘刚"，凌驾于九二这个主爻之上，在《易经》中，所乘之刚为

主爻，总是不顺理与不顺利的。

六四。困蒙，吝。

象曰：困蒙之吝，独远实也。

[白话]

六四。困处于蒙昧之中，有困难。

《象传》说：困处于蒙昧之中而有困难，是因为只有自己远离了刚爻。

[解读]

① 在蒙卦中，阳爻代表主动的启蒙者，阴爻则是被动的蒙昧者。六四上下皆为阴爻，困处于蒙昧之中，这是真正的困境啊！六四爻变，出现互坎，坎为坎陷，为困。

② 进一步观察可知，此困境在于：只有六四远离了拥有实力的阳爻。六四与初六敌而不应，与九二及上九也都隔了一个阴爻，正是求告无门。但全卦只有六四当位，所以说它"吝"，尚不至于有咎。

六五。童蒙，吉。

象曰：童蒙之吉，顺以巽也。

[白话]

六五。蒙昧的儿童，吉祥。

《象传》说：蒙昧的儿童是吉祥的，因为他以谦逊来表达顺从。

[解读]

① 蒙卦卦辞所说的"童蒙"，即指此爻。六五在上卦艮中，艮为

少男，即是童蒙。儿童处于蒙昧，乃人生必经阶段；只要认清自己的角色与处境，再设法寻求启蒙之道，结果是吉祥的。

② 顺以巽：六五居上卦之中位，与九二正应，等于天子以柔顺姿态，任用刚明贤者，如此可以为整个天下启蒙。六五又在互坤（六三、六四、六五）中，坤为顺。六五爻变为九五，使上卦成为巽，巽为风，为谦逊，所以说他以谦逊来表示顺从，如此自然吉祥。

上九。击蒙。不利为寇，利御寇。
象曰：利用御寇，上下顺也。

[白话]

上九。击走蒙昧。不适宜做强盗，适宜抵御强盗。
《象传》说：适宜用来抵御强盗，是因为上下相顺。

[解读]

① 上九是阳爻，也有启蒙责任。它在上卦艮里，艮为手，所以要说用手打击，要击走蒙昧。

② 上九与六三虽然正应，但是六三"见金夫"，不来相应；同时六三在下卦坎中，坎为盗寇，所以"不利为寇"。艮为止，为御，上九不宜利用别人的蒙昧来取得个人利益，而应该结合众人抵抗外来的盗寇。

③ "上下顺也"，上指上九，下指互坤（六三、六四、六五）。坤为众，为顺，亦即下有众人顺从。上下相顺，足以度过蒙卦的阶段。

05　需卦 ䷄

需：有孚，光亨，贞吉。利涉大川。
象曰：云上于天，需。君子以饮食宴乐。

上六：入于穴，有不速之客三人来，敬之终吉。
象曰：不速之客，敬之终吉；虽不当位，未大失也。

九五：需于酒食，贞吉。
象曰：酒食贞吉，以中正也。

六四：需于血，出自穴。
象曰：需于血，顺以听也。

九三：需于泥，致寇至。
象曰：需于泥，灾在外也。自我致寇，敬慎不败也。

九二：需于沙，小有言，终吉。
象曰：需于沙，衍在中也；虽小有言，以吉终也。

初九：需于郊，利用恒，无咎。
象曰：需于郊，不犯难行也；利用恒，无咎，未失常也。

需：有孚，光亨，贞吉。利涉大川。

[白话]

需卦：有诚信，光明通达，正固吉祥。适宜渡过大河。

[解读]

① 需卦是下乾上坎，亦即"水天需"。《序卦》说："物稚不可不

养也，故受之以需。需者，饮食之道也。"有所需要，也是有所等待。

② "孚"是信，有孚是指诚而有信。《易经》常以"有孚"描写异性爻的亲近遇合，如本卦九五（上下皆为阴爻）即是有孚。有了诚信，就会光明通达，守住正固而得吉祥。

③ 本卦由下乾上坎组成，乾为健，即使遇水（坎为水），也能奋勇前进，所以说"利涉大川"。六十四卦中，卦辞谈到"利涉大川"的有七卦：需卦、同人卦、蛊卦、大畜卦、益卦、涣卦及中孚卦。这些卦的组合中，必有一个单卦为乾或巽。

象曰：需。须也，险在前也。刚健而不陷，其义不困穷矣。需有孚，光亨，贞吉。位乎天位，以正中也。利涉大川，往有功也。

[白话]

《象传》说：需卦。有所等待，因为前面出现了危险。有刚健之德而不会陷于险难，从道理上讲不会走到困穷的地步。需卦有诚信，光明通达，正固吉祥。九五处在天位，可以端正而守中。适宜渡过大河，前往可以建立功业。

[解读]

① "须"是待，要等待条件成熟才可以行动。上卦为坎，坎为险；上为前，下为后，所以说"险在前也"。险在前，不容不有所待而后济。下卦为乾，乾有刚健之德，所以不会陷入险中。"义"指道理或合宜的推断。

② 五位是"天位"；九五是阳爻居天位，足以做到正与中。"利涉大川"是常见的用语，意指像大河这样的险阻也挡不住，并且还有利可得，亦即建立功业。

象曰：云上于天，需。君子以饮食宴乐。

[白话]

《象传》说：云气上升到天空，这就是需卦的取象。君子由此领悟，要饮食与宴乐。

[解读]

① 本卦下乾上坎，乾为天，坎为水，水在天上，引申为云。云在天上，尚未凝聚成雨，所以要耐心等待。君子即使有才德，也须待机而动。

② 君子在等待时，该做什么？程颐说："饮食以养其气体，宴乐以和其心志，所谓居易以俟命也。"处于平常日子，要自养（饮食）与自怡（宴乐），准备接受天命。

初九。需于郊，利用恒，无咎。
象曰：需于郊，不犯难行也；利用恒，无咎，未失常也。

[白话]

初九。在郊野等待，适宜守常不动，没有灾难。
《象传》说：在郊野等待，是不要冒险前进；适宜守常不动而没有灾难，是因为没有失去常理。

[解读]

① 需卦显示"等待"之意。初九离上坎的危险最远，有如处在郊野。《尔雅》谓："邑外谓之郊，郊外谓之野。"在都城之外等待，只要不失其常度，守健自持而不变，就没有灾难。

② "未失常也"，是因为阳爻居初位，上又有六四相应，所以可以远离危险，等待时机。

九二。需于沙，小有言，终吉。

象曰：需于沙，衍在中也；虽小有言，以吉终也。

[白话]

九二。在沙滩上等待，有些小的责难，最后吉祥。

《象传》说：在沙滩上等待，是因为沙洲浮现在水中；虽然有些小的责难，最后还是吉祥收场。

[解读]

① 九二离水（上坎为水）较近，到了沙滩。由于是阳爻居柔位，并且在互兑（九二、九三、六四）中，兑为口，为毁折，所以有些小的口舌是非。不过，处在下卦中位，又是等待不前，所以终究还是吉祥。

② "衍"是水中泥沙，有如沙洲。九二的对应是九五，九五为坎中（水中）之阳爻，有如沙洲。九二与九五敌而不应，有如见沙洲而无法前行。

九三。需于泥，致寇至。

象曰：需于泥，灾在外也。自我致寇，敬慎不败也。

[白话]

九三。在泥沼中等待，招来了强盗。

《象传》说：在泥沼中等待，是因为外面有强盗。由我自己招来强盗，所以恭敬谨慎就不会陷于祸败。

[解读]

① 九三居下卦之上位，紧邻坎水，等于停留在河边泥沼中。它若继续向前行动，就会引来强盗（坎为盗），因为强盗就在外面。

② 九三与上六相应，等于自己招来了强盗。这时若能"敬慎"，即可立于不败之地，因为下卦为乾，乾为健，尚有自卫能力。

六四。需于血，出自穴。
象曰：需于血，顺以听也。

[白话]

六四。在血泊中等待，从洞穴中逃出来。
《象传》说：在血泊中等待，是因为以听命来表示顺从。

[解读]

① 六四下临三个刚爻的进逼，有如阴阳之战，必定见血。并且，六四已经进入坎卦，而坎为血卦。这双重取义，使六四"需于血"。同时，坎为陷，引申为陷井或地下之穴。六四"出自穴"，表示大难不死。

② 在血泊中等待而可以逃生，是因为以阴爻居柔位，并且上顺九五，又有初九与之相应，这是"顺以听"，可以保住性命。"听"取象于坎为耳。

九五。需于酒食，贞吉。
象曰：酒食贞吉，以中正也。

[白话]

九五。在享用酒食中等待，正固吉祥。
《象传》说：在享用酒食中等待，是因为守中而端正。

[解读]

① 九五为需卦主爻，所以，爻辞与《彖传》《象传》相应。九五

居上卦中位，又是阳爻居刚位，为正。行为守中而端正，守住正固自然吉祥。九五在上坎中，坎为水，又在互离中，离为火，有水有火，引申为酒食。

② 由此可知，"酒食"（饮食宴乐）在等待时机的时候也是不可或缺的。关键在于自己是否合乎中正之道。在此，"需于酒食"亦指以酒食等待下乾三阳爻（贤者）之来。

上六。入于穴，有不速之客三人来，敬之终吉。
象曰：不速之客来，敬之终吉；虽不当位，未大失也。

[白话]

上六。进入洞穴中，有不请自来的三个客人到了，尊敬他们，最后吉祥。

《象传》说：不请自来的客人到了，尊敬他们，最后吉祥；上六虽然位置不当，但没有大的过失。

[解读]

① 上六为坎卦上爻，相对于下卦而言，是入于坎（为穴）的内部，又是阴爻居柔位，算是可以安居了。"速"是召请，"不速之客"是指下卦三个阳爻（三人）而言。需卦最后"利涉大川"，所以三个阳爻要往上前进，变成不召而来。

② "不当位"是指上六对九五"乘刚"而不顺，并且到了全卦末爻，挡不住需卦的前进趋势。"未大失"是指还有九三的正应。九三说"敬慎不败"，上六说"敬之终吉"，两者呼应可以逢凶化吉。本卦六爻，两言"终吉"，可知需之为道，无速效，必须久而后吉。

06　讼卦 ䷅

讼：有孚，窒惕，中吉，终凶。利见大人，不利涉大川。
象曰：天与水违行，讼。君子以做事谋始。

上九：或锡之鞶带，终朝三褫之。
象曰：以讼受福，亦不足敬也。

九五：讼，元吉。
象曰：讼，元吉，以中正也。

九四：不克讼，复即命，渝安贞，吉。
象曰：复即命，渝安贞，不失也。

六三：食旧德，贞厉，终吉。或从王事，无成。
象曰：食旧德，从上吉也。

九二：不克讼，归而逋，其邑人三百户无眚。
象曰：不克讼，归逋窜也；自下讼上，患至掇也。

初六：不永所事，小有言，终吉。
象曰：不永所事，讼不可长也；虽小有言，其辩明也。

讼：有孚，窒惕，中吉，终凶。利见大人，不利涉大川。

[白话]

讼卦：有凭证可信，窒塞而须警惕，中间吉祥，最后有凶祸。适宜见到大人，不适宜渡过大河。

[解读]

① 讼卦是下坎上乾，亦即"天水讼"。《序卦》说："饮食必有讼，

故受之以讼。"人与人之间因为争取需求而发生诉讼。
② 孚是信，九二与九五皆阳爻居中，各有其凭证或证据。但是，处于讼卦，各执一词，证据未必被采信，显示窒塞不通的状况，所以要小心戒惧。
③ "中吉"指诉讼之事，中间和解，可吉。"终凶"，诉讼若不能适可而止，则最后的结局将是凶祸。此时适宜见到公正廉明的大人，而不适宜逞勇冒险。

象曰：讼。上刚下险，险而健，讼。讼有孚，窒惕，中吉，刚来而得中也。终凶，讼不可成也。利见大人，尚中正也；不利涉大川，入于渊也。

[白话]

《象传》说：讼卦。上卦刚强，下卦险恶；遇到险恶还健行不已，就形成讼卦。讼卦有凭证可信，却窒塞而须警惕；至于中间吉祥，是因为刚爻来到下卦并居于中位。最后有凶祸，是因为争讼不可能成就任何事。适宜见到大人，是因为崇尚守中而端正的品德；不适宜渡过大河，是因为本身陷于深渊之中。

[解读]

① 讼卦由下坎上乾组成。坎为险，乾为刚，是为"上刚下险"。遇到险恶还往前奋进，或者内心险恶外表刚强，自然难免争讼了。
② 九二虽有孚，但处于下卦坎中。坎有险阻之意，并且对人而言，坎是"加忧，心病"，所以合成"窒惕"。若是不窒，何必争讼？"中吉"由九二居中的中，引申为争讼的中间过程。"终凶"是指争讼不会有好结果。
③ 九五阳爻居刚位，又在上卦之中，是具有中正之德的"大人"，可以秉公断案。"入于渊也"，是指九二本身在坎的中间。由

"刚来而得中"一语可知讼卦系由遁卦（䷠）变来，九三与六二换位而成。这是"卦变"。由此可知九二为主爻，欲与九五争讼。大多数的卦皆由十二消息卦变成，有关消息卦请参考临卦的解读部分。因此，"入于渊也"，是指九二本身到了坎的中间位置，争讼不可能成功。

象曰：天与水违行，讼。君子以做事谋始。

[白话]

《象传》说：天与水相违而行，就是讼卦。君子由此领悟，做事要在开始时就谋划好。

[解读]

① 讼卦下坎上乾，乾为天，坎为水。天原本居上，水原本在下，两者背道而驰，无法沟通交流，所以会有争讼。
② 君子做任何事都要想到将来的最坏结果，所以在开始时谨慎筹谋。否则的话，"人无远虑，必有近忧"（《论语·卫灵公》）。

初六。不永所事，小有言，终吉。
象曰：不永所事，讼不可长也；虽小有言，其辩明也。

[白话]

初六。不要把事情做到底，有小的责难，最后吉祥。
《象传》说：不要把事情做到底，因为争讼不可以长期坚持；虽然有小的责难，还是可以辨明道理。

[解读]

① 讼卦初六是争讼的开始阶段，阴爻力弱，又在初位，表示不会

长久进行此事（争讼之事），所以只有口舌之争，最后吉祥。初六爻变，下卦成兑，兑为口，所以说"小有言"。
② 初六有"其辩（辨）明也"，是因为上有九四为正应，九四在互离（九二、六三、九四），离为明。讼卦既是争讼，每一爻的敌与应就很关键了。敌则相抗，应则支援。

九二。不克讼，归而逋（bū），其邑人三百户无眚（shěng）。
象曰：不克讼，归逋窜也；自下讼上，患至掇（duó）也。

[白话]

九二。争讼没有成功，回来躲避，他采邑的三百户人口没有灾害。
《象传》说：争讼没有成功，回来躲避是要逃开争讼的事；居下位而与居上位者争讼，祸患来到是自己找的。

[解读]

① 九二与九五敌而不应，而九五为尊位，所以九二争讼不能成功。并且这是明显的"自下讼上"，无异于自取祸患。九二在下卦坎中，坎为险，情况极为不利。
② "二"是大夫位，大夫的采地为"邑"。三百户为下大夫所有。九二败诉逃回来，由于居下卦中位，所以勉强没事，并且邑人也不会受到牵连。
③ "逋"是逃避躲藏，"眚"是较小的灾祸。"掇"是拾取。本爻强调形势比人强，先避讼免祸再说。

六三。食旧德，贞厉，终吉。或从王事，无成。
象曰：食旧德，从上吉也。

[白话]

六三。享用祖先的余荫，但一直如此会有危险，最后吉祥。或者跟随君王做事，没有成就。

《象传》说：享用祖先的余荫，是因为跟随上位者就会吉祥。

[解读]

① "旧德"是祖先的恩德，亦即承袭所得的爵禄。"三"是公位，是由祖先的余荫而来。遁卦变为讼卦时，六二与九三换位，六二原与九五正应，这是"旧德"，现在成了六三，仍可上承九四、九五形成互巽，巽为近利市三倍，正如有旧德可食。但一直如此会有危险，亦即"贞厉"。明白这一点而从上，则"终吉"。

② 六三有上九正应，上九在乾卦中，乾为君，所以说"从上吉也"。六三在下坎，坎为险为厉；六三也在互巽中，巽为风为不果，所以"无成"。

九四。不克讼，复即命，渝安贞，吉。

象曰：复即命，渝安贞，不失也。

[白话]

九四。争讼没有成功，返回到自己命定的角色，变得安于正固，吉祥。

《象传》说：返回到自己命定的角色，变得安于正固，是因为这样没有失去身份。

[解读]

① 九四与九二的处境相同，都是"不克讼"，因为讼卦的主角是九五。九四（为诸侯）争不过九五（为天子）；它与初六正应，

不必兴讼，所以争讼无成。
② "渝"是变，变得安于正固，就是回到命限。九四在上卦乾中，乾为天，又在互巽（六三、九四、九五）中，巽为风，犹如传来天之命，因此诸侯守住天命，没有失去身份，自然吉祥。

九五。讼，元吉。
象曰：讼，元吉，以中正也。

[白话]

九五。争讼，最为吉祥。
《象传》说：争讼，最为吉祥，是因为守中而端正。

[解读]

① 九五阳爻居刚位，得正，五又是上卦中位，这表示大人得位，以公正严明的态度处理诉讼。就争讼而言，没有更好的情况了。九五爻变，上卦成离，离为明，为讼之所需。
② "元吉"是上上大吉，接着才是"大吉"与"吉"。占筮之辞以此为最理想。

上九。或锡之鞶（pán）带，终朝三褫（chǐ）之。
象曰：以讼受服，亦不足敬也。

[白话]

上九。或许受赐官服大带，但是一天之内被剥夺三次。
《象传》说：因为争讼而获得官服，也就不值得尊敬了。

[解读]

① 上九居讼卦顶端，可以由争讼而取利；但是又走到了乾卦上爻，

可谓刚极之至，欲争讼到底，即使胜诉也必结怨。

② "锡"，赐也；"鞶带"，大带，为古代官服的一部分。这取象于上乾，乾为衣，引申为衣带。藉着争讼而获官职，并不值得尊敬。"终朝"是终日，指一天之内。"三褫之"，褫是夺走；若由象上看，乾为白昼为一日，三阳爻为三次。上九爻变，上卦成兑，兑为毁折，所以说"褫之"。上九有悔，是可以理解的。

07　师卦 ䷆

师：贞。丈人吉，无咎。
象曰：地中有水，师，君子以容民畜众。

上六：大君有命，开国承家，小人勿用。
象曰：大君有命，以正功也。小人勿用，必乱邦也。

六五：田有禽，利执言，无咎。长子帅师，弟子舆尸，贞凶。
象曰：长子帅师，以中行也；弟子舆尸，使不当也。

六四：师左次，无咎。
象曰：左次无咎，未失常也。

六三：师或舆尸，凶。
象曰：师或舆尸，大无功也。

九二：在师中，吉无咎，王三锡命。
象曰：在师中吉，承天宠也。王三锡命，怀万邦也。

初六：师出以律，否臧，凶。
象曰：师出以律，失律凶也。

师：贞。丈人吉，无咎。

[白话]

师卦：正固。有威望的长者吉祥，没有灾难。

[解读]

① 师卦是下坎上坤，亦即"地水师"。《序卦》说："讼必有众起，

故受之以师。师者，众也。"争讼的人越来越多，以致形成了军队。
② "师"原指军队编制，有作战任务，所以必须正固。"丈人"是指有威望的长者；由于此语在《易经》中只出现一次，所以常被认为是"大人"的误写。丈人带领军队，是吉祥的。
③ "无咎"是因为军队作战并非可喜之事，谈不上"无不利"。

彖曰：师，众也；贞，正也。能以众正，可以王矣。刚中而应，行险而顺，以此毒天下，而民从之，吉又何咎矣？

[白话]

《彖传》说：师卦的师，由众人组成；正固是坚持正道。能够带领众人走上正路，就可以称王天下了。刚强者居中并且上下相应，遭遇危险还能顺利前进，用这种做法来役使天下，而百姓跟随他，结果是吉祥，另外还会有什么灾难呢？

[解读]

① 师是军队，由众人所组成。古代军队编制为：五人一伍，五伍一两，四两一卒（一百人），五卒一旅，五旅一师（二千五百人）。带领众人而能正固，实非丈人莫属。
② 师卦六爻只有九二为阳，等于一阳（丈人）带五阴（众人）。九二是刚爻居下卦之中位，可以行正道，上又有六五相应。因此，他有为王的气象。
③ "行险而顺"：本卦下坎上坤，坎为险，坤为顺，亦即遇到危险而终能顺利化解。"毒"是指役使，因为作战之役使有如荼毒百姓。这原本会带来忧苦，但是百姓依然支持正义之师，所以结果是"吉"。

象曰：地中有水，师。君子以容民畜（xù）众。

[白话]

《象传》说：地里面有水，这就是师卦。君子由此领悟，要容纳百姓，养育众人。

[解读]

① 师卦由下坎上坤合成；坤为地，坎为水，所以说"地中有水"。水聚集在地下，正如兵藏民中，由众人集合可以组成军队。
② 君子的志向是修养道德以建立功业，所以要"容民畜众"。

初六。师出以律，否（pǐ）臧（zāng），凶。
象曰：师出以律，失律凶也。

[白话]

初六。军队出动要按照军纪，不顺从的，将有凶祸。
《象传》说：军队出动要按照军纪，因为破坏军纪会有凶祸。

[解读]

① 初六是师卦第一爻，表示要发动军队去作战，这时须以军纪为上。初六在下卦坎中，坎为水，水为平，引申为法令与规范。所以说，"师出以律"。
② 否臧："否"是恶、逆，"臧"是善、顺。一般讲"臧否人物"，是指评断人物的好坏优劣。在此，"否臧"是指逆而不顺。"失律"对任何团体都是危机，而对军队则是凶祸。

九二。在师中，吉无咎，王三锡命。
象曰：在师中吉，承天宠也。王三锡命，怀万邦也。

［白话］

九二。率领军队而能守中，吉祥而没有灾难，君王三次赐命嘉奖。
《象传》说：率领军队而能守中吉祥，是因为受到上天的宠幸。君王三次赐命嘉奖，是为了使万国都来臣服。

［解读］

① 九二居下卦中位，就军队而言，可以统一指挥又可以守住中道，所以"吉无咎"。九二与六五正应，六五为天位或天子位，对九二全力支持，六五到九二有三步，所以说"三锡命"。《周礼》有"一命受职，再命受服，三命受位"之说。

② 承天宠：九二为全卦唯一阳爻，往上直通天位而毫无阻隔，又与六五正应，可谓得天独厚。怀万邦：君王奖赏功臣，万邦乐于归顺。上卦为坤，为国，一致应合九二，唯九二马首是瞻。所以，奖赏功臣，正可以怀柔万邦。

六三。师或舆（yú）尸，凶。
象曰：师或舆尸，大无功也。

［白话］

六三。军队或许会载着尸体回来，凶祸。
《象传》说：军队或许会载着尸体回来，完全没有功劳可言。

［解读］

① 六三居下卦坎之上位，坎为"多眚舆"，多灾多难的车辆；六三又在互坤中，坤为纯阴，无活力，为尸，所以"或舆尸"。这在师卦中当然是凶祸之兆。

② 六三以阴爻居刚位，其位不正；对九二则是乘刚，与上六又敌而不应，所以"大无功"。

六四。师左次，无咎。

象曰：左次无咎，未失常也。

[白话]

六四。军队后退驻扎，没有灾难。

《象传》说：后退驻扎而没有灾难，是因为没有失去常规。

[解读]

① 军队作战需要勇健，而六四阴爻居柔位，有退避之象。左：军中尚右，以左为退；次：驻扎两天以上。《左传·庄公三年》："凡师，一宿为舍，再宿为信，过信为次。"

② 没有取胜的把握，就"左次"，这在作战中是合乎常规的，所以"无咎"。

六五。田有禽，利执言，无咎。长子帅师，弟子舆尸，贞凶。

象曰：长子帅师，以中行也；弟子舆尸，使不当也。

[白话]

六五。田里有禽兽，适宜说明捕获的理由，没有灾难。长子统率军队，弟子载尸而归，这样下去会有凶祸。

《象传》说：长子统率军队，因为他根据中道行动；弟子载尸而归，是使用人不恰当的后果。

[解读]

① 田有禽：坤为地，为田，有田地就可能有禽兽加害作物。既然是军队，就须驱逐国土内的禽兽（指作乱滋事者）。这一点显然需要师出有名。六五与九二正应，九二在互震（九二、六三、六四），震为鸣，为言，所以说"利执言"（猎捕的理由）。如

此可以"无咎"。
② 长子帅师，所指为九二，因为全卦只有它是阳爻，并且九二在互震中，震为长男。其爻辞有"在师中吉"一语。至于"弟子舆尸"，则指六三而言，六三在下坎中，坎为中男，而六三"或舆尸"。由于下令任用的权力在于六五，六五先是用人不当，然后看到"弟子舆尸"还是坚持不改（贞），结果自然是凶了。

上六。大君有命，开国承家，小人勿用。
象曰：大君有命，以正功也；小人勿用，必乱邦也。

[白话]

上六。天子颁赐爵命，封为诸侯可以开国，封为大夫可以立家，对小人则不要任用。
《象传》说：天子颁赐爵命，是要按军功作正确的奖赏；对小人则不要任用，因为他们一定会使国家动荡不安。

[解读]

① 师卦到了最后一爻，表示作战结束，要论功行赏了。大君是指天子，对有功者可以封赏诸侯（国）与大夫（家）。但是，小人即使有功，也须小心勿用。
② 所谓"小人"，显然是指德行修养而言，他们也有可能建立军功，但是正如程颐所云："赏之以金帛禄位可也，不可使有国家而为政也。"
③ 六爻配合爵位而言，大致如下：初爻是元士位，二爻是大夫位，三爻是公位，四爻是诸侯位，五爻是天子位，六爻是宗庙位。本卦上六是天子封赏功臣，典礼常在宗庙举行，有如奉行先王神灵的旨意。所以，亦合乎爻位之说。

08　比卦

比：吉。原筮，元永贞，无咎。不宁方来，后夫凶。
象曰：地上有水，比。先王以建万国，亲诸侯。

上六：**比之无首，凶。**
象曰：比之无首，无所终也。

九五：**显比，王用三驱，失前禽。邑人不诫，吉。**
象曰：显比之吉，位正中也。舍逆取顺，失前禽也。邑人不诫，上使中也。

六四：**外比之，贞吉。**
象曰：外比于贤，以从上也。

六三：**比之匪人。**
象曰：比之匪人，不亦伤乎？

六二：**比之自内，贞吉。**
象曰：比之自内，不自失也。

初六：**有孚，比之，无咎。有孚盈缶，终来有它吉。**
象曰：比之初六，有它吉也。

比（bǐ）：吉。原筮，元永贞，无咎。不宁方来，后夫凶。

[白话]

比卦：吉祥。推究占筮，开始而长久正固，没有灾难。从不安定中刚刚转变过来，后到的会有凶祸。

[解读]

① 比卦是下坤上坎，亦即"水地比"。《序卦》说："众必有所比，

故受之以比。"《杂卦》则说:"比乐师忧。"师卦忧虑而比卦喜乐。

② "比"是亲近依靠、互相帮助之意。对人群相处而言,吉祥。"原筮"是要辨明实情,以免有虚伪的人蒙混。如此才可以开始"比",并使之长久、正固。此事大为不易,但是"无咎"。

③ 到了比卦,天下才从"不宁"中转变过来。"后夫"的"夫"是语辞,凡是后到的(包括众人与小国家),由于亲比不上,所以"凶"。

彖曰:比,吉也。比,辅也,下顺从也。原筮,元永贞,无咎,以刚中也。不宁方来,上下应也。后夫凶,其道穷也。

[白话]

《彖传》说:比卦,吉祥。比是辅助的意思,在下的人都能顺从。推究占筮,开始而长久正固,没有灾难,是因为刚强者居中。从不安定中刚刚转变过来,是因为居上位者有底下的人来应和。后到的会有凶祸,是因为他的路走到尽头了。

[解读]

① "比"有亲近、互助之意。下卦坤为顺,表示"下顺从也",百姓都来相辅。上是指九五,占天子之位,并且刚爻居中,有刚健中正之德。

② 九五刚中,六二阴爻居柔位,也居下卦之中位,所以上下相应无间,天下开始太平。"后夫"则指后到者,迟疑不肯亲比,最后无路可走,所以"凶"。

象曰:地上有水,比。先王以建万国,亲诸侯。

[白话]

《象传》说：大地上有水，这就是比卦。先王由此领悟，要封建万国，亲近诸侯。

[解读]

① 比卦下坤上坎，坎为水，坤为地，是"地上有水"。地承载水，水滋润地，两者相互依存。
② 先王是指古代天子，在安定天下之后广建诸侯之国。夏朝有"万国"之说，商汤时有七千七百七十三国，周初仍有一千八百多国。小国越多，有如众星拱月，共同来辅佐天子。

初六。有孚，比之，无咎。有孚盈缶（fǒu），终来有它吉。
象曰：比之初六，有它吉也。

[白话]

初六。有诚信，去亲近依靠，没有灾难。有诚信如同瓦罐盈满，会有另外的吉祥最后来到。
《象传》说：比卦的初六，将有另外的吉祥。

[解读]

① 比卦须以诚信为先，所以初六两言"有孚"。而初六所比的对象，自然是全卦唯一的阳爻九五了。愿意去"比"，就"无咎"。
② 盈缶：下坤为釜（锅），借为"缶"（瓦罐）；上坎为水。瓦罐水满，有如诚信无比。那么，先是"无咎"，而最终会有其他的吉祥来到。"终来"是因为初六离九五最远，不过最后还是得到吉祥。

六二。比之自内，贞吉。

象曰：比之自内，不自失也。

[白话]

六二。从内部去亲近依靠，正固吉祥。
《象传》说：从内部去亲近依靠，是因为没有失去自己的立场。

[解读]

① 六二在下卦（又称内卦）之中，阴爻居柔位，又与九五正应，所以说"比之自内"。
② 六二本身也是居中得正，所以"贞吉"。虽然是向九五亲近依靠，但是并未失去自身的立场。

六三。比之匪人。
象曰：比之匪人，不亦伤乎？

[白话]

六三。亲近依靠的是不适当的人。
《象传》说：亲近依靠的是不适当的人，不也让人感伤吗？

[解读]

① 比卦以九五为主爻，六三可以亲近依靠谁呢？六三在互艮（六三、六四、九五）中，艮为止，无路可走。六二与九五正应，六四也上承九五，六三与上六又敌而不应，结果变成无依无靠，想比也没有着落，是为"比之匪人"。"匪"同非，不适当也。
② "伤"字可以指感伤，也可以指伤害。六三爻变，出现互坎（六二、九三、六四），坎为血卦，为伤害，显然是不好的情况。

六四。外比之，贞吉。

象曰：外比于贤，以从上也。

[白话]

六四。向外去亲近依靠，正固吉祥。

《象传》说：向外去亲近依靠贤者，是要顺从上面的九五。

[解读]

① 六四与初六敌应，不过在比卦中各阴爻皆须归附九五，所以六四就要"外比之"，向外去找九五了。六四阴爻居柔位，得正，所以"贞吉"。

② 九五为刚正贤明之君，又在六四之上，六四就是"以从上也"。

九五。显比，王用三驱，失前禽。邑人不诫，吉。

象曰：显比之吉，位正中也。舍逆取顺，失前禽也。邑人不诫，上使中也。

[白话]

九五。发扬亲近依靠的作风。君王用三驱之礼狩猎，失去往前跑的禽兽。国中的人没有戒惧，吉祥。

《象传》说：发扬亲近依靠的作风，是吉祥的，因为处在端正守中的位置上。舍去叛离的，容纳归顺的，所以失去往前跑的禽兽。国中的人没有戒惧，因为在上位的人所行使的是中道。

[解读]

① 九五为全卦主爻，充分发挥比卦的精神，是为"显比"。九五为王，下坤为田，可供狩猎，所以用田猎来比拟。

② 三驱：古代君王狩猎时，采取后、左、右三面包抄，但是不阻

绝正前方。如此，会失去往前跑的禽兽，等于留一条生路而不一网打尽。在此，前禽是指上六，以致上六会陷于"比之无首"的困境。

③ 舍逆取顺：就官方狩猎而言，由于猎物要供祭祀、招待宾客或献给君王享用，所以必须不损伤猎物的颜面与外观，因此"舍逆取顺"。亦即，不射杀逆向而来（面朝我）的禽兽，而射杀顺着我的方向（背朝我）的禽兽。但是这句话用在比卦，意思变成：要舍弃叛离我的人（舍逆），而容纳顺从我的人（取顺）。

④ 邑人不诫：下坤为地，为众，可称为"邑人"；"诫"同戒，有警惕恐惧之意。何以"邑人不诫"？因为九五居中守正，不会胡作非为。

上六。比之无首，凶。

象曰：比之无首，无所终也。

[白话]

上六。要亲近依靠却没有开始的机会，凶祸。

《象传》说：要亲近依靠却没有开始的机会，也就没有任何好的结局。

[解读]

① 比卦重心在九五，到九五已大功告成，容纳了初六、六二、六四。上六之应在六三，两者相敌，等于找不到开始的机会（无首），在六三则是"比之匪人"。

② 上六对九五乘刚，注定不顺，而自己走到了全卦尽头，要结束也是无处可去，所以说"凶"。

09　小畜卦

小畜：亨。密云不雨，自我西郊。
象曰：风行天上，小畜。君子以懿文德。

上九：既雨既处，尚德载。妇贞厉。月既望，君子征凶。
象曰：既雨既处，德积载也。君子征凶，有所疑也。

九五：有孚挛如，富以其邻。
象曰：有孚挛如，不独富也。

六四：有孚，血去惕出，无咎。
象曰：有孚惕出，上合志也。

九三：舆说辐，夫妻反目。
象曰：夫妻反目，不能正室也。

九二：牵复，吉。
象曰：牵复在中，亦不自失也。

初九：复自道，何其咎？吉。
象曰：复自道，其义吉也。

小畜（xù）：亨。密云不雨，自我西郊。

[白话]

小畜卦：通达。浓云密布而不下雨，从我西边的郊野飘聚过去。

[解读]

① 小畜卦是下乾上巽，亦即"风天小畜"。《序卦》说："比必有

所畜，故受之以小畜。"相对于此，另有大畜卦（䷙，第26卦）可资参考。

② "云"是阴阳二气互动所形成的，但是尚未凝结为雨。小畜卦下乾上巽，依《后天八卦图》，乾之位在西北，巽之位在东南，爻画由下而上，等于风雨（巽为风）由西北吹向东南，使浓云未及下雨就飘聚过去。并且，乾在内卦，可称"我"，所以说"自我西郊"。

③ 如果扣紧"西风"一词，则可说：本卦以六四为主爻，六四在上巽（风）与互兑（九二、九三、六四）中，兑之位在西，所以合为"西风"。

④ 小畜是蓄积较少，成云而未及下雨，但是到了上九就"既雨"了。

象曰：小畜，柔得位而上下应之，曰小畜。健而巽（xùn），刚中而志行，乃亨。密云不雨，尚往也；自我西郊，施未行也。

[白话]

《象传》说：小畜卦，柔爻得居正位而上下都来应合，称之为小畜。健行又能顺利，阳刚居中而心意可以推行，所以通达。浓云密布而不下雨，是因为风往上吹；从我西边的郊野飘聚过去，是因为施雨还不到实现的时候。

[解读]

① 小畜卦一阴畜五阳，阴为小，阳为大，以小畜大，所以称为小畜卦。六四阴爻居柔位，是最恰当的正位，上下五个阳爻都来呼应。其次，本卦下乾上巽，乾为健，巽为入，为顺，既健行又顺利；二、五皆为阳爻，是既刚且中，可以"志行"，所以亨。

② "密云不雨"，因为下乾上巽是风在天上吹。"尚往也"，尚即是上。"施未行"，是说小畜（恩泽）所积尚不足以大行于天下。

象曰：风行天上，小畜。君子以懿文德。

[白话]

《象传》说：风在天上吹行，这就是小畜卦。君子由此领悟，要美化自己的文采与道德。

[解读]

① "风行天上"，刚健的乾卦位居随顺的巽卦之下，这是小畜卦的取象。以柔养刚，并且是一柔对五刚，格局与效果都有限，所以称为小畜。
② 程颐说："君子所蕴蓄者，大则道德经纶之业，小则文章才艺。"此处所谓的"文德"，可以兼指文采与道德，兼及礼乐之事，是君子所不可或缺的。

初九。复自道，何其咎？吉。
象曰：复自道，其义吉也。

[白话]

初九。循着正路回来，会有什么灾难？吉祥。
《象传》说：循着正路回来，理当是吉祥的。

[解读]

① 初九阳爻居刚位，又有六四正应，代表依循正路回到此位。所以不会有咎。
② 小畜卦是小格局的蓄积，初九循规蹈矩、安于本分，就会吉祥。

九二。牵复，吉。

象曰：牵复在中，亦不自失也。

[白话]

九二。由牵连而回来，吉祥。

《象传》说：由牵连而回来，位置居中，也算没有失去自己的立场。

[解读]

① 九二爻变，下卦成离，离为丽，为依附，所以说"牵复"。
② 九二的吉，主要是居下卦之中位，又有九五配合（五阳面对一柔时，彼此不会相斥），所以不会失去立场。

九三。舆说（tuō）辐，夫妻反目。

象曰：夫妻反目，不能正室也。

[白话]

九三。大车脱落辐条，夫妻反目失和。

《象传》说：夫妻反目失和，是因为不能端正家庭关系。

[解读]

① "舆"是车，"说"同脱，"辐"是车轮上的辐条。车脱落辐条，就无法前进，正如九三的去路被全卦唯一的阴爻六四所阻。九三爻变，出现互震（九二、六三、六四），震为舆。九三本身在互兑（九二、九三、六四）中，兑为毁折，二者合起来，就是"脱辐"。
② 九三也像其他阳爻一般，要与六四呼应，奈何六四居上乘刚，使夫妻的上下关系颠倒了，以至于"反目"。此外，在下乾上巽的结构中，乾为男，巽为女，为"多白眼"。九三又在互离（九三、六四、九五）中，离为目，所以说"反目"，也因而不

能"正室"。

六四。有孚，血去惕出，无咎。
象曰：有孚惕出，上合志也。

[白话]

六四。有诚信，避开流血并走出戒惧，没有灾难。
《象传》说：有诚信而走出戒惧，是因为与上位者心意相合。

[解读]

① 六四以一柔面对五刚，必须有诚信，否则后果不堪设想。六四在互离（九三、六四、九五），离为戈兵，又在互兑（九二、九三、六四），兑为毁折，血与惕皆由此而来。诚信足够，则不会有伤害（血去），也不必再戒惧（惕出）。六四为全卦主爻，本身当位，与初九正应，又与九五相比，但只能做到"无咎"，实因以柔待刚，力有未逮。

② "上合志"的"上"，是指九五而言。九五亦见"有孚"。

九五。有孚挛（luán）如，富以其邻。
象曰：有孚挛如，不独富也。

[白话]

九五。有诚信而系念着，要与邻居一起富裕。
《象传》说：有诚信而系念着，是因为不要独自富裕。

[解读]

① 九五以阳爻居上卦中位，可谓既中且正，是尊贵的领袖，又有六四紧承其下，是"有孚"充实之象。"富以其邻"的"以"

是"与"的意思。九五在上卦巽中，巽为近利市三倍，所以九五有能力"富以其邻"。六四为本卦主爻，故九五降尊而称邻。

② 九五的"挛如"来自它不想独自富裕，而愿与六四及各爻分享。九五爻变为艮（六四、六五、上九），艮为手。"挛"为双手紧握，系念于心。

上九。**既雨既处，尚德载。妇贞厉。月既望，君子征凶。**
象曰：既雨既处，德积载也。君子征凶，有所疑也。

[白话]

上九。已经下了雨，已经可以安居，要推崇道德满载。妇女维持作风会有危险。月亮已经满盈，君子前进会遭遇凶祸。
《象传》说：已经下雨了，已经可以安居，是因为道德累积到满载。君子前进会遭遇凶祸，是因为有所疑虑。

[解读]

① 本卦卦辞是"密云不雨"，上九完成此卦，表示"小畜"告一段落，所以"既雨"，本身也可以"既处"。雨为雨泽，为德，这种"德载"值得推崇，但是不可忘记它是由六四所下的工夫。六四以一阴止五阳，非止之以力，须止之以德。上九爻变为坎，为雨；并且因爻变为上六而当位，为处。

② 巽居乾上，巽为妇。妇虽有功，但须功成身退，所以她维持作风会有危险。这种情形有如月亮已经满盈。有关月亮，依先天八卦图的顺序，乾为十五日（月盈），巽为十六日，艮为二十三日，坤为三十日（月虚），震为三日，兑为八日。本卦上巽，所以说"月既望"。在阴柔的势力笼罩下，君子有所行动就会"凶"。此时所"疑"，是因为上九为最后一爻，已无路可走。并且上九爻变，上卦为坎，有危险。

10　履卦

履：履虎尾，不咥人，亨。

象曰：上天下泽，履。君子以辩上下，定民志。

上九：视履考祥，其旋元吉。
象曰：元吉在上，大有庆也。

九五：夬履，贞厉。
象曰：夬履贞厉，位正当也。

九四：履虎尾，愬愬，终吉。
象曰：愬愬终吉，志行也。

六三：眇能视，跛能履。履虎尾，咥人，凶。武人为于大君。
象曰：眇能视，不足以有明也。跛能履，不足以与行也。咥人之凶，位不当也。武人为于大君，志刚也。

九二：履道坦坦，幽人贞吉。
象曰：幽人贞吉，中不自乱也。

初九：素履，往无咎。
象曰：素履之往，独行愿也。

履：履虎尾，不咥（dié）人，亨。

[白话]

履卦：踩在老虎尾巴上，老虎不咬人，通达。

[解读]

① 履卦是下兑上乾，亦即"天泽履"。《序卦》说："物畜然后有

礼，故受之以履。"履者，礼也。《系辞下》有修德九卦，履列第一，为"德之基"，盖因德行始于实践。
② "履"意思是鞋子，引申为穿鞋走路、行事合乎礼仪。本卦的通达，在于遭遇最危险的事，也不会受害。
③ 本卦下兑上乾，兑为口，为悦，乾为人；有口而不咬人，反而以悦待人，自然通达了。

彖曰：履，柔履刚也。说（yuè）而应乎乾，是以履虎尾，不咥人，亨。刚中正，履帝位而不疚，光明也。

[白话]

《彖传》说：履卦，柔顺者以礼对待刚强者。以和悦去回应强健，所以踩在老虎尾巴上，老虎不咬人，通达。刚强者居中守正，踏上帝位也没有愧疚，是因为光明坦荡。

[解读]

① 本卦的用意在于肯定"柔履刚"。不过，下兑上乾，是下柔上刚，为何说是"柔履刚"？理由是：柔在下，原是恰当的，以其柔顺方式来对待阳刚，亦即依礼行事，则可以走遍天下。
② 九五刚爻，既中且正，又居君位，因为在履卦，所以说是"履帝位"，没有愧疚可言。又因为主爻是六三（唯一的阴爻），六三在互离（九二、六三、九四）中，离为火、为光明，所以称之"光明"。

象曰：上天下泽，履。君子以辩上下，定民志。

[白话]

《象传》说：天在上，泽在下，这就是履卦。君子由此领悟要分辨上下秩序，安定百姓的心意。

[解读]

① 履卦下兑上乾，兑为泽，乾为天，所以是上天下泽，这是自然界原本的位序。
② 君子分辨（辩）社会上应有的秩序，才可使人各安其位，相互以礼来往，进而安定百姓的心意。

初九。素履，往无咎。
象曰：素履之往，独行愿也。

[白话]

初九。按平常的践履方式，前往没有灾难。
《象传》说：按平常的践履方式前往，是因为只想实现自己的愿望。

[解读]

① "履"卦意在向前走去，而初九阳爻有动力，又位在足（初爻如足），所以依其平素正常方式去践履（实践、履行），就可以"往无咎"。初九在兑卦，依后天八卦图，兑在西，其色为白，为素。礼以质为本，故重"素"。
② "独行愿"，是因为与上无应，独行其志，不是为了任何利益。

九二。履道坦坦，幽人贞吉。
象曰：幽人贞吉，中不自乱也。

[白话]

九二。所走的路平坦宽阔，幽隐的人正固吉祥。
《象传》说：幽隐的人正固吉祥，是因为他守中使自己不乱。

[解读]

① 九二爻变，下卦为震，震为大涂，所以说"履道坦坦"。不过，由于下卦兑为泽，所以适合泽中之人（幽人）正固吉祥。"中不自乱"，因为他位居中爻，可以守常不乱。

② "幽人"的原意为"处于幽暗中的人"，与"视不明"有关。九二为六三所掩，在下卦兑中，兑为毁折；又在互卦离（九二、六三、九四）中，离为目；合之则为目有毁折，所以处身幽暗。在此则指幽隐之人。

六三。眇（miǎo）能视，跛能履，履虎尾，咥人，凶。武人为于大君。

象曰：眇能视，不足以有明也。跛能履，不足以与行也。咥人之凶，位不当也。武人为于大君，志刚也。

[白话]

六三。眼有疾还能看，脚跛了还能走。踩在老虎尾巴上，老虎咬人，凶祸。勇武之人要为大王效力。

《象传》说：眼有疾还能看，但没办法看清楚。脚跛了还能走，但没办法走远路。老虎咬人的凶祸，是因为位置不适当。勇武之人要为大王效力，是因为心意刚强。

[解读]

① 六三在下卦兑（毁折）与互卦离（目）中，是眼有疾；又在互卦巽（六三、九四、九五）中，巽为股，是腿受伤。既看不清又走不远，只要一冒险前进（履虎尾），就有凶祸。上卦乾为虎，六三履虎尾。六三与上九正应，上九回头咥人。兑为口，六三等于落入虎口。本卦卦辞说"履虎尾，不咥人"，是依全卦取象，与本爻依相关位置取象不同。

② 六三是全卦唯一的阴爻，因而成为主爻，惜以阴爻居刚位而位不当。但六三往上可与九五配合，成为互巽（六三、九四、九五），顺之而行可免凶祸，就如志刚武人要为大君效力。"大君"为天子之尊称，指九五。

九四。履虎尾，愬愬（shuò），终吉。
象曰：愬愬终吉，志行也。

[白话]

九四。踩在老虎尾巴上，戒慎恐惧，最后吉祥。
《象传》说：戒慎恐惧而最后吉祥，是因为心意是要往前走。

[解读]

① 上卦乾为虎，九四居其下位，也是"履虎尾"。九四履虎尾而未被咬，是因为已脱离兑卦，中间有了分界。不过，恐惧发抖（愬愬）还是难免。乾卦为白昼，有戒惧之意。
② 九四下有六三来顺承，本身又刚健能行。在履卦中，它的心意可以实现，所以"终吉"。

九五。夬（guài）履，贞厉。
象曰：夬履贞厉，位正当也。

[白话]

九五。刚决履行，一直如此会有危险。
《象传》说：刚决履行而一直如此会有危险，是因为位置居正而当令。

[解读]

① "夬"亦为卦名（䷪，第43卦）。"贞"在此是说"一直坚持"刚决的态度，将会有危险。九五爻变，互卦成坎，表示有隐伏的危险。

② 九五为君位，又处乾卦（阳刚而进取）中爻，可谓"位正当"，程颐说："居至尊之位，据能专之势，而自任刚决，不复畏慎，虽使得正，亦危道也。"

上九。视履考祥，其旋元吉。
象曰：元吉在上，大有庆也。

[白话]

上九。审视走过的路，考察吉凶祸福，如此返回最为吉祥。
《象传》说：最为吉祥的居于上位，这是大有喜庆的事。

[解读]

① 履卦到了上九，完成任务，可以回顾过去所践履的，并考核其吉凶（祥）。"祥"有"祯祥、凶祥、征应"三义。上九与六三正应，六三在互离中，离为目为视；离亦为龟为占卜，引申为考祥。既然有此体验，返回时不再行差踏错，结果"元吉"。

② 上九有六三主爻与之正应，并且自身爻变为兑，为悦，所以说是"大有庆也"。

11　泰卦 ䷊

泰：小往大来，吉亨。

象曰：天地交，泰。后以财成天地之道，辅相天地之宜，以左右民。

上六：**城复于隍，勿用师。自邑告命，贞吝。**
象曰：城复于隍，其命乱也。

六五：**帝乙归妹，以祉元吉。**
象曰：以祉元吉，中以行愿也。

六四：**翩翩不富以其邻，不戒以孚。**
象曰：翩翩不富，皆失实也；不戒以孚，中心愿也。

九三：**无平不陂，无往不复。艰贞无咎。勿恤其孚，于食有福。**
象曰：无往不复，天地际也。

九二：**包荒，用冯河，不遐遗，朋亡，得尚于中行。**
象曰：包荒，得尚于中行，以光大也。

初九：**拔茅，茹以其汇，征吉。**
象曰：拔茅征吉，志在外也。

泰：小往大来，吉亨。

[白话]

泰卦：小的前往，大的来到，吉祥通达。

[解读]

① 泰卦是下乾上坤，亦即"地天泰"。《序卦》说："履而泰然后

安,故受之以泰。泰者,通也。"按礼仪去行动,就可以通达,并且平安。
② 爻由下向上为"往",由上向下为"来"。泰卦乾下坤上,表示阳爻都来到下卦,而阴爻都前往上卦,阳大阴小,正是小往而大来。得到多而失去少,吉祥而通达。泰卦为消息卦,代表农历正月,春之始,象"三阳开泰"。
③ 阴爻与阳爻有些常用的对比词:阴爻为小,为小人,为臣,为女性等。阳爻为大,为君子,为君,为男性等。不过,两者相需相成,否则无法成卦,也无法写象宇宙与人生的复杂变化。

象曰:泰,小往大来,吉亨。则是天地交而万物通也;上下交而其志同也。内阳而外阴,内健而外顺,内君子而外小人。君子道长,小人道消也。

[白话]

《象传》说:泰卦,小的前往,大的来到,吉祥通达。意思就是天地二气互相交流,使得万物通顺畅达;上位者与下位者彼此来往,使得心意相同。阳刚居内而阴柔处外,内在刚健而外在柔顺,进用君子而疏远小人。君子的作风在成长,小人的作风在消退。

[解读]

① 有往来才有变化,小往大来,所以吉亨。泰卦乾下坤上,乾为天,坤为地;天本在上而地本在下,现在天来到地之下,是为二气交感流动,万物自然生气蓬勃。比拟于人事,则是上位者来到下位者之下,顺应民情,"其志同也"。唐朝徐坚《初学记》说:"夫阴阳交,万物成;君臣交,邦国治;士庶交,德行光。同忧乐,共富贵,而友道备矣。"
② 接着三句谈到"内外",可知下卦为内,上卦为外。乾为阳,

为健，为君子；坤为阴，为顺，为小人。这是"外柔内刚"之象，既有原则又能顺应。
③ 爻的运动由下往上，乾卦三阳爻在下，自然往上发展（君子道长），坤卦三阴爻在上，已经前无去路（小人道消）。

象曰：天地交，泰。后以财成天地之道，辅相天地之宜，以左右民。

[白话]

《象传》说：天地二气互相交流，这就是泰卦。君王由此领悟，要根据天地运行的法则来设计制度，配合天地运行的条件来助成效益，藉此引导百姓。

[解读]

① 泰卦的取象是天气与地气的交往。"后"是君王，继先王之后的王侯皆可称"后"。《象传》称"后"者，仅泰卦与姤卦二卦。
② "财成"是指裁成，要依循自然界的法则来制定人群的生活方式，如农业社会的春耕、夏耘、秋收、冬藏。"辅相"则有参赞化育之意。"左右"是指君王对百姓的带领、辅助与影响。

初九。拔茅，茹（rú）以其汇，征吉。
象曰：拔茅征吉，志在外也。

[白话]

初九。拔取茅草，根茎牵连着同类，向前推进而吉祥。
《象传》说：拔取茅草，向前推进而吉祥，是因为心意是要向外发展。

[解读]

① 初九居下卦乾的起步位置，乾有上进的动性，初九有九二、九三为同类，一起努力，所以"征吉"。
② 初九爻变，下卦成巽，巽为木，在初为茅，"茅"是菅草；"茹"为根茎相连的样子；"汇"是类。拔取这种茅草，会连带拉出许多细的根茎。初九的行动有九二、九三配合，相连而进。
③ "志在外"，整个乾卦（在内）要向坤卦（在外）推进，初九又有六四正应，为阴阳相引之象，所以志在外。君子志在天下，不在一身。

九二。包荒，用冯（píng）河，不遐（xiá）遗，朋亡，得尚于中行。
象曰：包荒，得尚于中行，以光大也。

[白话]

九二。包容广阔，徒步过河，不因遥远而有所遗漏，失去朋党，守中而行受到推崇。
《象传》说：包容广阔，守中而行受到推崇，是因为光明远大。

[解读]

① 乾卦阳刚健行，向上发展，九二居其中，最足以代表。
② "中行"之德有四。一、"包荒"，九二有六五正应；要从下乾到上坤，无异于涵盖天下，包容广阔，这是有仁德。二、"用冯河"，"冯"是凭，直接徒步过河，这是勇敢果决的行动。三、"不遐遗"，"遐"是远，不因遥远而遗漏小事，这是有智慧。四、"朋亡"，"朋"是朋友，引申为朋党；为政最怕结党营私，以致无法守中而行。
③ 九二爻变，下卦成离，又出现互坎，离为日坎为月，有日有月是为"包荒"。"用冯河"的河来自互坎，坎为水。九二与

六五正应，是"得尚于中行"，并且"不遐遗"。"朋亡"则是九二有互兑，可以摆脱下卦三阳爻之朋党。能做到这样，自然显得光明而远大。

九三。无平不陂（pō），无往不复，艰贞无咎。勿恤其孚。于食有福。
象曰：无往不复，天地际也。

[白话]

九三。没有只平坦而不倾斜的，没有只前往而不返回的。在艰难中正固，没有灾难。不必担忧，保持诚信。在食物上有福可享。
《象传》说：没有只前往而不返回的，是因为它处在天地交接之处。

[解读]

① 九三在上下二卦之间，下乾上坤的平衡，会因为阳动阴静而产生变化。有平陂往复，原是自然界的常态。九三互震，在动荡之际，只要正固就可以无咎。不必忧虑（恤）。它的诚信（孚）来自阳爻居刚位，又有上六正应。
② "于食有福"是指面临三个阴爻，有很大的发展空间。依卦象而言，九三在互兑（九二、九三、六四）之中，兑为口，上临坤卦，坤为众；合而引申之，为可食之物众多。

六四。翩翩（piān）不富以其邻，不戒以孚。
象曰：翩翩不富，皆失实也；不戒以孚，中心愿也。

[白话]

六四。轻松而不靠财富就得到邻居支持，由于诚信而不加戒备。
《象传》说：轻松而不靠财富，是因为都失去了实质；由于诚信而不加戒备，是因为内心愿意如此。

[解读]

① 六四面对三个阳爻的推进，首当其冲而立足不稳。六四在互震（九三、六四、六五）中，自身爻变又使上卦成震，两个震使它"翩翩"（轻飘状），引申为轻松不费力，亦即不靠财富，就得到"邻"（指六五、上六）的支持，因为这三个阴爻皆虚而不实（阳为实，阴为虚）。

② 六四的"孚"，来自阴爻居柔位以及下有初九正应。六四"不戒"，因为六五、上六都愿意配合。

六五。帝乙归妹，以祉元吉。
象曰：以祉元吉，中以行愿也。

[白话]

六五。帝乙嫁来妹妹，以此得福最为吉祥。
《象传》说：以此得福最为吉祥，是因为居中而实现自己的愿望。

[解读]

① "帝乙归妹"：帝乙是商纣王的父亲，他把妹妹嫁给周的王季（季历），生下周文王。爻辞的意思是帝王之女嫁诸侯，也应按礼制规定，顺从其夫。六五与九二正应，阴居帝位而顺下阳，两者皆居中，可以"行愿"。

② 可参考归妹卦（䷵，第54卦），下兑上震，兑为少女，震为长男。泰卦的六五在互震（九三、六四、六五），其下则面临互兑（九二、九三、六四），亦有归妹之象。

上六：**城复于隍，勿用师。自邑告命，贞吝。**

象曰：城复于隍，其命乱也。

[白话]

上六。城墙倒塌在壕沟里，不要出动军队。从乡邑传来命令，一直如此将有困难。

《象传》说：城墙倒塌在壕沟里，因为命令已经乱了。

[解读]

① 泰卦走到最后又要变化了。上六爻变为艮为城；它与九三正应，九三在互兑中，兑为泽为隍，所以说"城复于隍"。"隍"是护城河，最初掘壕沟时，累其土为墙，现在墙倒，土又回到壕沟，正是循环往复。坤为众为师，"勿用师"，因为大势所趋无法抵抗。

② 自邑告命：上六与九三正应，九三在互兑、互震，有口可令；坤为邑，合起来就是"自邑告命"。本来是从京城向乡邑发令，现在情形颠倒了。如果坚持不变，将遭到困难。谈及"邑"，皆为内治之事。

12 否卦 ䷋

否：否之匪人。不利君子贞，大往小来。
象曰：天地不交，否。君子以俭德辟难，不可荣以禄。

上九：倾否，先否后喜。
象曰：否终则倾，何可长也？

九五：休否，大人吉。其亡其亡，系于苞桑。
象曰：大人之吉，位正当也。

九四：有命无咎，畴离祉。
象曰：有命无咎，志行也。

六三：包羞。
象曰：包羞，位不当也。

六二：包承，小人吉，大人否，亨。
象曰：大人否，亨，不乱群也。

初六：拔茅，茹以其汇，贞吉，亨。
象曰：拔茅贞吉，志在君也。

否（pǐ）：否之匪人。不利君子贞，大往小来。

[白话]

否卦：否卦违背人的需求。君子正固是不适宜的，大的前往，小的来到。

[解读]

① 否卦是下坤上乾，亦即"天地否"。《序卦》说："物不可终通，

故受之以否。"永远通达是不可能的，所以会有阻塞。
② "否"由下坤上乾组成，天在上，地在下，互不交往，形成闭塞不通的现象。万物无法生长，人类又怎能生存？所以说它违背人的需求。
③ 乾卦三阳爻在上，是"大往"；坤卦三阴爻在下，是"小来"。君子要顺应趋势而退隐，不宜正固不变。否卦为消息卦，代表农历七月，秋之始。

象曰：否之匪人，不利君子贞，大往小来。则是天地不交，而万物不通也；上下不交，而天下无邦也；内阴而外阳，内柔而外刚，内小人而外君子。小人道长，君子道消也。

[白话]

《象传》说：否卦违背人的需求，君子正固是不适宜的，大的前往，小的来到。意思就是天地二气互不交流，使得万物无法通顺畅达；上位者与下位者不相往来，天下没有国家可以存在；阴柔居内而阳刚处外，内在柔顺而外在刚健，进用小人而疏远君子。小人的作风在成长，君子的作风在消退。

[解读]

① 否卦下坤上乾，天本在上而地本在下，两者不相交感流通，就是否，亦即闭塞不通。"匪人"，是指非人，不合乎人道。
② 在政治上没有上下之交，国家也无法继续存在，所以说"无邦"。其余各语皆是泰卦的反面现象，可参考泰卦的解说。由此可知，《易经》的变化理论中，有相对相反而平衡的观念。有"泰极否来"，就有"否极泰来"。

象曰：天地不交，否。君子以俭德辟难，不可荣以禄。

[白话]

《象传》说：天地二气不相交往，这就是否卦。君子由此领悟，要收敛修德以避开灾难，不可谋取禄位来显耀自己。

[解读]

① 六爻的发展由下而上，乾卦三阳爻居上，注定走向消退，所以君子不宜正固，要先避开小人所加的灾祸，这就是"俭德辟难"。"辟"为避。

② 在"小人道长"之时，如果想要"荣以禄"，就必须同流合污，不然必有后患。

初六。拔茅，茹以其汇，贞吉，亨。
象曰：拔茅贞吉，志在君也。

[白话]

初六。拔取茅草，根茎牵连着同类，正固吉祥，通达。
《象传》说：拔取茅草，正固吉祥，是因为心意在君王身上。

[解读]

① "茹以其汇"的"汇"，与泰卦初九的"汇"，皆指"类"而言。初六爻变，下卦为震，震为木，其初为茅。"茹"为根茎相连的样子，在此是指初六牵连着六二、六三。泰卦是"君子道长"，所以说"征吉"。否卦是"君子道消"，所以对君子要说"贞吉"，以正固为好。

② 贞吉之"亨"，来自上有九四正应，九四在上乾中，乾为君，所以说"志在君也"。下位者存念君上，在"否"之初保持正固，可谓合宜。

六二。包承，小人吉，大人否，亨。
象曰：大人否，亨，不乱群也。

[白话]

六二。包容承载，小人吉祥，大人闭塞，通达。
《象传》说：大人闭塞，六二通达，是因为没有变乱同类成群。

[解读]

① 泰卦九二说"包荒"，否卦六二说"包承"，都是以中爻代表该卦的特性。"包荒"是乾（天）的包容广阔；"包承"是坤（地）的包容承载。否卦是坤卦要向上推进，乾卦有消亡之虞，所以"小人吉，大人否"。

② 大人否，亨：既然说大人闭塞，何以又是"亨"？大人不随波逐流，能固穷则亨，所指为其道亨通，大人身否而道亨。六二上有九五正应，阴阳互通，并且六二上下皆是阴爻，"不乱群也"。

六三。包羞。
象曰：包羞，位不当也。

[白话]

六三。包藏羞耻。
《象传》说：包藏羞耻，是因为位置不恰当。

[解读]

① 六三是阴爻居刚位，不正，又不处在中位。处于不中不正的位置，所作所为如何恰当？六三在互巽中，巽为风，六三立场摇摆不定，所以说"包羞"。

② "羞"也是因为六三上遇九四，两者皆不中不正，又是阴阳相邻，所以有羞耻或羞怯之象。

九四。有命无咎，畴（chóu）离祉。
象曰：有命无咎，志行也。

[白话]

九四。有所受命，没有灾难，众人依附而得福。
《象传》说：有所受命而没有灾难，是因为心意得以实行。

[解读]

① 九四上临九五，九五为君位；并且，九四处于互巽（六三、九四、九五），而巽为风，引申为传令。
② 畴：俦也，同类或众人。离：丽也，附丽或依附。在此，九四下临三个阴爻，有如众人前来依附。
③ 既能受君所命，又能福利众人，九四的心意可以实现。

九五。休否，大人吉。其亡其亡，系于苞（bāo）桑。
象曰：大人之吉，位正当也。

[白话]

九五。终止闭塞，大人吉祥。想到要灭亡了，要灭亡了，这样才会系在大桑树上。
《象传》说：大人的吉祥，是因为位置居正而恰当。

[解读]

① 否卦到了九五，才停止下来。"其亡"的"其"是表示推测的语词，"其亡"是提醒自己快要亡了，如此才有可能稳定下来。

九五在互巽中，巽为木，为高大的苞桑；巽又为绳，为系，所以说"系于苞桑"。此为"居安思危"之意。

② 九五下临互艮（六二、六三、九四），艮为止，所以说"休否"。九五位居上卦中位，阳爻刚位，既中且正，是"位正当也"。另外，有关此爻，《系辞下》引述孔子之语，可供参考。

上九。倾否，先否后喜。
象曰：否终则倾，何可长也？

[白话]

上九。倾覆闭塞的现象，先闭塞然后喜悦。
《象传》说：闭塞到了极点就会倾覆，怎么会长久呢？

[解读]

① 否卦到了上九，前无去路，必然倾倒翻覆。只要在闭塞中坚持到底，最后总会有破涕为笑的时刻。上九爻变，上卦为兑，兑为悦为喜。

② "何可长也"一语，其实可以用在任何处境。若是不知变化的道理，认定人生一切安稳，那么就会陷于无所适从的困境。《易经》教人善处变化，正是期许人们培养智慧，亦即懂得出处进退并且坚持正当的原则。

13　同人卦

同人：同人于野，亨。利涉大川，利君子贞。
象曰：天与火，同人。君子以类族辨物。

上九：同人于郊，无悔。
　象曰：同人于郊，志未得也。

九五：同人，先号咷而后笑，大师克相遇。
　象曰：同人之先，以中直也。大师相遇，言相克也。

九四：乘其墉，弗克攻，吉。
　象曰：乘其墉，义弗克也；其吉，则困而反则也。

九三：伏戎于莽，升其高陵，三岁不兴。
　象曰：伏戎于莽，敌刚也。三岁不兴，安行也。

六二：同人于宗，吝。
　象曰：同人于宗，吝道也。

初九：同人于门，无咎。
　象曰：出门同人，又谁咎也？

同人：同人于野，亨。利涉大川，利君子贞。

[白话]

同人卦：聚合众人于郊野，通达。适宜渡过大河，适宜君子正固。

[解读]

① 同人卦是下离上乾，亦即"天火同人"。《序卦》说："物不可

② 同人卦下离上乾。乾为天，"离"字古作"罗"，为网罗之意；天下有网罗，可以聚合众人。野：邑外有郊，郊外有野，表示是在郊野旷远之地与人聚合，没有任何私心。
③ 乾为天，离为火为日，光天化日，心无所私，君子聚合众人，则可不畏险阻，坚持正道。

彖曰：同人，柔得位得中，而应乎乾，曰同人。同人曰："同人于野，亨。利涉大川。"乾行也。文明以健，中正而应，君子正也。唯君子为能通天下之志。

[白话]

《彖传》说：同人卦，柔顺者取得合宜之位也取得居中之位，又与乾卦互相呼应，这就称为同人卦。同人卦说："聚合众人于郊野，通达。适宜渡过大河。"这是因为乾卦是向前行进的力量。文采光辉而健行，居中守正而应合，这是君子的正道。只有君子可以沟通天下人的心意。

[解读]

① 同人卦为五阳一阴组成，因此解说重点在于一阴。六二居下卦之中位，又是阴爻居柔位，可谓"得位得中"。上有九五正应，而九五在此所代表的是乾卦。上下一心，所以"亨"。乾卦是健行的动力，所以"利涉大川"。
② 同人卦下离上乾，离为火，为文明，乾为健，合称"文明以健"。九五代表君子，居中守正，又有六二正应，只有这样的君子才有能力"通天下之志"，达成同人卦的理想。

象曰：天与火，同人。君子以类族辨物。

[白话]

《象传》说：天与火组成的现象，就称为同人卦。君子由此领悟，要归类族群，分辨事物。

[解读]

① 乾为天，离为火；天在上，而火之性也向上，两者可以声气相通，所以形成"同人"。
② 上天下火，正是天下光明之象，君子洞烛一切，懂得合异为同（类族）与别同为异（辨物）。《系辞上》说："方以类聚，物以群分"，即是此意。

初九。同人于门，无咎。
象曰：出门同人，又谁咎也？

[白话]

初九。在门外聚合众人，没有责难。
《象传》说：走出门外聚合众人，又有谁来给你责难？

[解读]

① "同人于野"是本卦的理想。现在进入卦中，初九为第一爻，尚在门外，尚未进入门户，还不至于偏私，所以"无咎"。"咎"为灾难，为责难。
② 在六爻中，二位是大夫，大夫才有家。初九在初位，无异于在家门之外，所以要用"出门"解释"于门"。出门与天下善士交往，何咎之有？

六二。同人于宗，吝。

象曰：同人于宗，吝道也。

[白话]

六二。在宗族里聚合众人，鄙陋。

《象传》说：在宗族里聚合众人，这是走向鄙陋的路。

[解读]

① 六二进入家位，只与同宗族的人聚合。意思是：此卦五个阳爻都希望与六二同心，但是六二与九五正应，有如排除了不同宗的人，有违"同人"理想。

② "吝"有羞辱、屈辱、受困、困难之意，在此译为"鄙陋"，是说因为鄙陋而引来困难。

九三。伏戎于莽，升其高陵，三岁不兴。

象曰：伏戎于莽，敌刚也。三岁不兴，安行也。

[白话]

九三。在草莽中埋伏士兵，或者登上高陵瞻望，三年不能发动攻击。

《象传》说：在草莽中埋伏士兵，是因为敌人刚强。三年不能发动攻击，是因为找不到去处。

[解读]

① 九三在下卦离中，离为甲胄，为戈兵，又在互巽中，巽为草木，所以说"伏戎于莽"。九三在互巽中，巽为高；它爻变出现互艮，艮为山，所以说"升其高陵"。

② 九三阳爻居刚位，勇猛躁进。它处于同人卦中，欲得六二之心，因此必须与九五争胜。奈何九五位尊而刚中，以致九三在上临

三阳爻的情况下,"三岁不兴"。"安行"的"安"为"何"。何行也,何处可去,亦即无路可走。

九四。乘其墉,弗克攻,吉。
象曰:乘其墉,义弗克也;其吉,则困而反则也。

[白话]

九四。登上城墙,却不能进攻,吉祥。
《象传》说:登上城墙,理当不能进攻;它的吉祥,是因为遇到困难就返回到法则上。

[解读]

① 九四位居互巽(六二、九三、九四)之上位,巽为绳直,为高,有城墙之象,所以说"乘其墉"。"墉"为城墙。九四与九五,仅一步之隔。九四爻变出现互离,有战争之象,它也想与九五争夺六二,所以想要进攻。

② 九四以阳爻居柔位,自己未能中正,在道义上就不能进攻。而它的"吉",在于"困而反则",没有何去何从的困扰。

九五。同人,先号咷而后笑,大师克相遇。
象曰:同人之先,以中直也。大师相遇,言相克也。

[白话]

九五。聚合众人,先是痛哭后是欢笑,大部队能够会合。
《象传》说:聚合众人,会先痛哭后欢笑,是因为居于中位而行为正直。大部队能够会合,是说已经战胜了敌人。

[解读]

① 九五与六二正应,但是中间有九三、九四横加阻隔,所以难免悲愤哭泣。最后破涕为笑,是因为居中行直,取得了胜利。九五与六二正应,六二在互巽中,巽为号为哭;九五爻变出现互兑,兑为悦为笑;所以说"先号咷而后笑"。

② "大师克相遇",则是以正制邪,使全卦同心同德,大家可以会合。九五爻变,上卦成离,离为甲胄戈兵,有军队之象;上卦为乾,乾称大,合之则为"大师"。"相遇"是指与主爻六二正应。

③ 《系辞上》孔子引用本卦九五爻辞,发挥其意,说:"君子之道,或出或处,或默或语。二人同心,其利断金。同心之言,其臭如兰。"由此亦可见"同心"之可贵。

上九。同人于郊,无悔。
象曰:同人于郊,志未得也。

[白话]

上九。聚合众人于郊外,没有懊恼。
《象传》说:聚合众人于郊外,是因为心意没有得到回应。

[解读]

① 上九居同人卦最后一爻的位置,离六二最远,有如位于郊外,即将引退。不过它依然秉持全卦精神而聚众,接近卦辞所谓"同人于野",所以"无悔"。

② "志未得也",因为上九不但距六二最远,与九三又敌而不应。

14 大有卦 ☰

大有：元亨

象曰：火在天上，大有。君子以遏恶扬善，顺天休命。

上九：自天佑之，吉无不利。
象曰：大有上吉，自天佑也。

六五：厥孚交如，威如，吉。
象曰：厥孚交如，信以发志也；威如之吉，易而无备也。

九四：匪其彭，无咎。
象曰：匪其彭，无咎，明辨晳也。

九三：公用亨于天子，小人弗克。
象曰：公用亨于天子，小人害也。

九二：大车以载，有攸往，无咎。
象曰：大车以载，积中不败也。

初九：无交害，匪咎，艰则无咎。
象曰：大有初九，无交害也。

大有：元亨。

[白话]

大有卦：最为通达。

[解读]

① 大有卦是下乾上离，亦即"火天大有"。《序卦》说："与人

同者，物必归焉，故受之以大有。"聚合众人之后，物产自然丰富。
② 大有卦是同人卦的覆卦（又称综卦，亦即全卦倒过来看）。"元亨"之"元"为大、为长，有如"元吉"之元，所以译"元亨"为"最为通达"。卦辞出现"元亨"者有三：大有卦、蛊卦、升卦，可对照参考。

彖曰：大有，柔得尊位，大中而上下应之，曰大有。其德刚健而文明，应乎天而时行，是以元亨。

[白话]

《彖传》说：大有卦，柔顺者取得尊贵的位置，大行中道而上下都来应合，所以称为大有。它的作风阳刚劲健又有文采光辉，配合天体法则又能按时运行，因而最为通达。

[解读]
① 本卦由一阴五阳组成，六五位居尊位，在阳爻（阳爻为大）之中，是为"大中"；上下五阳皆来相应支持，所以"元亨"。
② 本卦下乾上离，乾为健，离为文明，亦即"刚健而文明"。六五与九二正应，六五在上卦离中，离为日；九二在下卦乾中，乾为天；阴柔（六五）顺应阳刚（九二），有如太阳依天体法则而运行，一年四季得以循环进展，此为"应乎天而时行"。古人依其常识，仍有"日动说"的观念，在此不必深究。

象曰：火在天上，大有。君子以遏恶扬善，顺天休命。

[白话]

《象传》说：火在天的上方，这就是大有卦。君子由此领悟，要抑制邪恶、显扬善德，顺从上天所赋的美好使命。

[解读]

① 下乾上离，就是"火在天上"，大放光明，照亮万物。人间善恶无所遁形，君子也知道应该如何行动，就是遏（抑制）恶而扬（发扬）善。
② 顺天休命："休命"是美好的命令，要顺从天的美好命令。《系辞下》说："天地之大德曰生，圣人之大宝曰位。何以守位？曰仁。何以聚人？曰财。"圣人守位聚人，就是做到了顺天休命。大有卦的君子亦有同样的领悟。
③ 从"顺天休命"一语，可以理解孔子自述生平的"六十而顺"。"六十而〔耳〕顺"一语中的"耳"是衍字，孔子所说的是他六十岁时做到了"顺天命"。

初九。无交害，匪咎，艰则无咎。
象曰：大有初九，无交害也。

[白话]

初九。没有因为交往所带来的害处，这不是灾难，在艰困中就没有灾难。
《象传》说：大有卦的初九，还没有因为交往所带来的害处。

[解读]

① 大有卦唯一的阴爻是六五，五个阳爻都想与它应合，而初九距离最远，所以说"无交"。如果初九刚刚进入大有卦，就想勉强出头，则如初富而生骄奢之念，将有"害"。
② 匪咎：非咎。匪咎要看时机，无咎则靠自己。处在困境中安分修养，就可以"无咎"。

九二。大车以载，有攸往，无咎。
象曰：大车以载，积中不败也。

[白话]

九二。用大车来装载，有所前往，没有灾难。
《象传》说：用大车来装载，是因为积累在中间不会毁坏。

[解读]

① 乾卦为大车，九二爻变为离，中虚可载重。乾卦有向前的动力，九二在大有卦中已经积累了资源，又居二阳爻之中，所以可以前往而"无咎"。

② 九二有六五正应，两者皆处中，是为"积中"，没有毁坏之虞。

九三：公用亨于天子，小人弗克。
象曰：公用亨于天子，小人害也。

[白话]

九三。公侯接受天子的款待，小人不能如此。
《象传》说：公侯接受天子的款待，小人如此则是有害。

[解读]

① "亨"在古代与享、烹通用。在此，为"用享"之意。三为公位，九三阳爻居刚位，本身富足，又受天子六五赏识。九三有互兑（九三、九四、六五），兑为口，九三爻变出现互坎与互离，有水有火为料理之象，有饮食可享。

② 小人如果接受这样的款待，将会放肆僭礼，反而有害。如《论语·八佾》所载的季氏，在鲁国专政专权而僭礼，以致"舞佾歌雍"。在此提醒六五要谨慎用人。

九四。匪其彭，无咎。
象曰：匪其彭，无咎，明辨晳也。

[白话]

九四。不仗恃他的盛大，没有灾难。
《象传》说：不仗恃他的盛大，没有灾难，是因为懂得分辨清楚。

[解读]

① 彭：盛大貌。《诗经》有"行人彭彭"（《载驱》），"驷騵彭彭"（《大明》），以"彭彭"描写行人众多，良马壮盛。四为诸侯位，九四又是连续第四个阳爻，可谓盛大至极，但面临六五柔顺之君，应该如何？九四爻变，上卦为艮，艮为止，所以"匪其彭"，才可"无咎"。

② 九四已进入离卦，离为目，为明，可以"明辨晳"。

六五。厥孚交如，威如，吉。
象曰：厥孚交如，信以发志也；威如之吉，易而无备也。

[白话]

六五。以诚信来交往的样子，展现威望的样子，吉祥。
《象传》说：以诚信来交往的样子，是要用诚信引发人们的心意；展现威望的样子而吉祥，是要使人们和悦而没有戒备。

[解读]

① 六五居上卦之中，上下五个阳爻皆来应合，是有诚信，值得信赖。"厥孚"为"其孚"；"交如""威如"二语之"如"，是描述其状。六五以阴爻居五的尊位，除了有诚信，还须有威望，才会"吉"。

② 六五在互兑（九三、九四、六五）中，兑为虎，有威望，是为"威如"。同时，兑又引申为"悦"，所以人人和悦平易而不加戒备，不去计较。

上九。自天佑之，吉无不利。
象曰：大有上吉，自天佑也。

[白话]

上九。获得天的助佑，吉祥而无所不利。
《象传》说：大有上九的吉祥，是获得天的助佑。

[解读]

① 关于此爻，《系辞上》孔子的话可供参考。孔子说："佑者，助也。天之所者，顺也；人之所助者，信也。履信思乎顺，又以尚贤也，是以自天佑之，吉无不利也。"在此可以呼应本卦《象传》所谓的"顺天休命"一语。

② 上九在大有卦之终，却处无位之地，等于不居其有。它又在上卦离之上位，离为明，所以行为不会过度。上九在六五之上，而六五有诚信，所以上九"履信"（实践诚信），并且降志以应六五，是为"思顺"。如此自然获得天佑，"吉无不利"。

③ "自天佑之"一语，肯定了"天"的原始意义，亦即天有主宰及赏罚的作用。《易经》中的"天"，至少有两种用意，一是主宰之天，二是自然之天。有关中国古代的天，请参考傅佩荣《儒道天论发微》一书。

15 谦卦 ䷎

谦：亨，君子有终。

象曰：地中有山，谦。君子以裒多益寡，称物平施。

▬▬ ▬▬	**上六**：鸣谦，利用行师，征邑国。 象曰：鸣谦，志未得也；可用行师，征邑国也。
▬▬ ▬▬	**六五**：不富以其邻，利用侵伐，无不利。 象曰：利用侵伐，征不服也。
▬▬ ▬▬	**六四**：无不利，㧑谦。 象曰：无不利，㧑谦，不违则也。
▬▬▬▬▬	**九三**：劳谦君子，有终，吉。 象曰：劳谦君子，万民服也。
▬▬ ▬▬	**六二**：鸣谦，贞吉。 象曰：鸣谦贞吉，中心得也。
▬▬ ▬▬	**初六**：谦谦君子，用涉大川，吉。 象曰：谦谦君子，卑以自牧也。

谦：亨，君子有终。

[白话]

谦卦：通达，君子有好的结果。

[解读]

① 谦卦是下艮上坤，亦即"地山谦"。《序卦》说："有大者不可

以盈，故受之以谦。"在大有卦之后，要能谦逊。做到谦逊退让，何处不能通达？
② 山本崇高，却处于地之下。越是自视卑下，别人越尊重他；越是自己隐晦，德行就越光辉。这样的人会有好的结果。《系辞下》修德九卦之二，即是以谦卦为"德之柄"，是德性的要领，可谓无谦不成德行。

象曰： 谦亨。天道下济而光明，地道卑而上行。天道亏盈而益谦，地道变盈而流谦，鬼神害盈而福谦，人道恶盈而好谦。谦尊而光，卑而不可逾，君子之终也。

[白话]

《象传》说：谦卦通达。天的法则是向下救助万物而大放光明，地的法则是让万物处于低卑而向上发展。天的法则是减损满盈者而增益谦卑者，地的法则是改变满盈者而流注谦卑者，鬼神的法则是加害满盈者而福佑谦卑者，人的法则是厌恶满盈者而喜爱谦卑者。谦卑者处于尊贵的位置就展现光辉，处于低下的位置，则没有人可以超越他，这真是君子的归宿啊。

[解读]

① 谦卦的"亨"来自于天地二气的交流。为了说明此种交流，可以由"卦变"的观点来看。谦卦由剥卦（☷，第23卦）变来，亦即剥卦的上九下到三位，成为九三，而原有的六三升到上位，成为上六，于是变成了谦卦（☷）。如此可以解释"天道下济"（上九变九三）与"地道上升"（六三变上六）。
② 接着所说的"天道、地道、鬼神、人道"，都是我们可以观察到的客观现象。以天与地而言，自然界的变化向来是物极必反，保持动态的平衡，如月圆则缺，月缺则圆；又如春夏秋

冬依序运行。在人看来，这些是对于"盈、谦"的适当安排。其次，以害与福描述"鬼神"的作用，表示鬼神有如实存之灵界力量，可以对人世间采取某种报应措施。至于人道，则所言甚是，"满招损，谦受益"，实为不辩自明之理。谦卦六爻"非吉则利"，为六十四卦所仅见者，但要藏山于地之下，谈何容易！

③ 君子若能守"谦"，则将"尊而光"，并且"卑而不可逾"。即处于尊贵时发出德行的光辉，处于卑贱时也不会受人凌辱。如此自然是"君子之终"了。

象曰：地中有山，谦。君子以裒（póu）多益寡，称物平施。

[白话]

《象传》说：地里面有山存在，这就是谦卦。君子由此领悟要减损多的，增益少的，衡量事物而公平给与。

[解读]

① 谦卦下艮上坤，坤为地，艮为山，所以是"地中有山"。高耸的山原本在地上，现在却潜入地下。正如一个有德有才的人含藏优点而不去张扬。

② "裒"是减损，"称"是衡量。君子在职责与能力的范围内，须秉持公平原则，使世间更为和谐。

初六。谦谦君子，用涉大川，吉。
象曰：谦谦君子，卑以自牧也。

[白话]

初六。谦而又谦的君子，可以渡过大河，吉祥。

《象传》说：谦而又谦的君子，是以谦卑的态度管理自己。

[解读]

① 初六居谦卦之下位，是为"谦谦"。君子如此，则面对任何险阻，都不会受困；"用涉大川"是说用谦道可以渡过大河。初六上临互坎（六二、九三、六四），坎为水，为险，所以说大川。

② "自牧"的"牧"为管理、照顾之意。能够"卑以自牧"，自然"吉"了。

六二。**鸣谦，贞吉。**
象曰：鸣谦贞吉，中心得也。

[白话]

六二。响应谦卑的态度，正固吉祥。
《象传》说：响应谦卑的态度，正固吉祥，是因为守中而内心自得。

[解读]

① 谦卦一阳五阴，以九三为主爻。六二上承九三，为邻相比，有如发出共鸣。六二上临互震（九三、六四、六五），震为雷，为善鸣马，所以用"鸣"字。

② 六二阴爻处柔位，又居下卦之中位，是为"贞吉"。加以上有九三可承，是"中心得也"。

九三。**劳谦君子，有终，吉。**
象曰：劳谦君子，万民服也。

[白话]

九三。有功劳而谦卑的君子,有好结果,吉祥。

《象传》说:有功劳而谦卑的君子,所有百姓都顺服。

[解读]

① 九三为谦卦唯一的阳爻,居刚位勤奋不已,又在下卦,等于是劳苦有功而又谦卑的君子。下卦艮为止,表示"有终",做事有始有终,可以坚持到底,所以"吉"。

② 九三在互坎(六二、九三、六四)中,坎有"劳"之意,《说卦》说:"劳乎坎。"君子如此,则效果将如五阴爻之相应相从,"万民服也"。

③ 针对此爻,《系辞上》孔子说:"劳而不伐,有功而不德,厚之至也。语以其功下人者也。"劳苦有功而不自夸,不自以为有德,真是宽厚之至。这是说那些虽有功劳却愿屈居下位的人。

六四。无不利,㧑(huī)谦。

象曰:无不利,㧑谦,不违则也。

[白话]

六四。没有任何不适宜的事,只要发挥谦卑的精神。

《象传》说:没有任何不适宜的事,只要发挥谦卑的精神,这是因为没有违背法则。

[解读]

① 六四上有六五谦卑之君,下有九三大功之臣,这时只有"㧑谦"才可以"无不利"。㧑,挥也,发挥或施展之意。六四虽对九三主爻"乘刚",但在谦卦,并无凶险。

② 六四阴爻居柔位,又做到谦卑,所以说是"不违则"。

六五。不富以其邻，利用侵伐，无不利。

象曰：利用侵伐，征不服也。

[白话]

六五。不靠财富就得到邻居支持，适宜进行征战，没有不利的事。

《象传》说：适宜进行征战，是要去讨伐不顺服的人。

[解读]

① "不富以其邻"一语在泰卦（第11卦）六四出现过。在此，是指六五的上下二爻皆为同类之"邻"。六五处君位而谦卑，因而做到"不富以其邻"。

② 六五居君位，不能只图谦卑而无威严，亦即要恩威并重，所以"利用侵伐，无不利"。"不服"，是说即使君王谦卑，还是会有些人桀骜不驯，不肯顺服。六五爻变，上坎成坎，坎为弓轮；又有互离，离为戈兵，合之则为"侵伐"。

上六。鸣谦，利用行师，征邑国。

象曰：鸣谦，志未得也；可用行师，征邑国也。

[白话]

上六。响应谦卑的态度，适宜派遣军队，讨伐属邑小国。

《象传》说：响应谦卑，是因为心意未能实现；可以派遣军队，是因为讨伐的是属邑小国。

[解读]

① 上六位居谦卦之极，可谓谦柔之至。出于刚柔相济的要求，所以要"利用行师"，所讨伐的是自己的附属小国。天子分封诸侯的称"国"，分封大夫的称"邑"。上六无君位，所征者为

自己的邑国。坤为邑国，亦为师。
② 上六与九三正应，九三在互震中，震为鸣，所以说"鸣谦"。震又为行动，表示有行师的实力。上六的"志未得"，是指在谦卦而位居最高，并不符合谦卦的精神。

16　豫卦 ䷏

豫：利建侯行师。

象曰：雷出地奋，豫。先王以作乐崇德，殷荐之上帝，以配祖考。

上六：冥豫，成有渝，无咎。
象曰：冥豫在上，何可长也？

六五：贞疾，恒不死。
象曰：六五贞疾，乘刚也；恒不死，中未亡也。

九四：由豫，大有得。勿疑，朋盍簪。
象曰：由豫大有得，志大行也。

六三：盱豫，悔。迟有悔。
象曰：盱豫有悔，位不当也。

六二：介于石，不终日，贞吉。
象曰：不终日，贞吉，以中正也。

初六：鸣豫，凶。
象曰：初六鸣豫，志穷凶也。

豫：利建侯行师。

[白话]

豫卦：适宜建国立侯，出兵征伐。

[解读]

① 豫卦是下坤上震，亦即"雷地豫"。《序卦》说："有大而能谦

必豫，故受之以豫。"在此之前是大有卦与谦卦，接着一定是代表愉悦的豫卦。豫卦与谦卦为正覆关系，"豫"有愉悦之意，但也有居安思危的"预备"之意。

② 本卦主爻为九四，四为诸侯位，九四在上卦震中，震为动，所以"利建侯"。下卦坤为众，而众可称为"师"（见师卦，第7卦），所以利"行师"。

彖曰：豫，刚应而志行，顺以动，豫。豫，顺以动，故天地如之，而况建侯行师乎！天地以顺动，故日月不过而四时不忒。圣人以顺动，则刑罚清而民服。豫之时义大矣哉！

[白话]

《彖传》说：豫卦，刚强者得到呼应而心意可以实现，顺势而行动，就是豫。豫卦，顺势而行动，所以天地会同它一样，何况是建立侯王与出兵征伐呢！天地顺着时势而活动，所以日月的运行不会失误，四季的次序也不会偏差。圣人顺着时势而行动，就会做到刑罚清明而百姓顺从。豫卦依时而行的意义真是伟大啊！

[解读]

① 豫卦为一阳五阴的结构，九四有五个阴爻与它呼应，所以说"刚应而志行"。

② 本卦下坤上震，震为动，坤为顺，亦即"顺以动"。连天地都是如此，建侯行师自无问题。在此，"顺"是指随顺物性、形势、人心等，圣人也可依此治理百姓。

③ 《易经》重视"时"，共有十一卦论及。程颐说："豫、遁、姤、旅，言时义；坎、睽、蹇，言时用；颐、大过、解、革，言时，各以其大者也。"把握变化中的时机，才可做出正确的判断及行动。在此可以补充一点，就是随卦（第17卦）的《彖传》有"随

时之义大矣哉"一语,也谈到"时"。

象曰:雷出地奋,豫。先王以作乐(yuè)崇德,殷荐之上帝,以配祖考。

[白话]

《象传》说:雷从地下出来,万物振作,这就是豫卦。古代君王由此领悟,要制作音乐来推崇道德,再隆重地向上帝祭祀,连带也向祖先祭祀。

[解读]

① 下坤上震,震为雷,坤为地,就是"雷出地上",犹如春雷乍响,大地奋然振兴,一切又充满生机,所以是豫(愉悦)。
② 坤为顺,居下卦,是为和顺积中;震为雷,雷为发声;合而观之,则是制作音乐,以此赞扬生生之德。再推源其本,以盛大仪式祭祀上帝以及祖先。此处言及音乐之原始目的,在于祭祀。
③ "上帝"在此为受享祭祀之主神,代表万物的主宰,亦为万物存在之源。祖考(祖先)则专就人类而言。此语显示古人的宗教观念,值得留意。

初六。鸣豫,凶。
象曰:初六鸣豫,志穷凶也。

[白话]

初六。响应愉悦的态度,有凶祸。
《象传》说:初六响应愉悦的态度,是因为心意抵达极点,会有凶祸。

[解读]

① 初六刚刚进入豫卦，就得到九四主爻的正应，九四在上卦震中，震为鸣，所以说"鸣豫"。但是，此时愉悦则不思长进，所以"凶"。与谦卦对照可知，鸣谦则吉，鸣豫则凶。可见谦可鸣而豫不可鸣。

② "志穷"，是说初六已经志得意满，或得意忘形，再也无处可去，所以说"凶也"。

六二。介于石，不终日，贞吉。
象曰：不终日，贞吉，以中正也。

[白话]

六二。耿介如坚石，不用一整天，正固吉祥。
《象传》说：不用一整天，正固吉祥，是因为居中守正。

[解读]

① 豫卦描述愉悦，而人们好逸恶劳，往往在此时种下祸根。只有六二对主爻九四无比无应，有耿介独立不移之象。

② "不终日"原指不用一整天，意思是很快就会觉悟不可耽于逸乐。《系辞下》引述此爻爻辞后，说："介如石焉，宁用终日？断可识矣。君子知微知彰，知柔知刚，万夫之望。"能够在愉悦中把持立场，一定是有所见识，知道出处进退，并因而成为百姓的盼望。

③ 六二位居下卦之中位，可以居中守正。它又在互艮（六二、六三、九四）中，艮为山，为石，所以说"介于石"。并且，艮为止，六二爻变，出现互离（九二、六三、九四），离为日，所以说"不终日"。离又为明，知几而有所豫，自然"贞吉"。

六三。盱（xū）豫，悔。迟有悔。
象曰：盱豫有悔，位不当也。

[白话]

六三。向上仰望而愉悦，懊恼。行动迟缓也有懊恼。
《象传》说：向上仰望而愉悦，也有懊恼，是因为位置不恰当。

[解读]

① "盱"是张目上视的样子。九四为豫卦之主爻，六三仰目向上，希求愉悦，但是由于自己是阴爻居刚位，"位不当"，所以无法如愿而懊恼。

② 六三在互艮（六二、六三、九四）中，艮为止；六三爻变，出现互巽，巽为风为不定，止而未定，就是行动迟缓。它既不能摆脱诱惑，又无法果决行动，结果自然是"悔"了。犹豫不决，两"悔"并出。

九四。由豫。大有得。勿疑，朋盍簪（zān）。
象曰：由豫大有得，志大行也。

[白话]

九四。由此而产生愉悦。大有收获。不必疑虑，朋友都来聚合。
《象传》说：由此而产生愉悦并且大有收获，是因为心意可以充分实现。

[解读]

① "由豫"是指愉悦的由来，因为九四为全卦主爻。一阳得五阴呼应，坤以众顺，是"大有得"。上下皆来应合，有如簪子集拢了长发，所以说"朋盍簪"。"盍"是阖、合的意思。

② 九四在互坎（六三、九四、六五）中，坎为加忧，为疑虑，九四有五阴应合，所以说"勿疑"。它以阳爻居柔位，以大臣而得上下之信赖，结果是愉悦和顺，"志大行也"。

六五。贞疾，恒不死。
象曰：六五贞疾，乘刚也。恒不死，中未亡也。

[白话]

六五。处于其位会有疾病，但总不至于死亡。
《象传》说：六五处于其位会有疾病，是因为凌驾在刚爻之上。总不至于死亡，是因为居中的位置没有失去。

[解读]

① 在豫卦中，六五以阴爻居君位，等于柔弱而耽溺于愉悦。"贞疾"是指处于其位会有疾病，因为六五在互坎（六三、九四、六五）中，坎为心病。最大的问题在于六五乘刚，居唯一的阳爻之上，所以诸事不顺。

② 六五又居上卦震之中，震为反生（植物先向下生根，再向上生枝叶与花果），又为东方之卦，代表生机蓬勃的春季，所以"恒不死"。它居中位，拥有优势，因此不致丧亡。

上六。冥豫，成有渝，无咎。
象曰：冥豫在上，何可长也？

[白话]

上六。在昏昧中愉悦，最后出现改变，没有灾难。
《象传》说：在昏昧中愉悦而走到极点，怎么会长久呢？

[解读]

① "冥",昏昧;"成",终;"渝",变。豫卦上六是愉悦到了极点,有执迷不悟之象,所以说"冥豫"。不过,既然前无去路,终究会有变化,如此就可以"无咎"。

② 豫卦原为愉悦之卦,但是只有六二与九四为佳。由此可见,人在安乐中反而容易失去方向,因而必须早些警惕,预作防备,而"豫"正有预备、预防之意。

17　随卦　☱☳

随：元亨利贞，无咎。
象曰：泽中有雷，随。君子以向晦入宴息。

上六：拘系之，乃从维之，王用亨于西山。
象曰：拘系之，上穷也。

九五：孚于嘉，吉。
象曰：孚于嘉吉，位正中也。

九四：随有获，贞凶。有孚，在道以明，何咎？
象曰：随有获，其义凶也。有孚在道，明功也。

六三：系丈夫，失小子。随有求，得，利居贞。
象曰：系丈夫，志舍下也。

六二：系小子，失丈夫。
象曰：系小子，弗兼与也。

初九：官有渝，贞吉。出门交有功。
象曰：官有渝，从正吉也；出门交有功，不失也。

随：元亨利贞，无咎。

[白话]

随卦：最为通达而适宜正固，没有灾难。

[解读]

① 随卦是下震上兑，亦即"泽雷随"。《序卦》说："豫必有随，

故受之以随。"意思是，愉悦一定有人随从。《杂卦》说："随，无故也。"意思是，随并没有特别事故，而要依时势与条件而定行止，亦即随时。

② 随卦是雷震动而泽随顺，有如少女（兑）之依从长男（震）。但就六爻而言，皆是以下随上的进展，所以"元亨"并且"利贞"，如此就自然"无咎"了。

象曰：随，刚来而下柔，动而说，随。大亨贞，无咎，而天下随时。随时之义大矣哉。

[白话]

《象传》说：随卦，刚强者来到柔顺者之下，活动而喜悦，就是随卦。大通达并且正固，没有灾难，然后天下万物随着时势而运行。随着时势的意义真是伟大啊。

[解读]

① 由"刚来而下柔"一语，可知随卦是由否卦（䷋，第12卦）演变而成，亦即否卦的上九成为初九，而初六转成上六。刚强者现在来到下位，愿意随顺了。其次，兑为悦，震为动，亦即动而悦，也可以说是悦而动。

② 以"元亨利贞"描述随卦，是因为天下万物无一不是随顺时势而运作。人若如此，自然"无咎"。"随时"一词提醒人们要体察时势的变化，调整自己的行动，其意义值得深思。

象曰：泽中有雷，随。君子以向晦入宴息。

[白话]

《象传》说：大泽中有雷潜藏，这就是随卦。君子由此领悟，要在傍晚回家安静休息。

[解读]

① 随卦下震上兑，兑为泽，震为雷，正是泽中有雷。雷在一年之中也须随着季节（阴历二月出地，八月入地）而蛰伏，有如潜藏于大泽之下。
② "向"，为向，接近；"晦"，夜晚；"宴"，安。君子日出而作，日入而息，这是最简单的"随时"的道理，由此可以推及因应天下一切事物。《韩非子·解老》说："故万物必有盛衰，万事必有弛张。"随卦为弛道，君子因其时而弛。

初九。官有渝，贞吉。出门交有功。
象曰：官有渝，从正吉也；出门交有功，不失也。

[白话]

初九。官员有变通，正固吉祥。出门与人交往会有功绩。
《象传》说：官员有变通，是因为依循正途而吉祥；出门与人交往会有功绩，是因为没有过失。

[解读]

① 初九是"刚来而下柔"的阳爻，为随卦主爻，能够依循时势需要而采取应变措施。初九在震卦，震为侯为官，震为动为变，所以说"官有渝"。官员以守法为首务（贞），但是施政必须通权达变（有渝），如此才会吉祥。
② "出门交"，表示不在门内秘密交往。初九位居互艮（六二、六三、九四）之下，艮为门阙，所以它是走出门外。震为大涂，等于开大门走大路，所以"有功"，没有过失可言。初九一入随卦，必须随上爻而行动，所以"出门交"以随六二。

六二。系小子，失丈夫。
象曰：系小子，弗兼与也。

[白话]

六二。系住小孩，失去丈夫。
《象传》说：系住小孩，是因为不能同时跟从两者。

[解读]

① "系"有牵系、执着、顾念之意。在随卦中，各爻皆随上爻，因此初九"出门"与六二交，六二随六三，无法兼顾初九。六三阴爻称小子，初九阳爻为丈夫，于是六二"系小子，失丈夫。""弗兼与"，"与"是跟从，表示六二无法兼顾两者，只好选择其一，最后得不偿失。

六三。系丈夫，失小子。随有求，得，利居贞。
象曰：系丈夫，志舍下也。

[白话]

六三。系住丈夫，失去小孩。随从而有所求，可以得到。适宜守住正固。
《象传》说：系住丈夫，是因为心意舍弃了下位者。

[解读]

① 六三必须随九四而放弃六二，九四阳爻为丈夫，六二阴爻为小子，于是六三"系丈夫，失小子"，这是因为心意是要舍弃下位者。

② 六三与九四近比相得，随从九四，有所求就会得到。并且六三在互巽（六三、九四、九五）中，巽为"近利市三倍"，有利可图。此时仍须提醒自己"居贞"，不可唯利是图。

九四。随有获，贞凶。有孚，在道以明，何咎？
象曰：随有获，其义凶也。有孚在道，明功也。

[白话]

九四。随从而有收获，一直如此会带来凶祸。保持诚信，以明智处于正道，会有什么灾难？

《象传》说：随从而有收获，理当遇到凶祸。保持诚信而处于正道，是明智的功劳。

[解读]

① 九四在随卦，又在互巽（六三、九四、九五）中，巽为利，所以说它"随有获"。九四又在互艮（六二、六三、九四）中，艮为止，表示不可一直"随有获"。因为若只知取利，结果理当是"凶"。九四随九五，以臣随君，二爻皆有"孚"字。

② 下震为大途，随九四，可谓九四"在道"。九四已入上卦之兑，兑为见（显示）为明，合之可说"在道以明"。

九五。孚于嘉，吉。
象曰：孚于嘉吉，位正中也。

[白话]

九五。对美善之事保持诚信，吉祥。

《象传》说：对美善之事保持诚信而吉祥，是因为处在守正居中的位置。

[解读]

① 九五居上卦之中位，阳爻居刚位，既中且正，为"孚"，理当是吉。

② 九五随上六，在上卦兑中，兑为悦；又在互巽（六三、九四、九五）中，巽为利；同时处在随卦中，得到其下各爻支持。其诚信（孚）在于推行一切美善（嘉）。

上六。拘系之，乃从维之。王用亨于西山。
象曰：拘系之，上穷也。

[白话]

上六。把他抓住捆起来，后来又放开他。君王在西山献祭。
《象传》说：把他抓住捆起来，是因为往上走到了尽头。

[解读]

① 随卦走到上六，前无去路，若是回头依循九五，就是被"拘系"了。但是九五不会违背随卦，"乃从维之"。"乃从"是而后；"维"，帛书作"襦"，是解开之意。此处所指为周文王被商纣王"拘于羑里"之事，由于周文王随顺，所以被释放回到岐山。在此，"王"指文王，乃周朝建国之后追封之称。
② 上六在互巽（六三、九四、九五）之外，巽为绳直，有捆缚之象。所以它在"上穷"时，受困还可脱困。饱经忧患之后，应当随从的是天意，所以谈到献祭。上卦兑为西方之卦，所以说西山。由此可知，随顺将可逢凶化吉，并且要心存感恩。

18　蛊卦

蛊：元亨，利涉大川。先甲三日，后甲三日。
象曰：山下有风，蛊。君子以振民育德。

上九：**不事王侯，高尚其事。**
象曰：不事王侯，志可则也。

六五：**干父之蛊，用誉。**
象曰：干父之蛊，承以德也。

六四：**裕父之蛊，往见吝。**
象曰：裕父之蛊，往未得也。

九三：**干父之蛊，小有悔，无大咎。**
象曰：干父之蛊，终无咎也。

九二：**干母之蛊，不可贞。**
象曰：干母之蛊，得中道也。

初六：**干父之蛊，有子，考无咎，厉终吉。**
象曰：干父之蛊，意承考也。

蛊：元亨，利涉大川。先甲三日，后甲三日。

[白话]

蛊卦：最为通达，适宜渡过大河。开始之前的三天，开始之后的三天。

[解读]

① 蛊卦是下巽上艮，亦即"山风蛊"。《序卦》说："以喜随人者

必有事，故受之以蛊。"在此上承豫卦与随卦，亦即愉悦而随从别人，一定会有事故，形成某些弊端，需要整顿修改。所谓"乱为治之根，蛊为饬之源"，如此方可"元亨"。

② 随卦（☳）与蛊卦形成一组正覆卦，《杂卦》说："随，无故也；蛊，则饬也。"可见蛊卦必须革除积弊，采取行动，以致冒险犯难，"利涉大川"。

③ 先甲三日，后甲三日：古人以天干纪日，亦即甲、乙、丙、丁、戊、己、庚、辛、壬、癸。甲是开始，在此前三日要除旧，在此后三日要布新，经过这一连串的措施，才可以达成目标。

象曰：蛊。刚上而柔下，巽而止，蛊。蛊元亨，而天下治也。利涉大川，往有事也。先甲三日，后甲三日，终则有始，天行也。

[白话]

《象传》说：蛊卦。刚强者上去而柔顺者下来，和顺而有所阻止，就是蛊卦。蛊卦最为通达，是要使天下都治理好。适宜渡过大河，是要前往积极办事。开始之前的三天，开始之后的三天，表示终结之后又有新的开始，这是天道的运行法则。

[解读]

① 由"刚上而柔下"一语，可知本卦是由泰卦（☰，第11卦）演变而成。亦即泰卦的初九往上成了上九，成为下巽上艮的蛊卦。巽为风，为逊顺；艮为山，为止。以和顺态度来阻止偏差的事情。蛊有乱之意，亦有治乱之意，这两者无法分开。

② 蛊之"元亨"，就在于勇于革除恶习，尤其是把前人留下的积弊加以匡正，"而天下治也"。要整顿乱象，必须妥善结束，再谨慎开始。"先甲三日"，是要终结以前的败乱；"后甲三日"，是要迎接新的契机。终则有始，是"天行也"。"终则有始"

一语亦见于恒卦《象传》。

象曰：山下有风，蛊。君子以振民育德。

[白话]

《象传》说：山下有风吹拂，这就是蛊卦。君子由此领悟，要振作百姓，培育道德。

[解读]

① 蛊卦下巽上艮，艮为山，巽为风，亦即山下有风。风遇山即回，将会拂乱一切，同时也荡涤一切。这种既乱又治之象十分特别。风以振民，山以育德。

② 君子眼见陈腐的积弊，无法再因循苟且，决心要"振民育德"。

初六。干父之蛊，有子，考无咎。厉终吉。
象曰：干父之蛊，意承考也。

[白话]

初六。救治父亲留下的积弊，才是好儿子，他使亡父没有受人责难。这样做会有危险，但最后吉祥。
《象传》说：救治父亲留下的积弊，用意是要继承亡父的愿望。

[解读]

① "干"有导正、修饬、救治之意。古代封建社会采行世袭之制。父亲辈留下的积弊，到儿子手中就须设法救治，否则不能算是有儿子。这样做会受到别人质疑，所以说"厉"，但是"终吉"。"考"是指过世的父亲。

② 由象上看，蛊卦（䷑）由泰卦（䷊）变来，是泰卦的上六下来成

为初六。此一变化，使下卦乾消失，乾为父，是为亡父。上卦变成艮，艮为少男，是为"有子"。初六的"意承考"，来自泰卦必须持续变化，继承父亲的愿望以除旧布新，否则无法因应新的形势，所以会有蛊卦的出现。

九二。干母之蛊，不可贞。
象曰：干母之蛊，得中道也。

[白话]

九二。救治母亲留下的积弊，不可正固。
《象传》说：救治母亲留下的积弊，是要符合居中之道。

[解读]

① 九二的正应在六五，六五原在泰卦上坤，泰卦变蛊卦之后上坤消失，坤为母，是为亡母。对柔顺的六五不可正固，亦即不宜过于刚强以免伤害亲情。在古代，父之蛊往往是政治及社会上的大问题；母之蛊则局限于家人亲族，所以手段不可过刚。

② 九二在下巽，巽为随顺，所以"不可贞"。九二居下卦中位，又有六五正应，"得中道也"，所以要适可而止。

九三。干父之蛊，小有悔，无大咎。
象曰：干父之蛊，终无咎也。

[白话]

九三。救治父亲留下的积弊，有小的懊恼，没有大的灾难。
《象传》说：救治父亲留下的积弊，最后是没有灾难的。

[解读]

① 九三阳爻居刚位,位正而不居中,有过刚之嫌。在本卦中,救治父亲的积弊时,难免矫枉过正,以致"小有悔"。不过,由于九三所行配合新的形势所需,故"无大咎"。
② 终无咎也:"终"是因为九三位于下卦之终;又面临上卦艮,艮为止,所以最后不会有什么灾难。

六四。裕父之蛊,往见吝。
象曰:裕父之蛊,往未得也。

[白话]

六四。宽容对待父亲留下的积弊,前往会陷入困境。
《象传》说:宽容对待父亲留下的积弊,前往不会有收获。

[解读]

① 六四阴爻居柔位,柔顺有余而无法果决面对"父之蛊",以至于容忍积弊。
② 六四已进入艮卦,艮为止,适可而止,有宽容之意。相对于此,它也因受阻而无法往前走。

六五。干父之蛊,用誉。
象曰:干父用誉,承以德也。

[白话]

六五。救治父亲留下的积弊,受到称誉。
《象传》说:救治父亲留下的积弊而受到称誉,是因为以道德来继承父业。

[解读]

① 六五以阴爻居上卦中位,为柔顺之君;下有九二正应,得刚强之臣相辅。行动温和而正派,所以用誉。六五爻变,上卦成巽,巽为风为令,等于顺承命令;巽为近利市三倍,因而受人肯定。

② "承以德"是以道德来继承之意。无论父业为政治或经济,子孙唯有以德承之,才可发扬祖先的功业与荣耀。我们所谓的"光宗耀祖",亦以此为正途。

上九。不事王侯,高尚其事。
象曰:不事王侯,志可则也。

[白话]

上九。不去事奉王侯,以高尚来要求自己的作为。
《象传》说:不去事奉王侯,是因为他的心意值得取法。

[解读]

① 上九从泰卦下乾的初九上来,乾为君王;又高居互震(九三、六四、六五)之上,震为诸侯;所以说它"不事王侯"。上九位居蛊卦之终,不再卷入世间的活动,而可以"高尚其事"。

② 上九看到社会的蛊乱,所以可能存心成为隐士,也可能就此专务修德。这两者并不冲突。正如孔子所云:"隐居以求其志,行义以达其道,吾闻其语矣,未见其人也。"(《论语·季氏》)隐居不是为了避世,而是为了"求其志"(磨炼他的志节);一有机会,则以实践道义来"达其道"(贯彻他的理想)。

19　临卦

临：元亨利贞。至于八月有凶。
象曰：泽上有地，临。君子以教思无穷，容保民无疆。

上六：**敦临，吉，无咎。**
象曰：敦临之吉，志在内也。

六五：**知临，大君之宜，吉。**
象曰：大君之宜，行中之谓也。

六四：**至临，无咎。**
象曰：至临无咎，位当也。

六三：**甘临，无攸利。既忧之，无咎。**
象曰：甘临，位不当也。既忧之，咎不长也。

九二：**咸临，吉，无不利。**
象曰：咸临，吉无不利，未顺命也。

初九：**咸临，贞吉。**
象曰：咸临贞吉，志行正也。

临：元亨利贞。至于八月有凶。

[白话]

临卦：最为通达，适宜正固。到了八月将有凶祸。

[解读]

① 临卦是下兑上坤，亦即"地泽临"。《序卦》说："有事而后可

大，故受之以临。临者，大也。"在有所作为的蛊卦之后，才有壮大的可能。临是壮大之意，来临之后才可发展而壮大。

② 就"临"是壮大来说，它是阳爻向上推展的六个消息卦之一。这六卦是复卦（☷☳，第24卦）、临卦（☷☱，第19卦）、泰卦（☷☰，第11卦）、大壮卦（☳☰，第34卦）、夬卦（☱☰，第43卦），以及乾卦（☰☰，第1卦）。在此临卦，阳爻向上进展，日渐壮大，由于阳气是创生而具有活力的，所以说它"元亨利贞"。

③ 为何说"至于八月有凶"？十二消息卦与夏历对照则有如下关系，依序为复卦（☷☳）为十一月，临卦（☷☱）为十二月，泰卦（☷☰）为正月，大壮卦（☳☰）为二月，夬卦（☱☰）为三月，乾卦（☰☰）为四月，姤卦（☰☴）为五月，遁卦（☰☶）为六月，否卦（☰☷）为七月，观卦（☴☷）为八月，剥卦（☶☷）为九月，坤卦（☷☷）为十月。临卦为十二月，经过八个月，正好是八月的观，成为临的覆卦，并且显然是阳消阴长，所以说"有凶"。并且夏历八月多雨，洪水最易泛滥，针对此卦（泽在地下），会形成相反的局面（泽在地上），所以"有凶"。"有凶"表示"未必一定"，与单说"凶"不同。消息卦各爻皆以向上推进之趋势为重，知其趋势则知如何自处。

彖曰：临。刚浸而长。说而顺，刚中而应，大亨以正，天之道也。至于八月有凶，消不久也。

[白话]

《彖传》说：临卦。刚强者渐渐发展而成长。喜悦而柔顺，刚强者居中而有应合，大通达又能正固，这是天的运行法则。到了八月将有凶祸，是因为消退之期不久将会来到。

［解读］

① 临卦下兑上坤，二阳在下，往上渐长。兑为悦，坤为顺，内悦而外顺；九二以阳爻居下卦中位，又有六五正应，所以是"大亨以正"。

② "消不久也"一语，所指为观卦，由此可以说明《易经》中的消息卦。消是消退，息是生长，消与息不停地循环，原是变化的常理。阳爻生长的六卦已见于上文，而阴爻生长的六卦则是姤卦（䷫，第44卦）、遁卦（䷠，第33卦）、否卦（䷋，第12卦）、观卦（䷓，第20卦）、剥卦（䷖，第23卦）、坤卦（䷁，第2卦）。临卦显示阳爻壮大之象，但有壮大就有消亡，其覆卦为观卦，不久将会到来。

象曰：泽上有地，临。君子以教思无穷，容保民无疆。

［白话］

《象传》说：沼泽之上有大地，这就是临卦。君子由此领悟要教导思虑而不懈怠，包容保护百姓而无止境。

［解读］

① 临卦下兑上坤，是泽上有地之象。沼泽以大地为岸，大地亲临沼泽，有如君子面对百姓。

② 君子效法大地，大地有"思"的特性。《尚书·洪范》谈到五行时，以"五曰土"殿后，接着谈五事，以"五曰思"殿后，可见土与思相应。中医以五脏中的脾属土，也是主思。至于大地的"容保民"，则由地之无不承载而来。

初九。咸临，贞吉。
象曰：咸临贞吉，志行正也。

[白话]

初九。一起来临,正固吉祥。

《象传》说:一起来临而正固吉祥,是因为心意与行为正当。

[解读]

① 临卦二阳在下,咸为感,初二两爻皆有应,所以初九与九二"咸临"。以初九来说,是阳气始生的第一步,必须守住正固,以作为后续发展的基础。

② 初九的"志行"被称为"正",可见《易经》面对阴阳消长之时,是站在阳的一方,希望阳盛而阴伏。

九二。咸临,吉,无不利。

象曰:咸临,吉无不利,未顺命也。

[白话]

九二。一起来临,吉祥,没有不适宜的。

《象传》说:一起来临,吉祥而没有不适宜的,是因为它不是靠顺从命令而做到的。

[解读]

① 九二与初九"咸临",阳气形成上升的力道,所以"吉,无不利"。

② 九二居下卦中位,是悦(兑)的代表,上有六五正应,而六五是顺(坤)的代表;下悦上顺,阴阳正应,形势自然如此,所以说它不是靠顺从命令才做到"吉无不利"。

六三。甘临。无攸利。既忧之,无咎。

象曰:甘临,位不当也。既忧之,咎不长也。

[白话]

六三。以和柔态度对待来临者,没有什么利益。已经对此忧虑,就没有灾难了。

《象传》说:以和柔态度对待来临者,是因为位置不适当。已经对此忧虑,灾难就不会长久了。

[解读]

① "甘"是甜美和柔,"攸"是所。六三在下卦兑中,兑为口;上接坤卦,坤为土,《尚书·洪范》有"土爰稼穑……稼穑作甘"之语,所以坤为甘。"口中有甘",十分和柔。六三面对初九与九二来势汹汹,只好以甘临之。

② 六三是阴爻居刚位,又下乘二刚,"位不当也",所以"无攸利"。不过,六三与上六不应,已经在忧虑自身的处境,即使有灾难,也是"咎不长也"。

六四。至临,无咎。
象曰:至临无咎,位当也。

[白话]

六四。直接面对来临者,没有灾难。

《象传》说:直接面对来临者而没有灾难,是因为位置适当。

[解读]

① 六四位居上卦,直接面对下卦的来临。"至"有"来到"之意,也有"最为"之意。由卦象看来,六四在互震(九二、六三、六四)中,震为足,足可行,所以有主动前往、直接面对之意。

② 六四阴爻居柔位,又有初九正应,"位当也",所以"无咎"。

六五。知临，大君之宜，吉。
象曰：大君之宜，行中之谓也。

[白话]

六五。以明智态度面对来临者，这是伟大君主的合宜表现，吉祥。
《象传》说：伟大君主的合宜表现，所说的是推行中道。

[解读]

① 六五在上卦坤中，坤为思，"思曰睿"（《尚书·洪范》），有明智之意，所以说"知临"。君临天下时，"来临者"是指百姓。五为君位，所以说"大君"。在下兑上坤的临卦中，天下人喜悦而顺从，"吉"。

② 六五在上卦中位，下有九二正应，施政时自然会"行中"。

上六。敦临，吉，无咎。
象曰：敦临之吉，志在内也。

[白话]

上六。以敦厚态度面对来临者，吉祥，没有灾难。
《象传》说：以敦厚态度面对来临者是吉祥的，因为心意在于国内的百姓。

[解读]

① 上六居坤卦之终，坤为地，为厚，又为顺，所以要以敦厚态度临民。阴柔在上，原本无法临民，但是由于敦厚而顺下，所以"吉，无咎"。

② 上六之吉，是因为"志在内"。"内"指内卦兑，尤其是初九与九二这两个阳爻。就国家而言，则是指国内的百姓。临卦是

阳气上升中的一卦，上六即将退位，其心意向内卦进展是恰当的，所以"无咎"。总之，临卦六爻无凶象，故于卦辞曰"至于八月有凶"，要人居安思危，及早预防。

20　观卦

观：盥而不荐，有孚颙若。

象曰：风行地上，观。先王以省方观民设教。

上九：观其生，君子无咎。
象曰：观其生，志未平也。

九五：观我生，君子无咎。
象曰：观我生，观民也。

六四：观国之光，利用宾于王。
象曰：观国之光，尚宾也。

六三：观我生，进退。
象曰：观我生进退，未失道也。

六二：窥观，利女贞。
象曰：窥观女贞，亦可丑也。

初六：童观，小人无咎，君子吝。
象曰：初六童观，小人道也。

观：盥（guàn）而不荐，有孚颙（yóng）若。

[白话]

观卦：祭祀开始时洗净双手，还未到进献祭品的阶段，心中诚信已经庄严地表现出来。

[解读]

① 观卦是下坤上巽,亦即"风地观"。《序卦》说:"物大然后可观,故受之以观。"前面的临卦有"大"之意,大则可"观"。圣人由仰观俯察而领悟天之道,再依此安排人之道,正是《易经》的基本观念。

② 古代祭祀的仪式十分复杂。祭祀之前必须斋戒沐浴;祭祀之时,首先洗净双手,称为"盥",此时态度恭敬肃穆;接着是"灌"礼,浇酒于茅草上,象征请神享用;然后进入繁复的"荐"礼,进献腥的与熟的牺牲。古人相信祭祀是与神明来往,应以虔诚心意为重,而不必过度强调牲品,所以说"盥而不荐"。《易经》在萃卦(䷬,第45卦)、升卦(䷭,第46卦)、既济卦(䷾,第63卦),皆显示了类似的思想。

③ "孚"为诚信,"颙若"是庄严肃穆的样子。观卦为消息卦之一,代表农历八月。就趋势而言,九五与上九处境堪虑,此时唯有以祭祀来安顿百姓。

象曰:大观在上,顺而巽,中正以观天下,观。盥而不荐,有孚颙若,下观而化也。观天之神道,而四时不忒。圣人以神道设教,而天下服矣。

[白话]

《象传》说:伟大的德行展现在上位,教化柔顺而顺利,能够居中守正来观察天下的人,这就是观卦。祭祀开始时洗净双手,还未到进献祭品的阶段,心中诚信已经庄严地表现出来,百姓仰观时就受到教化了。观察天地神妙的法则,就知道四季的运行没有偏差。圣人依循这种神妙的法则来设立教化,天下的人都顺服了。

[解读]

① 观卦的主爻是九五，它以阳爻处于全卦尊位，有如天子为万民所瞻仰。本卦下坤上巽，坤为地，为柔顺，巽为风，为顺利，百姓柔顺而服从，天子施政顺利无比。九五、上九为天位，底下四爻为人位与地位；阳爻居天位，九五既中且正，以此"观天下"。

② 天子主祭时的虔诚表现，使臣民在仰观时就受到教化了。这时感动人心的不是祭品的丰厚，而是心意的真诚。本卦有如放大的艮卦，艮为门阙，引申为庙堂，为万民所瞻仰，故称观卦。国之大事在祀与戎；礼之可观莫盛乎宗庙，宗庙之可观莫盛于祭祀。

③ "天之神道"，是指天地的神妙法则，由此可知四季运行中规中矩而恰到好处。"神"字是形容词，因为对人而言太神妙了。圣人根据神妙的天道来设立教化，使百姓生活合乎人道的原则，百姓自然心悦诚服。

象曰：风行地上，观。先王以省方观民设教。

[白话]

《象传》说：风吹行在大地上，这就是观卦。古代帝王由此领悟，要巡视四方，观察民情，设立教化。

[解读]

① 观卦由下坤上巽组成，巽为风，坤为地，合之为"风行地上"。风吹拂过大地，有如游历周览，对天下万物无不知情。风又是最有影响力的，可用以比喻政令教化。孔子说："君子之德，风；小人之德，草；草上之风，必偃。"(《论语·颜渊》)

② 先王"省方"，是为了观民与设教，了解民俗民情，设定政教制度。

初六。童观，小人无咎，君子吝。

象曰：初六童观，小人道也。

[白话]

初六。像孩童那样观看，小人没有灾难，君子就有困难。

《象传》说：初六像孩童那样观看，是小人的作风。

[解读]

① 初六距九五最远，又是阴爻，有如纯朴百姓，像小孩一样看问题。他对国家的德政教化并不了解，算是情有可原，所以"无咎"。但是，君子或有官位或有德行，若是"童观"，就将陷于困境了。

② 观卦（☷）有如艮卦（☶）的放大，艮为少男。初六居最下位，具体表现了无知孩童的心态，正是"小人道也"。

六二。闚（kuī）观，利女贞。

象曰：闚观女贞，亦可丑也。

[白话]

六二。从门缝向外观看，适宜女子正固。

《象传》说：从门缝向外观看，虽然女子可以正固，但君子则应觉得羞愧。

[解读]

① 观卦为放大的艮卦，艮为门阙，下卦坤为女，有如女子由门内向外观看，所见难免局限而有偏差。古代女子受的教育有限，又很少到户外走动，对国家政教所知不多，实为无奈之事。

② 六二以阴爻居柔位，又有九五正应，所以"利女贞"。至于"亦

可丑也","亦"是乃,所指为君子。君子童观则"吝",窥观则"可丑",亦即不可忽略更高的自我要求。

六三。观我生,进退。
象曰:观我生进退,未失道也。

[白话]

六三。观察我的生民,再决定该进或该退。
《象传》说:观察我的生民再决定该进或该退,并未偏离正途。

[解读]

① 六三在下卦坤中,坤为众,为生民;它与上九正应,上九在巽卦中,巽为进退。所以,六三要观察民众的作为,再决定自己的进退。
② 三、四是人位,六三为臣,又是阴爻居刚位,很难有什么作为,所以有"进退"的考虑。不过,它的考虑配合身份,又有上九正应,所以是"未失道也"。道不失,则进退皆可。

六四。观国之光,利用宾于王。
象曰:观国之光,尚宾也。

[白话]

六四。观察国家的政教光辉,适宜从政追随君王。
《象传》说:观察国家的政教光辉,是要往上追随君王。

[解读]

① 六四已经进入上卦,又以阴爻居柔位,并且上承九五君位,所观察的是国家的整体发展,对于政教光辉深有所知。六四下临

坤卦，坤为邑为国。坤又为文，有光辉。
② "尚"是上；"宾"是从，是客，古代为官有如应邀的宾客。程颐说："古者有贤德之人，则人君宾礼之，故士之仕进于王朝，则谓之宾。"六四在巽卦中，巽为近利市三倍，它之追随九五是极其自然的。

九五。观我生，君子无咎。
象曰：观我生，观民也。

[白话]

九五。观察我的生民，君子没有灾难。
《象传》说：观察我的生民，就是观察我的百姓。

[解读]

① 九五居中守正，以天子的身份观察生民，再设立合适的政教制度来造福他们。这是他的本分与职责，做到了才可以"无咎"，所以不说"吉无不利"之类的美言。
② 九五下有四爻拥戴，正如天子受到百姓的支持。天子若想了解自己的德行表现，或者自己是否"大观在上"，最好的办法就是观察百姓的苦乐。

上九。观其生，君子无咎。
象曰：观其生，志未平也。

[白话]

上九。观察他的生民，君子没有灾难。
《象传》说：观察他的生民，是因为心意不得安定。

[解读]

① 上九居高而无权无位，只能观察九五的生民，所以说他"观其民"。观卦二阳爻在上，上九能观，就算尽责了，所以"无咎"。君子无位而有忧，小人有位而无忧，"志未平"即在此。

② 观卦四阴爻在下，再往上推升就成了剥卦（䷖，第23卦）。上九处在即将消退的位置，还在"观其生"，实是因为"志未平也"。

21 噬嗑卦 ䷔

噬嗑：亨。利用狱。

象曰：雷电噬嗑。先王以明罚敕法。

上九：何校灭耳，凶。
象曰：何校灭耳，聪不明也。

六五：噬干肉，得黄金。贞厉，无咎。
象曰：贞厉无咎，得当也。

九四：噬干胏，得金矢。利艰贞，吉。
象曰：利艰贞吉，未光也。

六三：噬腊肉，遇毒。小吝，无咎。
象曰：遇毒，位不当也。

六二：噬肤灭鼻，无咎。
象曰：噬肤灭鼻，乘刚也。

初九：屦校灭趾，无咎。
象曰：屦校灭趾，不行也。

噬嗑（shì hé）：亨。利用狱。

[白话]

噬嗑卦：通达。适宜判决诉讼。

[解读]

① 噬嗑卦是下震上离，亦即"火雷噬嗑"。《序卦》说："可观

而后有所合，故受之以噬嗑。嗑者，合也。"推行政教制度有了可观的成就，民心自然相合，所以接着出现了此卦。但是，《杂卦》又说："噬嗑，食也。"观此卦为用牙咬合以食之。合而言之，噬嗑卦的目的是要使民心相合，但是先决条件是正确判断诉讼案件。正如我们食用一物，须以牙咬断，才可消化一样。

② 此卦以断案求合民心为主，如此自然通达。"狱"指诉讼案件，包括调查、审判、用刑、定罪等，亦即古代的司法部门所负责的事务。由卦名及《象传》看来，易经有六卦与诉讼有关，即讼卦、噬嗑卦、贲卦、丰卦、旅卦、中孚卦。由此可知，古人生活与此相关者约十分之一。

象曰：颐中有物曰噬嗑。噬嗑而亨，刚柔分，动而明。雷电合而章。柔得中而上行，虽不当位，利用狱也。

[白话]

《象传》说：口腔中有东西，这种象就称作噬嗑卦。噬嗑卦咬断而合之就通达了。刚强者与柔顺者分开，一行动就见到光明。雷声闪电相合而彰显一切。柔顺者取得中位而向上前进，虽然位置不恰当，但适宜判决诉讼。

[解读]

① 颐卦（☲，第27卦）有如一张口，上下两排牙齿。噬嗑卦（☲）则有如在口中加一硬物（九四），所以说"颐中有物"。由于多了九四，使刚爻与柔爻可以分开，阴阳交错才会"亨"。

② 本卦下震上离。震为足，为行，为动；离为火，为目，为明；所以说"动而明"。其次，震为雷，离为电，合起来是打雷闪电，声势惊人而照见一切，正好可以用来明察秋毫，判断案件。

③ 由"柔得中而上行"一语，可知本卦是从否卦（☰，第12卦）演变而成。否卦的初六上行成为噬嗑卦的六五。六五阴爻居刚位，是"不当位"，但是在审理诉讼时不宜过刚，所以这样反而有利。

象曰：雷电噬嗑。先王以明罚敕（chì）法。

[白话]

《象传》说：打雷与闪电合在一起，这就是噬嗑卦。古代帝王由此领悟，要明辨刑罚，端正法律。

[解读]

① 噬嗑卦由下震上离组成，在取象上就是闪电（离）与打雷（震）。雷声震撼万物，使人不敢隐瞒；闪电大放光明，使人无所遁形。
② 民心以公平与正义为其依归，先王由本卦懂得"明罚敕法"。明为辨明，务求刑罚合宜；"敕"为导正，不可徇私枉法。

初九。屦（jù）校（jiào）灭趾，无咎。
象曰：屦校灭趾，不行也。

[白话]

初九。戴上脚枷，遮住脚趾，没有灾难。
《象传》说：戴上脚枷，遮住脚趾，不能行动了。

[解读]

① 初九在震卦，震为木，在此转为"校"。"校"是枷锁的总称，在脚称"桎"，在手称"梏"，在颈称"枷"。"屦"是鞋，在此为穿鞋之意。初九在下卦震的底部，震为足；它又在互坎

（六三、九四、六五）的底下外边，坎为水，所以初九没在水之下；合而言之则是"屦校灭趾"。

② 在噬嗑卦中，初九是指受刑的平民，平民犯罪受刑，是"小惩而大诫"，未必是坏事，所以说"无咎"。初九受刑，与九四不应，九四在互艮中，艮为止，等于使初九无路可走，不能再为恶，所以是"无咎"。

③ 在本卦中，三阳爻皆指刚强之人，为受刑者。其中九四有双重角色，最值得留意。三阴爻则是用刑者，因此本卦二、三、四、五爻皆始于"噬"字。

六二。噬肤灭鼻，无咎。
象曰：噬肤灭鼻，乘刚也。

[白话]

六二。咬食肥肉，鼻子没入，没有灾难。
《象传》说：咬食肥肉而鼻子没入，是因为凌驾在刚强者之上。

[解读]

① "肤"是指连着皮的肥肉，大口咬食将会使鼻子没入其中。六二在互艮（六二、六三、九四）中，由艮为果蓏（外为硬壳，内为软实）可推知它连皮带肉的具体形象。同时，艮为鼻，又为黔喙之属，鼻口相连，所以会"噬肤灭鼻"。六二不是受刑人，而是用刑人，所以虽然手段不雅，还是"无咎"。

② 六二吃相何以如此不雅？原因是"乘刚"。它凌驾在初九之上，乘刚者自身不顺，又须用刑于刚强之人，所以不太计较手段。

六三。噬腊肉，遇毒。小吝，无咎。
象曰：遇毒，位不当也。

[白话]

六三。咬食腊肉，遇到有毒的部分。有小的困难，没有灾难。

《象传》说：遇到有毒的部分，是因为位置不恰当。

[解读]

① 六三在互艮（六二、六三、九四）中，但是其上为离卦，离为火；所以它所咬食的不是肥肉，而是被火燻干的腊肉。同时，六三在互坎（六三、九四、六五）中，坎为险，为隐伏，在人则是加忧，所以为有毒之象。由于六三是用刑者，所以是"小吝，无咎"。

② 六三以阴爻居刚位，本身"位不当"，所以在用刑时招来怨毒反应。

九四。噬干胏（zǐ），得金矢。利艰贞，吉。

象曰：利艰贞吉，未光也。

[白话]

九四。咬食骨头上的干肉，获得金属箭头。适宜在艰难中正固，吉祥。

《象传》说：适宜在艰难中正固，吉祥，是因为作为还不够光明。

[解读]

① 九四为大臣，大臣有善有恶，由善者对付恶者，所噬者为干胏。九四在互艮（六二、六三、九四）中，又已进入离卦，加以本身是刚爻，等于是骨头上烤过的干肉。胏是骨头上的肉。九四在互坎（六三、九四、六五）中，坎为弓轮；又在上卦离中，离为戈兵；弓上的戈自然是箭了。并且，这个离卦是由否卦的初六与九五换位而来，否卦的上乾变为噬嗑卦的上离。干为金，金所变

成的矢，是为"金矢"。善臣得金矢，恶臣为被噬的干肺。
② 九四以阳爻居柔位，又在互坎中，坎为险，所以"利艰贞"。九四虽在离卦，但不是位居中爻，光明比不上六五，就是"未光也"。

六五。噬干肉，得黄金。贞厉，无咎。
象曰：贞厉无咎，得当也。

[白话]

六五。咬食干肉，获得黄金。一直如此会有危险，但没有灾难。
《象传》说：一直如此会有危险，但没有灾难，是因为作为都还恰当。

[解读]

① 六五是"柔得中而上行"的一爻，为全卦主爻。处于噬嗑卦，六五为用刑者，面临结案的难关，所噬亦为干肉。它所得的是"黄金"，如前爻所述，本卦由否卦变来，否卦初六上行成六五，使下坤上乾变成下震上离；坤为地，色黄；乾为金；这些都应验在六五身上。
② 六五以阴爻居刚位，并且下乘九四，所以"贞厉"。不过，在噬嗑卦中，能够秉持中道，温和而明鉴，是为"得当"而"无咎"。

上九。何（hè）校灭耳，凶。
象曰：何校灭耳，聪不明也。

[白话]

上九。肩扛着枷，遮住耳朵，有凶祸。
《象传》说：肩扛着枷，遮住耳朵，听不清也看不见。

[解读]

① "何"为荷,担负之意。上九居离卦终位,又在互坎(六三、九四、六五)之上;离为目,坎为耳;上九爻变,出现震卦,震为木,为校,为刑具;所以刑具遮住了耳与目。初九与上九皆为受刑者,刑罚从屦校到何校,可见严重程度已到极点,所以"凶"。《系辞下》对此亦有所评论。

② "聪不明也",是"不聪不明"的简说。表面上是"何校灭耳"造成不聪不明,而实际上则是不聪不明,胡作非为,然后结果才是"何校灭耳"。

22 贲卦

贲：亨。小利有攸往。

象曰：山下有火，贲。君子以明庶政，无敢折狱。

上九：白贲，无咎。
象曰：白贲无咎，上得志也。

六五：贲于丘园，束帛戋戋。吝，终吉。
象曰：六五之吉，有喜也。

六四：贲如，皤如，白马翰如，匪寇婚媾。
象曰：六四当位疑也。匪寇婚媾，终无尤也。

九三：贲如，濡如，永贞吉。
象曰：永贞之吉，终莫之陵也。

六二：贲其须。
象曰：贲其须，与上兴也。

初九：贲其趾，舍车而徒。
象曰：舍车而徒，义弗乘也。

贲（bì）：亨。小利有攸往。

[白话]

贲卦：通达。小的范围适宜有所前往。

[解读]

① 贲卦是下离上艮，亦即"山火贲"。《序卦》说："物不可以苟

合而已，故受之以贲。贲者，饰也。"事物不可以勉强相合就算了，还须加以文饰，所以在噬嗑卦之后是贲卦。不过，《杂卦》说："贲，无色也。"由此可知，所谓的文饰，并非加上颜色，而是以无色来突显其原有的面貌；至于方法，则是通过适当的安排，使事物处在合宜的位置。《说文》说："文，错画也。"以线条交错为文，亦是调整位置以显示秩序之意。

② 关于以文为无色，可以参考孔子所说的"绘事后素"（《论语·八佾》），亦即绘画时，最后才上白色。古代绘画以有色的绢布为底，先上各种彩色，最后才上白色，白色使原先所上的彩色更加鲜艳，所以接着才有孔子对"礼后乎"的肯定。换言之，礼是白色或无色。人间一切制度设计，无非是要让人性得以顺利而正常地发展，而不是要另外加给人性什么。

③ 贲卦是噬嗑卦的覆卦，同样是阴阳交错而通达。至于"小利有攸往"，"小"是指小的范围，而非指六二。因为《易经》中卦辞说"利有攸往"的有八卦（复卦、大过卦、恒卦、损卦、益卦、夬卦、萃卦、巽卦），说"不利有攸往"的有二卦（剥卦、无妄卦），说"勿用有攸往"的有一卦（屯卦），皆就全卦而言，不就单爻而言。且以本卦六二来说，它是"柔来而文刚"，没有"攸往"的情况。

象曰：贲，亨，柔来而文刚，故亨。分刚上而文柔，故小利有攸往，天文也。文明以止，人文也。观乎天文，以察时变；观乎人文，以化成天下。

[白话]

《象传》说：贲卦，通达。柔顺者来到，文饰刚强者，所以通达。分出刚强者往上行，去文饰柔顺者，所以是小的范围适宜有所前往，这是合乎自然界的文饰。以文明的方式规范人的行为，则是人间的文饰。观察自然界的文饰，可以探知季节的变化；观察人间的文饰，可以教化成就天下的人。

[解读]

① 由"柔来而文刚"一语，可知下卦的六二是由上卦来的。如果回复原状，则是泰卦（䷊）。现在一经变动，阴阳交错又重现生机，所以"亨"。柔来之后，下卦的刚也须"上而文柔"，这是小范围的"利有攸往"，只是为了文饰而已。泰卦下卦为乾，乾为天，由下卦分出刚爻，成为贲卦的上九，贲为饰；两者合起来就是"天文"，即自然界之文饰，如日月星辰之错列，阴阳寒暑之代变等。
② 贲卦下离上艮，离为火，为明，艮为山，为止；所以说"文明以止"。以文饰而显明的手段，来规范、约束人民的言行，就是"人文"的意思。由人文可以创作礼乐制度，推行教化，以至于"化成天下"。"文化"一词即脱胎于此。

象曰：山下有火，贲。君子以明庶政，无敢折狱。

[白话]

《象传》说：山下出现火光，这就是贲卦。君子由此领悟，要明察各项政务，不能依此果敢判决诉讼。

[解读]

① 贲卦下离上艮，艮为山，离为火，所以是"山下有火"。山上有众物（动物、植物、矿物），山下出现火光，可以照见众物。君子以此明辨各项政务。"庶"为众。
② "折"为断；为何"无敢折狱"？因为贲卦的光明是为了文饰，文饰则无法得其实情，所以不可用来断案。

初九。贲其趾，舍车而徒。

象曰：舍车而徒，义弗乘也。

[白话]

初九。文饰脚趾，舍弃车子而徒步行走。

《象传》说：舍弃车子而徒步行走，是理当不用坐车。

[解读]

① 初九为士，位低，如人之趾；既在贲卦，则"贲其趾"。脚打扮好了，就可以大步前进，士无车也不必乘车。
② 初九在互坎（六二、九三、六四）之下，坎为通舆，在坎之下所以下车走路，这在道理上（义）也是不该乘车的。

六二。贲其须。

象曰：贲其须，与上兴也。

[白话]

六二。文饰胡须。

《象传》说：文饰胡须，是要随着上位者而行动。

[解读]

① 六二爻变，出现互兑（九二、九三、六四），兑为口，口旁之文饰莫如须。下卦离为附丽，为文采，口旁之文为"须"。
② 六二是与上九交换的一爻，是随着上位者而行动的，所以说它"与上兴也"。其意也在于文饰只是外在修整，不足以改变其实质，所以要随其实质而调节。

九三。贲如，濡（rú）如，永贞吉。
象曰：永贞之吉，终莫之陵也。

[白话]

九三。有文饰的样子，润泽的样子，长久正固吉祥。
《象传》说：长久正固吉祥，是因为终究没有人凌驾其上。

[解读]

① 九三在互坎（六二、九三、六四）中，坎为水，水有润泽之意。九三又是二柔文一刚，可谓贲之至也，加上阳爻居刚位，有坚持之力，所以"永贞吉"。

② 以贲为饰而言，九三位置最理想，没有人比得上。上卦为艮，艮为止，止于此之意。上卦各爻，皆无九三的条件，所以"终莫之陵"。

六四。贲如，皤（pó）如，白马翰（hàn）如，匪寇婚媾（gòu）。
象曰：六四当位疑也。匪寇婚媾，终无尤也。

[白话]

六四。有文饰的样子，洁白的样子，白马壮硕的样子。不是强盗，而是来求婚配的。
《象传》说：六四处在多疑的位置。不是强盗，而是来求婚配的，这是说终究没有怨责。

[解读]

① 六四爻变出现互巽（六二、九三、九四），巽为木为白。"皤"为老人须发之白，在此描写六四质朴素白。有文饰而洁白，是因为与初九正应，得以发挥贲卦的特质。六四在互坎（六二、

九三、六四）中，坎为美脊马，所以说"白马"；"翰"同軘，强壮之意。

② 六四在互坎中，坎为盗；但是全卦唯有六四与初九正应，有婚媾之象，所以说"匪寇婚媾"。这是因六四处在多疑（坎为疑）的位置，不过最终明白真相而"无尤"。

六五。贲于丘园，束帛戋戋（jiān）。吝，终吉。
象曰：六五之吉，有喜也。

[白话]

六五。所文饰的是丘山田园，只用很少的一束布帛。有困难，最后吉祥。

《象传》说：六五的吉祥，是因为有喜庆之事。

[解读]

① 以贲为饰来说，阴柔要文饰阳刚；六五虽居尊位，但在下无应，所以须向上文饰上九。六五在艮卦，艮为山。贲卦由泰卦演变而来，泰卦上卦为坤，坤为地，为田园；所以说"贲于丘园"。坤为布，又为吝啬，所以说"束帛"。"束帛"是捆为一束的五匹帛，古代用为聘问、馈赠的礼物。"戋戋"为少量，微薄。

② 六五的表现并不大方，所以说"吝"。但是"终吉"，因为有上九可以相承，仍有阴阳相邻之喜。文饰时，所重的是实质，而不是礼物的丰厚。

上九。白贲，无咎。
象曰：白贲无咎，上得志也。

[白话]

上九。用白色来文饰,没有灾难。

《象传》说:用白色来文饰而没有灾难,是因为在上位者实现了心意。

[解读]

① 上九居贲卦最高位,觉悟了文饰的最高境界是:以白为贲。此即前文所谓的"绘事后素"(绘画时,最后才上白色)。所行为是,自然"无咎"。上九爻变,上卦为坤,坤为静,可比喻为无色。

② 上九依"分刚上而文柔"所云,是由下卦上来文饰柔爻的,现在圆满完成了任务,可谓"上得志也"。

23 剥卦 ䷖

剥：不利有攸往。

象曰：山附于地，剥。上以厚下安宅。

上九：硕果不食，君子得舆，小人剥庐。
象曰：君子得舆，民所载也；小人剥庐，终不可用也。

六五：贯鱼，以宫人宠，无不利。
象曰：以宫人宠，终无尤也。

六四：剥床以肤，凶。
象曰：剥床以肤，切近灾也。

六三：剥之，无咎。
象曰：剥之无咎，失上下也。

六二：剥床以辨，蔑贞，凶。
象曰：剥床以辨，未有与也。

初六：剥床以足，蔑贞，凶。
象曰：剥床以足，以灭下也。

剥：不利有攸往。

[白话]

剥卦：不适宜有所前往。

[解读]

① 剥卦是下坤上艮，亦即"山地剥"。《序卦》说："致饰，然后

亨则尽矣，故受之以剥。剥者，剥也。"经过贲卦的文饰，通达到了尽头，接着就是剥蚀了。这也有物极必反之意。剥卦为消息卦之一，代表夏历九月，只剩上九一个阳爻，时序即将进入冬季。

② 剥卦是五阴一阳的局面，再往前推进就成为全阴的坤卦了。《易经》以阳爻为君子，阴爻为小人，所以会说"不利有攸往"，以免陷入困境。

象曰：剥，剥也。柔变刚也。不利有攸往，小人长也。顺而止之，观象也。君子尚消息盈虚，天行也。

[白话]

《象传》说：剥卦，就是剥蚀的意思。柔顺者要改变刚强者。不适宜有所前往，因为小人的力量在增长。顺着时势停止下来，是观察卦象的结果。君子重视消退、生长、满盈、虚损的现象，因为那是天的运行法则。

[解读]

① 剥卦是阴爻由下向上推进所形成的，是柔爻要改变、消灭刚爻。对君子而言，小人势力正盛，当然"不利有攸往"。这是"易为君子谋，不为小人谋"。

② 剥卦下坤上艮，艮为止，坤为顺，合为"顺而止之"。这一点从象上就可以看得出来，君子也应该顺势而止，闭门修德。

③ "消"是消退，"息"是生长。"消息盈虚"是自然界变化的常理，了解之后就懂得如何出处进退。

象曰：山附于地，剥。上以厚下安宅。

[白话]

《象传》说：山依附于大地上，这就是剥卦。上位者由此领悟，要厚待下民，稳固根基。

[解读]

① 剥卦下坤上艮，艮为山，坤为地，是"山附于地"。山高突而出，但是不能离开大地。若是忽略这一点，则剥蚀也将由下而上，危及高山。

② "上"是上位者，指政治领袖。"下"与上相对，应指下民、百姓。"宅"为根基。《尚书·五子之歌》有"民惟邦本，本固邦宁"的观念，与此相符。

初六。剥床以足，蔑贞，凶。
象曰：剥床以足，以灭下也。

[白话]

初六。剥蚀床脚，除去正固，有凶祸。
《象传》说：剥蚀床脚，是要消灭底部。

[解读]

① 剥卦为消息卦之一，属于阴爻由下而上取代阳爻的一类。这类的消息卦的第一个是姤卦（☰，第44卦），姤卦下卦为巽，巽为木，其象如床。巽卦（☴，第57卦）九二与上九爻辞皆有"巽在床下"，可供参照。

② 初六爻变，下卦为震，震为足。"蔑"为灭，为消除。阴爻驱逐阳爻，以邪胜正，是为"蔑贞"。从底部开始受到剥蚀，"凶"。

六二。剥床以辨，蔑贞，凶。

象曰：剥床以辨，未有与也。

[白话]

六二。剥蚀床腿，除去正固，有凶祸。

《象传》说：剥蚀床腿，是因为没有相应的支持。

[解读]

① "辨"是分隔上下的，指床足与床板之间，所以译为床腿。六二比初六高些，所指为床腿。这两爻的情况同样是"蔑贞，凶"。六二爻变，下卦成坎，坎为水，水可分隔两岸，有分辨之象。

② 六二与六五无应，上下又都是阴爻。既然无法阻止剥蚀，就只能往上侵夺了。

六三。剥之无咎。

象曰：剥之无咎，失上下也。

[白话]

六三。剥蚀它，没有灾难。

《象传》说：剥蚀它而没有灾难，是因为离开了上下的小人。

[解读]

① 六三以阴爻居刚位，又有上九与之正应，得两刚相辅，所以剥蚀不会造成灾难。

② 六三的上下是四个阴爻，但是唯独它有上九正应，所以与同类相失；没有小人的簇拥，所以"无咎"。

六四。剥床以肤，凶。

象曰：剥床以肤，切近灾也。

[白话]

六四。剥蚀床席，有凶祸。

《象传》说：剥蚀床席，迫近灾难了。

[解读]

① 六四在上卦艮中，如噬嗑卦所云，艮有肤意。就床而言，"肤"指床席，其"凶"可知。
② 人坐卧在床时，直接触及床席，所以说"切近灾也"。

六五。贯鱼，以宫人宠，无不利。

象曰：以宫人宠，终无尤也。

[白话]

六五。连成一串鱼，以宫人身份获得宠爱，没有不利。

《象传》说：以宫人身份获得宠爱，终究没有人会责怪。

[解读]

① 艮为门阙，六五居尊位，所以用皇宫为喻。五个阴爻排列整齐如一串鱼。鱼为阴物，所以称阴爻为鱼。"宫人"指妻妾侍使等，是负责伺候天子的人。六五承主爻上九，因此得宠。
② 剥卦至此，小人大胜，为何可以"无不利"？答案在于：小人安于其位与其分，如宫人鱼贯受宠，则可化险为夷。六五爻变，上卦为巽，巽为近利市三倍，所以说"无不利"。六五在艮卦，艮为止，这也合乎"顺而止"的原则。

上九。硕果不食，君子得舆，小人剥庐。

象曰：君子得舆，民所载也；小人剥庐，终不可用也。

[白话]

上九。硕大的果子没有人吃，君子将获得车马，小人将被剥除屋宇。

《象传》说：君子将获得车马，是因为受到百姓拥戴；小人将被剥除屋宇，是因为终究是行不通的。

[解读]

① 上九为剥卦唯一的阳爻，又居上位，有如硕果仅存。上九为刚爻，又在艮卦中，艮为果蓏，所以说"硕果"。

② "君子得舆"，取象下卦坤为大舆；上九底下五个阴爻，有如万民拥戴。"小人剥庐"，则就全卦看来，上九有如屋宇之顶，上九爻变，上卦为坤，坤为虚，是为"剥庐"。如此一来，剥卦也会随之消失，所以说"终不可用也"。

24　复卦 ☷☳

复：亨。出入无疾，朋来无咎。反复其道，七日来复，利有攸往。
象曰：雷在地中，复。先王以至日闭关，商旅不行，后不省方。

上六：迷复，凶。有灾眚。用行师，终有大败，以其国君凶，至于十年不克征。
象曰：迷复之凶，反君道也。

六五：**敦复，无悔**。
象曰：敦复无悔，中以自考也。

六四：**中行独复**。
象曰：中行独复，以从道也。

六三：**频复，厉，无咎**。
象曰：频复之厉，义无咎也。

六二：**休复，吉**。
象曰：休复之吉，以下仁也。

初九：**不远复，无祇悔，元吉**。
象曰：不远之复，以修身也。

复：亨。出入无疾，朋来无咎。反复其道，七日来复，利有攸往。

[白话]

复卦：通达。外出入内没有疾病，朋友前来没有灾难。在轨道上反复运行，七天回来重新开始，适宜有所前往。

[解读]

① 复卦是下震上坤，亦即"地雷复"。《序卦》说："物不可以终

尽，剥穷上反下，故受之以复。"剥卦走到极点，阳爻又须回到底下重新开始。复卦为消息卦，在夏历十一月。复卦为剥卦的覆卦，称作"由剥而复"，是"一阳复始"的局面，大地重现生机，所以"亨"。

② 出入无疾：阳气始生，充满活力。"出"指初九阳爻之出现，"入"指初九进入到五个阴爻之下；"朋来"是指五个阴爻一起来欢迎初九这个唯一的阳爻。此为自然之趋势，所以无疾也无咎。

③ 反复其道："道"是万物消长的规则，自古以来一直在循环轮替展现。七日来复：乾卦的阳爻自姤卦开始消退，经遁、否、观、剥、坤，再回到复卦的一阳复起，是到第七步才成功的。七日与七月皆就七个阶段而言，可以相通。阳爻向上推进，对君子有利，所以说"利有攸往"。

④ 复卦为《系辞下》修德九卦之三，是"德之本"，德行的本质在于返回初心，由真诚而发出行善的力量。

象曰：复。亨。刚反，动而以顺行，是以出入无疾，朋来无咎。反复其道，七日来复，天行也。利有攸往，刚长也。复，其见天地之心乎！

[白话]

《象传》说：复卦。通达。刚强者回来，行动是顺势前进的，所以外出入内没有疾病，朋友前来没有灾难。在轨道上反复运行，七天回来重新开始。这是天的运行法则。适宜有所前往，因为刚强者正在成长。从复卦，大概可以看出天地的用意吧！

[解读]

① 复卦五阴一阳，但阳爻居初位，代表它刚刚回来，将会打开新

的局面。本卦下震上坤，坤为顺，震为足，为行，亦即"动而以顺行"。这一切都是配合"天行"的。
② 由复卦可以看出天地之"心"，亦即希望一切蓬勃而有朝气。虽有阴阳消长的相反相成，但是仍以生生之德为其鹄的。

象曰：雷在地中，复。先王以至日闭关，商旅不行，后不省方。

[白话]

《象传》说：雷还藏在地下，这就是复卦。古代帝王由此领悟，要在冬至之日开始关闭城门，商人旅客不得通行，君王也不去四方视察。

[解读]

① 复卦下震上坤，坤为地，震为雷，所以说"雷在地中"。此时，雷尚无法发挥作用，必须安静以待时势。
② 至日：冬至之日，是复卦（农历十一月）所代表的节气，由此日开始阳气渐生。先王效法"雷在地中"，所以"闭关"。所谓"至日"，非指一日，而是"尽乎一冬之辞"，让大家休养生息。"后"为君王，可以包括诸侯在内。

初九。不远复，无祗（zhī）悔，元吉。
象曰：不远之复，以修身也。

[白话]

初九。走得不远就返回，没有到懊恼的程度，最为吉祥。
《象传》说：走得不远而返回，是为了修养自己。

[解读]

① 初九是最先返回的阳爻，它在震卦，有行动力，所以说"不远复"。"祇"为抵，抵达。由于迅速返回而没有做出任何"悔"事。如此确实"元吉"。初九爻变，下卦为坤，坤为身，复其身，亦即"修身"。

② 《系辞下》引述孔子的话说："颜氏之子，其殆庶几乎？有不善未尝不知，知之未尝复行也。《易》曰不远复，无祇悔，元吉。"这是孔子对颜渊的称赞。人的认知与行动不可能完美，但是只要真诚察觉危机就立即回归正途，则为"修身"的良方。

六二。休复，吉。
象曰：休复之吉，以下仁也。

[白话]

六二。停下来返回，吉祥。
《象传》说：停下来返回而吉祥，是为了向下亲近仁者。

[解读]

① "休"是止。在复卦中，六二也是走得不远，就停下来返回。这是由于六二以阴爻居柔位，又居下卦之中位，所以做出正确的抉择。

② 六二之"吉"是因为向下亲近初九。初九为君子，为仁者，又是本卦主爻，六二处于震卦，采取正确引动，向下亲近仁者。由此可知，复卦所谓的"返回"，是指返回正道而言。

六三。频复，厉无咎。
象曰：频复之厉，义无咎也。

[白话]

六三。再三地返回，有危险但没有灾难。

《象传》说：再三地返回而有危险，是理当没有灾难的。

[解读]

① 六三以阴爻居刚位，原本就不安稳，又处在下卦震卦的终位，震为动，所以六三会频频返回正道，是屡得屡失之象。六三爻变出现互坎，坎为险，有"厉"。
② 由于六三返回的是正道，所以在迷失时有危险，而在返回时又有了希望，这正是孔子的学生子夏所谓"出见纷华盛丽而说，入闻夫子之道而乐"，但知悔改，即可无咎。

六四。中行独复。

象曰：中行独复，以从道也。

[白话]

六四。走在行列中间而独自返回。

《象传》说：走在行列中间而独自返回，是为了追随正道。

[解读]

① 六四位于一串阴爻的中间，上下各二，所以是"中行"。只有它返回，是因为它阴爻居柔位，又与初九正应。一般而言，中行者最不易复，所以要特别强调。
② 说六四"独复"，并不表示其他各爻不复。而是说六四的"复"最为直截了当，并且是回应全卦唯一的阳爻初九，"以从道也"。

六五。敦复，无悔。

象曰：敦复无悔，中以自考也。

[白话]

六五。敦厚地返回，没有懊恼。

《象传》说：敦厚地返回而没有懊恼，是因为居中而能自我省察。

[解读]

① 六五居上卦坤的中爻，坤为地，为厚，可以承载万物。"敦"亦为厚。六五以阴爻居尊位，所以能够敦厚地返回，没有懊恼。
② 六五居中位，"中"亦有内心之意。它无应失位，在返回中道时，会"自考"其得失，所以"无悔"。

上六。迷复，凶。有灾眚（shěng）。用行师，终有大败，以其国君凶，至于十年不克征。

象曰：迷复之凶，反君道也。

[白话]

上六。在迷惑中返回，有凶祸。出现危难与灾祸。发动军队作战，最后会大败，对国君的凶祸最大，甚至十年之内都不能再用兵。

《象传》说：在迷惑中返回而有凶祸，是因为违背了君王的正道。

[解读]

① 上六居上卦坤之终位，前无去路，坤为黑夜，为迷惑，为死丧，故为凶，并有灾眚。坤为众，为师，下卦为震，为行，合称"行师"，并因而大败。
② 上六走到最后，因处于复卦，还必须回顾初九。初九在下卦震，震为诸侯，亦称国君，所以说"以其国君凶"。十为坤之数，十年代表长期如此。
③ 上六在复卦而不能学习先王"闭关"，反而兴师动武，所以说它"反君道也"。

25 无妄卦

无妄：元亨利贞。其匪正有眚，不利有攸往。

象曰：天下雷行，物与无妄。先王以茂对时，育万物。

上九：无妄，行有眚，无攸利。
象曰：无妄之行，穷之灾也。

九五：无妄之疾，勿药有喜。
象曰：无妄之药，不可试也。

九四：可贞，无咎。
象曰：可贞无咎，固有之也。

六三：无妄之灾。或系之牛，行人之得，邑人之灾。
象曰：行人得牛，邑人灾也。

六二：不耕获，不菑畬，则利有攸往。
象曰：不耕获，未富也。

初九：无妄，往吉。
象曰：无妄之往，得志也。

无妄：元亨利贞。其匪正有眚，不利有攸往。

[白话]

无妄卦：最为通达，适宜正固。如果不守正就会有危难，不适宜有所前往。

[解读]

① 无妄卦是下震上乾，亦即"天雷无妄"。《序卦》说："复则不妄矣，故受之以无妄。"能够返回正道，就不会虚妄了。

② 对人而言，"无妄"即是真诚，能够真诚，就符合《中庸》所云："诚者，天之道也；诚之者，人之道也。"（第20章）如此自然"元亨利贞"。

③ 不过，如果"匪（非）正"，稍有偏差，就会自己招来危难。这表示起心动念都必须谨慎，否则"不利有攸往"。

彖曰：无妄，刚自外来而为主于内。动而健，刚中而应，大亨以正，天之命也。其匪正有眚，不利有攸往，无妄之往，何之矣？天命不佑，行矣哉？

[白话]

《彖传》说：无妄卦，是刚强者从外部来到内部成为主力。行动充满活力，刚强者居中而有呼应，十分通达而能守正，这是天命的要求。如果不守正就会有危难，不适宜有所前往，不虚妄时还要前往，能去哪里呢？天命不肯保佑，能够行得通吗？

[解读]

① 由"刚自外来而为主于内"一语，可知无妄卦是由遁卦（☰，第33卦）变来，是遁卦的九三来到初九的位置。无妄卦下震上乾，乾为天，为健，震为行，为动，所以说"动而健"。九五与六二阴阳正应，正是"刚中而应"。"大亨以正"，"以"也可以作"因为"讲，就是因为守正才可大亨。

② "无妄之往"，是说"无妄"是唯一正途，应该守住，若是想要前往他处，又能"何之矣"？若是虚妄，则天命不佑，"行矣哉？"

象曰：天下雷行，物与无妄。先王以茂对时，育万物。

[白话]

《象传》说：有雷在天下运行，万物全都不可虚妄。古代帝王由此领悟，努力配合天时，养育万物。

[解读]

① 本卦下震上乾，乾为天，震为雷，是"雷行天下"之象。雷之声威，震动天下，使万物惊肃，无敢虚妄。
② "茂"，勉力；"对"，配合。天时运行依其法则，从不虚妄，先王了解之后，就要依此治理百姓，养育万物。此即《尚书·洪范》所谓的"天工人其代之"。

初九。无妄，往吉。
象曰：无妄之往，得志也。

[白话]

初九。没有虚妄，前往吉祥。
《象传》说：没有虚妄而前往，是因为实现了心意。

[解读]

① 初九在下卦震中，震为足，为动，所以前往是吉祥的。前面《象传》说"无妄之往，何之矣？"是就全卦而言。在此是就单爻而言。只要无妄（真诚），则处于应该行动的时机与位置，还是"往吉"。
② 初九的"得志"，正是《象传》所说的"刚自外来而为主于内"，所以得心应手。

六二。不耕获，不菑（zī）畬（yú），则利有攸往。

象曰：不耕获，未富也。

[白话]

六二。不耕种却有收获，不垦荒却有熟田，那就适宜前往了。

《象传》说：不耕种却有收获，是因为没有求取财富。

[解读]

① "菑"是耕耘、开垦，"畬"是开发三年的熟田。六二是阴爻居柔位，又有九五正应，所以虽然不存心发财，也会有所收成。"耕"与"菑"都是有心开始，六二却无心而为。六二为地（初与二为地），在震卦为动，在互艮为手，手动于田，自然有耕菑之效，如此，"则利有攸往"。

② "未富也"的"富"字，是指求取财富而言。六二在互巽（六三、九四、九五）之外，巽为近利市三倍，所以六二并未心存财富，而是顺其自然。

六三。无妄之灾。或系之牛，行人之得，邑人之灾。

象曰：行人得牛，邑人灾也。

[白话]

六三。没有虚妄却遇上灾难。有人拴了一头牛，过路人把它牵走，村里人遭殃。

《象传》说：过路人牵走牛，使村里人遭殃了。

[解读]

① 六三以阴爻居刚位，又不是居中，所以遇上了"无妄之灾"。六三在下卦震里，震为行，引申为行人；也在互艮（六二、

六三、九四），艮为手；又在互巽（六三、九四、九五），巽为绳直。合起来，则是行人手牵绳子。

② 以牛与邑人为喻，其象皆来自坤卦。下卦震（☳）为坤卦（☷）所变，亦即初爻由阴变阳。坤为牛，为土（引申为国邑），现在一变两失，则是牛被牵走而邑人受灾。此爻所说的是：有人得，则有人失；因此，人在有所得时，必须知所戒惕。

九四。可贞，无咎。
象曰：可贞无咎，固有之也。

[白话]

九四。可以正固，没有灾难。
《象传》说：可以正固而没有灾难，这是它本来就具有的条件。

[解读]

① 九四已脱离下卦震（震为行），与初九又无应，所以可以守住正固。在无妄卦中，正固自然"无咎"。
② 九四下乘六三，上比九五之君，乘比皆优，不必变动，又居互艮（六二、六三、九四）的上爻，艮为止。所以会说它的正固是"固有之也"。

九五。无妄之疾，勿药有喜。
象曰：无妄之药，不可试也。

[白话]

九五。没有虚妄却生了病，不用吃药也会痊愈。
《象传》说：没有虚妄时所开的药，不可尝试服用。

[解读]

① "无妄"是指没有虚妄，引申为无缘无故。若是无缘无故生了病，这时不可轻易服药，否则无妄变成有妄，会出现别的症状。
② 九五本身守正居中，又有六二正应，当然是无妄之极。九五爻变出现互坎，坎为疾；九五在互巽中，巽为草木，引申为草药。这种"疾"不必服药，因为九五与六二正应，六二在下卦震中，震有行动力，引申为不药而愈。"有喜"在针对疾病时，所指为痊愈。

上九。无妄，行有眚，无攸利。
象曰：无妄之行，穷之灾也。

[白话]

上九。没有虚妄，行动会遇到灾祸，没有任何好处。
《象传》说：没有虚妄而行动，是穷困处境带来的灾难。

[解读]

① 上九处于无妄卦的最终位置，不必也不该有所行动。它若心存动念，想要与六三呼应，则"行有眚，无攸利"。六三在互艮（六二、六三、九四）中，艮为止，将会让上九行不通。
② 上九的灾难，来自它处在全卦终位，前无去路，只能徒呼奈何。

26 大畜卦 ䷙

大畜：利贞。不家食，吉。利涉大川。

象曰：天在山中，大畜。君子以多识前言往行，以畜其德。

上九：**何天之衢，亨。**
象曰：何天之衢，道大行也。

六五：**豶豕之牙，吉。**
象曰：六五之吉，有庆也。

六四：**童牛之牿，元吉。**
象曰：六四元吉，有喜也。

九三：**良马逐，利艰贞。曰闲舆卫，利有攸往。**
象曰：利有攸往，上合志也。

九二：**舆说輹。**
象曰：舆说輹，中无尤也。

初九：**有厉，利已。**
象曰：有厉利已，不犯灾也。

大畜（xù）：利贞。不家食，吉。利涉大川。

[白话]

大畜卦：适宜正固。不吃家里的饭，吉祥。适宜渡过大河。

[解读]

① 大畜卦是下乾上艮，四阳畜二阴，阳为大；乾为金玉，藏于山

中，故称"大畜"。《序卦》说："有无妄然后可畜，故受之以大畜。"不虚妄则是真诚而实在，由此培养内涵，然后可以大有积蓄。

② 积蓄德行与学识之后，成为贤人，将会受到国家礼遇，不必在家里吃闲饭。这表示政治上轨道，所以说"吉"。面对艰难险阻，也可以大步前行，是为"利涉大川"。可参考小畜卦（风天小畜，䷈），一阴畜五阳，以小畜大。

象曰：大畜。刚健笃实，辉光日新，其德刚上而尚贤。能止健，大正也。不家食吉，养贤也。利涉大川，应乎天也。

[白话]

《象传》说：大畜卦。刚强劲健又厚重实在，辉映光彩而日日更新，它的作风是要让刚强者居上位，由此推崇贤人。能够止住劲健，是因为充满正固的力量。不吃家里的饭而吉祥，是因为国家在培养贤人。适宜渡过大河，则是为了配合天的法则。

[解读]

① 大畜卦下乾上艮，艮为山，乾为天。天行刚健而山处厚实；外静而内动，在大的积蓄中，还须不断推陈出新。由"刚上"一语可知本卦由大壮卦（䷡，第34卦）变成，亦即九四成为上九，阳爻居最高位，是为"尚贤"，由此而来的"养贤"，则是"不家食"。

② "能止健"，内动强劲（乾），而外有山止（艮），"畜"通"蓄"，"蓄"为止，所止者莫大于天，所畜者大，是为大畜。如此具有极大的正固力量，进而可以克服险阻，亦即"利涉大川"。

象曰：天在山中，大畜。君子以多识前言往行，以畜其德。

[白话]

《象传》说：天处在山里面，这就是大畜卦。君子由此领悟，要广泛学习并记得古人的言行，以培养自己的深厚道德。

[解读]

① 大畜卦下乾上艮，其象即是"天在山中"。天为至大而无所不覆，现在却被山所包容，可见本卦蓄积之大。
② "识"为由学习而记住。"畜德"表示道德也须蕴蓄以成其厚。向古人学习，是一个好办法。

初九。有厉，利已。
象曰：有厉利已，不犯灾也。

[白话]

初九。有危险，适宜停止。
《象传》说：有危险而适宜停止，是为了不要招惹灾祸。

[解读]

① 大畜卦以积蓄涵养为原则。初九阳刚易动，又有六四正应，有跃跃欲试之象，所以要警惕它"有厉"。
② "利已"，"已"是停止；停止是为了"不犯灾"，"犯"是干犯、招惹。在此卦中，有阴爻正应的阳爻，都以"止"为宜。

九二。舆说（tuō）輹（fù）。
象曰：舆说輹，中无尤也。

[白话]

九二。车厢脱离了车轴。

《象传》说：车厢脱离了车轴，是因为居中而没有过失。

[解读]

① "说"同"脱"，"輹"是连接车厢与车轴的零件（古称伏兔）。九二与六五正应，但六五在艮卦中。九二也是想行动而不可得。九二在互震（九三、六四、六五）之下，与震分离，震为行，又有车厢之象，九二也在互兑中，兑为毁折，所以与车厢脱了节。

② 九二居下卦中位，言行适中，现在因"舆说輹"而行不得，尚可"无尤"。此时君子修德，不以进退为念，则无尤。

九三。良马逐，利艰贞。曰闲舆卫，利有攸往。
象曰：利有攸往，上合志也。

[白话]

九三。骏马奔驰，适宜在艰难中正固。每天练习驾车与防卫，适宜有所前往。

《象传》说：适宜有所前往，是因为与上位者心意相合。

[解读]

① 九三在下卦乾中，乾为马；又在互震（九三、六四、六五）中，震为行；合之则为"良马逐"。不过，它面临艮卦，艮为止，表示有阻力，所以"利艰贞"。

② 乾为"日"，九三在乾卦第三爻，代表一再练习；"闲"为娴熟、练习；"舆"指驾车，"卫"指防卫，都是古代作战必备的能力。舆与卫都来自互震：震为舆，亦为护卫天子的诸侯，引

申为防卫。具备这些条件，才可以"利有攸往"。

③ 九三虽与上九无应，但两者皆为阳爻，在本卦中，可谓心意相合，可以往前迈进。

六四。童牛之牿（gù），元吉。

象曰：六四元吉，有喜也。

[白话]

六四。小牛在角上绑了横木，最为吉祥。

《象传》说：六四最为吉祥，是因为有了喜悦之事。

[解读]

① "牿"是绑在牛角上的横木，使牛角无法刺伤人。这是古人畜养小牛的方式。如此一来，小牛由野而驯，成为极有价值的家畜，可以耕田也可以拖车，确实"元吉"。程颐说："人之恶，止于初则易，既盛而后禁，则扞格而难胜。"小恶之人，导之可使为善。六四在艮卦，艮为少男为童；六四爻变，上卦为离，离为牛（参考离卦卦辞）；两者合称"童牛"。六四又在互震，震为木，引申为牿。

② 大畜卦也可以看成四阳畜二阴，在六四与六五分别谈及牛与猪，所畜皆为对人类有利之生物。六四在互兑（九二、九三、六四）中，兑为悦，所以"有喜"。

六五。豶（fén）豕（shǐ）之牙，吉。

象曰：六五之吉，有庆也。

[白话]

六五。阉猪口中的牙，吉祥。

《象传》说：六五的吉祥，是因为有了喜庆之事。

[解读]

① 六五在艮卦，艮为黔喙之属，猪即是其一；六五与九二正应，九二在互兑，兑为口，口中有牙；六五也在互震，震为生长；艮又为止，止其牙与生长，所以说"豮豕之牙"。

② "豮"是阉割过的猪，"豕"是猪。野猪的獠牙是伤害人的利器，"豮豕"已无野性，它的牙对人就没有威胁了。豕反而成为人类食物的来源，所以说"吉"。

③ 六五居尊位，又有九二正应，现在把天下人引以为患的野猪驯成了家畜，自然"有庆"。"豮豕"之喻，是要从根本上化解不当欲望的来源，而最好的方法则是修明政教，上行下效，大家一起蓄积德行。

上九。何天之衢（qú），亨。

象曰：何天之衢，道大行也。

[白话]

上九。位处上天所赐的通路，通达。

《象传》说：位处上天所赐的通路，正道可以充分实现了。

[解读]

① "何"为荷，为担负、承受、获得之意。"衢"为交通要道。上九居天位，在全卦最上，获得全卦的支持；上九又在互震（九三、六四、六五）之上，震为大途；合而观之，则是"何天之衢"，亦即位居上天所展示的大路上。

② 大畜卦所蓄积的条件，在上九发挥了作用，使它可以无往不利，充分实现正道。六十四卦中，上爻有"亨"的仅此一卦。

27　颐卦　䷚

颐：贞吉。观颐，自求口实。

象曰：山下有雷，颐。君子以慎言语，节饮食。

上九：**由颐，厉吉。利涉大川。**
象曰：由颐厉吉，大有庆也。

六五：**拂经，居贞吉，不可涉大川。**
象曰：居贞之吉，顺以从上也。

六四：**颠颐，吉。虎视眈眈，其欲逐逐，无咎。**
象曰：颠颐之吉，上施光也。

六三：**拂颐，贞凶。十年勿用，无攸利。**
象曰：十年勿用，道大悖也。

六二：**颠颐，拂经；于丘颐，征凶。**
象曰：六二征凶，行失类也。

初九：**舍尔灵龟，观我朵颐，凶。**
象曰：观我朵颐，亦不足贵也。

颐：贞吉。观颐，自求口实。

[白话]

颐卦：正固吉祥。观察养育状况，自己求取食物。

[解读]

① 颐卦是下震上艮，亦即"山雷颐"。《序卦》说："物畜然后可

养，故受之以颐。颐者，养也。"积蓄之后，就要养育，使其顺利发展。
② "颐"在脸上是指口与下巴；由卦象看，则是一张嘴，等着吃东西。所以，颐是养，由口腹之养，推及养身、养德、养人与养于人。既然是养，自以贞为吉。
③ 颐卦有如放大的离卦，离为目，可观之。"口实"是指口中装的食物，"自求口实"有自力更生之意，如此合乎正道。

彖曰：颐。贞吉。养正则吉也。观颐，观其所养也；自求口实，观其自养也。天地养万物，圣人养贤以及万民，颐之时大矣哉。

[白话]

《彖传》说：颐卦。正固吉祥。养育合乎正道，就会吉祥。观察养育状况，是要观察他所养育的对象；自己求取食物，是要观察他如何养育自己。天地养育万物，圣人养育贤人，从而养育所有百姓。颐卦随顺时势，真是伟大啊。

[解读]

① 人生在世，无不有所养育。观察一个人，有两个方法：一是看他养育什么，养育的是小人还是君子？譬如，我们教养子女时，所注重的是什么？第二个方法是看他如何自养，亦即除了自食其力之外，还能养德吗？
② 就自然界而言，天地养育万物。天无不覆，地无不载，四时寒暑使万物各得其时与其所。就人间而言，圣人首先要"养贤"，提拔贤人（包括贤良、贤明、贤能之人），任用他们，一起来照顾百姓。颐卦要依时而养，所以"大哉矣"。

象曰：山下有雷，颐。君子以慎言语，节饮食。

[白话]

《象传》说：山下有雷在震动，这就是颐卦。君子由此领悟，言语要谨慎，饮食要节制。

[解读]

① 颐卦下震上艮，艮为山，震为雷，就是"山下有雷"。雷在山下震动，使山上的植物得以发芽滋长，由此而有养育之功。从卦象看来，震为动，艮为止，行动要适可而止。
② 颐卦象征人的口，口之用在于言语与饮食，要慎其出而节其入，所以君子由此领悟的是："慎言语"，以此修德；"节饮食"，以此养身。

初九。舍尔灵龟，观我朵颐，凶。
象曰：观我朵颐，亦不足贵也。

[白话]

初九。抛弃你的大乌龟，看着我嚼食东西，有凶祸。
《象传》说：看着我嚼食东西，也就没什么可贵了。

[解读]

① 灵龟：古人以龟为灵验之物，可供占卜之用。在此是指乌龟自有高明的养生之法，现在主人却舍弃不用，而去羡慕别人口中的食物。"朵"为花叶下垂，在此描写口颊上下张合。爻辞为告诫初九之语。"尔"指初九，阳爻为实，有如灵龟；"我"指六四，六四在互坤，坤为自身为我，坤又为虚，有如朵颐。
② 初九居颐卦之始，颐卦（䷚）有如放大的离卦（☲），离为龟，

大离则为大龟，所以取之为喻。初九阳爻易动，又有六四正应，难以忍受诱惑，于是舍己求人，既"不足贵"，也会有凶祸。

六二。颠颐，拂经；于丘颐，征凶。

象曰：六二征凶，行失类也。

[白话]

六二。颠倒养育方式，违背了常理；往高处求养育，前进有凶祸。
《象传》说：六二前进有凶祸，是因为前往会失去同类。

[解读]

① 六二阴爻居柔位，上卦又无正应，不足以自养，所以要回头找初九，是为"颠颐"。六二对初九为乘刚，现在竟有需求于它，是为"拂经"。

② 于是，六二只能向上远求另一阳爻上九，上九在上卦艮中，艮为山，所以说"于丘颐"。六二的"征凶"，主要是因为它所前往的上九，并非它所该寻找的同类（既非应又非比）。

六三。拂颐，贞凶。十年勿用，无攸利。

象曰：十年勿用，道大悖也。

[白话]

六三。违背养育方式，一直如此会有凶祸。十年不能有所作为，没有任何适宜的事。
《象传》说：十年不能有所作为，是因为过度背离了正道。

[解读]

① 六三以阴爻居刚位，又处震卦上爻之位，是非动不可的形势；

不安于室，就是"拂颐"，但是正固不动又有违本性，亦即"贞凶"。这是进退两难的局面。

② 六三陷入困境，它在互坤中，十为坤之数，所以说"十年勿用"，原因是"道大悖也"。它虽有上九正应，但是上九在艮卦，艮为止，与它的动向相悖。

六四。颠颐，吉，虎视眈眈，其欲逐逐，无咎。
象曰：颠颐之吉，上施光也。

[白话]

六四。颠倒养育方式，吉祥。像老虎般瞪视，欲望接连而来，没有灾难。
《象传》说：颠倒养育方式而吉祥，是因为上位者广施恩惠。

[解读]

① 六四已居上卦，却要向正应初九寻求奥援，这种回头求助就称为"颠颐"。不过，由于这是阴阳正应，所以"吉"。六四在艮卦，艮为山林，虎为其王，所以说"虎"；六四爻变，上卦为离，离为目为视；六四视初九，正是"虎视眈眈"。"眈眈"为下视之状。

② 六四阴爻居柔位，已居上卦而顺从初九，所以必须展现官威，否则无以服众。六四爻变，出现互坎，坎为盗有"欲"；坎又为水，其象"逐逐"。六四是负责照顾百姓的大臣，须有威严，"虎视眈眈"，又要密切注意供需分配，"其欲逐逐"。它的"无咎"在于能够居上位而广施恩惠。

六五。拂经，居贞吉，不可涉大川。
象曰：居贞之吉，顺以从上也。

[白话]

六五。违背常理,守住正固就吉祥。不可以渡过大河。

《象传》说:守住正固而吉祥,是因为顺应与跟随上位者。

[解读]

① 在颐卦中,六五以阴爻居君位,又无正应,这对于负责养育百姓的国君而言,显然是"拂经"。能够守住正固,才可"吉"。但是它只能退而守成,"不可涉大川"。

② 六五承上九,符合以柔顺刚的原则,在本卦中,亦可有"居贞吉"之效果。

上九。由颐,厉吉。利涉大川。

象曰:由颐厉吉,大有庆也。

[白话]

上九。由此而得养育,危险而吉祥。适宜渡过大河。

《象传》说:由此而得养育,危险而吉祥,是因为大有喜庆。

[解读]

① 颐卦的关键是上下两个阳爻。初九"不足贵也",上九则弥足珍贵了。颐的源头在此,所以说"由颐"。上九犹如太傅,为帝王之师,所以六五亦须"顺以从上"。此时必须深自戒惕,但又对全局有利,所以说"厉吉"。

② 上九使天下百姓皆得养育,下有互坤承之,大家团结一致,可以"利涉大川",自然是"大有庆也"。

28　大过卦 ䷛

大过：栋桡。利有攸往，亨。
象曰：泽灭木，大过。君子以独立不惧，遁世无闷。

上六：过涉灭顶，凶，无咎。
象曰：过涉之凶，不可咎也。

九五：枯杨生华，老妇得其士夫，无咎无誉。
象曰：枯杨生华，何可久也？老妇士夫，亦可丑也。

九四：栋隆，吉；有它吝。
象曰：栋隆之吉，不桡乎下也。

九三：栋桡，凶。
象曰：栋桡之凶，不可以有辅也。

九二：枯杨生稊，老夫得其女妻，无不利。
象曰：老夫女妻，过以相与也。

初六：藉用白茅，无咎。
象曰：藉用白茅，柔在下也。

大过：栋桡（náo）。利有攸往，亨。

[白话]

大过卦：栋梁弯曲，适宜有所前往，通达。

[解读]

① 大过卦是下巽上兑，亦即"泽风大过"。《序卦》说："不养则

不可动，故受之以大过。"养育有成，才可以行动，一行动就可能过当。

② 大过卦没有覆卦，因为整个卦倒过来并无差异，它只有变卦（各爻皆变），亦即成为颐卦（☷，第 27 卦）。像这种没有覆卦而只有变卦的例子，共有四组，另外三组是：乾卦（☰，第 1 卦）与坤卦（☷，第 2 卦），习坎卦（☵，第 29 卦）与离卦（☲，第 30 卦），中孚卦（☲，第 61 卦）与小过卦（☷，第 62 卦）。

③ 大过卦阳盛于阴，但是二阴分居上下，有如房屋栋梁的两端都不稳，有崩塌之兆，所以用"栋桡"描述。阳爻代表君子，君子势盛则"利有攸往"，并且"亨"。

彖曰：大过。大者过也。栋桡，本末弱也。刚过而中，巽而说行，利有攸往，乃亨。大过之时大矣哉。

[白话]

《彖传》说：大过卦。大的方面势力过当。栋梁弯曲，是因为首尾两端太过柔弱。刚强者过盛却能守中，行动顺利而和悦，适宜有所前往，可以通达。大过卦随顺时势，真是伟大啊。

[解读]

① 大者过也：阳爻称大，阴爻称小，所以这是指阳爻过多而言。相对于此，小过卦（☷）就是"小者过"（参看第 62 卦）。"本末弱也"：本是指在下的初六，末是指在上的上六。相对于阳爻，阴爻为弱。如此将使"栋桡"。本卦应该横着看，因为栋梁是架在屋子上方的。而所谓初六与上六，虽说是本末，其实是左右两端。中间四阳爻有如一根粗木栋梁。

② 刚爻过半，却能守住中位（九五与九二）。处在下巽上兑的格

局中，巽为风，为顺利，兑为悦，成为"巽而说行"。最后，"大过卦"的"时"是什么？是处在危机时刻，应该懂得如何自处。程颐说得十分积极："大过之时，其事甚大，故赞之曰大矣哉。如立非常之大事，兴不世之大功，成绝俗之大德，皆大过之事也。"

象曰：泽灭木，大过。君子以独立不惧，遁世无闷。

[白话]

《象传》说：沼泽淹没了树木，这就是大过卦。君子由此领悟，要坚定不移而无所畏惧，避世隐居而毫无苦闷。

[解读]

① 大过卦下巽上兑，兑为泽，巽为木，所以说"泽灭木"。应用在人间，这显然是个危机时代，天下即将大乱。危机也可能是转机，就看君子如何自处了。

② 君子学到的心得是：独立而不惧，遁世而无闷。能有这种不惧与无闷的修养，才可能进而成就程颐所谓的大事。

初六。藉用白茅，无咎。
象曰：藉用白茅，柔在下也。

[白话]

初六。用白色茅草垫在底下，没有灾难。
《象传》说：用白色茅草垫在底下，是因为柔弱者处在下位。

[解读]

① 初六在下卦巽中，巽为木，为白，初六又是柔爻，所以用"白

茅"为喻。"藉"为垫；"白茅"是白色的茅草。古人垫白茅，是要在上面摆设祭品，表示慎重与虔诚。"柔在下"时，如此自可"无咎"。白为洁身自爱，柔则免于猜忌。

② 《系辞上》引孔子的话说："苟错诸地而可矣，藉之用茅，何咎之有？慎之至也。夫茅之为物薄，而用可重也。慎斯术也以往，其无所失矣。"

九二。枯杨生稊（tí），老夫得其女妻，无不利。
象曰：老夫女妻，过以相与也。

[白话]

九二。干枯的杨树长出新的枝叶，老头子获得少女为妻，没有不适宜的事。

《象传》说：老头子以少女为妻，是走过之后再来相识。

[解读]

① 大过卦阳气过盛，阳爻需要阴爻来调和，九二上无对应，只能回顾初六，以求阴阳相合，所以说它"过以相与"，并且是"老夫女妻"的情况。

② 九二居中，又有初六相承比，充满生机，所以说它"枯杨生稊"。"稊"为荑，是树木新生的枝叶。九二在下卦巽中，巽为木，上卦兑为泽，近泽之木为杨树。九二在互乾，乾卦为老，所以说枯杨，又说老夫。九二为老夫，初六为其女妻，巽为妇也。九二爻变，下卦成艮，全卦成为咸卦（泽山咸），可相感应。"老夫女妻"仍可生育，有如"枯杨生稊"，所以"无不利"。

九三。栋桡，凶。

象曰：栋桡之凶，不可以有辅也。

[白话]

九三。栋梁弯曲，有凶祸。

《象传》说：栋梁弯曲而有凶祸，是因为没有办法得到帮助。

[解读]

① 九三与九四在全卦中间，所以都以"栋"为象。九三以阳爻居刚位，正犯了大过卦"刚过"的大忌。九三在巽卦，巽为风，《说卦》有"挠万物者莫疾乎风"，"挠"通"桡"，所以说"栋桡"。栋梁弯曲，则屋顶随时会崩塌下来，所以"凶"。

② 九三虽有上六正应，但是在大过卦中，是"本末弱也"的局面，上六根本帮不上忙，所以说它"不可以有辅也"。

九四。栋隆，吉。有它吝。

象曰：栋隆之吉，不桡乎下也。

[白话]

九四。栋梁隆起，吉祥。会有别的困难。

《象传》说：栋梁隆起而吉祥，是因为不向下弯曲。

[解读]

① 九四也是栋梁，它在下卦巽之上，巽为长为高，所以向上隆起，使房屋暂时不会崩塌。九四以阳爻居柔位，使刚强获得调和，所以说"吉"。

② 不过，九四与初六正应。初六在下卦，这对九四构成诱惑，所以"有它吝"。而九四的"吉"也正在于不向下弯曲。

九五。枯杨生华，老妇得其士夫，无咎无誉。

象曰：枯杨生华，何可久也？老妇士夫，亦可丑也。

[白话]

九五。干枯的杨树长出花朵，老妇人获得壮男为夫，没有责难也没有荣誉。

《象传》说：干枯的杨树长出花朵，怎么会长久？老妇人以壮男为夫，是一件难堪的事。

[解读]

① 九五与九二都以"枯杨"为喻，但是结果不同。九二配初六，是"老夫女妻"；九五配上六，则是"老妇士夫"。"男未室曰士，女已嫁曰妇"，上六之位高于九五，称"老妇"。九五爻变，上卦成震，全卦成恒卦（雷风恒），有夫妻象。就阴阳相济而言，可说九五"无咎"，但是上卦为兑，兑为口，言而无实，如花开无法持久，所以说它"无誉"。

② 至于"亦可丑也"，若就老妇无法生育而言，是可以理解的；若就男女平权而言，则未必正确。这也反映了古人的观念。

上六。过涉灭顶，凶，无咎。

象曰：过涉之凶，不可咎也。

[白话]

上六。发大水时渡河，淹没了头顶，有凶祸，但没有责难。

《象传》说：发大水时渡河而有凶祸，不应该加以责怪。

[解读]

① 上六位高，下有互乾，乾为首，在首之上为顶。上卦为兑为泽，

这是本卦"泽灭木"的具体写照。上六以阴爻居柔位，对大势所趋无可奈何，虽有"凶"，但是"无咎"。

② 这正是大过卦的"时"所提供的启示。处在此一时与位，若能"独立不惧，遁世无闷"，又何咎之有？"咎"为灾难，在此则有过错、责怪之意。

29 习坎卦

习坎：有孚。维心亨。行有尚。

象曰：水洊至，习坎。君子以常德行，习教事。

上六：系用徽纆，寘于丛棘，三岁不得，凶。
象曰：上六失道，凶三岁也。

九五：坎不盈，祗既平。无咎。
象曰：坎不盈，中未大也。

六四：樽酒簋贰，用缶，纳约自牖，终无咎。
象曰：樽酒簋贰，刚柔际也。

六三：来之坎坎，险且枕，入于坎窞，勿用。
象曰：来之坎坎，终无功也。

九二：坎有险，求小得。
象曰：求小得，未出中也。

初六：习坎，入于坎窞，凶。
象曰：习坎入坎，失道凶也。

习坎：有孚。维心亨。行有尚。

[白话]

习坎卦：有诚信。因为内心而通达。行动表现了上进。

[解读]

① 习坎卦是下坎上坎，重坎。"习"为重，"坎为水"。《序卦》

说：" 物不可以终过，故受之以坎。坎者，陷也。"大过卦有行动过当之意，也有顺利通过之意，所以接着是代表险阻的坎卦。八个重卦中，只有坎卦称为"习坎"，程颐说："习谓重习，它卦虽重，不加其名，独坎加习者，见其重险。险中复有险，其义大也。"

② 本身相重的卦称为纯卦，在《易经》中共有八个，依其出现顺序为乾卦、坤卦、习坎卦、离卦、震卦、艮卦、巽卦、兑卦。程颐说："八纯卦皆有二体之义。乾内外皆健，坤上下皆顺，震威震相继，巽上下随顺，坎重险相习，离二明继照，艮内外皆止，兑彼己相悦。"

③ "有孚"，九二与九五，二阳爻居中位，表示内在有诚信。"维心亨"，"维"通"唯"，有因为之意；内心真诚才可通达。"行有尚"一语，显示本卦是由临卦（䷒，第 19 卦）变来，亦即临卦初九与六五换位，成为九五，是为上进。

象曰：习坎，重险也。水流而不盈，行险而不失其信。维心亨，乃以刚中也。行有尚，往有功也。天险，不可升也；地险，山川丘陵也。王公设险以守其国。险之时用大矣哉。

[白话]

《象传》说：习坎卦，它就是重重险阻。水流动而不满盈，行动有险阻而不失信。因为内心而通达，正是由于刚强者居于中位。行动表现了上进，是说前往会有功劳。天象的险阻，是没有办法跨越的；地理的险阻，是山川丘陵。王公设置险阻来守卫自己的国家。险卦的时势作用太伟大了。

[解读]

① 坎为水，为陷，"习坎"为重重陷阱。水重复在流动，所以"不

盈"，因为盈则止；并且，流水不腐，流水使物常新，永不失去原貌，有如坚定守信。合之则为"行险而不失其信"。

② 坎卦阳爻居中，上下二阴爻，是刚中而有孚，说明"维心亨"。"往有功"，"往"是由下卦前往上卦，所以指初九到了九五，正好配合"行有尚"。

③ "天险"是天象的险阻，包含自然规律的运行在内；"不可升"是不可逾越。"地险"指地理形势的阻碍。王公所设的是"人险"，包括国家的政教制度等。不知习坎卦的"险"而不预作防范，才是真正处于险境。

象曰：水洊（jiàn）至，习坎。君子以常德行，习教事。

[白话]

《象传》说：水连续不断流过来，这就是习坎卦。君子由此领悟，要不断修养德行，熟习政教之事。

[解读]

① "洊"为重叠、连续之意。坎为水，水流不止，即成此卦。由此可以聚为江河海洋，全在其不舍昼夜。

② 君子所得的启示是"常德行"，亦即要择善而固执之，以变化气质，成就不凡的人生。"习教事"，"习"有练习以求熟练之意；不习教事，则无法化民成俗。

初六。习坎，入于坎窞（dàn）。凶。
象曰：习坎入坎，失道凶也。

[白话]

初六。在重重险阻中，掉入陷阱。有凶祸。

《象传》说：在重重险阻中掉入陷阱，是迷失道路造成的凶祸。

[解读]

① 初六在双坎之下，"窞"是坎中之坎。情况之"凶"，不言可喻。
② 初六为阴爻居刚位，本身柔弱又上无应援，此为"失道"，所以"凶"。

九二。坎有险，求小得。

象曰：求小得，未出中也。

[白话]

九二。坎陷中出现险阻，求取小的会有收获。

《象传》说：求取小的会有收获，因为尚未从中间离开。

[解读]

① 九二在下坎中，难免遇到险阻；不过，它有初六来承比，是求小而有得。"小"可以指阴爻初六，也可以指收获大小的小。
② 九二居中，但是也陷于二阴爻之中间，上无应援，所以未能离开困境。只能"求小得"，而无法求大得。

六三。来之坎坎，险且枕，入于坎窞，勿用。

象曰：来之坎坎，终无功也。

[白话]

六三。来去都是险阻，险难还到处遍布。掉入陷阱，不可有所作为。

《象传》说：来去都是险阻，终究没有功劳。

[解读]

① "来之"是来与往。六三以阴爻居刚位，有动象，但是上下皆坎，往上往下都是险阻，几乎满地都是陷井。"枕"为铺垫，引申为满地之意。在这种处境中，只好"勿用"。

② 六三下乘九二，诸事不顺；上无应援又成事不足，所以"终无功也"。

六四。樽（zūn）酒簋（guǐ）贰，用缶（fǒu），纳约自牖（yǒu），终无咎。

象曰：樽酒簋贰，刚柔际也。

[白话]

六四。一盅酒与两盘供品，用瓦盆盛着。从窗户送进简约的祭品，终究没有灾难。

《象传》说：一盅酒与两盘供品，是因为遇到刚强者与柔顺者交往的时候。

[解读]

① 坎为水为酒，互震为木为足，合为"樽酒"；互震为木为仰盂，互艮形状为覆盌，合为"簋"，"贰"为配为副，所以习称"簋贰"。"樽"为酒器，"簋"为外圆内方的容器。互震为"缶"，为瓦器。"樽酒簋贰，用缶"，代表简约而朴实的祭礼。六四在互艮中，艮为门为窗，"牖"为窗户，古代贵族家庭的女子在未出嫁前，举行"牖下之祭"，祈求心意得遂。"约"为简约，亦有与神明约定之意，约定之"言"来自互震为鸣。

② 六四处于上坎，以阴爻居柔位，所要面对的是九五之君。此时唯有以真诚态度取得信赖，所以搬出祭祀时的摆设，以表示自己质朴又顺服的心意。"纳约自牖"，是柔顺者与刚强者交往时

的合宜态度，如此才可以"终无咎"。古代为臣者处险之道，大致如此。事实上，六四示范了处险之道，足以启发众人。

九五。坎不盈，祗（zhī）既平。无咎。
象曰：坎不盈，中未大也。

[白话]

九五。坎陷尚未满盈，抵达齐平的程度。没有灾难。
《象传》说：坎陷尚未满盈，是因为居中而不够壮大。

[解读]

① 九五居全卦尊位，但仍陷在两个阴爻之间，有如流水无法满盈。"祗"为抵达，"既"为已经，表示已经齐平水位了。水平则险不为险。九五在互艮（六三、六四、九五）中，艮为止，有齐平之意。既然如此，则"无咎"。

② "坎不盈"的原因，是九五居中而无应，以致力量不够壮大。

上六。系用徽纆（huī mò），寘（zhì）于丛棘，三岁不得，凶。
象曰：上六失道，凶三岁也。

[白话]

上六。用绳索捆绑起来，放在牢狱中，三年不能出来，有凶祸。
《象传》说：上六迷失道路，所以凶祸持续三年。

[解读]

① 坎为陷阱为牢狱；上六爻变为巽，巽为绳。"系"为捆缚，"徽纆"为绳索（三股为徽，两股为纆），"寘"为置，"丛棘"为牢狱。上六以阴爻居习坎卦之极，其处境之危险更甚于初

六，有如陷入牢狱之中。《周礼·司圜》有云："司圜掌收教罢民……能改者，上罪三年而舍，中罪二年而舍，下罪一年而舍，其不能改而出圜土者，杀。"重罪至少要关三年。

② 上六乘九五，已是不顺，又无正应，显然"失道"。初六失道，尚可说未经一事；上六失道，则不知悔，所以会"凶三岁"。

30　离卦 ䷝

离：利贞，亨。畜牝牛，吉。

象曰：明两作，离。大人以继明照于四方。

上九：王用出征，有嘉。折首，获匪其丑，无咎。
象曰：王用出征，以正邦也。

六五：出涕沱若，戚嗟若，吉。
象曰：六五之吉，离王公也。

九四：突如其来如，焚如，死如，弃如。
象曰：突如其来如，无所容也。

九三：日昃之离，不鼓缶而歌，则大耋之嗟，凶。
象曰：日昃之离，何可久也？

六二：黄离，元吉。
象曰：黄离元吉，得中道也。

初九：履错然，敬之，无咎。
象曰：履错之敬，以辟咎也。

离：利贞，亨。畜牝牛，吉。

[白话]

离卦：适宜正固，通达。畜养母牛，吉祥。

[解读]

① 离卦是下离上离，"离为火"。《序卦》说："陷必有所丽，故

受之以离。离者，丽也。"在坎陷中一定要有所依附，"离"就是附丽、依附之意。火本身不能独存，必须有所附丽才可显示。既然有所依附，就以"利贞"而"亨"。

② "牝牛"为母牛。牛的本性是温顺的，母牛更是如此。对于强调依附的离卦而言，"畜牝牛"十分恰当，所以"吉"。就卦象来说，单卦的离（☲）是二阳拱着一阴，一阴得自于坤，坤为牛，在柔位则为母牛。上下皆为母牛，有畜养之象。古代也有直接说"纯离为牛"者，可供参考。

象曰：离，丽也。日月丽乎天，百谷草木丽乎土。重明以丽乎正，乃化成天下。柔丽乎中正，故亨，是以畜牝牛吉也。

[白话]

《象传》说：离卦，就是附丽的意思。日月附丽在天上，百谷草木附丽在地上。以双重光明来附丽于正道，就可以教化成就天下人。柔顺者附丽于居中守正的位置，所以通达，因此畜养母牛是吉祥的。

[解读]

① 离为火，依物而燃并且放出光明。万物无不有所依附，连日月也不例外。古人的宇宙观局限于天与地之间，如果追问天地依附什么，则只能推到一个无以名状的"太极"（《系辞上》）。

② 离为火，为明，双离则是"重明"。就人间而言，不能只求活着，还要考虑如何活，亦即要"丽乎正"。六二、六五居中正之位，唯有光明可以照见正义，由此"化成天下"。本卦两个柔爻处在"中正"（六二为中正，六五为中）的位置，所以说"亨"。

象曰：明两作，离。大人以继明照于四方。

[白话]

《象传》说：光明重复升起，这就是离卦。大人由此领悟，要代代展现光明来照耀四方百姓。

[解读]

① 离卦是二明重叠，象征光明重复升起。"作"是起来。"大人"以德行而言，是指圣人；以地位而言，则指君王。《象传》言大人者，仅此一卦。
② "继明"是承续前人的光明，使之代代相传，否则无以教化百姓。每一代的政治领袖都要负起这样的责任。

初九。履错然，敬之，无咎。
象曰：履错之敬，以辟咎也。

[白话]

初九。脚步中规中矩，采取恭敬态度，没有灾难。
《象传》说：脚步中规中矩的恭敬态度，是为了避开灾难。

[解读]

① 初九在全卦下位，所以用"履"（鞋子、步履、行走之意）。"履"与"礼"通，以敬为主。"错然"是交错而有序的样子，有如"文明"的"文"字。
② 初九以阳爻居刚位，有向前走去的动力，如果贸然行动将难免遇"咎"。因此要"敬之"，"敬"为恭敬而谨慎。"辟"为避。

六二。黄离，元吉。
象曰：黄离元吉，得中道也。

[白话]

六二。黄色的附丽,最为吉祥。

《象传》说:黄色的附丽最为吉祥,是因为获得居中之道。

[解读]

① 六二居中得正,等于有了黄色的附丽。"黄"是中色。古人以五行配合方位及颜色,亦即:木在东方,为青色;火在南方,为红色;金在西方,为白色;水在北方,为黑色;土在中间,为黄色。黄色居中,最为尊贵。在离卦六二,则为"黄离",表示美好的文明,"元吉"。

② 六二阴爻居柔位,上下有阳爻守护,并且处在下卦的离中,可以光而不耀、长明不灭,确实"得中道也"。

九三。日昃(zè)之离。不鼓缶(fǒu)而歌,则大耋(dié)之嗟(jiē),凶。

象曰:日昃之离,何可久也?

[白话]

九三。太阳西斜的附丽。不能敲着瓦盆唱歌,就会发出垂老之人的哀叹,有凶祸。

《象传》说:太阳西斜的附丽,怎么会长久呢?

[解读]

① 九三居下卦离之终位,有如光明将尽。"日昃"是太阳西斜将落。这时附丽的景观有何象征意味?九三爻变,下卦成震为缶,又有互艮,艮为手,有鼓缶之象;九三在互兑,兑为口为歌;"鼓缶而歌"表示乐天知命,随遇而安。但是九三阳爻居刚位,难以就此认命,奈何大势已去,只能发出"大耋之嗟"。"耋"

是八十岁的老人，"嗟"是嗟叹。互兑为毁折，如人之老弱；互巽为风，为嗟叹。
② 离为明为日，九三在互兑中，兑为西，有如日薄西山，光明"何可久也？"

九四。突如其来如，焚如，死如，弃如。
象曰：突如其来如，无所容也。

[白话]

九四。贸然闯进来的样子，灼热的样子，没命的样子，被弃的样子。
《象传》说：贸然闯进来的样子，是因为没有容身之地。

[解读]

① 九四爻变而有互震，震为动，而其位置不中不正，无异于以其刚猛之性"突如其来如"。九四居臣位，面对六五柔顺之君如此，将无所容于天下。
② 离为火，九四在二火之间，"焚如"描写其灼热、暴躁有如火焚。九四爻变出现互坎，坎为血卦；此时上卦为艮，艮为止，为人所弃。"死如"描写其大祸临头至于丧命；"弃如"则是连声名也将被人唾弃。世间之凶，莫过于此。

六五。出涕沱若，戚嗟若，吉。
象曰：六五之吉，离王公也。

[白话]

六五。眼泪涌出的样子，悲痛哀叹的样子。吉祥。
《象传》说：六五的吉祥，是因为附丽于王公的位置上。

[解读]

① "涕"是眼泪,"沱若"为泪流如雨的样子。六五以阴爻居尊位,但是下无应援,又处在两个阳爻之间,以致忧患畏惧到极点。在取象上,离为目,六五又在互兑(九三、九四、六五)中,兑为泽,目出水如泽,是为"出涕沱若";兑为口,在此则为"戚嗟若"。能够如此低调而谨慎,所以"吉"。

② 六五居上卦之中位,五为王公之位。在"离"卦中,正可以此作为依附,展现光明之德。

上九。王用出征,有嘉。折首,获匪其丑,无咎。
象曰:王用出征,以正邦也。

[白话]

上九。君王可以出兵征伐,会有功劳。斩了首领,俘获的不是一般随从,没有灾难。

《象传》说:君王可以出兵征伐,是为了使国家走上正道。

[解读]

① 离卦为甲胄戈兵,上九阳爻有实力,居二离卦之上位,可奉六五王命出征。其目的是为了"正邦",所以说"有嘉"。

② 离卦于木为科上槁,有折首之象,"折首"为斩首,"匪"为非,"丑"为众,指相从的同类人。所要俘获并加以惩处的,不是一般随从,而是敌方主要的领袖。上九完成了此卦,故"有嘉"。

31　咸卦 ䷞

咸：亨，利贞。取女吉。

象曰：山上有泽，咸。君子以虚受人。

上六：**咸其辅、颊、舌。**
象曰：咸其辅、颊、舌，滕口说也。

九五：**咸其脢，无悔。**
象曰：咸其脢，志末也。

九四：**贞吉悔亡，憧憧往来，朋从尔思。**
象曰：贞吉悔亡，未感害也。憧憧往来，未光大也。

九三：**咸其股，执其随，往吝。**
象曰：咸其股，亦不处也。志在随人，所执下也。

六二：**咸其腓，凶，居吉。**
象曰：虽凶居吉，顺不害也。

初六：**咸其拇。**
象曰：咸其拇，志在外也。

咸：亨，利贞。取女吉。

[白话]

咸卦：通达，适宜正固。娶妻吉祥。

[解读]

① 咸卦是下艮上兑，亦即"泽山咸"。《序卦》说："有天地然后

有万物，有万物然后有男女，有男女然后有夫妇，有夫妇然后有父子，有父子然后有君臣，有君臣然后有上下，有上下然后礼义有所错。夫妇之道不可以不久也，故受之以恒。"人间由夫妇一伦开始构成，所以咸卦先谈从男女到夫妇的过程，接着就是讲求夫妇长久的恒卦。

② 《易经》分为上经与下经，上经为前三十卦，下经由咸卦到未济卦，共三十四卦。程颐说："天地万物之本，夫妇人伦之始，所以上经首乾坤，下经首咸，继以恒也。"不过，上下二经仍是一个整体，正如人间也在自然界里，只是多了人文特质而已。

③ 咸卦下艮上兑，艮为少男，兑为少女，皆纯洁而多情易感，相处之际，"亨"；情感最需正固，亦即情好易通，得正则吉，所以"利贞"。"取"为娶，"女"指以女为妻。上喜悦而下笃实，"吉"。

象曰：咸，感也。柔上而刚下，二气感应以相与。止而说，男下女。是以亨利贞，取女吉也。天地感而万物化生，圣人感人心而天下和平。观其所感，而天地万物之情可见矣。

[白话]

《象传》说：咸卦，就是感应的意思。柔顺者上去而刚强者下来，阴阳二气相互感应才结合在一起。稳定而喜悦，男方以谦下态度对待女方。所以通达而适宜正固，娶妻吉祥。天地相互交感流通，万物才得以变化生成，圣人感化人心，天下才会祥和太平。观察这种感应现象，就可以看出天地万物的真实情况了。

[解读]

① "咸"为感应之意。《杂卦》说："咸，速也；恒，久也。"男女之感应是快速而直接的，有如自然形成；但是必须配合下一卦恒卦，以求其长久。

② 由"柔上而刚下"一语，可知咸卦由否卦（☷，第12卦）所变成，亦即否卦六三与上九换位，化解否卦上下隔绝的情况，使"二气感应以相与"，形成六爻皆有正应的难得现象。咸卦下艮上兑，兑为悦，艮为止，所以说"止而说"。少男在下，表示男子主动示意，符合古代社会的要求，所以"亨利贞"，然后就"取女吉"了。
③ 接着，分别叙述自然界与人世间。自然界是由天地交感而化生，人世间的和平则须靠圣人"感人心"才能达成。"感人心"的"感"字，有感应、感动、感化之意。"天地万物之情"的"情"，是"实"的意思。

象曰：山上有泽，咸。君子以虚受人。

[白话]

《象传》说：山上有沼泽，这就是咸卦。君子由此领悟，要以谦虚态度接纳别人。

[解读]

① 咸卦下艮上兑，兑为泽，艮为山，亦即"山上有泽"。山虽高耸，却能空出一片地方容纳沼泽；沼泽的水可以滋润养育山上众物。两者搭配得宜，可谓自然感应。由虚而感，由感而应。
② 君子在德行、知识、能力方面都高人一等，仍然应该"以虚受人"，先接纳百姓，再推行政教，才可化民成俗，天下和平。

初六。咸其拇。
象曰：咸其拇，志在外也。

[白话]

初六。感应到脚的拇趾。

《象传》说：感应到脚的拇趾，是因为心意在外面。

[解读]

① 艮为手，为指，初六位居最下，有如脚趾受到感应。"拇"是脚的大拇趾。此时感应最浅，还不足以付诸行动。
② 初六与九四阴阳正应，心意是要向外卦前进，所以说"志在外也"。

六二。咸其腓，凶，居吉。
象曰：虽凶居吉，顺不害也。

[白话]

六二。感应到小腿肚上，有凶祸，安居就会吉祥。

《象传》说：虽有凶祸，但安居就会吉祥，是因为顺应就没有灾害。

[解读]

① "腓"为小腿肚。六二有互巽（六二、九三、九四）中，巽为股，股的下方为腓。腓本身处在下足与上股之间，有感应也动弹不得。六二有九五正应，有动象而不可得，所以说"凶"。
② 六二在下卦艮中，艮为止；以阴爻居柔位，又能守中而止，顺从这些条件而安居，则是"顺不害也"，甚至化险为夷，有"吉"。

九三。咸其股，执其随，往吝。
象曰：咸其股，亦不处也。志在随人，所执下也。

[白话]

九三。感应到了大腿，控制住跟随的动作，前往会有困难。
《象传》说：感应到了大腿，也是不能安处的。心意是要跟随别人，但是却被下方控制住了。

[解读]

① 九三在互巽（六二、九三、九四）中，巽为股，所以说"咸其股"。九三阳爻居刚位，又有上六正应，动性极强，是"亦不处也"。其次，巽为风，为随顺，但是下卦为艮，艮为止，表示这种随顺被阻止了，所以说"往吝"。
② 股要"随人"，奈何下卦是止，亦即它受到足与腓的控制。光靠股是无法成行的。

九四。贞吉悔亡，憧憧（chōng）往来，朋从尔思。
象曰：贞吉悔亡，未感害也。憧憧往来，未光大也。

[白话]

九四。正固吉祥而懊恼消失，忙着来来往往，朋友跟从你的想法。
《象传》说：正固吉祥而懊恼消失，是因为尚未受到感应带来的灾害。忙着来来往往，是因为感应还不够广大。

[解读]

① 九四已至上卦，位置应在心脏，"心之官则思"（《尚书·洪范》），心是感应的主体，所以九四显示了此卦的主旨"贞吉"。能贞则吉，并且"悔亡"（悔消失）。
② 感应之"贞"，在于心胸坦然而无私念。《系辞下》谈到"憧憧往来，朋从尔思"时，引述孔子的话说："天下何思何虑？天下同归而殊涂，一致而百虑。"人以真诚之心体验万物，会发

现"殊途同归，百虑一致"的道理，所以不必忙着交际应酬，也不必担心朋友不认同你的想法。只要你秉持诚意待人处事，将如孔子所言："德不孤，必有邻。"(《论语·里仁》)"憧憧"是往来不绝的样子。

③ 咸卦描述感应，并且六爻皆有正应，但是又以贞为吉，意思是不能随感而应，否则将出现患得患失的心态。九四在互乾（九三、九四、九五）中，阳刚劲健，忙着往来，并且处于三阳爻之中，可谓"朋从尔思"。但是如此将违背"贞吉"的原则。狭隘而有私心的感应是有害的，九四"未感害"，但是也"未光大"理想的感应。

九五。咸其脢（méi），无悔。
象曰：咸其脢，志未也。

[白话]

九五。感应到了后背上，没有懊恼。
《象传》说：感应到了后背上，是因为心意尚未实现。

[解读]

① "脢"为后背上的肉，古人以为后背位置比心稍高。后背即使有感应也无法有所行动，所以说"无悔"。
② 九五居中守正，又有六二正应；但是以其帝王之尊，所要感应的是天下百姓。这种心意尚未实现，所以只能说无悔，而谈不上吉祥。"志未"一语的"未"，在古代版本作"末"，应改为"未"。

上六。咸其辅、颊、舌。
象曰：咸其辅、颊、舌，滕（téng）口说也。

[白话]

上六。感应到牙床、脸颊、舌头。

《象传》说:感应到牙床、脸颊、舌头,所以会信口开河。

[解读]

① "辅"为牙床(细分而言,辅为上牙床,车为下牙床)。上六位在全卦之顶端,有如人之口部。上卦兑,兑为口,正与此相合。

② "滕",意思如"腾",用于口,则是能言善道,试图以言语表达丰富的感应。在上位者如此,有巧言取宠之嫌,应该知所警惕。

32　恒卦 ䷟

恒：亨，无咎，利贞。利有攸往。

象曰：雷风恒。君子以立不易方。

上六：振恒，凶。
象曰：振恒在上，大无功也。

六五：恒其德，贞。妇人吉，夫子凶。
象曰：妇人贞吉，从一而终也。夫子制义，从妇凶也。

九四：田无禽。
象曰：久非其位，安得禽也？

九三：不恒其德，或承之羞，贞吝。
象曰：不恒其德，无所容也。

九二：悔亡。
象曰：九二悔亡，能久中也。

初六：浚恒，贞凶，无攸利。
象曰：浚恒之凶，始求深也。

恒：亨，无咎，利贞。利有攸往。

[白话]

恒卦：通达，没有灾难，适宜正固。适宜有所前往。

[解读]

① 恒卦是下巽上震，亦即"雷风恒"。《序卦》说："夫妇之道不

可以不久也，故受之以恒。恒者，久也。"咸卦描述男女感应，推及夫妇之道；在迅速引发情感之后，接着要考虑的是长久维持，所以出现了恒卦。咸卦与恒卦是一对正覆卦。

② 恒卦下巽上震，震为长男，巽为长女。长男在长女之上，符合古人男尊女卑的观念，为夫妇居家的常道。值得留意的是，为了守恒，必须"贞"，也必须"有攸往"。换言之，恒有不易之恒，也有不已之恒。正如"易"有不易与变易的双重意义。宇宙万物皆有各自的恒常规律，同时也都应时顺势向前变化发展。人间的关系也有类似的情况。

③ 恒卦是《系辞下》修德九卦之四，"恒，德之固也"，德行要稳固，须靠有恒于实践。

彖曰：恒，久也。刚上而柔下。雷风相与，巽而动，刚柔皆应，恒。恒亨，无咎，利贞，久于其道也。天地之道，恒久而不已也。利有攸往，终则有始也。日月得天而能久照，四时变化而能久成，圣人久于其道而天下化成。观其所恒，而天地万物之情可见矣。

[白话]

《彖传》说：恒卦，就是长久的意思。刚强者上去而柔顺者下来。雷与风相互配合，随顺而行动，刚强者与柔顺者都能上下应合，这就是恒卦。恒卦通达，没有灾难，适宜正固，是要长久走在自己的路上。天地的运行法则，是有恒长久而不停止的。适宜有所前往，是因为终结之后会有新的开始。日月依循天时，才能长久照明；四季变迁推移，才能长久形成；圣人长久保持自己的正道，才能教化成就天下的人。观察这种恒久现象，就可以看出天地万物的真实情况了。

[解读]

① 由"刚上而柔下"一语，可知恒卦由泰卦（☷，第11卦）变来，

亦即泰卦的初九与六四换位，使得原本平衡稳定的局面又出现新的契机，亦即六爻皆为阴阳相应。本卦下巽上震，震为雷，巽为风，是雷风搭配的形势；震为动，巽为风，为随顺，有随顺而行动之意。

② 以"天地之道"而言，"利贞"是指"恒久而不已"；"利有攸往"是指"终则有始"。此一见解完全合理。在自然界是守常能变，在人世间则有赖于圣人的智慧与作为，由此化成天下。因为人道也须守常能变，亦即"守经达权"，否则无以化成。最后，正如咸卦，我们也可以由恒卦看出天地万物的真实状况。

③ 《系辞下》并观复卦与恒卦，指出："复，德之本也；恒，德之固也。"又说："复小而辨于物，恒杂而不厌。"道德修养必须有本有固，既须从细微处分辨善恶，也须在常与变中实践而永不满足。

象曰：雷风恒。君子以立不易方。

[白话]

《象传》说：雷与风相互配合，这就是恒卦。君子由此领悟，要立身处世不改变自己的正道。

[解读]

① 雷风为恒，因为雷在天上，风在地上，这是长久的状态；更重要的是，这种状态不是静止式的恒久，而是动而能顺，以致恒久。
② 君子"立不易方"，"方"指止道而言。

初六。浚（jùn）恒，贞凶，无攸利。
象曰：浚恒之凶，始求深也。

[白话]

初六。深入追求恒久,一直如此会有凶祸,没有任何适宜的事。
《象传》说:深入追求恒久会有凶祸,是因为一开始就追求得太深。

[解读]

① "浚"为深入挖掘。恒卦初六位居全卦底部,又在三个阳爻之下,所以说它"浚恒"。一直如此,将会忽略九四的正应,以致守常而不知变,成为"凶"。
② 初六如果想要回应九四,也将困难重重,因为中间有两个阳爻阻隔,并且九四为震卦之始,充满上进的动向,未必会带领初六变化。所以又说它"无攸利"。这种"凶"来自于初六一开始就执着于恒久,欲速则不达,以致泥足深陷了。

九二。悔亡。
象曰:九二悔亡,能久中也。

[白话]

九二。懊恼消失。
《象传》说:九二懊恼消失,是因为能够长久保持中道。

[解读]

① 九二之"悔",来自阳爻居柔位,不正;不正则难以恒久。不过,《易经》谈到"位"时,中优于正,所以"悔亡"。
② 九二本身居下卦之中位,又有六五正应,使它可以稳定而长久地居于中位。居中位者代表行中道,不致有"悔"。

九三。不恒其德,或承之羞,贞吝。
象曰:不恒其德,无所容也。

[白话]

九三。不能恒守德行的人，常常会受到羞辱，一直如此会有困难。
《象传》说：不能恒守德行的人，无处可以容纳他。

[解读]

① 九三在下卦巽中，巽为进退，为不果，并且巽为风而易随顺。所以，在九三以阳爻居刚位，充满动力的情况下，"不恒其德"是不难理解的。"或"是或许、有时、常常之意，"承"是受。如此无恒而受到羞辱，也是情理之常。何处可以容纳这样的人呢？至于"贞吝"，则是说九三处在它的位置上，亦即介于雷动与风顺之间，一直如此也会受到非议。由此可知守恒能变的困难了。

② 《论语·子路》引述这段爻辞，其文如后：子曰："南人有言曰：'人而无恒，不可以作巫医。'善夫！'不恒其德，或承之羞。'子曰：'不占而已矣。'"这是《论语》中，孔子谈到《易经》爻辞的唯一资料，而孔子的用意是要强调理性思考胜于占卜求福。

九四。田无禽。

象曰：久非其位，安得禽也？

[白话]

九四。打猎而没有获得禽兽。
《象传》说：长久处在不恰当的位子，怎么会获得禽兽？

[解读]

① "田"是猎，古人在田野打猎，所以以田为猎，合称"田猎"。九四以阳爻居柔位，本身即不安稳，已处于震卦，又在互乾（九二、九三、九四）之中，动象之明显，有如在田野上奔逐

狩猎。

② 九四在恒卦中，位置不中不正，又没有恒定之心，"安得禽也"？它下有初六正应，但是中间隔着两个阳爻，仍是一无所获。在取象上，九四是泰卦（☷☰）的初九所升成的，此一变化使泰卦的上坤消失。坤为地，为田；现在无田，亦无禽。

六五。恒其德，贞。妇人吉，夫子凶。
象曰：妇人贞吉，从一而终也。夫子制义，从妇凶也。

[白话]

六五。恒守自己的德行，正固。对女子吉祥，对男子有凶祸。
《象传》说：女子正固吉祥，是说她跟随一个丈夫到生命结束。男子要受道义的约束，是说他跟随妻子不知变通，就会有凶祸。

[解读]

① 六五以阴爻居中位，又有九二正应，可以"恒其德"。古代观念以为女子应该"以顺为正"，"从一而终"，所以六五之贞是"妇人吉"。至于男子，则要受道义所约束，承担他对社会与国家的责任。六五爻变为兑，由震成兑，有如长男从少女，是为"从妇凶也"。

② 古代男女既不平权，也不平等。所谓"男有分，女有归"（《礼记·礼运》）即是典型的说法。女性若无公平的受教育机会，则其潜能无法开发，经济上亦无法独立，又如何形成独立自主的人格？此一问题不能脱离历史背景来省思，我们与其批判古人，不如多了解实情。

上六。振恒，凶。
象曰：振恒在上，大无功也。

[白话]

上六。震动长久不停,有凶祸。

《象传》说:居上位而震动长久不停,完全没有功劳可言。

[解读]

① "振",震也。上六在上卦震中,震为动。以动言恒,是说一直在变动之中,结果是"凶"。

② 上六位居全卦最高,有如上位者。他不断改变政策与作风,天下百姓将无所适从,所以"大无功也"。

33 遁卦 ䷠

遁：亨。小利贞。

象曰：天下有山，遁。君子以远小人，不恶而严。

上九：肥遁，无不利。
象曰：肥遁无不利，无所疑也。

九五：嘉遁，贞吉。
象曰：嘉遁贞吉，以正志也。

九四：好遁，君子吉，小人否。
象曰：君子好遁，小人否也。

九三：系遁，有疾厉，畜臣妾，吉。
象曰：系遁之厉，有疾惫也；畜臣妾吉，不可大事也。

六二：执之用黄牛之革，莫之胜说。
象曰：执用黄牛，固志也。

初六：遁尾，厉。勿用有攸往。
象曰：遁尾之厉，不往何灾也？

遁：亨。小利贞。

[白话]

遁卦：通达。小的一方适宜正固。

[解读]

① 遁卦是下艮上乾，亦即"天山遁"。《序卦》说："物不可以久

居其所，故受之以遁。遁者，退也。"恒卦以恒久为其主旨，到了下一步则是退让，以便再度进取。这是《易经》屈伸往来的常理。

② 遁卦为十二消息卦之一，配合节气来看，是农历六月，夏季即将结束，阴气发展已具规模，阳气有向上退避的趋势。阳爻代表君子，《易经》立言多由君子角度，所以说"遁"。就全卦来看，遁卦有如放大一倍的巽卦（☴），巽为进退，表示遁卦顺从大势，阳爻该退则退，结果四阳爻皆见吉或利。

③ 天地之间阴阳不断消长，只要有往来就可以说"亨"。"小利贞"的"小"是指阴爻，阴爻在此有渐长之势，适宜正固而不宜躁进。这也是由君子的角度所做的判断。

象曰：遁亨，遁而亨也。刚当位而应，与时行也。小利贞，浸而长也。遁之时义大矣哉。

[白话]

《象传》说：遁卦通达，是说退让就可以通达。刚强者坐在恰当的位置上又有应合，是说要随着时势而运行。小的一方适宜正固，是说要渐渐发展再成长。遁卦顺应时势的意义太伟大了。

[解读]

① 君子明白进退之理，有时退让或避开，反而可以通达。但是这并不表示完全放任不管。

② 本卦下艮上乾，阳爻居九五大位，又有六二阴阳正应。可见情形仍在阳爻掌握之中，但是观察大的趋势，则知阳消阴长，应该采取"遁"的作为了。"小利贞"，则是希望阴爻"浸而长"，不宜逼人太甚。

③ "遁之时义"，是提醒人居安思危，鼎盛时也要考虑"功成身退"。

象曰：天下有山，遁。君子以远（yuàn）小人，不恶（wù）而严。

[白话]

《象传》说：天的下方有山，这就是遁卦。君子由此领悟，要疏远小人，不去憎恶他们，但要严肃以对。

[解读]

① 遁卦下艮上乾，乾为天，艮为山，亦即"天下有山"。天本在山之上，但其阳气继续上升，有如试图隐遁；另一方面，山之高耸虽有所止（艮为止），但有逼退天的气势，所以形成此卦。

② 君子眼见小人逐渐得势，由此明白人间正道亦有消长，所以先求"明哲保身"。远离小人，不必憎恶太甚，但要不假辞色，严守分际。孔子说："人而不仁，疾之已甚，乱也。"（《论语·泰伯》）正可与此互相参照。

初六。遁尾，厉。勿用有攸往。
象曰：遁尾之厉，不往何灾也？

[白话]

初六。退避时居后尾随，有危险。不可以有所前往。
《象传》说：退避时居后尾随会有危险，不前往又有什么灾祸呢？

[解读]

① 初六在遁卦初位，《易经》以"上"为首，以"初"为尾，所以说"遁尾"。退避时走在后面，表示见机太晚，身陷险境，"勿用有攸往"。

② 初六以阴爻居初位，性格温和而地位卑微，在艮卦中，艮为止，还算容易收敛隐藏，即使上有九四正应，但"不往何灾也？"

六二。执之用黄牛之革，莫之胜说（tuō）。

象曰：执用黄牛，固志也。

[白话]

六二。用黄牛皮制成的绳子捆住，没有人能够解开。

《象传》说：用黄牛皮制成的绳子捆住，是为了固守心意。

[解读]

① 六二代表阴爻上升的气势，但是它位处中正，上又有九五正应，必须安定不动。本卦六爻只有六二未见遁字，这是因为消息卦看趋势，六二正是使阳爻退避的关键，不必操之过急，而须固守其位。"执"为捆缚，"革"为皮，在此是指黄牛的皮所制成的皮绳或皮带。"胜"为能够，"说"为脱。这种坚定的心意以"执用黄牛"充分表达出来。

② 就取象上来说，"黄"为中色，符合六二的位置；"牛"是坤卦，亦即六二再向上走一步，就将使下卦成坤。六二仍在下卦艮中，艮为皮肤，符合"革"意；六二在互巽（六二、九三、九四）中，巽为绳直，同时艮为止，为手；这些象合起来，正是"执之用黄牛之革"。至于这种"固志"的理由，则是为了配合九五的愿望。

九三。系遁，有疾厉。畜臣妾，吉。

象曰：系遁之厉，有疾惫也；畜臣妾吉，不可大事也。

[白话]

九三。系住退避，出现疾病与危险。养育奴仆侍妾，吉祥。

《象传》说：系住退避的危险，是因为有疾病而疲累；养育奴仆侍妾而吉祥，是因为不可能办成大事。

[解读]

① 九三面临底下两个阴爻的进展，必须稳住阵脚。九三在互巽，巽为绳，有捆缚之意，所以说"系遯"。巽又为不果、多白眼，九三居下卦之终，上无正应，所以力不足而"有疾厉"。

② 古代贵族家中的男女佣人，亦称"臣妾"，九三之臣妾为初六与六二。下卦艮为止，为蓄，艮又为少男，可代表臣妾。九三以阳爻居刚位，在阻挡不住退势时，放弃办"大事"的念头，还可退而自保，照顾家人，所以说"畜臣妾，吉"。

九四。好遯。君子吉，小人否。
象曰：君子好遯，小人否也。

[白话]

九四。合宜的退避。君子吉祥，小人困阻。
《象传》说：君子做到合宜的退避，小人做不到而陷于困阻。

[解读]

① 九四进入上卦乾中，可以实现退避的心意。不过，由于它有初六正应，仍然需要抉择一番。九四也在互巽（六二、九三、九四）中，巽为进退，为不果，其煎熬可想而知。

② 由此不难明白，为何要特别强调"君子好遯"，而小人就做不到了。在此显现了修养之高下。小人难免贪恋安逸而舍不得退避，然后与初六应合，以致陷入初六所在的下卦艮（艮为止）之中。

九五。嘉遯，贞吉。
象曰：嘉遯贞吉，以正志也。

[白话]

九五。美好的退避,正固吉祥。

《象传》说:美好的退避,正固吉祥,是因为心意正当。

[解读]

① 乾为君子,为善,所以说"嘉遁",比九四的"好遁"更胜一筹。九五爻变,上卦为离,离为目,能够明辨时势而不恋栈,但是同时并未放弃自己当下的职责,所以说"贞吉"。

② 九五居中守正,下有六二阴阳正应,双方都是"正志",所以成就了"嘉遁"。

上九。肥遁,无不利。

象曰:肥遁无不利,无所疑也。

[白话]

上九。高飞而走的退避,无所不利。

《象传》说:高飞而走的退避无所不利,是因为没有任何疑虑。

[解读]

① "肥"借为"飞"。上九居遁卦最高位,又在上卦乾中,乾为天,可以任它遨游,有高飞远引、啸傲山林之意,所以"无不利"。

② 上九的无不利,还在于它在下卦没有正应,所以退避时宽裕自得而"无所疑",没有任何挂虑。

34 大壮卦 ䷡

大壮：利贞。

彖曰：雷在天上，大壮。君子以非礼弗履。

上六：羝羊触藩，不能退，不能遂，无攸利。艰则吉。
象曰：不能退，不能遂，不详也；艰则吉，咎不长也。

六五：丧羊于易，无悔。
象曰：丧羊于易，位不当也。

九四：贞吉悔亡，藩决不羸，壮于大舆之輹。
象曰：藩决不羸，尚往也。

九三：小人用壮，君子用罔，贞厉。羝羊触藩，羸其角。
象曰：小人用壮，君子罔也。

九二：贞吉。
象曰：九二贞吉，以中也。

初九：壮于趾，征凶，有孚。
象曰：壮于趾，其孚穷也。

大壮：利贞。

[白话]

大壮卦：适宜正固。

[解读]

① 大壮卦是下乾上震，亦即"雷天大壮"。《序卦》说："物不可

以终遁，故受之以大壮。"退避到一定程度，就须转而走向大壮。《杂卦》说："大壮则止，遁则退也。"遁卦是阳爻向上退避，大壮卦则是阳爻发展到应该停止的阶段，所以说"利贞"。在此不说"元亨"只说"利贞"，并且爻辞多戒词（如征凶、贞厉、悔亡、无攸利等），恐其失正而动。

② 大壮卦与遁卦是一组正覆卦，也在十二消息卦之中，代表农历二月。其象为四阳爻在下，并有继续上升的趋势。此时对阳爻而言是最佳状态，所以说"止"。因为再上行一步就是代表农历三月的夬卦（☱，第43卦），阳爻过盛而即将陷入另一循环周期。

③ 就全卦来看，大状卦有如放大一倍的兑卦（☱），兑为羊，由此使上四爻皆与羊的表现有关。

象曰：大壮，大者壮也。刚以动，故壮。大壮利贞，大者正也。正大而天地之情可见矣。

[白话]

《象传》说：大壮卦，是说大的一方壮盛。刚强者还能行动，所以壮盛。大壮卦适宜正固，是大的一方为正。守正而能大，就可以看出天地万物的真实情况了。

[解读]

① 大壮卦由下乾上震所组成，四阳爻在下，阳爻称"大"，所以说"大者壮也"。震为动，乾为刚，为健；刚强者行动健劲，所以壮盛可观。

② 在阳爻壮盛的情况下，有如君子居位得势，所以"利贞"。由"正大"可以明白天地的实情：天地之大在于无不覆载，天地之正在于无所偏私。人若守正能大，则合乎天地之道。

象曰：雷在天上，大壮。君子以非礼弗履。

[白话]

《象传》说：雷在天的上方，这就是大壮卦。君子由此领悟，对不合礼仪的事都不要进行。

[解读]

① 大壮卦下乾上震，震为雷，乾为天，就是"雷在天上"。雷在天上，自然声威壮大，遍及天下每一角落，谁敢不戒慎恐惧？

② "履"是脚步、履行、实践。前有履卦（☰），其核心观念为礼。《论语·颜渊》中有"非礼勿视，非礼勿听，非礼勿言，非礼勿动"的说法，与此可以对照。

初九。壮于趾，征凶，有孚。
象曰：壮于趾，其孚穷也。

[白话]

初九。强壮在脚趾上，前进会有凶祸，但仍有信实。
《象传》说：强壮在脚趾上，它的信实会走到尽头。

[解读]

① 初九居全卦底部，所以说"趾"；又在下卦乾中，充满强劲的动力，是为"壮于趾"。但是大壮卦以止为要，所以说"征凶"。

② 初九之"孚"来自它要继续推动阳爻上进，既有信心，也想实地去做；但是这种信实上无正应，并且全卦再向上走就将进入夬卦，反而将使阳爻陷于盛极转衰的困境，所以说"其孚穷也"。

九二。贞吉。

象曰：九二贞吉，以中也。

[白话]

九二。正固吉祥。

《象传》说：九二正固吉祥，是因为居于中位。

[解读]

① 九二以阳爻居柔位，躁进之志稍缓，又在下卦之中位，并且上有六五正应。居中位而行中道，可以做到"贞吉"。
② 九二虽在下卦乾中，但全卦为大壮卦，仍以止住为宜，所以要"贞吉"。

九三。小人用壮，君子用罔，贞厉。羝（dī）羊触藩（fān），羸（léi）其角。

象曰：小人用壮，君子罔也。

[白话]

九三。小人仗恃的是强壮，君子凭借的是蔑视，一直如此会有危险。公羊冲撞藩篱，卡住了羊角。

《象传》说：小人仗恃的是强壮，君子就只能蔑视了。

[解读]

① 九三以阳爻居刚位，又在下卦乾中，可谓十分强壮。小人乘势而"用壮"，君子所蔑视的不只是小人的做法，也可能因为身居壮势而轻忽外物。此时想要坚持如此也不可得，所以说"贞厉"。"罔"为无，视之如无一物，亦即蔑视之意。
② 以取象而言，本卦有如放大的兑卦，九三也在互兑（九三、九四、

六五)中，兑为羊。"羝羊"为大角公羊。上卦为震，震为诸侯，为天子屏藩，引申为藩篱。本卦从九三到上六皆涉及藩，显然是以震卦为藩。九三再怎么冲撞，也在上卦震之下，过不了这一关。不仅如此，还会"羸其角"，"羸"为缠绕、困住之意。依此爻所云，君子即使不用或蔑视"壮"，同样会陷于进退不得的困境。

九四。贞吉悔亡，藩决不羸，壮于大舆之輹。
象曰：藩决不羸，尚往也。

[白话]

九四。正固吉祥而懊恼消失，藩篱裂开不再缠住，因为大车的车輹十分坚固。
《象传》说：藩篱裂开不再缠住，是因为要往上前进。

[解读]

① 九四率同四个阳爻往上推进，可谓壮盛之极，锐不可挡，但是仍须遵循全卦要旨，亦即"贞吉"才可"悔亡"。
② 九四已至上卦，为"藩决不羸"，九四在互兑，兑为毁折，"决"是突破、裂开，不再受困。"輹"是连接车厢与车轴的重要零件，輹若坚固则车行顺利而难以阻挡。九四在上卦震中，震为坤（☷）之初爻变为阳爻（☳），有如大舆（坤）之下方的横木，亦即輹。九四的下一步，确实是"尚往也"。

六五。丧羊于易，无悔。
象曰：丧羊于易，位不当也。

[白话]

六五。在边界失去羊，没有懊恼。

《象传》说：在边界失去羊，是因为位置不恰当。

[解读]

① "易"同"埸"，为边界。六五直接面对底下四个阳爻的向上推进，它又在互兑（九三、九四、六五）中，兑为羊，又为毁折，所以是"丧羊于易"的处境。不过它居上卦中位，又有九二正应，所以"无悔"。

② "位不当也"，可以指六五以阴爻居尊位，也可以指它面对阳爻的进攻而首当其冲。

上六。羝羊触藩，不能退，不能遂，无攸利。艰则吉。
象曰：不能退，不能遂，不详也；艰则吉，咎不长也。

[白话]

上六。公羊冲撞藩篱，不能退后，也不能如意，没有任何适宜的事。在艰难中才会吉祥。

《象传》说：不能退后，也不能如意，是因为没有详察处境；在艰难中才会吉祥，是因为灾难不会持续太久。

[解读]

① 上六在大壮卦尽头，本身阴爻居柔位，力量不足，所以要向下寻找九三正应。九三在互兑中，兑为羊，此时若要退后，则为二阳爻所阻，若要前进，则又无法突破藩篱。进退不得，所以"无攸利"。不过，上六已在上位，"咎不长也"，即将顺着消长之势而功成身退，若能忍受艰难则"吉"。

② "详"为详察、审度。上六未能认清自己的处境，才会企盼九三的正应，以致陷入困境而动弹不得。

35　晋卦

晋：康侯用锡马蕃庶，昼日三接。

象曰：明出地上，晋。君子以自昭明德。

上九：晋其角，维用伐邑，厉吉无咎，贞吝。
象曰：维用伐邑，道未光也。

六五：悔亡，失得勿恤，往吉，无不利。
象曰：失得勿恤，往有庆也。

九四：晋如鼫鼠，贞厉。
象曰：鼫鼠贞厉，位不当也。

六三：众允，悔亡。
象曰：众允之志，上行也。

六二：晋如，愁如，贞吉。受兹介福，于其王母。
象曰：受兹介福，以中正也。

初六：晋如，摧如，贞吉。罔孚，裕，无咎。
象曰：晋如摧如，独行正也。裕无咎，未受命也。

晋：康侯用锡马蕃庶，昼日三接。

[白话]

晋卦：安邦的诸侯受赏众多车马，一日之内获天子接见三次。

[解读]

① 晋卦是下坤上离，亦即"火地晋"。《序卦》说："物不可以终

壮，故受之以晋。晋者，进也。"大壮卦有"止"意，现在则到了进展的时刻。《杂卦》说："晋，昼也。"其象为"明出地上"，有如白日，适宜行动。

② "康侯"，"康"为安，亦即能安定国家的诸侯，也可以指周武王的弟弟康叔。"用"为接受、享用，"锡"为赐，"马"指车马，"蕃"为盛，"庶"为众。日出于地为昼，"昼日"为一日，"三接"为获天子接见三次。古代诸侯来朝，天子有三礼待之，就是接见、设宴与慰劳。一日之内完成，可见诸侯受宠之深。

象曰：晋，进也。明出地上，顺而丽乎大明。柔进而上行，是以康侯用锡马蕃庶，昼日三接也。

[白话]

《象传》说：晋卦，是进展的意思。光明出现在大地的上方，顺从而依附于大的光明。柔顺者前进而往上走，因此安邦的诸侯受赏众多车马，一日之内获天子接见三次。

[解读]

① 晋卦下坤上离，离为火，为明，坤为地，亦即"明出地上"。这个明还是大明，因为离为日，乃是太阳普照大地，大放光明之象；坤为顺，离为丽，所以说"顺而丽乎大明"。晋之道以柔为贵，四阴皆吉，二阳皆厉。

② 由"柔进而上行"一语，可知晋卦由观卦（䷓，第20卦）变来，亦即观卦六四与九五换位。"康侯"面对天子，为柔顺者，由于有功而在此获得荣耀晋升。

象曰：明出地上，晋。君子以自昭明德。

[白话]

《象传》说：光明出现在大地的上方，这就是晋卦。君子由此领悟，要自己彰显光明的德行。

[解读]

① "晋"的意思是"进"，同时又取象于"明出地上"，可见这种进展是参考旭日东升，有光明才可升进之意。
② 君子把握这个卦象，要"自昭明德"。"昭"是昭明、彰显，"明德"是光明的德行，并且须由光明而高明。问题是明德是天生固有的，还是后天培育的？若是天生固有，何以会受到人欲蒙蔽以致需要"自昭"？人欲难道不属于人性？但是，若是后天培育，则如何判断其为"明德"？又如何可能"自昭"？这些问题要参考《孟子》与《大学》才可辨明。

初六。晋如，摧如，贞吉。罔孚，裕，无咎。
象曰：晋如摧如，独行正也。裕无咎，未受命也。

[白话]

初六。进展的样子，后退的样子，正固吉祥。未受信任，宽裕，没有灾难。

《象传》说：进展的样子与后退的样子，是因为独自走在正路上。宽裕而没有灾难，是因为尚未接受任命。

[解读]

① 初六居全卦底部，在晋卦中自然力求进展，是为"晋如"；但是初六之上为互艮（六二、六三、九四），艮为止，是为"摧如"（摧借为退），如此可以"贞吉"。初六可进可退，全在自己，"独行正也"。

② "罔孚"是因为初六位阶太低，尚未受到上层信任。初六虽有九四正应，但是九四在互艮中，艮为止，无法顾及初六，亦即初六"未受命也"。坤卦含弘为裕，因此不如"裕"，以待时机，可以"无咎"。

六二。晋如，愁如，贞吉。受兹介福，于其王母。
象曰：受兹介福，以中正也。

[白话]

六二。进展的样子，忧愁的样子，正固吉祥。从王母那儿蒙受这样的大福。
《象传》说：蒙受这样的大福，是因为居中守正。

[解读]

① 六二在"晋如"时，还会"愁如"，是因为它以阴爻居柔位，又在互艮（六二、六三、九四）中，艮为止，所以进展之心不强。并且，六二爻变使下卦成坎，坎为加忧，所以表现为"愁如"。结果则是"贞吉"。

② 受兹介福："兹"为此，应指卦辞所谓的宠遇；"介"为大。"王母"是指居尊位的六五，阴爻居君位，所以称"王母"。"王母"亦指祖母，如此则康侯可以指康叔，而不违背卦辞以天子之名所赐的厚赏。其所以能如此，则是因为六二"中正"。

六三。众允，悔亡。
象曰：众允之志，上行也。

[白话]

六三。众人答应追随，懊恼消失。

《象传》说：众人答应追随的心意，是要往上前进。

[解读]

① "允"为允从。六三在下卦坤中，坤为众；六三居上位，所以得到众人允从。所以即使处于互坎（六三、九四、六五）中，也无忧悔。

② 本卦肯定"柔进而上行"，所以下坤三爻皆有上行之志。六三还有上九正应，更能得心应手。

九四。晋如鼫（shí）鼠，贞厉。
象曰：鼫鼠贞厉，位不当也。

[白话]

九四。进展像梧鼠一样，一直如此会有危险。

《象传》说：梧鼠一直如此会有危险，是因为位置不恰当。

[解读]

① 九四爻变，上卦成艮，艮为黔喙之属，有鼠象；艮又为小石，合之为鼫鼠。"鼫鼠"是梧鼠，《说文》称之为"五技鼠"，因为它"能飞不能过屋，能缘不能穷木，能游不能渡谷，能穴不能掩身，能走不能先人"。这是"五技而穷"的情况，用以描写贪而无所成。九四互坎为水为降，上离为火为升，处于升降之间，所以表现如此。

② 九四以阳爻居柔位，是位不正；又在互艮与互坎中，无法前进而有忧悔；底下还有三个柔爻在进逼。即使"贞厉"，也是无处可去。

六五。悔亡，失得勿恤，往吉，无不利。
象曰：失得勿恤，往有庆也。

[白话]

六五。懊恼消失，不用顾虑损失与获得，前往吉祥，没有不适宜的事。

《象传》说：不用顾虑损失与获得，是因为前往会有喜庆。

[解读]

① 观卦（☷☴）变成晋卦（☷☲）的主因，是其六四成为六五。观卦六四原在互巽（六四、九五、上九），巽为近利市三倍；现在变成晋卦的六五，巽象消失，无利可图，并且还在互坎中，有忧恤。但是，晋卦六五取得尊位，又是大有收获。合而观之，是"悔亡，失得勿恤"。

② 六五的"往有庆"，即是处于晋卦尊位，并且在上卦离中，可以大放光明，使天下百姓同获其利，所以说"往吉，无不利"。

上九。晋其角，维用伐邑。厉吉无咎，贞吝。
象曰：维用伐邑，道未光也。

[白话]

上九。进展到头上的角，可以用来征伐属国。有危险，吉祥而没有灾难，正固会有困难。

《象传》说：可以用来征伐属国，是因为正道还不够光大。

[解读]

① 离为牛，上九居全卦终位，有如头上的角，已经前无去路，但是却可以用来安定内部。"维"是语词，"邑"是属邑，附属的

小国。上卦离为戈兵、甲胄，有征伐之象。上九与六三正应，六三在坤为邑，"伐邑"也暗示要"自昭明德"。所以虽"厉"而"吉"，并且"无咎"。此时正固会有困难，因为全卦为晋，必须有所作为。

② 上九在上卦离中，离为光明。然而，上九位置太高而不中不正，所以"道未光也"。

36　明夷卦

明夷：利艰贞。

象曰：明入地中，明夷。君子以莅众用晦而明。

上六：**不明，晦，初登于天，后入于地。**
象曰：初登于天，照四国也；后入于地，失则也。

六五：**箕子之明夷，利贞。**
象曰：箕子之贞，明不可息也。

六四：**入于左腹，获明夷之心，于出门庭。**
象曰：入于左腹，获心意也。

九三：**明夷于南狩，得其大首，不可疾，贞。**
象曰：南狩之志，乃大得也。

六二：**明夷，夷于左股，用拯马壮，吉。**
象曰：六二之吉，顺以则也。

初九：**明夷于飞，垂其翼。君子于行，三日不食，有攸往，主人有言。**
象曰：君子于行，义不食也。

明夷：利艰贞。

[白话]

明夷卦：适宜在艰难中正固。

[解读]

① 明夷卦是下离上坤，亦即"地火明夷"。《序卦》说："进必有

所伤，故受之以明夷。夷者，伤也。"进展难免有所损伤，所以接着出现明夷卦，意指光明受到伤害。《杂卦》说："明夷，诛也。"是要诛灭光明，使之熄灭，结果则是黑暗。明夷卦与晋卦为正覆卦。

② 黑暗代表处境艰难，此时以正固为宜。程颐说："晋者明盛之卦，明君在上，群贤并进之时也。明夷昏暗之卦，暗君在上，明者见伤之时也。"

象曰：明入地中，明夷。内文明而外柔顺，以蒙大难，文王以之。利艰贞，晦其明也。内难而能正其志，箕子以之。

[白话]

《象传》说：光明陷于大地之下，这就是明夷卦。内心文明而外表柔顺，以此承受大的灾难，周文王是这样做的。适宜在艰难中正固，是要隐晦自己的光明。面临内部的患难而能端正自己的志节，箕子是这样做的。

[解读]

① 明夷卦下离上坤，坤为地，离为火，为明，正是"明入地中"，黑暗得势。同时，下卦称"内"，上卦称"外"。离在内，为文明；坤在外，为柔顺；所以说"内文明而外柔顺"。这是乱世中的自保之道。

② 周文王有文明之德，既有文化修养，又有明辨之智，但是却以柔顺的态度事奉商纣王。即使如此，他还是被拘于羑里，险些丧命。

③ 箕子为商纣王叔父，面对国内大乱的局面，他将如何自处呢？"箕子惧，乃佯狂为奴，纣又囚之。"最后在幸免于难之后，箕子还能指导周武王治国的道理，事见《尚书·洪范》。以上有关文王与箕子的事迹，可参考《史记·殷本纪》。

象曰：明入地中，明夷。君子以莅众用晦而明。

[白话]

《象传》说：光明陷于大地之下，这就是明夷卦。君子由此领悟，在治理众人时，要隐晦明智而使一切明白呈现。

[解读]

① "夷"为"伤"，已如前述；但是"夷"也有隐没之意，有如太阳下山，光明隐没。
② "莅众"为临众，亦即治理众人。"用晦"是以隐晦自己的明智与能力为方法；"而明"则是希望由此让一切明显展示出来。上位者若是精明苛察，则百姓无所不隐，反而难以发现真相。反之，上位者宽厚包容，不计小过，则百姓易于光明坦荡。就君子而言，明而晦，可以全己；晦而明，可以烛物。《系辞上》所谓"神而明之，存乎其人"，可对照理解。

初九。明夷于飞，垂其翼。君子于行，三日不食。有攸往，主人有言。
象曰：君子于行，义不食也。

[白话]

初九。在昏暗中去飞翔，垂下翅膀。君子要出行，三天不吃东西。有所前往，主人说出责怪的话。
《象传》说：君子要出行，理当不吃东西。

[解读]

① 明夷卦是明入地中，大地陷入昏暗。初九有动向，想要迅速离开，所以说"于飞"，亦即要去飞翔远飏；但是迫于时势而

"垂其翼"，希望低调保命。由这句爻辞看来，明夷卦是由小过卦（䷽，第62卦）变来，因为小过卦的象传说"有飞鸟之象"，亦即小过卦横看有如飞鸟张翼，现在九四成为初九，形成明夷卦（䷣）。并且，"垂其翼"一语在帛书是"垂其左翼"，正合九四下到初九之象。初九在离卦，离为雉为鸟。

② 阳爻为君子，君子由四位来到初位，须过三爻，离为日，所以是"三日"。小过卦的九四在互兑（九三、九四、六五）中，兑为口，现在口象毁去，所以"不食"。兑为悦，悦象毁去，主人（六五）不悦，而"有言"（言亦来自口）责怪。"有言"是指有责怪之言。君子既然要出行离开，"有攸往"，也就不必在乎俸禄了。

六二。明夷，夷于左股，用拯马壮，吉。
象曰：六二之吉，顺以则也。

[白话]

六二。在昏暗中，伤到左股，用来拯救的马强壮，吉祥。
《象传》说：六二的吉祥，是由于随顺而有原则。

[解读]

① 就取象而言，又须回溯小过卦（䷽）。在小过卦中，六二在互巽（六二、九三、九四）中，巽为股；现在九四下来成为初九，形成了明夷卦（䷣），股之象消失，并且是左边（九四）的变动，所以说"夷于左股"。现在变成明夷卦，六二在互坎（六二、九三、六四）中，坎为险为伤，所以说"夷"；坎为美脊马，为曳马，所以说"用拯马壮"。能获救援而逃离黑暗，所以"吉"。

② 六二的吉祥，是因为居中守正，能够顺从又有原则。

九三。明夷于南狩，得其大首，不可疾，贞。
象曰：南狩之志，乃大得也。

[白话]

九三。在昏暗中，去南方狩猎，获得大首领，不可过于急切，要正固。

《象传》说：去南方狩猎的心意，是要大有收获。

[解读]

① 九三阳爻居刚位，又在下卦终位，既有动向又心存光明，可以付诸行动。它在下卦离中，离为南方，九三有离与互坎，离为戈兵，坎为弓轮，合之为战争；九三又有互震，震为车马为行动；上临坤，坤为田野，合之为狩猎。古人所谓的"狩猎"可以兼指战争而言，所以说"南狩"。周武王在盟津与诸侯会合，最后革命成功。以地理位置而言，商纣王在河南，周武王从陕西过来，也符合"南狩"之说。

② "得其大首"，"首"所指为上六，居上卦坤最高位，必须为明夷负责。九三与上六正应，中间没有刚爻相阻，可以直取上六，亦即"乃大得也"。但是，上卦坤为众，不可能接受一夕变天的事实，所以说"不可疾，贞"。

六四。入于左腹，获明夷之心，于出门庭。
象曰：入于左腹，获心意也。

[白话]

六四。进入到左腹部，得知昏暗者的心思，往外走出门庭。

《象传》说：进入到左腹部，是要得知心思与用意。

[解读]

① 明夷卦的昏暗在于上卦，所以下卦三爻所指为官吏及诸侯，而上卦则卷入昏暗的宫廷中。六四是小过卦（䷽）的初六与九四换位而来，到了左边；换位之后形成上卦坤，坤为腹，亦即六四"入于左腹"。现在的六四也在互坎（六二、九三、六四）中，坎为心病，因此，"获明夷之心"是说他得知昏暗之君的恶毒心思与用意。

② 六四在小过卦中，原是初六，初六为士位，无家亦无门，现在到了六四，所以说"于出门庭"，亦即离开内部是非之地而向外走。六四当位，又在互震，有行动力，应该可以如愿。这段爻辞所指涉的可能是微子离开商纣王朝廷的史实。

六五。箕子之明夷，利贞。
象曰：箕子之贞，明不可息也。

[白话]

六五。像箕子那样处于昏暗中，适宜正固。
《象传》说：像箕子那样处于昏暗中，是因为光明不可以熄灭。

[解读]

① 六五在上卦坤中，坤为地，为夜，为暗。六五以阴爻居尊位，身段柔软，守中待时，展现了明夷中的智慧。箕子有王之德，所以位居六五，但佯狂以隐藏自己的光明德行，其"贞"使光明得以续存。

② 六五与六二无应，等于无路可走，那么箕子如何做到"明不可息"？《史记·宋世家》记载："箕子者，纣亲戚也。纣始为象箸，箕子叹曰：'彼为象箸，必为玉杯；为杯，则必思远方珍怪之物而御之矣。舆马宫室之渐自此始，不可振也。'纣为淫

佚，箕子谏，不听，人或曰：'可以去矣。'箕子曰：'为人臣，谏不听而去，是彰君之恶而自说于民，吾不忍为也。'乃被发佯狂而为奴，遂隐而鼓琴以自悲，故传之曰《箕子操》。"因此，"箕子之明夷"一语，可以理解为"箕子处于明夷中"，也可以理解为"箕子将自己的光明隐晦起来"，两皆可通，还可相互发明。

上六。不明，晦。初登于天，后入于地。
象曰：初登于天，照四国也；后入于地，失则也。

[白话]

上六。没有任何光明，一片晦暗。起初升到天上，后来陷入地下。
《象传》说：起初升到天上，是为了照耀四方邦国；后来陷入地下，是因为失去了法则。

[解读]

① 上六位居全卦终位，是明夷之极，所代表的是上卦坤的黑夜，是"不明"。五与上为天位，所以说"初登于天"；在上卦坤中，坤为地，所以说"后入于地"。居天位而表现有如大地，其"晦"可知。所指为商纣王。本卦六爻可以对照历史人物的处境：初九为伯夷、叔齐、姜太公；六二为西伯昌（周文王），九三为起而革命的周武王，六四为微子，六五为箕子，上六为商纣王。

② 明夷卦的问题出在上位者，上位者居高位，其责任原本是"照四国"，让四方的诸侯国可以走上光明大道，但是现在上位者自身失去法则，倒行逆施，反而成了最大的黑暗之源。古人处此情况，其痛苦可想而知。

37　家人卦 ䷤

家人：利女贞。

象曰：风自火出，家人。君子以言有物而行有恒。

上九：**有孚威如，终吉。**
象曰：威如之吉，反身之谓也。

九五：**王假有家，勿恤，吉。**
象曰：王假有家，交相爱也。

六四：**富家，大吉。**
象曰：富家大吉，顺在位也。

九三：**家人嗃嗃，悔厉，吉；妇子嘻嘻，终吝。**
象曰：家人嗃嗃，未失也。妇子嘻嘻，失家节也。

六二：**无攸遂，在中馈，贞吉。**
象曰：六二之吉，顺以巽也。

初九：**闲有家，悔亡。**
象曰：闲有家，志未变也。

家人：利女贞。

[白话]

家人卦：适宜女子正固。

[解读]

① 家人卦是下离上巽，亦即"风火家人"。《序卦》说："伤于外

者必反于家，故受之以家人。"明夷卦谈的是从政做官所受的伤害，现在应该回归家庭，寻求安定。
② 在古代男主外、女主内的观念下，女子是家庭的主要角色，所以说"利女贞"。程颐说："夫夫妇妇而家道正，独云利女贞者，夫正者身正也，女正者家正也，女正则男正可知矣。"

象曰：家人，女正位乎内，男正位乎外。男女正，天地之大义也。家人有严君焉，父母之谓也。父父，子子，兄兄，弟弟，夫夫，妇妇而家道正，正家而天下定矣。

[白话]

《象传》说：家人卦，女子在家内有正当地位，男子在社会上有正当地位。男女都有正当地位，就合乎天地间伟大的道理了。一家人要有严格的领袖，所说的就是父母。父要像父，子要像子，兄要像兄，弟要像弟，夫要像夫，妻要像妻，这样家道就会端正，端正了家庭，天下就会安定。

[解读]

① 家人卦下离上巽，内卦离有六二，外卦巽有九五，正是"女正位乎内，男正位乎外"。这也合乎天地阴柔与阳刚相互搭配的大道理。
② "严君"是严格的君主，在家中则是主导家务的领袖，所指为父母。这种观念自古及今依然有效。"父母"并称，表示二人要同心协力。
③ "父父"等语，第一个"父"字指实际的父亲，第二个"父"字指理想的或标准的父亲。这是重要的名分观念，所以古人才会标榜理想人物作为表率。如果每个家庭都端正，天下怎能不安定呢？

象曰：风自火出，家人。君子以言有物而行有恒。

[白话]

《象传》说：风从火中生出，这就是家人卦。君子由此领悟，说话要有根据，行动要有常法。

[解读]

① 家人卦下离上巽，巽为风，离为火，所以说"风自火出"。火是内在有热有光，再向外发散；风则是助火向外延烧的利器，等于把一家之道推及天下。

② "风自火出"，所以君子的言行都须有所本。"物"是不虚，有事实根据；"恒"是不改，有常法操守。

初九。闲有家，悔亡。
象曰：闲有家，志未变也。

[白话]

初九。家中做好防范措施，懊恼消失。
《象传》说：家中做好防范措施，是因为心意还未改变。

[解读]

① 初九爻变，下卦为艮，艮为门，为止，是"闲有家"。"闲"是防范、戒备；"有"是语词，或作"于"解。初九以阳爻居刚位，勇于任事；开始要治家时，又有六四正应，所以"悔亡"。"悔"之一字最易在讲究情感的家人之间出现，所以早作防范是必要的。

② 开始时设下规矩，家人心意尚未受到外界影响；若是养成不良习气，再来改正就困难了。

六二。无攸遂，在中馈（kuì）。贞吉。
象曰：六二之吉，顺以巽也。

[白话]

六二。不可随心所欲，要主持家庭中的饮食。正固吉祥。
《象传》说：六二的吉祥，是因为柔顺并且随顺。

[解读]

① 六二在互坎中，坎为忧，所以不可随心所欲，也即是"无攸遂"。六二在下卦，为家庭之内，又以阴爻居柔位，居中守正，代表妻子。"中馈"指家中饮食之事。六二在下卦离中，离为火；又在互坎中，坎为水；两者合观，则是水在火上，为料理饮食之象。

② 六二阴爻居柔位，有柔顺之德；上应九五，九五在上卦巽中，巽为随顺；所以六二"顺以巽也"。

九三。家人嗃嗃（hè），悔厉，吉；妇子嘻嘻，终吝。
象曰：家人嗃嗃，未失也；妇子嘻嘻，失家节也。

[白话]

九三。家中有训斥之声，会带来懊恼及危险，但还是吉祥；若是妇女孩子放肆嘻笑，最终会有困难。
《象传》说：家中有训斥之声，表示尚未失去家庭规矩；若是妇女孩子放肆嘻笑，则已经失去家庭的规矩了。

[解读]

① "嗃嗃"为发怒训斥之声，"嘻嘻"为放肆嘻笑之声。九三以阳爻居刚位，治家易严不易宽。家人犯错，爱之深而责之切，

怎能不加训斥？九三在下卦离中，离为火，火声无常，引申为"嗃嗃、嘻嘻"。离为目，又在互坎（六二、九三、六四）中，坎为水；目中之水为泪。这可以说是家人受到训斥而啼哭，也可以说是九三训斥家人而自己落泪。如此则家人之间即使有懊恼之事，甚至有伤害亲情的危险，但是依然"吉"。

② 九三爻变出现互坤，坤为妇；爻变使下卦成震，震为长男。若是九三放弃家庭的规矩，不再负起管教之责，则将出现"妇子嘻嘻"的现象，长此以往，最后将会陷入困境。九三为阳爻，在此可指父亲。

六四。富家，大吉。

象曰：富家大吉，顺在位也。

[白话]

六四。使家庭富裕，非常吉祥。

《象传》说：使家庭富裕而非常吉祥，是因为随顺而处在适当的位置上。

[解读]

① 六四进入上卦巽中，巽为近利市三倍，足以使家庭的经济条件大为改善。

② 六四的"大吉"在于：阴爻居柔位，下有初九正应，上有九五可承，本身又在上卦巽中，巽为随顺，合之则为"顺在位也"。

九五。王假（gé）有家，勿恤，吉。

象曰：王假有家，交相爱也。

[白话]

九五。君王来到家中，不必忧愁，吉祥。

《象传》说：君王来到家中，大家互相亲爱。

[解读]

① 九五为君位，在家人卦中，则是"王假有家"。"假"为格，为至；"有"为语辞，或为"于"。九五已脱离互坎（六二、九三、六四），坎为加忧，所以说"勿恤"。
② 九五以阳爻居刚位，为居中守正的贤君，下有六二阴阳正应，可谓修身齐家兼而有之，由此推而广之，可以治国平天下。这是天下人"交相爱"的开始。

上九。有孚威如，终吉。
象曰：威如之吉，反身之谓也。

[白话]

上九。有诚信而有威严的样子，最终吉祥。
《象传》说：有威严的样子可以吉祥，是说能够约束自己。

[解读]

① 在家人卦中，上九居全卦终位，可以总结全卦主旨。上九爻变为坎，坎如流水，有诚信，所以说"有孚"。上九居巽卦之终，依《说卦》所云，"其究为躁卦"，最后变成震卦，震有威严，所以说"威如"。合此二项条件，则是"终吉"。家人相处，不能只靠恩情，还须有诚信。
② 家中的常法要靠长辈的"威如"来维持及体现。不过，威严不能光靠名分，还须长辈率先以身作则，亦即"反身之谓也"。

38 睽卦 ☲☱

睽：小事吉。

象曰：上火下泽，睽。君子以同而异。

上九：睽孤，见豕负涂，载鬼一车。先张之弧，后说之弧。匪寇婚媾，往遇雨则吉。
象曰：遇雨之吉，群疑亡也。

六五：悔亡，厥宗噬肤，往何咎？
象曰：厥宗噬肤，往有庆也。

九四：睽孤，遇元夫，交孚，厉无咎。
象曰：交孚无咎，志行也。

六三：见舆曳，其牛掣。其人天且劓，无初有终。
象曰：见舆曳，位不当也；无初有终，遇刚也。

九二：遇主于巷，无咎。
象曰：遇主于巷，未失道也。

初九：悔亡，丧马勿逐，自复。见恶人，无咎。
象曰：见恶人，以辟咎也。

睽：小事吉。

[白话]

睽卦：对小事吉祥。

[解读]

① 睽卦是下兑上离，亦即"火泽睽"。《序卦》说："家道穷必乖，

故受之以睽。睽者，乖也。"家人卦走到尽头，接着出现的是乖离，睽卦主旨在此。人生的聚散分合乃是事理之常，亲如家人亦不例外。

② 生物成长到一个阶段，就须发展自己独立的生命。人是社会性的动物，结合的力量较强，可以用礼教来约束。所以，睽卦对个人的事尚可称吉，是为"小事吉"。就社会整体或人类全体而言，则须存异求同，而不能让睽卦成为主流观念。

象曰：睽，火动而上，泽动而下。二女同居，其志不同行。说而丽乎明，柔进而上行，得中而应乎刚。是以小事吉。天地睽而其事同也。男女睽而其志通也，万物睽而其事类也。睽之时用大矣哉。

[白话]

《象传》说：睽卦，火的活动是向上燃烧，泽的活动是向下流注。两个女儿一起住在家里，心意却不会一同进展。喜悦并且依附在光明上，柔顺者前进而往上走，获得中位又与刚强者应合。因此对小事吉祥。天与地分隔，但是化育的工作相同；男与女有别，但是爱慕的心意相通；万物各有领域，但是进行的活动相似。睽卦配合时势的运用方式太伟大了。

[解读]

① 睽卦下兑上离，离为火，兑为泽，两者活动方向相反，有如乖离。"二女同居"是指离为中女，兑为少女而言，两者有如姊妹，将来会嫁给不同的丈夫。古代女子以家庭为生活重心，自及笄（十五岁所行之成年礼）之后，就以出嫁为主要目标。

② 兑为悦，离为丽，为明，形成"说而丽乎明"。至于"柔进而上行，得中而应乎刚"，则显示睽卦由中孚卦（䷼，第61卦）变来，亦即中孚卦的六四与九五换位，成为睽卦（䷥）的六五，如

此得五为中，又有九二之刚相应。阴爻称小，所以说"小事吉"。
③ 睽隔乖离，在自然界与人世间都有因时而用的必要性。天地不分隔，如何天覆地载？男女若同性，如何繁衍子孙？万物千差万别，所展现的生存状况依然是大同小异的。

象曰：上火下泽，睽。君子以同而异。

[白话]

《象传》说：火在上面而泽在底下，这就是睽卦。君子由此领悟，要求同而存异。

[解读]

① 离为火，火性向上；泽为水，水性向下；两者动向相反而合为一卦，以此表示睽卦。
② 若以体用来说，则前述卦辞所论天地、男女、万物，为"体异而用同"，强调乖离是为了合作；而君子在此所领悟的，则是"体同而用异"，肯定合作而尊重差异。认清这两方面，更能明白变化之理。

初九。悔亡，丧马勿逐，自复。见恶人，无咎。
象曰：见恶人，以辟咎也。

[白话]

初九。懊恼消失，丢失的马不必追寻，自己会回来。见到恶人，没有灾难。
《象传》说：见到恶人，是为了避开灾难。

[解读]

① 初九之"悔",来自与九四无应,而同在下卦的九二与六三皆有正应。不过,既然在睽卦,本来即是乖离之象,所以这种悔是不必要的,亦即"悔亡"。

② 睽卦由中孚卦(䷼)变来,初九原与六四正应,但是六四与九五换位形成睽卦之后,原先六四所在的互震(九二、六三、六四)消失,震为善鸣马,这是"丧马";不过,换成睽卦(䷥)之后,出现了互坎(六三、九四、六五),坎为美脊马,这是"自复"。

③ 在睽卦中,阴阳正应未必是好事,所以初九与九四不应,正好符合睽卦之旨。因此,初九见九四,反而"以辟咎也"。九四在离卦,离为目为见;称九四为"恶人",则是因为它在互坎(六三、九四、六五)中,坎为盗。初九位卑,见恶人而辟咎,如孔子之见鲁之阳货与卫之南子。

九二。遇主于巷,无咎。
象曰:遇主于巷,未失道也。

[白话]

九二。在巷子中遇见主人,没有灾难。
《象传》说:在巷子中遇见主人,是因为尚未失去道路。

[解读]

① 九二居下卦之中,以阳爻居柔位;其正应在六五,而六五居上卦之中,以阴爻居刚位。两者皆是中而不正,在睽卦中相遇,只能局限于小巷,但可以"无咎"。九二爻变,下卦成震并出现互艮,震为路,艮为门,门外之路为巷。遇是不期而会。

② 对九二而言,六五为君为主,二人相遇,是因为皆未失去中间

这条道路，只是道路已成小巷罢了。

六三。见舆曳，其牛掣（chè）。其人天且劓（yì），无初有终。
象曰：见舆曳，位不当也；无初有终，遇刚也。

[白话]

六三。看到车往前拉，牛却往后拖。车夫受过刺额割鼻的刑罚，起初不好而最后有结果。

《象传》说：看到车往前拉，是因为位置不恰当；起初不好而最后有结果，是因为遇到刚强者。

[解读]

① 六三处境困难，它以阴爻居刚位，又有上下两个阳爻挡住去路，以致进退不得。它在互坎（六三、九四、六五）中，坎为曳马，为多眚舆，表示马拉着一辆遇难的车；它又在互离（九二、六三、九四）中，离为牛，亦即有牛在后拖着。"曳"与"掣"都有拖、拉之意。它的"位不当"十分明显。

② "天"为古代刑罚，是在前额刺字涂墨；"劓"是割鼻之刑。这一点要由中孚卦（䷼）的变化来看。在中孚卦中，六三在互艮（六三、六四、九五）中，艮为鼻，其上则为互巽（六四、九五、上九），巽为寡发人；现在一变而为睽卦，两象皆消失，成为去鼻与前额刺字涂墨之人。这样当然是"无初"了，至于"有终"，则是它本身在下卦终位，并且有上卦终位的上九作为正应。上九为阳爻，所以说"遇刚"。

九四。睽孤，遇元夫。交孚，厉无咎。
象曰：交孚无咎，志行也。

[白话]

九四。乖离而孤独，遇到有为之士。互相信任，有危险但没有灾难。
《象传》说：互相信任而没有灾难，是因为心意得以实现。

[解读]

① 九四以阳爻居柔位，为不安之象，又处下兑与上离分道扬镳之界，并且上下两个阴爻阻挡了它与同类相比邻的机会，所以是"睽孤"。但是，九四虽与初九无应，在睽卦中却反而合乎卦意，可以"交孚"，以致"厉无咎"。

② 九四的"交孚"，以初九为对象，可以视之为"元夫"（元为初，为大，夫为男子，引申为有为之士），实现了它睽中求通的心意。

六五。悔亡，厥宗噬肤，往何咎？
象曰：厥宗噬肤，往有庆也。

[白话]

六五。懊恼消失，他的宗人在吃肉，前往有什么灾难？
《象传》说：他的宗人在吃肉，是因为前往会有喜庆。

[解读]

① 六五以阴爻居刚位，下有九二正应。这在睽卦是不利之事。但是参考《象传》所云，"柔进而上行，得中而应乎刚，小事吉"，可见不必懊恼。

② 六五是"柔进而上行"的主角，其原来的位置是中孚卦（䷼）的六四。在中孚卦里，六四在互艮（六三、六四、九五）中，艮为肤（肤为带皮的肉）。现在到了睽卦（䷥），六四成为六五，而九五成为九四，等于这个九四是一口咬进肉里。六五为君，九四为其宗人，所以说"厥宗噬肤"，那么，六五的往

（从六四上来）不是"往有庆"吗？

上九。睽孤，见豕负涂，载鬼一车。先张之弧，后说（tuō）之弧。匪寇婚媾，往遇雨则吉。

象曰：遇雨之吉，群疑亡也。

［白话］

上九。乖离而孤独，见到猪背上都是泥，载了一车的鬼。先张开弓，后来放下弓。不是强盗而是要来婚配的，前往遇到下雨就吉祥。

《象传》说：遇到下雨的吉祥，是因为许多疑虑都消失了。

［解读］

① 上九位居睽卦终点，充满了乖离孤独的心思，亦即犯了疑心病。它自己在上卦离中，离为目，所以看见了它与下卦之间，横着一个互坎（六三、九四、六五）。首先，坎为豕（豕为大猪），为沟渎，豕在沟渎中，所以负涂（背上是泥）。其次，坎为水，为正北方之卦，为万物之所归，而人之所归为鬼；坎又为多眚舆，所以说"载鬼一车"。然后，坎为弓轮，六三前为互坎（六三、九四、六五），后为下卦兑，兑为毁折，所以说"先张后说（脱）"。最后，坎为盗，而上九下有六三阴阳正应，形成"匪寇婚媾"。六三在下卦兑中，兑为泽，当六三得到上九正应时，上升进入互坎，形成水，为雨，所以说"往遇雨则吉"。

② 程颐发挥此爻义理甚为生动，他说："上之与三，虽为正应，然居睽极，无所不疑，其见三，如豕之污秽，而又背负泥涂，见其可恶之甚也。既恶之甚，则猜成其罪恶，如见载鬼满一车也。鬼本无形，而见载之一车，言其以无为有，妄之极也……上之睽乖既极，三之所处者正理。大凡失道既极，则必反正理，故上于三始疑，而终必合也。"这段话描写人与人之间猜疑之可怕，值得戒惕。

39　蹇卦

蹇：利西南，不利东北。利见大人，贞吉。

象曰：山上有水，蹇。君子以反身修德。

上六：**往蹇来硕，吉。利见大人。**
象曰：往蹇来硕，志在内也；利见大人，以从贵也。

九五：**大蹇，朋来。**
象曰：大蹇朋来，以中节也。

六四：**往蹇来连。**
象曰：往蹇来连，当位实也。

九三：**往蹇来反。**
象曰：往蹇来反，内喜之也。

六二：**王臣蹇蹇，匪躬之故。**
象曰：王臣蹇蹇，终无尤也。

初六：**往蹇来誉。**
象曰：往蹇来誉，宜待也。

蹇（jiǎn）：利西南，不利东北。利见大人，贞吉。

[白话]

蹇卦：西南方有利，东北方不利。适宜见到大人，正固吉祥。

[解读]

① 蹇卦是下艮上坎，亦即"水山蹇"。《序卦》说："乖必有难，

故受之以蹇。蹇者，难也。"在睽卦的乖离之后，一定会出现艰难险阻，这也正是蹇卦的用意。睽卦（䷥）与蹇卦（䷦）互为"变"卦，亦即六爻皆变。蹇卦的覆卦则是下一卦解卦（䷧）。六十四卦的顺序，大体上是遵守"非覆即变"的规则。

② 处于蹇卦，适宜顺守而不可冒进。西南为坤位，为和顺大地；东北为艮位，为大山险阻。所以说"利西南，不利东北"。此时需要大人来救助天下的难局，亦即守正以待，所以说"贞吉"。

象曰：蹇，难也，险在前也。见险而能止，知矣哉。蹇利西南，往得中也；不利东北，其道穷也。利见大人，往有功也。当位贞吉，以正邦也。蹇之时用大矣哉。

[白话]

《象传》说：蹇卦，就是困难，有危险在前面。看到危险而能停止，真是明智啊。蹇卦对西南方有利，是因为前往可以取得中位；对东北方不利，是因为道路困阻不通。适宜见到大人，是因为前往会有功劳。身当其位而正固吉祥，是为了导正邦国。蹇卦配合时势的运用方式太伟大了。

[解读]

① 蹇卦下艮上坎，坎为险，艮为止，上卦在前，下卦在后，所以说"险在前"以及"见险而能止"。能够如此判断并加以实践，实为明智。在困难中，才可彰显明智。六十四卦的《象传》，只在此处出现"知矣哉"，提醒人们"见险而能止"的重要。

② 从"往得中也"一语，可知蹇卦由小过卦（䷽，第62卦）变来，亦即小过卦的九四往上取得六五的位置，成为蹇卦（䷦）的九五。至于"利西南"，还有另一种理解，就是小过卦的九四在互兑（九三、九四、六五）中，现在成为蹇卦的九五，在互离（九三、

六四、九五)中；兑为西方之卦，离为南方之卦。合之则为"利西南"。并且，以柔弱和顺而言，离为中女，兑为少女，皆易相处，可以容纳蹇卦的难局。至于"不利东北"，则因为下卦艮为东北方之卦，艮为山，更增加了险阻之势，所以说"其道穷也"。

③ 接着谈到的"大人""当位""正邦"，都是针对九五而言。至于蹇卦的"时用"，则提醒人：唯有大的艰难考验，才能造就非凡功业。

象曰：山上有水，蹇。君子以反身修德。

[白话]

《象传》说：山上面有水，这就是蹇卦。君子由此领悟，要反省自己，修养德行。

[解读]

① 蹇卦下艮上坎，坎为水，艮为山，就是"山上有水"。山已构成险阻，再加上水的陷阱，可见其崎岖难行。
② 君子遇到困难，一定首先省察自己，看看困境是否由自己造成，或者思索如何化解难题。而根本做法则是"反身修德"。孟子说："行有不得者，皆反求诸己，其身正而天下归之。"(《孟子·离娄上》)又说："仁者如射，射者正己而后发。发而不中，不怨胜己者，反求诸己而已矣。"(《孟子·公孙丑上》)

初六。往蹇来誉。
象曰：往蹇来誉，宜待也。

[白话]

初六。前往有险难，回来有称誉。

《象传》说：前往有险难，回来有称誉，是因为应该等待。

[解读]

① 初六为蹇卦刚刚形成之时，本身为阴爻属柔，上无正应，并且一往上走就遇到互坎（六二、九三、六四），坎为险，所以说"往蹇"。
② 此时宜静不宜动，上进是"往"，不进则是"来"；这是"宜待"的阶段，初六能够处时待机，所以说"来誉"。初六爻变，下卦为离，离为明，所以能够明哲知几。

六二。王臣蹇蹇，匪躬之故。
象曰：王臣蹇蹇，终无尤也。

[白话]

六二。君王的臣子遇到重重险难，不是为了自己的缘故。
《象传》说：君王的臣子遇到重重险难，终究没有责怪。

[解读]

① 六二与九五正应，九五为君，六二为臣。六二往上一看，两个互坎相连，一是（六二、九三、六四），二是（六四、九五、上六），所以说"蹇蹇"。
② "匪"为非，"躬"为自己。六二不是为了自己而身陷险难，所以最后"无尤"。"无尤"是指不受别人责怪，也指自己没有责怪。六二以阴爻居柔位，可谓居中守正，是任劳任怨的忠臣。

九三。往蹇来反。
象曰：往蹇来反，内喜之也。

[白话]

九三。前往有险难,又返回来。

《象传》说:前往有险难,又返回来,是因为家内的人喜欢他。

[解读]

① 九三以阳爻居刚位,处于可进可退之际。它有上六正应,所以有上进之心,但是,面临的是上卦坎,坎为险,亦即"往蹇",所以又返回来。

② 九三之"内"为初六与六二这两个阴爻,有如家中臣妾。主人返回而家人欢迎,是"内喜之也"。九三爻变出现互艮,艮为止,也有互坤,坤为顺,止而顺,所以"喜"。

六四。往蹇来连。
象曰:往蹇来连,当位实也。

[白话]

六四。前往有险难,回来有连结。

《象传》说:前往有险难,回来有连结,是因为位置恰当而实在。

[解读]

① 六四在上卦坎中,同样是"往蹇";它回来所连结的是九三,充分显示了蹇卦宜退不宜进的特色。六四爻变出现互巽,巽为绳为连结。

② 六四以阴爻居柔位,是"当位";连结九三,则有后盾支持,是为"实"。

九五。大蹇,朋来。
象曰:大蹇朋来,以中节也。

[白话]

九五。在大的险难中，朋友来到。

《象传》说：在大的险难中，朋友来到，是因为居中而有节度。

[解读]

① 九五是小过卦（䷽）变为蹇卦（䷦）的关键，亦即"蹇利西南，往得中也"一语之所指。阳爻称大，坎为劳卦，所以九五的处境称为"大蹇"。

② 九五居中守节，所以"朋来"。"朋"指正应六二。六二在下卦艮中，艮为坚多节之木，所以特别提及"节"字。

上六。**往蹇来硕，吉。利见大人。**

象曰：往蹇来硕，志在内也；利见大人，以从贵也。

[白话]

上六。前往有险难，回来有丰收，吉祥。适宜见到大人。

《象传》说：前往有险难，回来有丰收，是说心意在于内部；适宜见到大人，是指跟随了贵人。

[解读]

① 上六居蹇卦终位，本身就没有去路，所以说"往蹇"；它若回来，则有九三正应，九三在下卦艮中，艮为果蓏，有如得到硕果而丰收。"硕"为大，所以是"吉"。"志在内也"的"内"，是指下卦而言，尤其是与其相应的九三。

② 在蹇卦中，九五居尊位，是"大人"也是"贵"。上六之"来"，正与九五相比，是为"从贵"，获其支持，是为"利见大人"。

40　解卦

解：利西南。无所往，其来复吉。有攸往，夙吉。

象曰：雷雨作，解。君子以赦过宥罪。

上六：公用射隼于高墉之上，获之无不利。
象曰：公用射隼，以解悖也。

六五：君子维有解，吉，有孚于小人。
象曰：君子有解，小人退也。

九四：解而拇，朋至斯孚。
象曰：解而拇，未当位也。

六三：负且乘，致寇至，贞吝。
象曰：负且乘，亦可丑也；自我致戎，又谁咎也？

九二：田获三狐，得黄矢，贞吉。
象曰：九二贞吉，得中道也。

初六：无咎。
象曰：刚柔之际，义无咎也。

解：利西南。无所往，其来复吉。有攸往，夙吉。

[白话]

解卦：西南方有利。无所前往，那么返回来就吉祥。有所前往，早些行动吉祥。

［解读］

① 解卦是下坎上震，亦即"雷水解"。《序卦》说："物不可以终难，故受之以解。解者，缓也。"解卦象征化解险难，与蹇卦为正覆卦，所以卦辞要对照才可理解。

② 解卦之"利西南"，与蹇卦同，表示仍然适宜顺守而不可冒进。当大难缓解时，有两种选择：一是"无所往"，不采取任何行动；"其"为语词，"复"为返，先固守阵地，休养生息，就可吉祥；二是"有攸往"，亦即仍须纾解患难，此时应该及早为之。"夙"为早，为速。这同样也是"吉"。

彖曰：解，险以动，动而免乎险，解。解利西南，往得众也。无所往，其来复吉，乃得中也。有攸往夙吉，往有功也。天地解而雷雨作，雷雨作而百果草木皆甲坼（chè）。解之时大矣哉。

［白话］

《彖传》说：解卦，有危险而行动，一行动就脱离了危险，这就是解卦。解卦对西南方有利，前往可以得到众人支持。无所前往，那么返回来就吉祥，如此可以取得中位。有所前往而早些行动吉祥，是因为前往会有功劳。天地之气化解开来，雷雨就会兴起，雷雨兴起则百果草木都破壳而出。解卦的时势太伟大了。

［解读］

① 解卦下坎上震，震为动，坎为陷，为险，内险而外动，所以说"险以动"；震动在外，则是"动而免乎险"。由"解利西南，往得众也"一语，可知解卦与蹇卦相同，是由小过卦（䷽，第62卦）变来，亦即小过卦的九四如果往上成为九五（因而形成蹇卦），则有如九五进入坤卦之中（上卦因而成为坎卦），坤为众，所以说"往得众也"。不过，这句话说明解卦的背景与蹇

卦相同，并未指出解卦本身的具体作为。

② 解卦的具体作为有二：一是"无所往，其来复吉"，是说小过卦的九三来到九二的位置，形成了解卦（䷧），对九三而言是"乃得中也"；二是"有攸往，夙吉"则是回应蹇卦《象传》所说的"利见大人，往有功也"，所以关键在于"夙"字，早些行动就可以像前面的蹇卦一样，"往有功也"。

③ "天地解"是指小过卦中的天位（五、上）与地位（初、二）之间，有两个阳爻相隔，互不往来；现在一变为解卦，则天地中的阴阳二气交感流通，有雷雨之象。解卦下坎上震，震为雷，坎为水，为雨。雷雨大作，万物复苏，百果草木皆"甲坼"。"甲"是种子外的壳，"坼"是裂开。解卦彰显了时势的重大意义。

象曰：雷雨作，解。君子以赦过宥（yòu）罪。

[白话]

《象传》说：雷雨兴起，这就是解卦。君子由此领悟，要赦免过错，宽待罪犯。

[解读]

① 解卦下坎上震，震为雷，坎为雨，形成雷雨兴起的现象。天地之间的阴阳之气不再冻结，化解了困局，使万物重获生机。

② "赦过宥罪"是给犯错之人再生的机会，但是须以解卦的时势为其前提。亦即，大难纾解之后，为之较宜。

初六。无咎。
象曰：刚柔之际，义无咎也。

[白话]

初六。没有灾难。

《象传》说：处在刚柔交接的位置，理当没有灾难。

[解读]

① 进入解卦，初六开始展现化解险难的效果，亦即"无咎"。
② 解卦（☷）是小过卦（☷）的九三变成九二，使初六有九二可以上承，并形成阴爻阳爻相接的局面，更何况初六还有九四为其正应。

九二。田获三狐，得黄矢，贞吉。

象曰：九二贞吉，得中道也。

[白话]

九二。打猎抓到三只狐狸，获得黄色箭头，正固吉祥。

《象传》说：九二正固吉祥，是因为找到居中的路。

[解读]

① 九二是小过卦的九三与六二换位所成。到了二位，则属地，为田，亦即下田狩猎（田为猎）。古人以坎为狐（可参考未济卦的卦辞与初六爻辞）。九二之换位，造成两个坎（初六、九二、六三；六三、九四、六五），其中三个阴爻（初六、六三、六五）为"三狐"。坎为水为穴，水边穴居者为狐，可参考未济卦。
② 九二在下卦坎中，坎为弓轮；又在互离（九二、六三、九四）中，离为戈兵；合之则为"矢"；九二居下卦中位，黄为中色，所以说"得黄矢"。以上有获有得，乃因九二居中，上有六五正应，加以上下两个阴爻相从，所以"贞吉"。

六三。负且乘，致寇至，贞吝。

象曰：负且乘，亦可丑也；自我致戎，又谁咎也？

[白话]

六三。背着东西坐在车上，招来了强盗，一直如此会有困难。

《象传》说：背着东西坐在车上，乃是难堪的举动；自己招来了匪寇，又能怪罪谁呢？

[解读]

① 六三是小过卦的六二与九三换位所成。在小过卦（䷽），六二在下卦艮中，艮为背，为负；现在变为解卦的六三，则形成下卦坎，坎为多眚舆，所以说"负且乘"。并且，坎为盗，所以说"致寇至"。

② 六三以阴爻居刚位，又与上六无应，维持如此则是"吝"。乘车还背着东西，不但样子难看，也会引起强盗觊觎，出了状况要怪谁呢？

③ 《系辞上》引申此爻之意。孔子说："作《易》者，其知盗乎？《易》曰：'负且乘，致寇至。'负也者，小人之事也；乘也者，君子之器也。小人而乘君子之器，盗思夺之矣。上慢下暴，盗思伐之矣。慢藏诲盗，冶容诲淫，《易》曰：'负且乘，致寇至。'盗之招也。"

九四。解而拇，朋至斯孚。

象曰：解而拇，未当位也。

[白话]

九四。解开你的脚拇趾，朋友来到才会有诚信。

《象传》说：解开你的脚拇趾，是因为不在恰当的位置上。

［解读］

① 九四已至上卦震，震为足，为行，应该采取具体的化解行动。对九四而言，正应的初六，在下而微，有如脚拇趾；初六又在下卦坎中，坎为陷，所以，只有"解而拇"，才可能大步前进。

② "朋至斯孚"是假设状况，其前提为"解而拇"。对九四而言，朋是上下两个阴爻；唯有撇开初六，九四才能与六三、六五结伴，形成坎卦，坎为诚信有孚。以上这种复杂的处境，全都来自九四以阳爻居柔位，亦即"不当位"。

六五。君子维有解，吉，有孚于小人。
象曰：君子有解，小人退也。

［白话］

六五。君子来纾解，吉祥，对小人有诚信。
《象传》说：君子来纾解，是因为小人退避了。

［解读］

① 按《易经》惯例，阳爻为君子，阴爻为小人。本卦两个阳爻皆与六五有关。九二与六五正应，九四又为六五所乘，这是"君子维有解"。"维"为语词。

② 九二与九四都对六五有诚信，六五也将不再阻碍解卦的进展，是为"小人退也"。

上六。公用射隼于高墉之上，获之无不利。
象曰：公用射隼，以解悖也。

［白话］

上六。王公去射高墙上的鹞鹰，擒获它就无所不利。

《象传》说：王公去射鹞鹰，是为了要解除悖乱。

[解读]

① 上六居解卦终位，此时仍有未化解者，必是凶猛之小人（隼为猛禽），且盘旋于高位（高埔为高墙）。解决这样的小人，也就是"解悖"，所以"获之无不利"。上六在震卦，震为诸侯称"公"。

② 由卦象看来，解卦由小过卦变来，小过卦（䷽）全卦横着看，有如大鸟，可称之为"隼"；卦中有互巽（六二、九三、九四），巽为绳直，为高，有城墙之象，上位最高，所以说"高埔"。现在变为解卦（䷧），上卦仍在，而上六以下出现互离（九二、六三、九四）与互坎（六三、九四、六五），离坎合为弓箭。这一切正是"公用射隼于高埔之上"。

③ 《系辞下》谈及此段爻辞，然后引述孔子说："隼者，禽也；弓矢者，器也；射之者，人也。君子藏器于身，待时而动，何不利之有？动而不括，是以出而有获，语成器而动者也。"君子要培养自己的能力，到"动而不括"（行动时无所约束，表示技巧纯熟）的程度，然后再"待时而动"。

41　损卦 ䷨

损：有孚，元吉，无咎，可贞。利有攸往。曷之用？二簋可用享。
象曰：山下有泽，损。君子以惩忿窒欲。

上九：弗损，益之，无咎。贞吉。利有攸往，得臣无家。
象曰：弗损益之，大得志也。

六五：或益之十朋之龟，弗克违。元吉。
象曰：六五元吉，自上佑也。

六四：损其疾，使遄有喜，无咎。
象曰：损其疾，亦可喜也。

六三：三人行则损一人；一人行则得其友。
象曰：一人行，三则疑也。

九二：利贞，征凶。弗损，益之。
象曰：九二利贞，中以为志也。

初九：已事遄往，无咎。酌损之。
象曰：已事遄往，尚合志也。

损：有孚，元吉，无咎，可贞。利有攸往。曷（hé）之用？二簋（guǐ）可用享。

[白话]

损卦：有诚信，最为吉祥，没有灾难，可以正固。适宜有所前往。要使用什么？二簋就可以用来献祭。

[解读]

① 损卦是下兑上艮，亦即"山泽损"。《序卦》说："缓必有所失，故受之以损。"解卦在缓和了困难之后，一定会因松懈而造成损失，所以接着出现了损卦。

② 损卦是损下益上，下为内，为己，上为外，为人。能做到损己利人，表示"有孚"，然后就"元吉，无咎"，并且"可贞"。以诚信态度与人交往，以己之能来帮助别人，所以说"利有攸往"。六十四卦在卦辞有"元吉"者二：损与鼎。

③ "曷"为"何"，"曷之用"是问如何表现这种诚信。"二簋"是供品中最简单的。"簋"为外圆内方的祭器，用以盛放黍稷稻粱。心中真诚而供品简单，鬼神也会欣然接受。

④ 损卦是《系辞下》修德九卦之五，"损，德之修也"，修养德行必须做到损己利人。

彖曰：损，损下益上，其道上行。损而有孚，元吉，无咎，可贞。利有攸往，曷之用？二簋可用享。二簋应有时，损刚益柔有时。损益盈虚，与时偕行。

[白话]

《彖传》说：损卦，减损下方而增益上方，它采取向上走的路。损卦有诚信，最为吉祥，没有灾难，可以正固。适宜有所前往，要使用什么？二簋就可以用来献祭。使用二簋献祭应该配合时机，减损刚强者而增益柔顺者，也要配合时机。减损与增益，满盈与空虚，都是随着时序而运行的。

[解读]

① 由"损下益上"一语可知，损卦是泰卦（☷，第11卦）所变，亦即泰卦的九三与上六换位。亦即下卦少一个阳爻而使上卦多

一个阳爻，阳爻大阴爻小，所以是"损下益上"。若是损上益下，则是下一卦益卦了。为了益上，所以说"其道上行"。关键在于"损而有孚"一语，以减损来表示诚信，亦即肯定损己利人的美德效果。

② 一般用簋多用八、六，"二簋可用享"肯定真诚不可或缺，但并不表示繁复盛大的礼仪可以弃置。这要取决于时机。正如"损下益上"所展现的"损刚益柔"，也须考量时机。万物的消长，原本就是"与时偕行"，自然界的盈虚是自己如此，而人间的损益则要靠智慧了。

象曰：山下有泽，损。君子以惩忿窒欲。

[白话]

《象传》说：山下有沼泽，这就是损卦。君子由此领悟，要戒惕愤怒，杜绝嗜欲。

[解读]

① 损卦下兑上艮，艮为山，兑为泽，亦即"山下有泽"。泽水可以润山；并且，泽越深，山就越显得高。

② 君子由"损下益上"或"损己利人"，体认了修养的方法，就是"惩忿窒欲"。愤怒最易使人冲动，因而失去理性，做出各种后悔的事。孔子在学生请教"辨惑"时，特别指出："一朝之忿，忘其身以及其亲，非惑与？"（《论语·颜渊》）至于嗜欲，则是指出于个人私心的欲念，最易造成损人利己的言行。君子要杜绝的是这种欲，而不是其他正常的欲望。

初九。已事遄（chuán）往，无咎。酌损之。
象曰：已事遄往，尚合志也。

[白话]

初九。办成了事就赶快前往，没有灾难。要酌量减损。

《象传》说：办成了事就赶快前往，是因为与上位者心意相合。

[解读]

① 损卦是由泰卦（☷）的九三与上六换位而成。九三为损下益上的代表，现在成为上九。损卦办成此事（已事），则其初九与九二不必再损。初九在损卦之初，要做损下益上之事，必须"酌损之"，不可过度与过量。

② 初九的"遄往"（遄为速），是因为与六四阴阳正应，是"尚合志也"，所以"无咎"。

九二。利贞，征凶。弗损，益之。
象曰：九二利贞，中以为志也。

[白话]

九二。适宜正固，前进有凶祸。不要减损，就有增益。

《象传》说：九二适宜正固，是因为以居中为其心意。

[解读]

① 在损卦中，上九已经代表损下益上了，所以初九要"酌损"，九二要"弗损"。九二的"弗损"是说不要自损，如此才可上济六五阴柔之君，亦即所益为六五。

② 九二既是弗损，自然不可前进，所以说"征凶"。反之，则是"利贞"，因为它得居中位，又有六五正应。

六三。三人行则损一人，一人行则得其友。
象曰：一人行，三则疑也。

［白话］

六三。三人一起行走就会减去一人,一人行走就会得到友伴。
《象传》说:一人行走,因为三人会引起猜疑。

［解读］

① 六三居上下卦之际,对于泰卦变为损卦有所观察。泰卦(䷊)下乾上坤,皆为三个同性爻走在一起。一变而为损卦(䷨),就是新的局面,亦即"三人行则损一人,一人行则得其友"。上九有六四、六五为友,六三有初九、九二为友。异性相处为"友",同性则为"朋"。

② "一人行,三则疑也。"此语显示《易经》肯定阴阳二元相对相成的原理。《系辞下》谈到此爻,说:"天地氤氲,万物化醇。男女构精,万物化生。《易》曰:'三人行,则损一人,一人行则得其友。'言致一也。"阴阳会合是"二而一"的组合,此为万物生成变迁的原则。

六四。损其疾,使遄有喜,无咎。
象曰:损其疾,亦可喜也。

［白话］

六四。减损他的疾病,让他赶快有喜庆,没有灾难。
《象传》说:减损他的疾病,也是值得欢喜的。

［解读］

① 六四在互震(九二、六三、六四)中,震为决躁,引申为犹疑不定之疾。损卦为损下益上,六四阴爻居柔位,有待支援,在上卦中,等着下卦来增益,其"疾"可知。

② 六四有初九正应,可喜而无咎。初九的"遄往",对六四则为

"使遄有喜"。

六五。或益之十朋之龟，弗克违。元吉。
象曰：六五元吉，自上佑也。

[白话]

六五。有人增益他价值十朋的龟，不能拒绝。最为吉祥。
《象传》说：六五最为吉祥，是因为从上位者得到保佑。

[解读]

① 朋：古人以贝为货币，一串五贝，两串为朋。"十朋之龟"为价值不菲的宝龟。由象上看，六五下有九二正应，上有上九可以相承，而从九二到上九形成一个大的离卦（☲），离为龟；六五又在互坤（六三、六四、六五）中，坤为地，而十为地数；并且这个互坤形同两串贝，是为朋；所以说"十朋之龟"。

② 六五爻变，上卦为巽，巽为近利市三倍，所以得此宝物。六五的元吉，除了与九二阴阳正应之外，主要是有上九之损下益上，形成"自上佑之"的局面。

上九。弗损，益之，无咎。贞吉。利有攸往，得臣无家。
象曰：弗损益之，大得志也。

[白话]

上九。不是减损，而要增益，没有灾难。正固吉祥。适宜有所前往，得到臣民而没有自己的家。
《象传》说：不是减损而要增益，是为了充分实现自己的心意。

[解读]

① 上九居损卦终位，表现了"损而益之"的风范。现在上卦为艮，艮为止，可以"弗损"，但依然"益之"。这是"大得志也"，所以"无咎"，"贞吉"。本卦三阳爻的《象传》皆提及"志"，可见损刚益柔，损下益上之心意。

② 上九是从初九来到上位的，所以说它"利有攸往"。它位居上九，下临互坤（六三、六四、六五），坤为众，为臣民；它离开原先泰卦的下乾，等于离开自己的家；二者合起来就是"得臣无家"。

42　益卦

益：利有攸往，利涉大川。

象曰：风雷，益。君子以见善则迁，有过则改。

上九：莫益之，或击之，立心勿恒，凶。
象曰：莫益之，偏辞也；或击之，自外来也。

九五：有孚惠心，勿问元吉。有孚惠我德。
象曰：有孚惠心，勿问之矣。惠我德，大得志也。

六四：中行，告公从。利用为依迁国。
象曰：告公从，以益志也。

六三：益之用凶事，无咎。有孚中行，告公用圭。
象曰：益用凶事，固有之也。

六二：或益之十朋之龟，弗克违。永贞吉。王用享于帝，吉。
象曰：或益之，自外来也。

初九：利用为大作，元吉，无咎。
象曰：元吉无咎，下不厚事也。

益：利有攸往，利涉大川。

[白话]

益卦：适宜有所前往，适宜渡过大河。

[解读]

① 益卦是下震上巽，亦即"风雷益"。《序卦》说："损而不已必

益，故受之以益。"一直减损下去，接着一定要有所增益。益卦与损卦为正覆关系，亦即现在要损上益下了。下卦为内、为我，上卦为外、为彼，所以称损上益下为益卦。

② 《杂卦》说："损益，盛衰之始也。"损卦损下益上，有如损民利君，为衰退之始；益卦损上利下，则为兴盛之始，因此，不但"利有攸往"，并且"利涉大川"。

③ 益卦为《系辞下》修德九卦之六，"益，德之裕也"，德行的充裕由本卦之损上益下可以验证。

象曰：益，损上益下，民说（yuè）无疆。自上下下，其道大光。利有攸往，中正有庆。利涉大川，木道乃行。益动而巽，日进无疆。天施地生，其益无方。凡益之道，与时偕行。

[白话]

《象传》说：益卦，减损上方而增益下方，百姓的喜悦没有止境。从上方来到下方之下，它的道德大放光明。适宜有所前往，如此则居中守正而有喜庆。适宜渡过大河，是因为木舟之道从此可以通行。益卦一行动就能顺利，每日进步没有止境。上天施化，大地生养，增益并没有固定的方式。凡是增益的法则，都是随着时序而运行的。

[解读]

① 由"损上益下"一语可知，益卦是否卦（䷋，第12卦）所变成，亦即否卦的九四与初六换位，形成益卦（䷩）。上为君，下为民，所以"自上下下"，是为"其道大光"，并且"民说（悦）无疆"。

② 此一行动，使九五、六二保持居中守正，相应有庆。至于"利涉大川"，则是因为益卦下震上巽，震为足，为行，而巽为木，木制之舟可行，是为"木道乃行"。并且，震为动，巽为顺利，

出现"日进无疆"的效果。"天施地生",是说否卦九四来到初位,有如上天之施化;它使否卦原有的下坤往上走,有如大地之生长。天地的这种增益是"无方"的,没有固定模式。它与损卦一样,也须"与时偕行"。

象曰:风雷,益。君子以见善则迁,有过则改。

[白话]

《象传》说:风与雷的组合,这就是益卦。君子由此领悟,看到善行就要跟着去做,自己有错就要立即改正。

[解读]

① 益卦下震上巽,巽为风,震为雷,是为"风雷益"。刮风时,雷鸣增其威力;打雷时,强风益其声势。两者相得益彰。
② 君子的修养在于:取法别人的优点来增益自己的德行,察觉自己的过失就勇于改正,一益一损,实为两益。迁善当如风之速,改过当如雷之勇。

初九。利用为大作,元吉,无咎。
象曰:元吉无咎,下不厚事也。

[白话]

初九。适宜用来推动大事,最为吉祥,没有灾难。
《象传》说:最为吉祥而没有灾难,是因为下位者不必全力事奉上位者。

[解读]

① 初九为成就益卦的主爻,是"损上益下"的具体作为者。初

九为阳爻，阳爻为大，又在下卦震中，震为动，为行，所以说"利用为大作"。"作"是作为、兴起。震为春天，宜稼穑，为农事之始。

② 在益卦中，初九能有作为，是以"元吉，无咎"，原因是下位者（初九）不必"厚事"上位者（六四），反而是六四要以阴从阳。

六二。或益之十朋之龟，弗克违。永贞吉，王用享于帝，吉。
象曰：或益之，自外来也。

[白话]

六二。有人增益他价值十朋的龟，不能拒绝。长久正固吉祥，君王用以祭献上帝，吉祥。
《象传》说：有人增益他，是从外部来的。

[解读]

① 本爻爻辞前半段与损卦六五爻辞相同，可参考解说。只是大离改为从初九到九五（☲）。损卦的元吉是"自上佑也"，而益卦的永贞吉，则是"自外来也"，亦即初九是由外卦下来帮忙的。六二与九五阴阳正应，居中守正，所以"永贞吉"。

② 六二在下卦震中，震为诸侯，可以代行王事。益卦的精神为损上益下，由此正可以显示九五天子之重用。并且，从初九到九五的大离卦，也是正反相对的一组震卦，震形如簋，二组一对，则为祭器。王之用享，至高对象为帝。本卦由"天施地生"而成，有九五、六二之中正，所以说"王用享于帝，吉"。

六三。益之用凶事，无咎。有孚中行，告公用圭（guī）。
象曰：益用凶事，固有之也。

[白话]

六三。用增益之物救助灾荒，没有灾难。有诚信而行中道，用珍圭告知王公。

《象传》说：用增益之物救助灾荒，这是本来就有的职责。

[解读]

① "凶事"为灾荒，"圭"为珍圭。《周礼·春官·典瑞》说："珍圭以征守，以恤凶荒。"六三以阴爻居刚位，又在下卦之终，遇见百姓受灾，将会采取救助行动，发挥"损上益下"的效果。"固有之也"是指本来就有的职责，所以"无咎"。

② 六三之"有孚"，来自有上九正应；"中行"则是就全卦而言，三、四为中，并且，六三还居互坤（六二、六三、六四）之中位，坤为众，六三得其中。"有孚中行"之作用，犹如"告公用圭"；圭为王命的验证，而六三之所为有如用圭。六三在下卦震中，震为诸侯，称公；而初九系由原先否卦（䷋）的九四下来，否卦上乾为王，所以合之为"告公用圭"。

六四。中行，告公从，利用为依迁国。

象曰：告公从，以益志也。

[白话]

六四。行中道，告知王公跟从，适宜用来做依靠而迁移国都。

《象传》说：告知王公跟从，是要增强自己的心意。

[解读]

① 六四与六三一样，表现了"中行"，那么它如何益下呢？它的正应是初九，初九在下卦震，震为诸侯，称公；并且，六四又在上卦巽，巽为随顺；合之则为"告公从"，亦即告知王公而

且跟从。

② 六四到了上卦，又在互坤（六二、六三、六四），坤为地，为众，引申为国；它所依的是九五，所以说"利用为依迁国"。国指国都。至于六四的"志"，则是全卦所标榜的"损上益下"。古代常有迁都之事，目的是为了百姓的安全与福祉。六四在巽卦，巽为绳直，引申为工匠；又在互艮，艮为门阙，引申为宫室；合之则为迁造宫室，有"迁国"之象。

九五。有孚惠心，勿问元吉。有孚惠我德。
象曰：有孚惠心，勿问之矣。惠我德，大得志也。

[白话]

九五。有真诚施惠之心，不必占问也最为吉祥。实实在在感念我的恩德。

《象传》说：有真诚施惠之心，就不必再去占问了。感念我的恩德，是充分实现了我的心意。

[解读]

① 九五居中守正，又有六二正应，并且处于益卦，志在造福百姓，所以说它"有孚惠心"。九五又在大离卦（☲）的上位，离为龟，可占卜，但是此事不必占问也"元吉"。九五在巽卦，巽为风为命令，但又在互艮，艮为止；合之则为"勿问"。

② "惠心"的"惠"是指天子的施惠之心；"惠我德"的"惠"是指天子施惠之后百姓怀惠。九五居互坤（六二、六三、六四）之上，坤为众，有万民感念而拥戴之象。对天子而言，为"大得志也"。

上九。莫益之，或击之。立心勿恒，凶。
象曰：莫益之，偏辞也；或击之，自外来也。

[白话]

上九。没有人来增益他，却有人来打击他。所立定的心思无法长期守住，有凶祸。
《象传》说：没有人来增益他，是因为说的是普遍情况；有人来打击他，是因为要从外卦下来了。

[解读]

① 上九居益卦终位，本身应该有"损上益下"的表现，所以此时"莫益之"，这也是"偏辞也"。"偏"字本来是"徧"，到了上位而没有助益，这在任何一卦都是普遍的情况。上九在巽卦，巽为不定；爻变为坎，坎为加忧；合之则为"立心勿恒"。若无法保持"益下"的心思，则为"凶"。

② 《系辞下》有一段相关资料。子曰："君子安其身而后动，易其心而后语，定其交而后求。君子修此三者，故全也。危以动，则民不与也；惧以语，则民不应也；无交而求，则民不与也。莫之与，则伤之者至矣。《易》曰：'莫益之，或击之，立心勿恒，凶。'"没有长期照顾百姓，最后怎能获得拥戴？

43 夬卦 ䷪

夬：扬于王庭。孚号有厉。告自邑，不利即戎，利有攸往。
象曰：泽上于天，夬。君子以施禄及下，居德则忌。

上六：无号，终有凶。
象曰：无号之凶，终不可长也。

九五：苋陆夬夬，中行无咎。
象曰：中行无咎，中未光也。

九四：臀无肤，其行次且。牵羊悔亡，闻言不信。
象曰：其行次且，位不当也；闻言不信，聪不明也。

九三：壮于頄，有凶。君子夬夬独行，遇雨若濡，有愠，无咎。
象曰：君子夬夬，终无咎也。

九二：惕号，莫夜有戎，勿恤。
象曰：有戎勿恤，得中道也。

初九：壮于前趾，往不胜为咎。
象曰：不胜而往，咎也。

夬（guài）：扬于王庭。孚号有厉。告自邑，不利即戎，利有攸往。

[白话]

夬卦：在君王朝廷上显扬出来。有诚信而呼号有危险。从封邑前来告知，不适宜出兵作战，适宜有所前往。

[解读]

① 夬卦是下乾上兑，亦即"泽天夬"。《序卦》说："益而不已必决，故受之以夬。夬者，决也。"一直增益下去，最后一定会溃决。

② 夬卦是五阳一阴的格局，是由大壮卦（䷡，第34卦）再往上增加一阳所形成。其覆卦为姤卦（䷫，第44卦）。全卦由上六取象。上六位居九五之上，九五为王者，所以说"扬于王庭"。它受到九五信赖，但已知处境危险而呼号，上六在上卦兑的上部，兑为口，所以说"孚号有厉"。

③ 夬卦是十二消息卦之一，在时序为农历三月，是由复卦（䷗，第24卦），往上到泰卦（䷊，第12卦），再陆续发展而成。泰卦上坤，坤为邑，现在只剩上六一个阴爻，所以说"告自邑"。此时"不利即戎"，"即"为从、就，"戎"为武力、作战。上六已无凭借，眼见大势已去，不如顺势前往，也就是"不利即戎，利有攸往"。

象曰：夬，决也，刚决柔也。健而说，决而和。扬于王庭，柔乘五刚也。孚号有厉，其危乃光也。告自邑，不利即戎，所尚乃穷也。利有攸往，刚长乃终也。

[白话]

《象传》说：夬卦，是决断的意思，刚强者要决断柔顺者。刚健而喜悦，决断而温和。在君王朝廷上显扬出来，是因为柔顺者凌驾在五个刚强者之上。有诚信而呼号有危险，它的危险才会广传出去。从封邑前来告知，不适宜出兵作战，是因为往上走没有去路。适宜有所前往，是因为刚强者成长到最后就会终止。

[解读]

① 夬卦五个阳爻在下，上行趋势很明显，是为"刚决柔也"。下

乾上兑，乾为健，兑为悦，是为"健而说"，如此决断才不会太过刚猛，所以说"决而和"。一个阴爻处在五个阳爻之上，正是"扬于王庭"。但是上六必须居安思危，认清形势，"其危乃光"，光是广的意思。
② 上六的宿命是"所尚乃穷"，高处不胜寒。不过，换个角度来看，只要放开这一步，全部让给阳爻，阳爻也将盛极而衰，然后阴爻得到置之死地而后生的机会。
③ 在解释本卦各爻时，仍以上六为主。王弼在《周易略例》中说："夫少者，多之所贵也；寡者，众之所宗也。一卦五阳而一阴，则一阴为之主矣。"

象曰：泽上于天，夬。君子以施禄及下，居德则忌。

［白话］

《象传》说：沼泽到了天的上方，这就是夬卦。君子由此领悟，要分配利禄给下属，并以自居有德为忌讳。

［解读］

① 夬卦下乾上兑，兑为泽，乾为天，亦即"泽上于天"。沼泽到了天之上，水将循决口而下注。这是夬卦的取象。
② 君子见到泽水润下以及泽高必决，所领悟的是"施禄及下"以及"居德则忌"。由此可知，修养必须兼顾客观行动与主观心态。若是自居有德，则施禄成了猎取声名的手段，还谈什么修养呢？

初九。壮于前趾，往不胜为咎。
象曰：不胜而往，咎也。

[白话]

初九。前进的脚趾壮健，前往而不能胜任，就是灾难。
《象传》说：不能胜任而前往，这就是灾难。

[解读]

① 夬卦是大壮卦（☱）的进一步发展，大壮卦的初九是"壮于趾，征凶"。到了夬卦初九则是"壮于前趾"，因为阳爻又往前推进了。

② 初九以阳爻居刚位，动向较强，但是上临四个阳爻，实在无力可施；并且初九与九四无应，表示无功而返。初九爻变，下卦为巽，巽为不定，"往不胜"的结果是注定的，而这就是"咎"了。咎为灾难或过失。轻者为过失，重者为灾难。

九二。惕号，莫（mù）夜有戎，勿恤。
象曰：有戎勿恤，得中道也。

[白话]

九二。戒惕而有呼号，夜晚会出现兵寇，不必担忧。
《象传》说：出现兵寇而不必担忧，是因为取得居中的路。

[解读]

① 九二爻变，下卦为离并出现互巽，离为戈兵，巽为风为号，二者合之则是有戎而须惕。同时，离为日，但上卦兑为西山，日在西山之下为暮夜。

② 九二以阳爻居柔位，阳刚之气稍减；并且居中而行，不致过分。所以说它"有戎勿恤"。

九三。壮于頄（qiú），有凶。君子夬夬独行，遇雨若濡，有愠，无咎。

象曰：君子夬夬，终无咎也。

[白话]

九三。颧骨壮健，会出现凶祸。君子果敢决断而独自前行，遇雨打湿衣服，有怒气，但没有灾难。

《象传》说：君子果敢决断，最终没有灾难。

[解读]

① "頄"为脸颊上的颧骨。九三居下卦乾，乾为首；九三往上也是互乾，因此可以取象为"壮于頄"。九三以阳爻居刚位，刚猛的样貌可以想见，但是往上也是互乾，未必可以施展得开，反而可能"有凶"。

② 九三居下卦乾之上位，是夬卦中必须决断的位置，所以说"君子夬夬"。"独行"是说它在上下五个阳爻之中，独自与上六阴阳正应，离群而往。阴阳二气相感则可说"雨"，并且上六在上卦兑中，兑为泽，泽在上则成雨。"遇雨若濡"，"若"为"而"。"有愠"是因为既要"夬夬"，又会受牵连而"若濡"。乾为衣，所以说"若濡"；爻变出现互离，离为火，所以说"有愠"。两相权衡，不可莽撞而行，所以"终无咎也"。

九四。臀无肤，其行次且（zī jū）。牵羊悔亡，闻言不信。

象曰：其行次且，位不当也；闻言不信，聪不明也。

[白话]

九四。臀部没有皮肤，行走十分艰难。牵羊而进，懊恼就会消失，但是听到这话却不相信。

《象传》说：行走十分艰难，是因为位置不恰当；听到这话却不相信，是因为耳朵听不清楚。

[解读]

① 以九四为臀，是又恢复了由全卦取象；九四以阳爻居柔位，不得安坐，所以说"臀无肤"。爻变则生坎与互离，有水有火，如何顺利前进？"次且"为"趑趄"，行走难以前进的样子。这些都是因为九四下无正应，所处的位置又不恰当。

② 九四已至上卦兑，兑为羊；九四只要像羊一样被牵着走，就可以"悔亡"。兑为毁折，九四爻变，上卦为坎，坎为耳，所以"闻言不信"，原因是"聪不明也"。上卦兑的关键是上六，九三与上六正应，九五与上六相比，只有九四夹在中间却无所攀缘，所以变成"聪不明"。

九五。苋（huán）陆夬夬，中行无咎。

象曰：中行无咎，中未光也。

[白话]

九五。山羊果敢决断的样子，居中而行没有灾难。

《象传》说：居中而行没有灾难，是因为中道尚未光大。

[解读]

① "苋陆"为细角山羊，这是取自上卦兑为羊。"夬夬"一词在九三也曾出现，亦即九三与上六相应，而九五与上六相比，可见本卦中，凡与上六有关者，都需要"夬夬"。这代表阳爻对阴爻的最后决断所应采取的态度。不过，由于卦辞的原则是"决而和"，所以九三悬崖勒马，"终无咎也"；而九五则居中而行，也可以"无咎"。

② 九五"中行",为何只能做到"无咎"?原因是夬卦的方向是"刚决柔",九五居尊位而不能达成此一任务,所以说它"中未光也"。

上六。无号,终有凶。
象曰:无号之凶,终不可长也。

[白话]

上六。不用呼号,最终会有凶祸。
《象传》说:不用呼号而有凶祸,是因为最终的结束不会长久。

[解读]

① 上六处在全卦终位,是"刚决柔"的柔,其命运早已注定。此时呼号亦无用。上六在上卦兑中,兑为口,所以说"号"。
② 被决而去,当然是"凶",这是处在终位所不可避免的,亦即"终不可长也"。

44　姤卦

姤：女壮，勿用取女。

象曰：天下有风，姤。后以施命诰四方。

上九： 姤其角，吝，无咎。
象曰：姤其角，上穷吝也。

九五： 以杞包瓜，含章，有陨自天。
象曰：九五含章，中正也；有陨自天，志不舍命也。

九四： 包无鱼，起凶。
象曰：无鱼之凶，远民也。

九三： 臀无肤，其行次且，厉，无大咎。
象曰：其行次且，行未牵也。

九二： 包有鱼，无咎，不利宾。
象曰：包有鱼，义不及宾也。

初六： 系于金柅，贞吉。有攸往，见凶。羸豕孚蹢躅。
象曰：系于金柅，柔道牵也。

姤（gòu）：女壮，勿用取女。

[白话]

姤卦：女子强壮，不要娶这样的女子。

[解读]

① 姤卦是下巽上乾，亦即"天风姤"。《序卦》说："决必有遇，

故受之以姤。姤者，遇也。"决断而去之后，一定会有遇合，所以接着出现姤卦。姤卦是夬卦的覆卦，并且是由乾卦（☰，第1卦）演变而来。"姤"亦作"遘"。

② 姤卦在时序为夏历五月。一个阴爻之上有五个阳爻，以一敌五而有上进之能；亦即，姤卦在十二消息卦之中，后续发展是阴爻从下往上逐步增加。所以虽然只有一个阴爻，却是"女壮"。古人的观念以为，娶妻以温和柔顺为其考量，所以说"勿用取女"。

象曰：姤，遇也，柔遇刚也。勿用取女，不可与长也。天地相遇，品物咸章也。刚遇中正，天下大行也。姤之时义大矣哉。

[白话]

《象传》说：姤卦，就是指相遇，是柔顺者遇到刚强者。不要娶这样的女子，是因为无法与她一起成长。天与地二气相遇，各类事物都彰显生机。刚强者遇到居中守正的机会，天下一切顺利进展。姤卦的时势意义太伟大了。

[解读]

① 乾卦六爻皆阳，现在出现新的变化，从底部生出一个阴爻，形成"柔遇刚"的情况。这个阴爻逆势上扬，生命力非常旺盛，奈何阴长则阳消，两者无法一起成长。

② 在自然界，天地的阴阳二气必须相遇交感，才能造成"品物咸章"的荣景。在人间，九五与九二皆能居中，可以维持正道，使一切顺利进行。本卦下巽上乾，乾为君子，巽为随顺，表示君子之道可以顺利施展。把握住姤卦所显示的遇合与机遇，实在非常重要。

象曰：天下有风，姤。后以施命诰四方。

[白话]

《象传》说：天下有风在吹，这就是姤卦。君王由此领悟，要发布命令，诏告四方。

[解读]

① 姤卦下巽上乾，乾为天，为君王，巽为风，有如以风来传布君王的诏命。六十四卦的《象传》称后者，仅泰与姤二卦。
② "后"指君王。程颐说："诸象或称先王，或称后，或称君子、大人。称先王者，先王所以立法制、建国、作乐、省方、敕法、闭关、育物、享帝皆是也。称后者，后王之所为也，财成天地之道，施命诰四方是也。君子则上下之通称，大人者王公之通称。"《象传》的四种称呼，大致用法如上。

初六。系于金柅（ní），贞吉。有攸往，见凶。羸（léi）豕孚蹢躅（zhí zhú）。

象曰：系于金柅，柔道牵也。

[白话]

初六。捆缚在缫车的金属横杠上，正固吉祥。有所前往，会见到凶祸。拴缚住的猪确实在跳动挣扎。

《象传》说：捆缚在缫车的金属横杠上，是要把柔顺者的路牵制住。

[解读]

① "金柅"的"柅"是车下止动之木，有如煞车器。以"金"称之，是因为初六上临乾卦，乾为金。初六又在下卦巽中，巽为绳，所以说"系于金柅"。初六以阴爻居刚位，有动向，但是

往上发展将危及阳爻，所以说"见凶"。反之，则为"贞吉"。这是要牵制"柔道"。《易经》虽主阴阳相济，但是重阳轻阴，或者重君子轻小人，仍为其基本立场。

② "羸"为缧，为拴缚，"豕"为猪。《易经》也以羊代表阳爻，并以猪代表阴爻。"孚"为信实，有确实之意。"蹢躅"则来自初六在下卦巽中，巽为股，为进退，有跳动挣扎之象。姤卦卦辞所谓的"女壮"，在此可见其貌。

九二。包有鱼，无咎，不利宾。
象曰：包有鱼，义不及宾也。

[白话]

九二。包裹中有鱼，没有灾难，不适宜招待宾客。
《象传》说：包裹中有鱼，理当分配不到宾客。

[解读]

① 古人见面送礼，用布包裹，鱼与豚为薄礼，但亦表示诚意。九二在下卦巽中，巽为木，为白，引申为白茅，可以垫在地上，也可以包物。此外，全卦中间各爻亦可称"包"。对九二而言，"鱼"指初六，所以说"包有鱼"。《易经》另有两处提到"鱼"，亦即剥卦（䷖，第23卦）六五"贯鱼以宫人宠"，与中孚卦（䷼，第61卦）卦辞"豚鱼吉"，鱼所指的都是阴爻。由于"包有鱼"，所以九二以阳爻居柔位，依然可以"无咎"。

② "宾"是指九四，因为九四与初六正应，现在却被九二从中拦截。九二爻变，下卦为艮，艮为止，使九四成为"包无鱼"，也成为九二之"宾"了。在姤卦中，以遇为优先，所以九二捷足先登。

九三。臀无肤，其行次且（zī jū）。厉，无大咎。
象曰：其行次且，行未牵也。

[白话]

九三。臀部没有皮肤，行走十分艰难。有危险，但没有大灾难。
《象传》说：行走十分艰难，是因为行走没有牵引的力量。

[解读]

① 九三爻辞前半段，与夬卦九四爻辞前半段相同。这是覆卦可能出现的情况。九三在下卦巽中，巽为股，所以说"臀"。以阳爻居刚位，有动向，但是上无正应，不安又动弹不得，是为"无肤"。九三爻变，下卦成坎，坎为险，所以"其行次且"。既然行动迟缓不决，所以"厉，无大咎"。

② 姤卦九三与夬卦九四之异，在于后者已入上卦兑中，兑为羊，所以可以"牵羊悔亡"。但是，姤卦九三空有阳刚之力，却"行未牵也"，所以必须稍安勿躁。

九四。包无鱼，起凶。
象曰：无鱼之凶，远民也。

[白话]

九四。包裹中没有鱼，发起行动会有凶祸。
《象传》说：没有鱼的凶祸，是因为远离了百姓。

[解读]

① 九四在全卦中间，可以对下爻称"包"，所包者为初六。但是初六已被九二所遇，并为九二所包，以致九四"包无鱼"。

② 九四以阳爻居柔位，自身在上卦乾中，又在互乾（九二、九三、

九四)中,其强劲动力可想而知。此时若是"起"(开始、奋起),则"凶"。九四所远之民,正是初六。往上发展,对全卦而言,对阳爻而言,皆大为不利。

九五。以杞(qǐ)包瓜,含章,有陨(yǔn)自天。
象曰:九五含章,中正也;有陨自天,志不舍命也。

[白话]

九五。用杞树叶子包起瓜果,其内含藏文采,从天上掉落下来。
《象传》说:九五含藏文采,是因为居中守正;从天上掉落下来,是因为心意在于不放弃使命。

[解读]

① 九五居君位,可以笼罩全卦。"杞"为树高叶大的植物,取象于下卦巽,巽为木,为高。"瓜"为圆形,而乾为圜。取象关键在于"有陨自天":九五居天位,但是顾及全卦的发展,乃自天陨落,采取"以杞包瓜"的低姿势,从而做到了"含章"。

② 九五爻变,上卦成离,为文采,又有互兑,兑为口,所以说"含章",这是因为居中守正;而其目的则是稳住大局,以免阴爻继续上行。这种"志不舍命"的表现,在《易经》是认为合乎时宜的。

上九。姤其角,吝,无咎。
象曰:姤其角,上穷吝也。

[白话]

上九。遇到头上的角,有困难,没有灾难。
《象传》说:遇到头上的角,是因为处在上位,没有去路而出现困难。

[解读]

① 姤卦上卦为乾，乾为首，上九位居上卦终位，有如头上之角。上九走到这一步，下一步则是退出全局，所以说它"穷吝也"。

② 上九的"无咎"，是由于九五与九二都在中位，还没有立即的灾难。

45　萃卦 ䷬

萃：亨，王假有庙。利见大人，亨，利贞。用大牲吉。利有攸往。
象曰：泽上于地，萃。君子以除戎器，戒不虞。

上六：赍咨涕洟，无咎。
象曰：赍咨涕洟，未安上也。

九五：萃有位，无咎。匪孚，元永贞，悔亡。
象曰：萃有位，志未光也。

九四：大吉，无咎。
象曰：大吉无咎，位不当也。

六三：萃如，嗟如，无攸利。往无咎，小吝。
象曰：往无咎，上巽也。

六二：引吉，无咎，孚乃利用禴。
象曰：引吉无咎，中未变也。

初六：有孚不终，乃乱乃萃。若号，一握为笑。勿恤，往无咎。
象曰：乃乱乃萃，其志乱也。

萃：亨，王假（gé）有庙。利见大人，亨，利贞。用大牲吉，利有攸往。

[白话]

萃卦：要祭献，君王来到宗庙。适宜见到大人，通达，适宜正固。用大牲去祭祀，吉祥。适宜有所前往。

[解读]

① 萃卦是下坤上兑，亦即"泽地萃"。《序卦》说："物相遇而后聚，故受之以萃。萃者，聚也。"相遇之后，才有聚集、聚合。古人聚集，以宗庙祭祀最为隆重，这是信仰的核心，可以主导政治、社会与日常生活。六十四卦中，卦辞说到"王假有庙"的只有萃卦与涣卦（䷺，第59卦）。萃为聚，涣为散，人群聚散之时最需要宗教力量的安顿与提升。

② 卦辞出现两个"亨"字，第一个"亨"字为享，为祭献之意；"王假有庙"，"假"为至，"有"为语词。"利见大人"是因为九五与六二皆为居中守正。"大牲"是指以牛为牺牲。萃卦下坤上兑，兑为口，有享用之意，坤为牛，合之则为"用大牲"。

③ 萃卦由小过卦（䷽，第62卦）变成，亦即小过卦的九三与六五换位，成为萃卦（䷬）的九五，如此则可合乎"利见大人"与"利有攸往"两项条件。萃卦的覆卦为下一卦升卦（䷭）。

象曰：萃，聚也。顺以说，刚中而应，故聚也。王假有庙，致孝享也。利见大人亨，聚以正也。用大牲吉，利有攸往，顺天命也。观其所聚，而天地万物之情可见矣。

[白话]

《象传》说：萃卦，就是聚集的意思。顺从并且喜悦，刚强者居中而有应合，所以聚集起来。君王来到宗庙，是要尽孝心祭祀祖先。适宜见到大人而通达，是因为以正道来聚集。用大牲去祭祀吉祥，并且适宜有所前往，是因为顺应天命。观察它如何聚集，就可以见到天地万物的真实情况了。

[解读]

① 萃卦下坤上兑，兑为悦，坤为顺，下民顺从而君上喜悦；九五

为刚爻居中，六二以阴爻正应，所以可以聚合。本卦的特色是六爻皆有"无咎"一词。

② "致孝享也"一语，表示卦辞的第一个"亨"字为享，祭享之意。宗庙祭祀为聚集民众的正当方式，只要上溯祖先，就容易化解现实的利害与纷争。"顺天命也"一语，表示人间有"天赋的使命"，既要安顿秩序，显扬中正之德，也须敬奉祖先，做到慎终追远。从象上说，"顺天命也"可以针对九五而言，因为九五居天位，又在互巽（六三、九四、九五）中，巽为风，引申为命令，下卦坤为顺，由此合成"顺天命"。这个"天命"，与孔子所谓的"五十而知天命"（《论语·为政》）以及君子"畏天命"（《论语·季氏》），可以对照思考。

象曰：泽上于地，萃。君子以除戎器，戒不虞。

[白话]

《象传》说：沼泽高出大地之上，这就是萃卦。君子由此领悟，要修治兵器，警戒意外状况。

[解读]

① 萃卦下坤上兑，兑为泽，坤为地，所以说"泽上于地"。泽水汇聚而高出地面，确实表现出聚集的大观，但是同时也有泛滥的危险。

② "除"为修治，"不虞"为意外、不测之事。人群聚居之后，难免出现竞争、斗争、战争，所以要预作防备。萃为聚，然物有聚而不散者乎？

初六。有孚不终，乃乱乃萃。若号，一握为笑。勿恤，往无咎。
象曰：乃乱乃萃，其志乱也。

[白话]

初六。有诚信而不能坚持到底,于是散乱于是聚集。如果号哭,一握手就笑了。不必担忧,前往没有灾难。
《象传》说:于是散乱于是聚集,是因为心意混乱。

[解读]

① 初六与九四正应,是为"有孚";但是处在萃卦,它所要前往靠拢的对象是九五,因为九五不仅中正,并且是小过卦九三上行所成,为本卦主爻。"不终"意在于此。

② 初六的心意混乱,亦即"其志乱也",才会对九四"乃乱",然后对九五"乃萃"。它若追随九四,则以九四为中位而形成互巽(六三、九四、九五),巽为风,引申为号哭;它若跟从九五,则以九五为中位就是上卦兑,兑为悦,引申为笑;然后,初六与九五之间有一个互艮(六二、六三、九四),艮为手,可以握,合而言之,则是"若号,一握为笑"。最后,既然决定跟从九五,就"勿恤",并且"往无咎"了。

六二。引吉,无咎,孚乃利用禴(yuè)。
象曰:引吉无咎,中未变也。

[白话]

六二。牵引到吉祥,没有灾难。有诚信,所以适宜举行禴祭。
《象传》说:牵引到吉祥而没有灾难,是因为居中的位置没有改变。

[解读]

① 六二的"引吉",显然要依靠九五。九五由小过卦的九三所成,九五之成,使六二得到阴阳正应,中间的互艮为手,所以说"引吉"。至于"无咎",则是六二自己一直守在下卦中位,

45 萃卦

"中未变也"。

② "孚"指六二与九五正应。"禴"同"礿"，为古代君王春天举行的宗庙之祭。《礼记·王制》说："天子诸侯宗庙之祭，春曰礿，夏曰禘，秋曰尝，冬曰烝。"禴是用蔬菜做祭品的薄祭，以此表示诚意。

③ 六二有孚，可以举行禴祭。这一点在取象上，还是要依九五而论。小过卦（䷽）的九三上到九五，取了君位，而小过卦的上卦原为震，震为东方之卦，代表春季；如此则九五以君位而行春祭，是为禴祭。

六三。萃如，嗟如，无攸利。往无咎，小吝。
象曰：往无咎，上巽也。

[白话]

六三。聚集的样子，叹息的样子，没有任何适宜的事。前往没有灾难，但有小的困难。
《象传》说：前往没有灾难，是因为上位者随顺。

[解读]

① 六三在下卦坤中，三个阴爻并列，是为"萃如"，但是初六与六二在上卦皆有正应，只有六三无应，所以"嗟如"，甚至"无攸利"。

② 六三在互卦巽（六三、九四、九五）中，巽为风，为随顺。六三往上相聚即为巽，所以说"上巽也"。

九四。大吉，无咎。
象曰：大吉无咎，位不当也。

[白话]

九四。非常吉祥，没有灾难。

《象传》说：非常吉祥而没有灾难，是因为位置不恰当。

[解读]

① 九四下临坤卦，坤为众。众人聚合支持九四，所以说"大吉"。
② 九四阳爻居柔位，不中不正，即使广受爱戴，也只能做到"无咎"。

九五。萃有位，无咎。匪孚，元永贞，悔亡。

象曰：萃有位，志未光也。

[白话]

九五。聚众而拥有君位，没有灾难。缺少诚信，开始恒守正固，懊恼就会消失。

《象传》说：聚众而拥有君位，是因为心意尚未广布。

[解读]

① 九五居中守正，下有六二正应，是为"萃有位"。但是它与下卦坤之间，隔了一个九四，九四在互艮（六二、六三、九四）中，艮为止。如此则使九五对百姓而言"匪（非）孚"，诚信有所不足。
② "元"为始，"永"为恒，"贞"为正固。"元永贞"而只能做到"悔亡"。这一切都可以归因于九五"志未光也"。

上六。赍（jī）咨（zī）涕洟，无咎。

象曰：赍咨涕洟，未安上也。

[白话]

上六。悲伤叹息而泪涕满面,没有灾难。

《象传》说:悲伤叹息而泪涕满面,是因为未能安居上位。

[解读]

① "赍咨"为咨嗟,为悲伤叹息;"涕洟"为眼泪鼻涕并流。上六下无正应,孤立无援;下乘九五,不安又不顺;眼见大家聚合而自己落单,所以"赍咨涕洟"。由象上看,上六在上卦兑中,兑为泽,为口,合之则为声泪俱下之貌。

② 上六明白自身处境极为艰难,是为"未安上也"。正是因为它的反应显示了有心相聚而无法如愿,所以可以"无咎"。

46　升卦

升：元亨，用见大人，勿恤，南征吉。

象曰：地中生木，升。君子以顺德，积小以高大。

上六：**冥升，利于不息之贞。**
象曰：冥升在上，消不富也。

六五：**贞吉，升阶。**
象曰：贞吉升阶，大得志也。

六四：**王用亨于岐山，吉，无咎。**
象曰：王用亨于岐山，顺事也。

九三：**升虚邑。**
象曰：升虚邑，无所疑也。

九二：**孚乃利用禴，无咎。**
象曰：九二之孚，有喜也。

初六：**允升，大吉。**
象曰：允升大吉，上合志也。

升：元亨，用见大人，勿恤，南征吉。

[白话]

升卦：最为通达，可以用来见大人，不必担忧，往南前进吉祥。

[解读]

① 升卦是下巽上坤，亦即"地风升"。《序卦》说："聚而上者谓

之升，故受之以升。"聚集之后往上发展的，就是升进，所以接着出现了升卦。《杂卦》说："萃聚而升不来也。"萃与升是正覆卦关系，萃是聚集，而升是不下来，往上升进了。

② "用见大人"的"用"，是指有可能受到任用，这是就九二来说的，可以受到六五任用。把握了适当时机，就"勿恤"。

③ "南征"是指六二往上升进而言，使上卦为坤，坤为西南方之位，泛指南方。在古人观念中，以气候民情而言，南方温暖和顺，譬如离卦为火，为南方之卦。

象曰：柔以时升，巽而顺，刚中而应，是以大亨。用见大人，勿恤，有庆也。南征吉，志行也。

[白话]

《象传》说：柔顺者依循时势而升进，既顺利又和顺，刚强者居中而有应合，因此非常通达。可以用来见大人，不必担忧，是因为会有喜庆。往南前进吉祥，是因为心意可以实现。

[解读]

① "柔以时升"一语，表示升卦（䷭）与萃卦一样，也是由小过卦（䷽，第62卦）变来。亦即，小过卦的六二与九四换位。六二为"柔"，一升上去，就形成升卦的下巽上坤，坤为柔顺、和顺，巽为随顺、顺利；此一行动使九二得以居中，并有六五正应。所以要说"大亨"。

② 九二有六五正应，是为"用见大人"；并且，九二在互兑（九二、九三、六四）中，兑为悦，亦即"有庆"，不必担忧。"南征"一语总结了柔升、用见、有庆，是为"志行也"。程颐说："凡升之道，必由大人。升于位，则由王公；升于道，则由圣贤。用巽顺刚中之道以见大人，必遂其升。"

象曰：地中生木，升。君子以顺德，积小以高大。

[白话]

《象传》说：地中长出树木，这就是升卦。君子由此领悟，要顺势修养德行，从微小累积成为高大。

[解读]

① 升卦下巽上坤，坤为地，巽为木，所以说"地中生木"。木在地之下，必定往上生长，这是顺着自然趋势的发展。
② 君子的"顺德"，是指依循、顺从德行的发展方式，亦即任何德行都是长期修养而成的，没有速成或侥幸之途。就像树木一样，最初只是小树苗，最后则是既高且大的巨木。

初六。允升，大吉。
象曰：允升大吉，上合志也。

[白话]

初六。由信赖而升进，非常吉祥。
《象传》说：由信赖而升进，是因为与上方心意相合。

[解读]

① 初六居升卦初位，心意是要往上走的。表面看来，初六并无正应，但是它在下卦巽中，巽为风，为随顺，它又上承九二，可以随顺九二前进。上卦为坤，一片平地，毫无阻碍。
② "允"为信赖、跟从；初六与九二合志而"允升"，所以说"大吉"。

九二。孚乃利用禴（yuè），无咎。

象曰：九二之孚，有喜也。

[白话]

九二。有诚信，所以适宜举行禴祭，没有灾难。

《象传》说：九二的诚信，是因为有喜庆。

[解读]

① "孚乃利用禴"一语，亦见于萃卦六二，可以参考比较。九二与六五正应，所以说"孚"。"禴"是春天以蔬菜为供品的薄祭；只要有诚信，薄祭即可受福。

② 九二之"喜"，除了与六五正应之外，它还在互兑（九二、九三、六四）中，兑为悦，是为可喜。至于说它"无咎"，则是以阳爻居柔位，原本不宜，现在则不成问题了。

九三。升虚邑。

象曰：升虚邑，无所疑也。

[白话]

九三。升进到荒废的村落。

《象传》说：升进到荒废的村落，是因为没有任何疑虑。

[解读]

① "虚"字描写无人而荒废的情况。"邑"为国土，在此指村落。九三在互震（九三、六四、六五）中，震为行，在此则指升进。它上临坤卦，坤为地，为邑，所以容许它一往直前，如入无人之境。"升虚邑"，表示九三升进非常顺利。

② 九三得以如此，是因为上临坤卦，坤为顺，并且有上六正应，

"无所疑也"。

六四。王用亨于岐山，吉，无咎。
象曰：王用亨于岐山，顺事也。

[白话]

六四。君王在岐山祭献，吉祥，没有灾难。
《象传》说：君王在岐山祭献，这是顺势而做的事。

[解读]

① 六四在互震（九三、六四、六五）中，震为诸侯，为祭器。周王追念祖先，建立周朝之后，亦称其祖先为王，所以说"王用亨"。它又在互兑（九二、九三、六四）中，兑为西，所以说"岐山"，岐山即是西山。

② 六四在上坤下巽之间，上和顺而下随顺，所以说"顺事也"。如果结合本卦的九二、九三、六四而言，则可形成一段简单的史实。先是氏族部落领袖以诚信而受族人拥戴，"孚乃利用禴"（九二）；接着因为某种原因而率众迁移到更安全而广大的地区，"升虚邑"（九三）；一切安定之后，"王用亨于岐山"（六四）。这一段史实似乎是描写周朝祖先古公亶父迁居岐山的过程。值得留意的是九二的"禴"与六四的"亨"，皆为宗教活动，显示了信仰对古人的特殊意义。

六五。贞吉，升阶。
象曰：贞吉升阶，大得志也。

[白话]

六五。正固吉祥，登上台阶。

《象传》说：正固吉祥而登上台阶，是因为充分实现了心意。

[解读]

① 六五有九二正应，九二在下卦巽中，巽为高，全卦又是升卦，亦即足以使六五往上升进。六五在上坤，坤为地，有如登上高地，得到尊位。

② 六五本身正固，即可获得正应而升阶，所以说是"大得志也"。

上六。冥升，利于不息之贞。
象曰：冥升在上，消不富也。

[白话]

上六。在昏昧中升进，适宜不成长的正固。
《象传》说：居上位还在昏昧中升进，会消退而不会富裕。

[解读]

① 上六居升卦终位，又在上卦坤中，坤为夜，所以说"冥升"。"不息"是不成长，上六有九三正应，九三在下卦巽中，巽为近利市三倍，因此上六若能正固，尚可安稳。

② 若是已居上位而妄图升进，则结果是不进则退，只有消退一途，并且将是"消不富也"。"不富"一词表示原本尚有不少利润。

47　困卦

困：亨，贞，大人吉，无咎。有言不信。

象曰：泽无水，困。君子以致命遂志。

上六：困于葛藟，于臲卼，曰动悔。有悔，征吉。
象曰：困于葛藟，未当也。动悔有悔，吉行也。

九五：劓刖，困于赤绂。乃徐，有说，利用祭祀。
象曰：劓刖，志未得也。乃徐有说，以中直也。利用祭祀，受福也。

九四：来徐徐，困于金车，吝，有终。
象曰：来徐徐，志在下也。虽不当位，有与也。

六三：困于石，据于蒺藜。入于其宫，不见其妻，凶。
象曰：据于蒺藜，乘刚也。入于其宫，不见其妻，不祥也。

九二：困于酒食，朱绂方来，利用享祀，征凶，无咎。
象曰：困于酒食，中有庆也。

初六：臀困于株木，入于幽谷，三岁不觌。
象曰：入于幽谷，幽不明也。

困：亨，贞，大人吉，无咎。有言不信。

[白话]

困卦：通达，正固，大人吉祥，没有灾难。说了话没有人相信。

[解读]

① 困卦是下坎上兑，亦即"泽水困"。《序卦》说："升而不已必

困，故受之以困。"一直升进，最后总会遇到困境。在困境中，正好可以考验人格，并且会出现转向通达的契机，所以接着就说"亨，贞"。

② 在困卦中，"大人吉，无咎"，有如孔子所云："君子固穷，小人穷斯滥矣。"(《论语·卫灵公》)大人之吉，可由九五、九二见之，皆为阳爻居中位。至于"有言不信"，则是在困境中说话，别人如何相信？

③ 困卦是由否卦（☷，第12卦）变来，亦即否卦上九与六二换位，使下卦成坎，有险而困。困卦与下一卦井卦（☵）为正覆关系。

④ 困卦是《系辞下》修德九卦之七，"困，德之辨也。"德行之真伪在困境中可以分辨。

彖曰：困，刚揜（yǎn）也。险以说（yuè），困而不失其所，亨，其唯君子乎。贞，大人吉，以刚中也。有言不信，尚口乃穷也。

[白话]

《彖传》说：困卦，是刚强者受到掩蔽。在险难中还能喜悦，处于困境而不失去他的坚持，依然通达，大概只有君子做得到吧。正固，大人吉祥，是因为刚强者居于中位。说了话没有人相信，是因为重视说话就会无路可走。

[解读]

① "揜"为掩，有掩蔽、压制之意。九五为上六所揜，九二为六三所揜。困卦下坎上兑，兑为悦，坎为陷，为险，即是"险以说"；九五与九二皆能坚守中位，是"困而不失其所"；如此还能"亨"，正是"君子固穷"的示范。

② 九五与九二皆居中位，只要正固，则"大人吉"，因为阳爻有位则称大人。至于"尚口乃穷"，则因上卦兑为口，并在全卦

终位，是前无去路。要想靠说话来脱困是不可能的。

象曰：泽无水，困。君子以致命遂志。

[白话]

《象传》说：沼泽中没有水，这就是困卦。君子由此领悟，要牺牲生命来完成志愿。

[解读]

① 困卦下坎上兑，兑为泽，坎为水；泽在水上，表示水已流往更低之处，沼泽干涸，以致"泽无水"。

② 君子处于困境，要做最坏的打算，必要时可以牺牲生命。他的"志"是人生的正道，展现于仁、义中。孔子主张"杀身成仁"（《论语·卫灵公》），孟子肯定"舍生取义"（《孟子·告子上》），荀子也说"君子畏患而不避义死"（《荀子·不苟》）。可见这是儒家的基本立场。

初六。臀困于株木，入于幽谷，三岁不觌（dí）。
象曰：入于幽谷，幽不明也。

[白话]

初六。臀部困陷在枯木中，进入幽暗的山谷，三年不能相见。
《象传》说：进入幽暗的山谷，是因为昏暗不明。

[解读]

① 初六与九四正应，但是九四自顾不暇。九四为在互巽（六三、九四、九五）为股。臀又在互离（九二、六三、九四）中，离为科上槁木（科为光秃无枝叶），是为"臀困于株木"。"株"为

树干。初六自身在下卦坎中,坎为水,为隐伏,引申为幽谷。

② 初六以阴爻居刚位,又处下卦坎之底部,往上面临互离(九二、六三、九四),离为明,在明之下,所以说"幽不明也"。处于这样的困境,若要与九四契合,须往上走三步,所以说"三年不觌"。

九二。困于酒食,朱绂(fú)方来,利用享祀。征凶,无咎。
象曰:困于酒食,中有庆也。

[白话]

九二。困处于酒食中,大红官服刚刚送来,适宜用来祭献。前进会有凶祸,没有灾难。

《象传》说:困处于酒食中,是因为居中位而有福庆。

[解读]

① 九二在下卦坎中,坎为水,引申为酒,为酒食,又居困卦,所以说"困于酒食"。九二原是否卦(☷)的上九,现在由上卦乾下来,乾为大赤,所以说"朱绂方来"。"朱"为大红色,"绂"为蔽膝的下裳;合称则为古代贵族的官服。九二在互离,离为牛,可用以"享祀"。若是前进,则有凶祸;不然可保"无咎"。

② 九二虽困而有酒食,乃是因为居中得道,"有庆也"。程颐说:"诸卦,二五以阴阳相应而吉,唯'小畜'与'困'乃厄于阴,故同道相求。小畜,阳为阴所畜;困,阳为阴所掩也。"

六三。困于石,据于蒺藜。入于其宫,不见其妻,凶。
象曰:据于蒺藜,乘刚也;入于其宫,不见其妻,不祥也。

[白话]

六三。困处于石块中，倚靠在蒺藜上。进入宫室，没见到妻子，有凶祸。

《象传》说：倚靠在蒺藜上，是因为下乘刚爻；进入宫室，没见到妻子，这就是不吉利的事。

[解读]

① 六三原在否卦（☷）中，有互艮（六二、六三、九四），艮为小石；由于上九与六二换位，成为困卦（☱），使六三"困于石"。六三在下卦坎中，坎为坚多心木，有如蒺藜，所以说它"据于蒺藜"。"据"为依凭，"蒺藜"为荆棘之类的植物。这种情况的原因是六三以阴爻居刚位，又对九二"乘刚"，于是坐立不安而进退不得。

② 困卦的重点是"刚揜也"，要以柔掩蔽刚；而六三是唯一被上下阳爻所困的阴爻。它原在否卦互艮，艮为门阙，现在进入困卦互离（九二、六三、九四），离为见；并且原在否卦的下坤消失，坤为母，为妻，所以说它"入于其宫，不见其妻"。这种情况的原因是六三处于如此困境，已经"不祥"了。

③ 《系辞下》谈到这段爻辞，引述孔子的话说："非所困而困焉，名必辱。非所据而据焉，身必危。既辱且危，死期将至，妻其可得见耶？"

九四。来徐徐，困于金车，吝，有终。
象曰：来徐徐，志在下也。虽不当位，有与也。

[白话]

九四。要慢慢下来，困处于金车中，有困难，但会有结果。

《象传》说：要慢慢下来，是因为心意在于下方。虽然位置不恰当，但有接应的人。

[解读]

① 九四有初六正应,是"志在下也";但是它在互巽(六三、九四、九五)中,巽为进退,为不果,所以说它"来徐徐"。

② 九四原在否卦中,否卦下坤上乾,乾为金,坤为大舆,合成了金车;九四守住原位,正好"困于金车"。它以阳爻居柔位,为"不当位",由此而"吝";但是因为与初六正应,"有与也",成为三个阳爻之中唯一有正应者,所以最后"有终"。

九五。劓(yì)刖(yuè),困于赤绂。乃徐,有说(tuō),利用祭祀。

象曰:劓刖,志未得也。乃徐有说,以中直也。利用祭祀,受福也。

[白话]

九五。鼻被割去、足被砍去,困处于红色官服中。于是慢慢行动,可以脱离困境,适宜举行祭祀。

《象传》说:鼻被割去而足被砍去,是因为心意没有实现。于是慢慢行动可以脱离困境,是因为居中而行为正直。适宜举行祭祀,是要以此蒙受福佑。

[解读]

① 九五原在否卦(䷋)中,否卦有互艮(六二、六三、九四)也有互巽(六三、九四、九五),艮为鼻,巽为股;现在变成困卦,鼻与股皆受损,有如劓刑与刖刑。否卦变成困卦,是上九与六二换位,亦即困卦九二是由上卦下来的,所以爻辞说"朱绂方来"。现在九五未动,则是"困于赤绂"。这一切可以归咎于九二与它无应,是"志未得也"。

② 九五在困卦中，有互巽（六三、九四、九五），巽为进退，为不果，亦即"乃徐"；它又有上兑（九四、九五、上六），兑为附决，意为脱落，亦即"有说"。这两种情况是由于九五居中守正，"以中直也"，可以化险为夷。

③ 九二有"朱绂"，可以"利用享祀"；九五有"赤绂"，可以"利用祭祀"。程颐说："二云享祀，五云祭祀，大意则宜用至诚，乃受福也。祭与祀享，泛言之则可通，分而言之，祭天神，祀地示（祇），享人鬼。五君位言祭，二在下言享，各以其所当用也。"处困境中，祭祀可以受福，实因真诚心意。

上六。**困于葛藟（lěi），于臲卼（niè wù），曰动悔。有悔，征吉。**
象曰：困于葛藟，未当也。动悔有悔，吉行也。

[白话]

上六。困处于藤蔓之间，于高危之地，这称为因行动而懊恼。有了这种悔悟，往前进就吉祥。

《象传》说：困处于藤蔓之间，是因为位置不恰当。有了因行动而懊恼的这种悔悟，就可以前进吉祥了。

[解读]

① "葛藟"为藤蔓之类，会缠绕人的植物；"臲卼"描写在高处的危险状态。上六在否卦变困卦中，由六二与上九换位而来。上六现在下临互巽（六三、九四、九五），巽为木，表示它在困卦是陷入草木中无法动弹，所以说"困于葛藟"。它又居困卦终位，下乘九四、九五二刚，这是"于臲卼"。并且下无正应，"未当也"。

② 上六的"动悔"是指由否卦变困卦的动，因此懊恼而有所悔悟。然后，再往前进，就吉祥了，因为可以脱离困卦。

48　井卦 ䷯

井：改邑不改井，无丧无得。往来井井。汔至亦未繘井，羸其瓶，凶。

象曰：木上有水，井。君子以劳民劝相。

上六：井收勿幕，有孚元吉。
象曰：元吉在上，大成也。

九五：井冽寒泉，食。
象曰：寒泉之食，中正也。

六四：井甃，无咎。
象曰：井甃无咎，修井也。

九三：井渫不食，为我心恻。可用汲，王明，并受其福。
象曰：井渫不食，行恻也。求王明，受福也。

九二：井谷射鲋，瓮敝漏。
象曰：井谷射鲋，无与也。

初六：井泥不食，旧井无禽。
象曰：井泥不食，下也。旧井无禽，时舍也。

井：改邑不改井，无丧无得。往来井井。汔（qì）至亦未繘（jú）井，羸（léi）其瓶，凶。

[白话]

井卦：可以迁移村落，但不能移动水井。没有丧失也没有获得。往来井然有序。汲水时，快到而尚未拉出井口，就碰坏了瓶罐，有凶祸。

[解读]

① 井卦是下巽上坎，亦即"水风井"。《序卦》说："困乎上者必反下，故受之以井。"在升卦与困卦之后，一定会回到下边，就是井卦。

② 井不随村落而迁移，通常不会干涸也不会满溢。在古代有井田制度，把一平方里的土地分为井字的九份。八家各分一份，再共耕中间的公田。每井八户人家，四井三十二户为一邑。由卦象上看，井卦由泰卦（䷊，第11卦）变来，亦即泰卦初九与六五换位。泰卦上卦为坤，坤为地，为邑，现在换位形成井卦（䷯），上卦由坤变坎，邑去而水现，显示了"改邑不改井"。泰卦初九变九五，使下卦失一阳爻，但得一尊位，可以说是"无丧无得"，有如水井总是保持固定的水量。人们往来汲水，遵守一定秩序，是为"往来井井"。

③ "汔"为迄，为接近、几乎；"繘"为绠，为绳，亦为出，在此是指以绳拉出井口。下卦巽为绳直。以绳系瓶（指陶罐），入井装水，提出井口才可食用。但是"汔至"就出了状况，"羸其瓶"，"羸"为毁败，亦即瓶罐撞在井壁而破裂。这是古人汲井常见的情况，如此则"凶"。

④ 井卦是《系辞下》修德九卦之八，"井，德之地也"，德行的处境须如井，有利于众人。

象曰：巽乎水而上水，井。井养而不穷也。改邑不改井，乃以刚中也。汔至亦未繘井，未有功也。羸其瓶，是以凶也。

[白话]

《象传》说：进入水中再提水上来，这就是井卦。水井养育人们而不会枯竭。可以迁移村落，但不能移动水井，这是因为刚强者居于中位。汲水时，快到而尚未拉出井口，是还没有功劳的。碰坏了瓶罐，所以说有凶祸。

[解读]

① 井卦下巽上坎。坎为水，巽为入为木（引申为桔槔），所以说"巽乎水而上水"。井的功能在此。在正常情况下，井水不盈不竭，可以提供人们及生物充分的滋养。"改邑不改井"，是因为九二与九五两个刚爻居于中位，可以稳定大局，不必移易。
② 汲井最怕功败垂成，只要未出井口，一切努力都可能白费。所以要特别提醒人"未有功也"，万一遇到"羸其瓶"时，则凶。关于"瓶"的取象，来自卦中有互离（九三、六四、九五），离为大腹；也有互兑（九二、九三、六四），兑为口；瓶罐有大腹与开口，可用以汲水。

象曰：木上有水，井。君子以劳民劝相。

[白话]

《象传》说：木上出现水，这就是井卦。君子由此领悟，要慰劳百姓，鼓励助人。

[解读]

① 井卦下巽上坎，坎为水，巽为木，所以说"木上有水"。在此，木是指桔槔。《庄子·天地》："凿木为机，后重前轻，挈水若抽，数如泆汤，其名为槔。"桔槔运用杠杆原理，把水从井中拉起，即是"木上有水"。
② 君子看到水井的作用，所获得的启发是"劳民"而不倦，"劳"为慰劳；并且劝导百姓助人，"相"为助。

初六。井泥不食，旧井无禽。

象曰：井泥不食，下也。旧井无禽，时舍也。

[白话]

初六。井中有淤泥，井水不能食用，旧的水井没有禽兽来。

《象传》说：井中有淤泥，井水不能食用，是因为位居底部。旧的水井没有禽兽来，是因为时候到了就被弃置。

[解读]

① 初六在井卦底部；它由泰卦（☷）六五变来，泰卦上卦为坤，坤为土；现在土入井下，成为泥。初六还在井底，满是淤泥而不可食用。

② 所谓"旧井无禽"，《易经》谈到禽，兼指禽兽而言，并且都与坤卦有关，这是因为坤为地，为田，可以生养禽兽，并且可供田猎而得禽兽。初六由泰卦六五变来，使上坤变为坎，所以说"无禽"。至于"旧井"，则是初六在互兑（九二、九三、六四）的下方，兑为毁折，毁折之下的井，是为"旧井"。"时舍"本来是指依时而暂留，现在的"时"却是指过时无用，而"舍"也成了弃置。

九二。井谷射鲋（fù），瓮（wèng）敝漏。

象曰：井谷射鲋，无与也。

[白话]

九二。井中积水向下流注，水罐又破又漏。

《象传》说：井中积水向下流注，是因为没有应援。

[解读]

① "谷"能积水，九二爻变出现互坎，坎为水，"井谷"是说井中积水似谷。"射"为流注，"鲋"借用为柎，指底部或足部。九二与九五不应，是为"无与"，所以转而往下回应初六的相承，形成"井谷射鲋"的现象。

② "瓮"是较瓶为大的陶罐。九二在互兑（九二、九三、六四）中，兑为口，为毁折；其上为互离（九三、六四、九五），离为大腹；大腹有口为瓮，但又毁折，所以说"瓮敝漏"。换言之，九二对于井的功能，仍无帮助。

九三。井渫（xiè）不食，为我心恻。可用汲（jí），王明，并受其福。

象曰：井渫不食，行恻也。求王明，受福也。

[白话]

九三。井淘干净而不去食用，使我内心感到悲伤。可以用来汲水，君王英明，大家一起受到福佑。

《象传》说：井淘干净而不去食用，是因为要行动而不可得，所以悲伤。祈求君王英明，是为了受到福佑。

[解读]

① "渫"为清洁去污。井卦上卦为坎，坎为水；九三在下卦巽中，巽为股，股入水之下，引申为"渫井"。九三爻变出现互艮，艮为止，未及于上，有如井水未出井口，不得为人食用。九三面临上卦坎，坎为心病，为加忧，所以要代井说"为我心恻"。这是为了要行动而不可得，才感到悲伤，所以说"行恻也"。

② 既然"行恻"，就会有所企盼。九三与上六正应，所以有信心说"可用汲"，表示井水随时可供食用。现在祈求的是"王

明"。"王"指九五,九三与九五皆在互离(九三、六四、九五)中,离为火,为明,所以"王明"是可以期待的。君王英明,任用贤臣,则受福的是全体百姓。

六四。井甃(zhòu),无咎。
象曰:井甃无咎,修井也。

[白话]

六四。井的内壁砌好了,没有灾难。
《象传》说:井的内壁砌好了,没有灾难,这是因为井已经整修完成。

[解读]

① "甃"为修治井壁,这是"渫"之后的下一步工作,"修井"至此大功告成。六四已至上卦,以阴爻居柔位,修井完工,可以"无咎"。

② 本爻取象生动。上卦由泰卦的上坤变为井卦的上坎,土加水为泥;中有互离(九三、六四、九五),离为火;火烧泥成砖;下卦为巽,巽为工,引申为工人。于是工人烧泥成砖,再砌砖而上,完成"甃井"的任务。在取义上,程颐说:"(六四)居高位而得刚阳中正之君(九五),但能处正承上,不废其事,亦可以免咎也。"

九五。井洌(liè)寒泉,食。
象曰:寒泉之食,中正也。

[白话]

九五。井中有甘洁清凉的泉水,可以食用。

《象传》说：清凉的泉水可以食用，是因为居中守正。

[解读]

① 在卦变中，九五由下乾上来，乾为寒为冰；九五爻变，上卦为坤，坤为甘，可食。"冽"为新鲜甘洁，"寒"为清凉寒爽。此为井水的最高评价，食之可也。

② 九五以阳刚居中守正，是有德有才的大有为之君。国君为民谋福，有如甘泉之井供人食用。这种观念是任何时代的领袖都应该存思于心，并且力求实践的。

上六。井收勿幕，有孚元吉。
象曰：元吉在上，大成也。

[白话]

上六。井口收拢而不要加盖，有诚信而最为吉祥。
《象传》说：居上位而最为吉祥，是因为大功告成。

[解读]

① 上六居井卦终位，要进行最后一步工作。"收"是收拢井口，"幕"是蔽覆加盖。井口必须比井身窄小，以保障安全与清洁。井上不加盖，表示可供大家取用。上六有九三正应，是为"有孚"；它的吉祥是要照顾人人的福祉，现在"大成也"，所以说"元吉"。

② 上位居一卦之终，很少见到有"元吉"的。程颐说："他卦之终，为极，为变，唯'井'与'鼎'终乃为成功，是以吉也。"在此可以补充一句：履卦上九亦为元吉，并且另外还有大约十卦在上爻为吉。

49　革卦 ䷰

革：己日乃孚，元亨利贞。悔亡。
象曰：泽中有火，革。君子以治历明时。

上六：君子豹变，小人革面。征凶，居贞吉。
象曰：君子豹变，其文蔚也。小人革面，顺以从君也。

九五：大人虎变，未占有孚。
象曰：大人虎变，其文炳也。

九四：悔亡，有孚，改命，吉。
象曰：改命之吉，信志也。

九三：征凶贞厉。革言三就，有孚。
象曰：革言三就，又何之矣？

六二：己日乃革之，征吉，无咎。
象曰：己日革之，行有嘉也。

初九：巩用黄牛之革。
象曰：巩用黄牛，不可以有为也。

革：己日乃孚。元亨利贞。悔亡。

[白话]

革卦：到了己日才有诚信。开始、通达、适宜、正固。懊恼消失。

[解读]

① 革卦是下离上兑，亦即"泽火革"。《序卦》说："井道不可不

革，故受之以革。"一口井使用久了，必须定期清理，所以井卦之后是革卦。《杂卦》说："革，去故也。"因此，革卦指变革而言，要求除旧布新。

② "己日"一词难解，有说是"巳日"（祭祀之日）或"已日"（过了一天）。有说是十天干中的柔日，就是依"甲、乙、丙、丁、戊、己、庚、辛、壬、癸"计数，数奇为刚，数偶为柔，而己为柔日。比较合理的说法是：以基本八卦配合十天干，亦即参考古人的"纳甲说"。其内容为：乾卦纳甲、壬，坤卦纳乙、癸，艮卦纳丙，兑卦纳丁，坎卦纳戊，离卦纳己，震卦纳庚，巽卦纳辛。因此，己日是指离卦而言，皆为十日一轮。现在，"己日乃孚"，是说到了己日才彰显其诚信，也才会受到百姓信赖。"孚"指下对上的信赖；革卦下卦为离，离为己日。引申而言，每十日一个己日，表示要过一个周期（十日），才可获得百姓信从。如此解说，亦较"过一日"为合理。坎为水为有孚，本卦自初二至上六为一个大的坎卦，中间三阳（九三、九四、九五）皆称"有孚"。

③ 革卦既然是要除旧布新，一切从头开始，所以再度出现了"元亨利贞"。最后说"悔亡"，则是因为变革难免造成动荡，但终将回归正常。

彖曰：革，水火相息，二女同居，其志不相得，曰革。己日乃孚，革而信之。文明以说，大亨以正。革而当，其悔乃亡。天地革而四时成，汤武革命，顺乎天而应乎人。革之时大矣哉。

[白话]

《彖传》说：革卦，是水与火互相熄灭，两个女子住在一起，但心意不能投合，就称为革。到了己日才有诚信，是指变革取得人们的信赖。文采光明而能喜悦，非常通达而守正道。变革做到了适当，他的懊恼才会消失。天地变革才会形成四季，商汤与周武王的革命，是顺从天道而应合人心的。革卦所依循的时势太伟大了。

[解读]

① 革卦下离上兑，兑为泽，为水，离为火，水在上而火在下，两者都要消灭对方。在此，"息"为熄。"二女同居"是指离为中女，兑为少女，由于同性相斥而难以"相得"。睽卦（䷥，第38卦）为下兑上离，而其象传出现类似的话，就是"二女同居，其志不同行"。由此可见，革卦是考虑内部的矛盾对立，要寻求一个根本的解决办法。

② "己日乃孚"，是说变革要经过一段时间，才能取得民众的信赖。说己日为一日，未免太短；说巳日为祭祀之日，缺少根据。说己日为柔日，还可强调要等情势缓和些。说己日为十日周期，则较能让百姓习惯新的秩序。

③ "文明以说"是指下卦离为火，为明，上卦兑为悦；"大亨以正"则是革卦有九五与六二居中守正，非常通达。"革而当"一语，表示变革也有可能"不当"，悔由此来。如果由此推求革卦的来源，则答案是大壮卦（䷡，第34卦），亦即大壮卦的六五与九二换位，形成革卦的九五与六二，使上下交流而阴阳得正，亦即"革而当"。

④ 在自然界，天地之间的阴阳二气常在变革消长之中，由此形成了四季的循环运行。在人世间，则有商汤革了夏桀的天命，周武王革了商纣的天命，完成"顺乎天应乎人"的大业。古人的共同信仰对象是天，政权的合法基础是天命。所以，得天命者为天子。但是，天子可能失德，罔顾其造福百姓的首要职责。于是，就有"革命"之说以及革命的事实。由此亦可见，革卦的"时"确实太重要了。

象曰：泽中有火，革。君子以治历明时。

[白话]

《象传》说：沼泽里出现了火，这就是革卦。君子由此领悟，要制定历法，明辨时序。

[解读]

① 革卦下离上兑，兑为泽，离为火，亦即"泽中有火"。水火不兼容，难以并存，由此显示了变革的急迫性。
② 天地之间的变革也是如此。该变而不变就将被淘汰。所以君子要"治历明时"，"治"为修治、制定。人的生活也须依时序而变更。

初九。巩用黄牛之革。
象曰：巩用黄牛，不可以有为也。

[白话]

初九。用黄牛皮做的绳子来捆绑。
《象传》说：用黄牛皮做的绳子来捆绑，是因为不可以有所作为。

[解读]

① "巩"为以皮绳绑牢。初九爻变，下卦成艮，艮为皮，"革"的取象来自于此。初九以阳爻居刚位，动力强而时机未至，还不能"有为"，所以要牢牢稳住。艮亦为山为土，其色为黄；离为牛，所以说"黄牛"。黄牛皮做的绳子极为结实。初九与九四不应，难以前进。
② 就取义来说，初九未居中位而躁动，所以需要以黄（中色）与牛（顺物）来约束。

六二。己日乃革之。征吉，无咎。
象曰：己日革之，行有嘉也。

[白话]

六二。到了己日才来变革。前进吉祥，没有灾难。
《象传》说：到了己日才来变革，是因为行动会有美好结果。

[解读]

① 六二以阴爻居柔位，既中且正；在下卦离中，离为己日；离为火，为明，可以进行变革，所以说"己日乃革之"。"乃"字为缓辞，戒急躁。

② 六二上有九五正应，"征吉"，柔爻前进亦"无咎"。至于"行有嘉"，还可参考六二互巽（六二、九三、九四）中，巽为近利市三倍，又何乐而不为？

九三。征凶，贞厉。革言三就，有孚。
象曰：革言三就，又何之矣？

[白话]

九三。前进有凶祸，正固有危险。变革之言三度符合，有诚信。
《象传》说：变革之言三度符合，还要往哪里去呢？

[解读]

① 九三居上下卦之间，正是水火冲突之际，前进与正固都有困难，是"非凶即厉"的处境。幸好它有上六正应，作为唯一的出路。

② 上六在上卦兑中，兑为口，可以言说。在革卦中，是为"革言"。"三就"是三度符合。"就"为成，为合。"三"是指上卦三爻皆出现明显的变革。换言之，九三在下卦中，由于听

从上六之言，明白"革言三就"的道理，而能安居其位，表现诚信，是为"有孚"。得此信心，"又何之矣"，不必再躁动了。

九四。悔亡，有孚，改命，吉。
象曰：改命之吉，信志也。

[白话]

九四。懊恼消失，有诚信，改变天命，吉祥。
《象传》说：改变天命而吉祥，是因为有值得信赖的心意。

[解读]

① 九四已至上卦，必须采取革卦的具体行动。九四以阳爻居柔位，由于时势成熟，有所行动依然可以"悔亡"。

② 九四的有孚在于它处在互巽（六二、九三、九四）与上兑（九四、九五、上六），是下巽上兑的情况，亦即下随顺而上喜悦，它的心意获得上下信赖，是为"信志也"。

③ 就"改命"而言，九四在互乾（九三、九四、九五）与互巽中；乾为天，巽为风，引申为命，合之则为"天命"。在革卦中，九四负责除旧布新。配合各项条件而为之，故"吉"。

九五。大人虎变，未占有孚。
象曰：大人虎变，其文炳也。

[白话]

九五。大人改变而形貌如虎，尚未占问就有了诚信。
《象传》说：大人改变而形貌如虎，是说他的文采灿烂耀眼。

[解读]

① 九五以阳爻居刚位,为既中且正的得位大人。在革卦中,其变如虎。虎是就其皮革的毛色亮丽美妙而言。

② 九五在上卦兑中,兑为西方之卦,按古代天象之说,东(震卦)为青龙,南(离卦)为朱雀,西(兑卦)为白虎,北(坎卦)为玄武。所以,兑可理解为虎,是为"虎变"。九五的正应是六二,六二在下卦离中,离为龟,可供占卜。但是六二对九五相应而从,是"未占有孚",其诚信不问可知。

③ 从九四"改命"之后,要靠九五与上六的具体表现,才可使革卦大功告成。这也是卦辞"己日乃孚"的具体所指。

上六。君子豹变,小人革面。征凶,居贞吉。
象曰:君子豹变,其文蔚也。小人革面,顺以从君也。

[白话]

上六。君子改变而形貌如豹,小人变换他的面目。前进有凶祸,守住正固就吉祥。
《象传》说:君子改变而形貌如豹,是说他的文采盛美可观。小人变换他的面目,是说他顺服而追随君主。

[解读]

① 上六居上而无位,故称"君子"。在革卦中,"文"是指其德行与事功大放光明而言。"豹"与虎同科,两者犹如兄弟,也同属兑卦之象。阳爻(大)称虎,阴爻(小)称豹。已至上六,不宜再进,所以说"征凶";此时"居贞"则"吉"。大人与君子,是有位与无位之别,但是,对"变"的要求则一,都是要将内在的光明(离为明,在下卦,犹如在内心),展现出来,以变化其形貌。

② 小人之为小人，是无志而未自觉者也，无法谈及内在修养，所以只说"革面"。这是就上六为阴爻而言。上六在兑卦，兑为悦，小人喜悦而顺从九五之君。所寄望于小人者，为先革其面，使言行合乎规范，久之亦可及于内心，则终将有"文"可见。

50　鼎卦

鼎：元吉，亨。

象曰：木上有火，鼎。君子以正位凝命。

上九：鼎玉铉，大吉，无不利。
象曰：玉铉在上，刚柔节也。

六五：鼎黄耳金铉。利贞。
象曰：鼎黄耳，中以为实也。

九四：鼎折足，覆公𫗧，其形渥，凶。
象曰：覆公𫗧，信如何也？

九三：鼎耳革，其行塞，雉膏不食。方雨，亏悔，终吉。
象曰：鼎耳革，失其义也。

九二：鼎有实，我仇有疾，不我能即，吉。
象曰：鼎有实，慎所之也。我仇有疾，终无尤也。

初六：鼎颠趾，利出否。得妾以其子，无咎。
象曰：鼎颠趾，未悖也。利出否，以从贵也。

鼎：元吉，亨。

[白话]

鼎卦：最为吉祥，通达。

[解读]

① 鼎卦是下巽上离，亦即"火风鼎"。《序卦》说："革物者莫若

鼎，故受之以鼎。"最能变革事物的是鼎。鼎在古代为炊煮之具，使生食变为熟食，没有比此更彻底的变革了，所以接着要谈鼎卦。《杂卦》说："革，去故也；鼎，取新也。"可见先革后鼎，才是真正的除旧布新。鼎卦与革卦是正覆关系。

② 鼎卦要开创新局，自然"元吉"（另一有"元吉"为卦辞的，是损卦）而且"亨"。由来源看，它是遁卦（☰，第33卦）变成，亦即遁卦六二与九五换位，成为鼎卦（☲）。通常卦变的方式与正覆卦可以连系起来。譬如，革卦由大壮卦变成，鼎卦就由遁卦变成。革卦与鼎卦为正覆关系，大壮卦（☳）与遁卦亦为正覆关系。其他各卦之变化，亦可依例观察。

象曰：鼎，象也。以木巽火，亨饪也。圣人亨以享上帝，而大亨以养圣贤。巽而耳目聪明，柔进而上行。得中而应乎刚，是以元亨。

[白话]

《象传》说：鼎卦，是由鼎的形象来取卦名的。把木柴放进火内，是要烹煮食物。圣人烹煮食物来祭献上帝，进而大量烹煮食物来养育圣贤。随顺而耳聪目明，柔顺者往上前进。取得中位并与刚强者相应合，因此最为通达。

[解读]

① 鼎卦之名，取象于真实的鼎。初六为阴爻分立之鼎足，九二、九三、九四为鼎腹，六五为鼎耳（左右各一），上九为鼎铉（穿过鼎耳之杠子，可压住鼎盖并可用来搬移鼎）。

② 鼎卦下巽上离，离为火，巽为木，为入，亦即"以木入火"，由此可以烹饪。亨、烹、享在古代可通用。圣人为古代圣王，烹煮食物有两大目的：一是祭献上帝，表达崇拜及感恩之情；

二是养育圣贤，亦即使圣贤可以专心为民谋福。

③ 巽为随顺，离为目，为明，引申为耳聪目明。由"柔进而上行，得中而应乎刚"一语，可知鼎卦由遁卦（☰☶）变来，亦即六二（柔）往上取得九五之位而成为六五（得中），并使原来的九五成为九二（应乎刚），形成了鼎卦（☲☴）。这些条件构成了"元亨"。

象曰：木上有火，鼎。君子以正位凝命。

[白话]

《象传》说：木上有火在烧，这就是鼎卦。君子由此领悟，要端正职位，完成使命。

[解读]

① 鼎卦下巽上离，离为火，巽为木，所以说"木上有火"。至于鼎卦与具体的鼎，孰先孰后，是"观象制器"，还是"取象于器"？程颐说："圣人制器，不待见卦而后知象，以众人之不能知象也，故设卦以示之。卦器之先后不害于义也。或疑鼎非自然之象，乃人为也；曰，固人为也，然烹饪可以成物，形制如是则可用，此非人为，自然也。在井亦然，器虽在卦先，而所取者乃卦之象，卦复用器，以为义也。"这段话探讨卦象与器物的关系，值得仔细辨明。

② 君子见鼎之端正厚重，所领悟的是"正位"，端正所处的职位，尽忠职守；以及"凝命"，"凝"为聚止、完成，以严肃而认真的态度完成自己的使命。

初六。鼎颠趾，利出否（pǐ）。得妾以其子，无咎。
象曰：鼎颠趾，未悖也。利出否，以从贵也。

[白话]

初六。鼎足颠倒，适宜走出闭塞。因为儿子而娶得妾，没有灾难。《象传》说：鼎足颠倒，但并未违背常理。适宜走出闭塞，是为了要追随贵人。

[解读]

① 初六在鼎的底部，是为足趾；它上有九四正应，自然要以阴从阳，往上走而造成"鼎颠趾"。对初六而言，是走出困境，对整个鼎而言，则可清洁内部污垢，是为"利出否"。巽卦有臭腐之意，为否。

② 鼎卦由遁卦（䷠）变来，初六原在下卦艮中，艮为少男；现在变为鼎卦（䷱），初六的正应为九四，九四在互兑（九三、九四、六五）中，兑为妾；这就形成了"得妾以其子"。鼎卦所为是饮食料理，在古代为女子之事，其卦为火（中女）与风（长女）之组合，现在则出现兑（少女）。此语或可由此理解。

③ "鼎颠趾"看似严重的翻覆，但是初六上应九四，以阴从阳，是"未悖也"；"利出否"则是为了"以从贵也"；合而观之，古人在使用鼎烹煮食物时，第一步是清洁内部。这种做法自然"无咎"。至于"得妾以其子"，孔颖达说："正室虽亡，妾犹不得为室主。妾为室主，亦犹鼎之颠趾而有咎过。妾若有贤子，则母以子贵，以之继室则得无咎。故曰，得妾以其子，无咎也。"这或许反映了古人的生活实况，可供参考。

九二。鼎有实，我仇有疾，不我能即。吉。
象曰：鼎有实，慎所之也。我仇有疾，终无尤也。

[白话]

九二。鼎中有实在物料，我的对头患了病，没有办法接近我。吉祥。

《象传》说：鼎中有实在物料，是因为谨慎安排去处。我的对头患了病，所以最终没有责怪。

[解读]

① 九二阳爻居中位，阳刚为实，所以说"鼎有实"。"仇"为仇人、对头，或匹配。在此指六五。在遁卦变为鼎卦时，六二与九五换位，以致形成九二与六五的新局面。六五之"疾"在于以阴爻居刚位，中而不正。对九二而言，六五与它隔了两个阳爻，不易接近。何况，九二还在下卦巽中，巽为不果，为多白眼，如此也将使六五"不我能即"，也就是"不能即我"，"即"为接近。九二爻变，下卦成艮，艮为止，亦使六五却步。

② 九二是由遁卦九五所变成，由上卦中位来到下卦中位，未离乎中，是"慎所之也"。六五虽有疾，但其位为九二所让，并且仍有阴阳正应，所以"终无尤也"，结果是"吉"。

九三。鼎耳革，其行塞，雉膏不食。方雨，亏悔，终吉。
象曰：鼎耳革，失其义也。

[白话]

九三。鼎耳被革除，行动受到困阻，吃不到山鸡的美肉。正在下雨，既吃亏又懊恼，最后吉祥。

《象传》说：鼎耳被革除，是因为失去它作为鼎耳的意义。

[解读]

① 在鼎卦（䷱）中，从初六到六五形成一个大坎（☵），坎为耳。九三在大坎中间，故有耳象。但是在鼎卦中，正牌的鼎耳为六五，亦即九三因而"失其义也"，成了"鼎耳革"。坎又为陷，为险，使得九三"其行塞"。鼎以耳行，无耳则难行。

② 九三面临上卦离，离为雉。"雉膏"为鼎中烹煮的山鸡肉。九三在下卦，所以"雉膏不食"。九三在互兑（九三、九四、六五）中，兑为泽，引申为雨，是为"方雨"；兑又为毁折，为亏损，使九三生"悔"意。然而，鼎卦四个阳爻中，只有九三位正，并且居下卦终位，所以说"终吉"。

九四。鼎折足，覆公𫗧（sù），其形渥（wò），凶。
象曰：覆公𫗧，信如何也？

[白话]

九四。鼎足折断，打翻了王公的粥，自己身上也沾污了，有凶祸。
《象传》说：打翻了王公的粥，结果是怎么样呢？

[解读]

① 九四与初六正应，犹如以初六为足；九四又在互兑（九三、九四、六五）中，兑为毁折。情况变成：初六承担不了重任而毁折，是为"鼎折足"。

② 鼎翻覆的是"公𫗧"。九四爻变，出现互震，震为诸侯。称"公"；震又为竹，引申为竹笋，与原有的互兑（为泽）搭配成粥。"𫗧"为八珍之膳，珍贵的粥品。"渥"为沾濡，为汤汁所湿。"渥"也是来自九四的互兑为泽。一路发展下去，可见其"凶"。

③《系辞下》谈到此爻。孔子说："德薄而位尊，知小而谋大，力小而任重，鲜不及矣。《易》曰：鼎折足，覆公𫗧，其形渥，凶。言不胜其任也。"九四条件不足而勉强任事，很少有不拖累到自己的。他应该先想一想："信如何也？"引文"力小而重"或可改为"力少而任重"，参考《系辞下》相关之处所论。

六五。鼎黄耳金铉。利贞。

象曰：鼎黄耳，中以为实也。

[白话]

六五。鼎有黄色的耳与金制的铉。适宜正固。

《象传》说：鼎有黄色的耳，是因为居中而踏实。

[解读]

① 六五完成放大的坎卦（从初六到六五），坎为耳；六五居中，中之色为黄，所以称"鼎黄耳"。

② 鼎卦由遁卦（☰）变来，上卦为乾，乾为金。铉为穿过鼎耳的工具，六五为耳，可供铉穿过，所以称为"金铉"。"黄耳金铉"为贵重之象，所以"利贞"。至于"中以为实"，则是指六五居中，又有九二正应。

上九。鼎玉铉，大吉，无不利。

象曰：玉铉在上，刚柔节也。

[白话]

上九。鼎有玉制的铉。非常吉祥，无所不利。

《象传》说：玉制的铉在上位，是因为刚与柔调节合宜。

[解读]

① 上九的位置是鼎铉。由于遁卦上卦原为乾，乾为玉，变为鼎卦而上九未动，所以得"玉铉"之象。

② 以金与玉而言，金属刚硬而玉质柔润。上九以阳爻居柔位，已经有所调和，再以玉铉称之，更是得宜无比。所以形成了"大吉，无不利"。

51 震卦 ䷲

震：亨。震来虩虩，笑言哑哑。震惊百里，不丧匕鬯。
象曰：洊雷，震。君子以恐惧修省。

上六：震索索，视矍矍，征凶。震不于其躬，于其邻，无咎。婚媾有言。
象曰：震索索，未得中也。虽凶无咎，畏邻戒也。

六五：震往来厉，亿无丧，有事。
象曰：震往来厉，危行也。其事在中，大无丧也。

九四：震遂泥。
象曰：震遂泥，未光也。

六三：震苏苏，震行无眚。
象曰：震苏苏，位不当也。

六二：震来厉，亿丧贝，跻于九陵，勿逐，七日得。
象曰：震来厉，乘刚也。

初九：震来虩虩，后笑言哑哑，吉。
象曰：震来虩虩，恐惧致福也。笑言哑哑，后有则也。

震：亨。震来虩虩（xì），笑言哑哑。震惊百里，不丧匕（bǐ）鬯（chàng）。

[白话]

震卦：通达。震动起来惊慌不安，谈话笑声稳定合宜。震动惊传百里之远，祭器祭酒却不失手。

366　　　　　　　　　　　　　傅佩荣解读《易经》（增订版）

[解读]

① 震卦是下震上震，"震为雷"。《序卦》说："主器者莫若长子，故受之以震。震者，动也。"鼎卦描写国家重器，主持礼仪者没有比长子更适合的，所以接着要谈代表长子的震卦。震亦为震动之意。

② "虩虩"为惊慌貌；"哑哑"描写镇定有节的言谈。震为雷，突然发生，难免让人惊慌；随后则恢复常态，可以安分自处。

③ "匕"为匙形器具，用以挹取鼎食；"鬯"为秬黍所酿的酒。两者合称，指宗庙祭祀的礼品与祭器。震为长男，在主祭时从容而不惊慌。震为祭器，卦中有互坎（六三、九四、六五），坎为坚多心之木，为棘，引申为木制的匕；坎为水，引申为酒，为鬯。由上述描写看来，震卦为通达，为"亨"。

彖曰：震，亨。震来虩虩，恐惧致福也。笑言哑哑，后有则也。震惊百里，惊远而惧迩也。出可以守宗庙社稷，以为祭主也。

[白话]

《彖传》说：震卦，通达。震动起来惊慌不安，是因为恐惧可以招致福佑。谈话笑声稳定和宜，是因为随后有了言行法则。震动惊传百里之远，是要惊醒远方的人并且使近处的人有所戒惧。这样的长子登位，可以守护宗庙与国家，作为祭祀的主持人。

[解读]

① 震卦肯定长子将会继位为君，所以需要具备特殊条件。他不可耽于逸乐，而须感受自身责任重大，有如雷鸣使人惊慌不安，由此谨言慎行，修德以致福。不只长子一人要有忧患意识，所以说"惊远而惧迩"。"出可以守宗庙社稷"一语之"出"，可解为"国君外出"，则长子可以代劳，但较迂曲，不如解为

这样的长子出场上位。
② "不丧匕鬯"显示了处变不惊与临危不乱的定力,这是国君应有的修养。在此特别指出"以为祭主",再次肯定了宗教信仰的重大意义。这种信仰所崇拜的固然有祖先的神灵,同时更有至高的上天。古人以雷鸣为上天示警,并未视之为自然现象而已。

象曰：洊（jiàn）雷，震。君子以恐惧修省。

[白话]

《象传》说：接二连三打雷，这就是震卦。君子由此领悟，要有所恐惧，修正省察自己。

[解读]

① "洊"为重、再。震卦上下皆震，震为雷，所以是雷接连打下来，声威让大地震动，也令人震撼。
② 君子在自发的恐惧心态中，要省思己过，修养德行。人若不能定期反省，就不易察觉逐渐形成的恶习，等到积重难返，就徒呼奈何了。因此，活在世间，不能没有忧患意识。《论语·乡党》记载孔子"迅雷风烈必变。"

初九。震来虩虩，后笑言哑哑，吉。
象曰：震来虩虩，恐惧致福也。笑言哑哑，后有则也。

[白话]

初九。震动起来惊慌不安，然后谈话笑声稳定合宜，吉祥。
《象传》说：震动起来惊慌不安，是因为恐惧可以招致福佑。谈话笑声稳定和宜，是因为随后有了言行法则。

[解读]

① 初九的内容重复了卦辞的前半段。由此显示震卦初爻即含有全卦的用意。初九为震之初始,若能立即反应而虩虩,然后自我戒惕而收敛言笑,结果则为"吉"。基本八卦本身重覆之卦,其主爻依其卦性而定,不受一般卦变所影响。在此,震卦主爻为初九。

② 有关"笑言哑哑"的取象,则须考虑震卦的由来。震卦由临卦(䷒,第19卦)变来,亦即临卦九二与六四换位而成震卦(䷲)。在临卦中,初九在下卦兑中,兑为口,为悦,引申为言笑。形成震卦之后,阴阳爻之搭配有其规则,是为"后有则也"。

六二。震来厉,亿丧贝。跻于九陵,勿逐,七日得。
象曰:震来厉,乘刚也。

[白话]

六二。震动起来有危险,大量丧失了钱币。登上九重山陵,不要去追赶,七天可以失而复得。
《象传》说:震动起来有危险,是因为凌驾在刚爻之上。

[解读]

① 六二在主爻初九之上,是为乘刚而不顺,又处于震卦,所以说"震来厉"。由临卦(䷒)变为震卦(䷲)时,震卦六二原在临卦上坤中,坤为两串贝,引申为钱币甚多。六二爻变,下卦为兑,有丧失之象。由临卦变为震卦后,上坤消失,所以说"亿丧贝"。古人以"亿"为十万,表示大量之数。

② "跻于九陵"是对与六二换位的九四所说,因为是九四化解了上坤,现在又处于互艮(六二、六三、九四)的上位,艮为山。六二与九四分别在下震与上震中,震为足,为行,两者皆行,不可能追赶得上,所以说"勿逐"。但是六二居中行正,只要

自守，即可复得。"七日得"，是取震（☳）为小的复卦（䷗，第24卦），有"七日来复"之象。一般而言，爻有六位，所以从本位出发再回到本位，是经过一个周期，到第七位重新开始。

六三。震苏苏，震行无眚。
象曰：震苏苏，位不当也。

[白话]

六三。震动得微微发抖，因为震惊而行动，就没有灾害。
《象传》说：震动得微微发抖，是因为位置不恰当。

[解读]

① 六三以阴爻居刚位，又在震卦中，其不安之情更为明显。这是"位不当也"所造成的。六三在互坎（六三、九四、六五）中，坎为多眚，所以有"眚"（灾害）的问题。如果因震而行，正好配合震为行之意，六三又在互艮（六二、六三、九四），艮为止，可以"无眚"。

② 关于"苏苏"一词，可参考程颐对本卦三个复词的解说。依程氏所说，"虩虩"是"顾虑不安之貌"；"苏苏"是"神气缓散，自失之状"；上六的"索索"则是"消索不存之状"。显然一步比一步严重。白话译文分别写为"惊慌不安""微微发抖""浑身颤抖"，也是想突显其程度之别。

九四。震遂泥。
象曰：震遂泥，未光也。

[白话]

九四。震动得落入泥中。

《象传》说：震动得落入泥中，是因为阳刚之德尚未光大。

[解读]

① 九四已升到上卦，但还是震卦。阳爻在震卦本来可以大步前行，但是它以阳爻居柔位，不中不正，无法施展本性，所以说"未光也"。
② "遂"为坠，为落入。震卦由临卦变来，临卦上坤为土；变为震卦出现互坎（六三、九四、六五），坎为水；土遇水为泥，而九四正在坎的中爻，所以说它"震遂泥"。震为足，九四泥足深陷于上下四阴之间，其危惧可知。

六五。震往来厉，亿无丧，有事。
象曰：震往来厉，危行也。其事在中，大无丧也。

[白话]

六五。震动时，往来都有危险，没有大量丧失，但发生事故。
《象传》说：震动时，往来都有危险，因为是在危险中行动。发生事故时居于中位，所以没有大量丧失。

[解读]

① 六五往上是终位而无应，往下是乘刚而不顺，亦即"往来厉"。六五在临卦变震卦的过程中，守住原本的坤卦中爻，所以不像六二的"亿丧贝"，而是"亿无丧"。
② 不过，事故还是发生了，就是六五失去原在临卦中的九二正应，变成了震卦的无应；并且，它也落入互坎（六三、九四、六五）中，坎为险，这也是"危行"的背景。虽有事故，六五守住中位，所以可以"大无丧也"。
③ 程颐关于各爻之中与正，指出："诸卦，二五虽不当位，多以

中为美。三四虽当位，或以不中为过。中常重于正也。盖中，则不违于正，正不必中也。天下之理，莫善于中。"在此还可补充一点，就是中常可连正而言，并且正除了当位之外，也可包含"柔顺刚"在内。

上六。震索索，视矍矍（jué），征凶。震不于其躬，于其邻，无咎。婚媾有言。
象曰：震索索，中未得也。虽凶无咎，畏邻戒也。

[白话]

上六。震动得浑身颤抖，惊恐得四处张望，前进有凶祸。震动不在自己身上，而在邻居那儿，就没有灾难，婚配会出现怨言。
《象传》说：震动得浑身颤抖，是因为没有取得中位。虽有凶祸但没有灾难，是因为害怕邻居那种遭遇而有所戒惧。

[解读]

① 上六居全卦之终，震动不安的情况达到极点，所以说它"震索索"。上六爻变，上卦为离，离为鸟为目，位居最高而向下张望，是"视矍矍"，为鸟在高处向下惊慌张望之貌。上六前无去路，所以说"征凶"。这一切都可以归因于"中未得也"。

② 上六若能由邻爻六五的"往来皆厉"学到教训，使自己不受震动所影响，知所戒惕而稍安勿躁，那么将可"无咎"。震卦三男皆在，震为长男，互坎为中男，互艮为少男，而无一女象，因此不能婚媾而必有怨言。言来自震为鸣。类似情况见于艮卦（少男）、巽卦（长女）与兑卦（少女），但均未提及"婚媾有言"。此因震为长男，首当其冲。

52　艮卦 ䷳

艮：艮其背，不获其身。行其庭，不见其人。无咎。
象曰：兼山，艮。君子以思不出其位。

上九：**敦艮，吉。**
象曰：敦艮之吉，以厚终也。

六五：**艮其辅，言有序，悔亡。**
象曰：艮其辅，以中正也。

六四：**艮其身，无咎。**
象曰：艮其身，止诸躬也。

九三：**艮其限，列其夤，厉薰心。**
象曰：艮其限，危薰心也。

六二：**艮其腓，不拯其随。其心不快。**
象曰：不拯其随，未退听也。

初六：**艮其趾，无咎。利永贞。**
象曰：艮其趾，未失正也。

艮：艮其背，不获其身。行其庭，不见其人。无咎。

[白话]

艮卦：止住背部，没有获得身体。走在庭院中，没有见到人。没有灾难。

[解读]

① 艮卦是下艮上艮,"艮为山"。《序卦》说:"物不可以终动,动必止之。故受之以艮。艮者,止也。"震卦为动,动久必止,艮卦就是说明止的。止有停止、阻止之意。古人行动时,遇山则止,何况二山相重?

② 艮卦的覆卦是震卦,震卦由临卦变来,所以艮卦由观卦(䷓,第20卦)变来,亦即观卦九五与六三换位,成为艮卦(䷳)。观卦下坤,坤为母,母可怀孕称"有身",所以坤亦为身;变成艮卦之后,坤象消失,这就是"不获其身"。至于"艮其背",则是以艮为坚多节木,引申为人的背脊,而以艮为背。

③ 艮卦中有一互卦震(九三、六四、六五),震为行,引申为行人;又有一互卦坎(六二、九三、六四),坎为隐伏;艮卦本身二艮相叠,艮为门阙,二门之间为庭院;合而言之,则是"行其庭,不见其人"。既"不获"又"不见",则不接外物,也不生欲望,止于其所,"无咎"。

象曰:艮,止也。时止则止,时行则行,动静不失其时,其道光明。艮其止,止其所也。上下敌应,不相与也,是以不获其身。行其庭不见其人,无咎也。

[白话]

《象传》说:艮卦,是止住的意思。该停止时就停止,该行动时就行动,动与静都没有错过时机,他的道路就会坦荡光明。艮卦所谓的止,是要止得其所。上位者与在下者没有应合,不能彼此搭配,因此要说没有获得身体。走在庭院中没有见到人,所以没有灾难。

[解读]

① 艮卦的主题是止,但是卦中也有互震(九三、六四、六五),

震为行；所以要强调"时行则行，时止则止"。"时"是变化中的关键因素，人生的重要挑战就是判断时机，以求"动静不失其时"。"其道光明"一语，可以描述其人生道路坦荡光明，通行无阻；也可以显示其道德芳表之光明。

② 艮卦的止，要止得其所。"所"是指位置、职位，亦即除了考虑"时间"，还要考虑"空间"。艮卦与震卦一样，也是六爻无应，以致全无应援。各爻皆为相背，所以不获其身也不见其人，无往无来，所以"无咎"。

象曰：兼山，艮。君子以思不出其位。

[白话]

《象传》说：两座山重叠在一起，这就是艮卦。君子由此领悟，思考问题不超出自己的职位范围。

[解读]

① 艮卦下艮上艮，为二山相重之象。所谓相重，也可以指前后二山相连，可见险阻重重，必须止步。
② 君子所思，也当止于其身份、角色与职位。《论语·泰伯》与《论语·宪问》皆有"子曰：'不在其位，不谋其政。'"一语；在后者，还加上曾子补充了一句，就是"君子思不出其位"。由此可见，这种观念可以代表儒家的立场。

初六。艮其趾，无咎。利永贞。
象曰：艮其趾，未失正也。

[白话]

初六。止住脚趾，没有灾难。适宜长久正固。

《象传》说：止住脚趾，是没有失去正当做法。

[解读]

① 初六在全卦底部，有如人的足趾。足趾可以行走，现在处于艮卦，就使之停止，如此符合艮卦的要求而"无咎"。足趾不动，则可长久正固，所以说"利永贞"。
② 初六"未失正"，是就其位居最下而能从艮卦的"止"义。这是"时止则止"的表现，所以"未失正也"。

六二。艮其腓，不拯其随。其心不快。
象曰：不拯其随，未退听也。

[白话]

六二。止住小腿，不抬起来又须随着动。内心不痛快。
《象传》说：不抬起来又须随着动，是因为没有人退一步听从它。

[解读]

① 六二处在小腿的部位。由于六二居中守正，必定依卦而止。六二爻变，下卦为巽，巽为股为随顺，小腿即使不抬起来，也必须随着股（大腿）而进退，亦即"不拯其随"。"拯"为抬，为举。六二在互坎中，坎为加忧，"其心不快"是可以理解的。不仅如此，六二在观卦（☷）中，原有九五正应，现在变为艮卦而无应，又怎能开怀？
② 六二既然居中守正，自然希望九三退一步听从它。但是九三自己在互震（九三、六四、六五）中，有意行动，所以"未退听也"。

九三。艮其限，列其夤（yín），厉熏心。

376　傅佩荣解读《易经》（增订版）

象曰：艮其限，危薰心也。

[白话]

九三。止住腰部，撕裂脊肉，有危险而忧心如焚。
《象传》说：止住腰部，是危难使人忧心如焚。

[解读]

① "限"指腰部，因为腰部是身体上下的分界处；"列"为裂；"夤"为脊椎骨两边的肉。九三位处腰部，居上下艮之间，原是非止不可的位置，但是它以阳爻居刚位，动向极强，并且在互震（九三、六四、六五）中，震为行，由此出现撕裂之苦。九三又在互坎（六二、九三、六四）中，坎为美脊马，脊于人为"夤"，所以说"列其夤"。

② 九三在互坎中，坎为险，对人则是加忧与心病，合之则是"危薰心也"。程颐说："行止不能以时，而定于一，其坚强如此，则处世乖戾与物睽绝，其危甚矣。"这样的人，内心常受煎熬，有如受火薰烤。

六四。艮其身，无咎。
象曰：艮其身，止诸躬也。

[白话]

六四。止住身体，没有灾难。
《象传》说：止住身体，就是要止住自己。

[解读]

① 六四以阴爻居柔位，可以顺着全卦的时势而止住身体。六四爻变，上卦为离，离为大腹，有孕之象，为有身，所以说"艮

其身"。

② 能够止住自己，可以自保而"无咎"。六四位正，但是乘刚，两相抵销，无法有所作为。

六五。艮其辅，言有序，悔亡。
象曰：艮其辅，以中正也。

[白话]

六五。止住上牙床，说话有条理，懊恼消失。
《象传》说：止住上牙床，是因为居中行正。

[解读]

① "辅"为上牙床（"车"为下牙床），上牙床不动，表示说话有条理，然后可以"悔亡"。六五位处脸颊与口腔，是负责说话的。与六四对照而在上方，所以称"辅"。它在上艮，又在互震，所以能止也能动，表示"言有序"。

② 六五居中位，所行合乎艮卦要求而为正。能做到"言有序"，大概就可以避开孔子所谓的"三愆"。孔子说："侍于君子有三愆：言未及之而言谓之躁，言及之而不言谓之隐，未见颜色而言谓之瞽。"（《论语·季氏》）

上九。敦艮，吉。
象曰：敦艮之吉，以厚终也。

[白话]

上九。笃实地止住，吉祥。
《象传》说：笃实地止住而吉祥，是因为以厚重来结束。

[解读]

① 上九居全卦终位,在两山之上,可以充分发挥止的要义。上九爻变,上卦为坤,坤为厚,"敦"为笃实,为厚重,亦即"敦艮"。

② 能以厚重来结束止卦,是理想的结果,所以说"吉"。

53 渐卦

渐：女归吉，利贞。

象曰：山上有木，渐。君子以居贤德善俗。

上九：鸿渐于陆，其羽可用为仪，吉。
象曰：其羽可用为仪，吉，不可乱也。

九五：鸿渐于陵，妇三岁不孕，终莫之胜，吉。
象曰：终莫之胜，吉，得所愿也。

六四：鸿渐于木，或得其桷，无咎。
象曰：或得其桷，顺以巽也。

九三：鸿渐于陆。夫征不复，妇孕不育，凶。利御寇。
象曰：夫征不复，离群丑也。妇孕不育，失其道也。利用御寇，顺相保也。

六二：鸿渐于磐，饮食衎衎，吉。
象曰：饮食衎衎，不素饱也。

初六：鸿渐于干，小子厉，有言，无咎。
象曰：小子之厉，义无咎也。

渐：女归吉，利贞。

[白话]

渐卦：女子出嫁吉祥，适宜正固。

[解读]

① 渐卦是下艮上巽，亦即"风山渐"。《序卦》说："物不可以终

止，故受之以渐。渐者，进也。"艮卦谈止，止到尽头又须开始活动，这时出现的是渐卦。渐为进，并且是有秩序地渐进，亦即《杂卦》所说："渐，女归待男行也。"古代女子若要出嫁，必须等待男方行聘，然后依序进展。

② "女归"为女子出嫁，找到归宿。渐卦与下一卦归妹（☷）为正覆关系。至于渐卦的由来，则是由否卦（☷，第12卦）变成，亦即否卦六三与九四换位。谈到卦变，主要可以参考十二消息卦，先看阴爻与阳爻的数目，再配合《彖传》的提示，通常可以找到答案。若有不合，再另寻他法。

③ 程颐说："天下之事，进必以渐者，莫如女归。臣之进于朝，人之进于事，固当有序，不以其序，则陵节犯义，凶咎随之。然以义之轻重，廉耻之道，女之从人，最为大也。故以女归为义。"这段话反映了古人的观念。今日强调男女平权，不宜只是单方面要求女性。

彖曰：渐之进也，女归吉也。进得位，往有功也。进以正，可以正邦也。其位刚得中也。止而巽，动不穷也。

[白话]

《彖传》说：渐卦所谓的推进，是指女子出嫁吉祥。推进而取得恰当位置，是前往有功劳。依正道推进，可以导正国家。就位置而言，是刚强者取得中位。能做到停止而随顺，行动就不会陷入困境。

[解读]

① 渐卦由否卦变来，是否卦的六三往上与九四换位；这是渐进的方式，形成了渐卦（☷），亦即下艮为少男，上巽为长女，对女子有利，所以说"女归吉"。

② 现在渐卦六四以阴爻居柔位，正是"进得位"；如此也形成阴

阳交错、男女交往的新局面，是为"往有功也"。不仅如此，渐卦二、三、四、五爻皆得正位，亦即男女的正当关系将会导正国家的社会风气，"可以正邦也"。九五与六二可以居中而正应，更为可喜。渐卦下艮上巽，艮为止，巽为入，为随顺，是为"止而巽"，内心静止而外表随顺，自然"动不穷也"。

象曰：山上有木，渐。君子以居贤德善俗。

[白话]

《象传》说：山上长着树木，这就是渐卦。君子由此领悟，要使所居之地充满美好德行与善良风俗。

[解读]

① 渐卦下艮上巽，巽为木，艮为山，正是"山上有木"。木因为在山上，才显得高，这是所居之地合宜所造成的结果。木因山而高，这是有序而成，而它本身也是渐进成长的。
② 君子知道移风易俗不是一朝一夕可以达成的，也要依序而进。

初六。鸿渐于干，小子厉。有言，无咎。
象曰：小子之厉，义无咎也。

[白话]

初六。大雁渐进到水岸边，年轻人有危险。有些责言，没有灾难。
《象传》说：年轻人的危险，理当没有灾难。

[解读]

① 初六爻变，下卦为离，离为雉，大雁属之。"鸿"为大雁，常以"鸿雁"称之。以鸿为喻来谈"女归"，主要是因为古人

观察到鸿雁依季节迁徙而从不失信，在飞行时井然有序，并且对配偶坚贞不渝。初六为渐卦初位，上临互坎（六二、九三、六四），坎为水，亦即大雁渐进到水边。"干"为岸边。本卦六爻皆称"鸿"（大雁），或可由其结构来理解：下艮上巽，艮为山，巽为风为鸡；在山之上随风飞翔之禽，可视为鸿。

② "小子"是指初六在下卦艮，艮为少男；初六面临互坎，坎为险；所以说"小子厉"。不过，初六并未进入互坎，所以"义无咎也"。而"有言"的原因是：原在否卦，下卦三爻皆有正应，一变而为渐卦，则六二居中有应，九三当位，只剩初六既不当位又无应。初六阴爻属柔，不会躁进，上无正应，必须渐至。合乎渐卦要求，所以"无咎"。

六二。鸿渐于磐，饮食衎衎（kàn），吉。
象曰：饮食衎衎，不素饱也。

[白话]

六二。大雁渐进到磐石上，饮食和乐的样子，吉祥。
《象传》说：饮食和乐的样子，因为不是白白吃饱的。

[解读]

① 六二居下卦艮的中位，艮为山石，为"磐"，指岸边离水稍远的石堆。六二在互坎（六二、九三、六四）中，坎为水，引申为酒，为饮食。"衎衎"为和乐貌。六二与九五正应，所以可说"饮食衎衎"。

② 六二居中守正，上应之九五也是居中守正，所以它在渐进时，饮食和乐，"不素饱也"。素为空，为白；"素饱"是批评光吃饭而不做事的人。六二显然并非如此。孟子在回答学生对君子"不耕而食"的质疑时，特别指出："君子居是国也，其君用

之，则安富尊荣；其子弟从之，则孝悌忠信。'不素餐兮'，孰大于是？"（《孟子·尽心上》）

九三。鸿渐于陆。夫征不复，妇孕不育，凶。利御寇。
象曰：夫征不复，离群丑也。妇孕不育，失其道也。利用御寇，顺相保也。

[白话]

九三。大雁渐进到台地上。丈夫出征不回来，妇女怀孕不生育，有凶祸。适宜抵抗强盗。

《象传》说：丈夫出征不回来，是因为离开了同类。妇女怀孕不生育，是因为丧失了正道。适宜抵抗强盗，是因为随顺而能保住位置。

[解读]

① "陆"是高而平的台地。九三在下卦艮中，艮为山，引申为高；它也在互坎（六二、九三、六四）中，坎为水，引申为平；合之为"陆"，所以说"鸿渐于陆"。

② 由否卦变为渐卦时，六三与九四换位而成九三与六四。对九三而言，阳爻称夫，它由上卦（原是九四）来到下卦，却不到初位而到三位，如此则是"夫征不复"。对六四而言，阴爻称妇，它在互离（九三、六四、九五）中，离为大腹，引申为有孕；它也在上卦巽中，巽为不果，如此则是"妇孕不育"。

③ "夫征不复"的原因，是说九三离开了它原在否卦的上卦乾，是为"离群丑也"。"丑"为众，为同类。"妇孕不育"的原因，则是说六四原在否卦的下卦坤，与上九正应，但是它却与九四换位，是为"失其道也"。如此，结果为"凶"。

④ 九三在互坎（六二、九三、六四）中，坎为盗，亦为弓轮；它也在互离（九三、六四、九五）中，离为甲胄，为戈兵；所以

说"利御寇"。而其原因则是"顺相保也",亦即九三与六四的换位,出现了渐卦的上卦巽,巽为随顺;同时九三与六四也都保住了自己正位。

六四。鸿渐于木,或得其桷(jué),无咎。
象曰:或得其桷,顺以巽也。

[白话]

六四。大雁渐进到树木上,或者停在屋椽上,没有灾难。
《象传》说:或者停在屋椽上,就是因为柔顺而随顺。

[解读]

① 六四位置更高,大雁到了树上,或停在屋椽上。"或"字用在四位,表示未定状态,有选择余地。"桷"为椽,为屋顶上的椽子。由取象来看,六四在上卦巽中,巽为木;又在下卦艮之上,艮为门阙;合之则为门阙上的横木,亦即"桷"。既然是渐进而上,所以"无咎"。

② 六四以阴爻居柔位,其柔顺可知,又在上卦巽中,巽为入,为随顺,合之则为"顺以巽也"。大雁为蹼足,在椽的平板上较为安稳。

九五。鸿渐于陵,妇三岁不孕,终莫之胜,吉。
象曰:终莫之胜,吉,得所愿也。

[白话]

九五。大雁渐进到山陵上,妇女三年不怀孕。最后没有人能够胜过她,吉祥。
《象传》说:最后没有人能够胜过她而吉祥,是因为愿望得以实现。

[解读]

① 九五居下卦艮之上，亦即在山陵之上；它又在互离（九三、六四、九五）中，离为大腹为有孕；上卦为巽为不果；所以说，妇"不孕"。若要有结果，则须由九五的正应六二来看，六二在下卦艮中，艮为果蓏。由九五到六二须经三位，亦即三年之后才有结果。合之则为"三岁不孕"。

② 九五之所愿，在与六二正应，这也是"终莫之胜"的原因。两者皆居中守正，最后是"吉"。

上九。鸿渐于陆，其羽可用为仪，吉。
象曰：其羽可用为仪吉，不可乱也。

[白话]

上九。大雁渐进到台地上，羽毛可以用在礼仪中，吉祥。
《象传》说：羽毛可以用在礼仪中而吉祥，是因为礼仪不可乱了秩序。

[解读]

① 上九虽处于渐卦终位，但大雁完成渐进顺序，又回到高平的台地上，这也是九三所处的位置。上九在上卦巽，巽为进退，可进也可退，所以大雁也可以退回台地。

② 上九在互离（九三、六四、九五）之上方，离为雉，为禽鸟，引申为鸿，而上九在鸿之上方，可指其羽毛。至于"仪"，是指礼仪而言，尤其是婚礼。上九在巽卦中，巽为进退，表示礼仪有秩序而"不可乱"。

③ 依《周礼》所载，古代婚礼有六个步骤，就是：纳采（男方送一只雁给女方），问名（八字合婚），纳吉（占卜得吉），纳征（订婚），请期（定喜日），以及亲迎（结婚）。纳采用雁，而新郎帽上亦须插上雁翎。这些都可供参考。

54 归妹卦

归妹：征凶，无攸利。

象曰：泽上有雷，归妹。君子以永终知敝。

上六：女承筐无实，士刲羊无血，无攸利。
象曰：上六无实，承虚筐也。

六五：帝乙归妹，其君之袂不如其娣之袂良，月几望，吉。
象曰：帝乙归妹，不如其娣之袂良也。其位在中，以贵行也。

九四：归妹愆期，迟归有时。
象曰：愆期之志，有待而行也。

六三：归妹以须，反归以娣。
象曰：归妹以须，未当也。

九二：眇能视，利幽人之贞。
象曰：利幽人之贞，未变常也。

初九：归妹以娣，跛能履，征吉。
象曰：归妹以娣，以恒也。跛能履，吉相承也。

归妹：征凶，无攸利。

[白话]

归妹卦：前进有凶祸，没有什么适宜的事。

[解读]

① 归妹卦为下兑上震，亦即"雷泽归妹"。《序卦》说："进必有

所归，故受之以归妹。"渐卦是讲进展的，进展到一定时候，就要有个归宿，所以接着谈归妹卦。由字面看来，归妹是嫁出妹妹，其含意可以推广到嫁出女子。《杂卦》说："归妹，女之终也。"就强调归妹卦所说，为女子的最后归宿。古人以女子出嫁为有所归，有如回到家一般，其实是要组成新家庭，生养下一代了。

② 由下兑上震看来，兑为少女，震为长男；少女配长男，就是归妹。并且，震为诸侯，所以各爻取象都以诸侯娶女为典型，所谈并非一般人的嫁娶。由爻位看来，除了初与上之外，二、三、四、五皆无正位，并且六五与六三皆有乘刚不顺的情况，这表示"征凶"。归妹为人生大事，应该认真办好，不必再想其他的事，所以说"无攸利"。

③ 归妹卦与渐卦为正覆关系。推究其源，则由泰卦（䷊，第11卦）变来，亦即泰卦九三与六四换位，形成归妹卦（䷵）。

彖曰：归妹，天地之大义也。天地不交而万物不兴，归妹，人之终始也。说以动，所归妹也。征凶，位不当也。无攸利，柔乘刚也。

[白话]

《彖传》说：归妹卦，说的是天地间的大道理。天地的阴阳二气不交流，万物就无法出现；归妹，使人类的生命可以终而复始。喜悦而行动，因为所要嫁的是妹妹。前进有凶祸，因为所处的位置不恰当。没有什么适宜的事，因为柔顺者凌驾在刚强者之上。

[解读]

① 归妹卦谈婚配，男女结婚生子以繁衍后代。古人认为天地各有阳气与阴气，两者交感流通才会产生万物。泰卦原为下乾上坤，壁垒分明，变为归妹卦才又出现阴阳交错，有了生机。人类若

无男女婚配，就不可能终而复始，人道也将灭绝。
② 归妹卦下兑上震，兑为悦，震为动，合之则为"说以动"；这是下悦而上动，少女配长男，两情相悦而缔结良缘。但是，全卦中间四爻皆不当位，所以不宜前进；又有乘刚现象，所以"无攸利"。

象曰：泽上有雷，归妹。君子以永终知敝。

[白话]

《象传》说：沼泽上有雷鸣，这就是归妹卦。君子由此领悟，要长久直到结束，知道弊端而防范。

[解读]

① 归妹卦下兑上震，震为雷，兑为泽，是为"泽上有雷"。雷震而泽动，有从上而行之意，亦即归妹。
② "永终"是永其终，个人生命有结束，而人类却要永远传续下去；"知敝"是了解有始无终的害处，再预为防范。"敝"为弊。

初九。归妹以娣（dì），跛能履，征吉。
象曰：归妹以娣，以恒也。跛能履，吉相承也。

[白话]

初九。嫁妹妹时，以娣陪嫁。脚跛了还能走，前进吉祥。
《象传》说：嫁妹妹时，以娣陪嫁，是为了维持关系。脚跛了还能走，是因为有吉祥承续下去。

[解读]

① "娣"是陪嫁的妹妹。古代诸侯娶妻时，有正室一人，陪嫁的

娣侄二人，称为媵。"娣"为正室之妹，"侄"为正室的侄女。这三人又各有娣侄二人，结果总数为九人。有娣陪嫁，将来正室死了可以继位，如此可使姻亲关系维持长久，这就是"以恒也"。

② 初九在下卦兑中，兑为少女，为妹；在本卦中，其角色如"娣"，所以说"归妹以娣"。初九居下位为足，而兑卦为毁折，所以说"跛"；初九以阳爻居刚位，有动向，不但"能履"，而且"征吉"。就归妹卦而言，娣为正室之助手，再往前一步即为正室，其吉可以相承。

九二。眇（miǎo）能视，利幽人之贞。
象曰：利幽人之贞，未变常也。

[白话]

九二。眼有疾还能看，适宜幽隐的人保持正固。
《象传》说：适宜幽隐的人保持正固，是因为没有改变常道。

[解读]

① 九二在互离（九二、六三、九四）中，离为目，为明；又在下卦兑中，兑为毁折；所以是眼有疾而仍有明，亦即"眇能视"。"眇"是目有疾而难视。相关的爻辞与爻位，可参考履卦（☰，第10卦）。

② 九二在下卦兑中，兑为泽；九二居中位，是为泽中之人，有如幽隐之人，九二虽有六五阴阳正应，但是九二为柔中带刚的贤女，六五则非贤明之君。程颐说："男女之际，当以正礼，五虽不正，二自守其幽静贞正，乃所利也。"九二居中守常，可以自保自处。

六三。归妹以须,反归以娣。

象曰:归妹以须,未当也。

[白话]

六三。嫁妹妹时,以妾陪嫁;要回去再以娣陪嫁。

《象传》说:嫁妹妹时,以妾陪嫁,是因为位置不恰当。

[解读]

① "须"为妾;"须女"为一星座,《史记·天官书》正义说:"须女,贱妾之称,妇职之卑者,主布帛裁制嫁娶。"六三在下卦兑中,兑为妾,所以说"归妹以须"。

② 六三以阴爻居刚位,不正也不中,"未当也"。至于"反归以娣"的理由,则是六三若不回头,则往前已入互坎(六三、九四、六五),坎为险,为加忧。回头则是依循正途,以娣陪嫁。若依常情考量,则是妻娣为姊妹,易于和睦相处,而妻妾则难以共融了。

九四。归妹愆(qiān)期,迟归有时。

象曰:愆期之志,有待而行也。

[白话]

九四。嫁妹妹延误了婚期,晚些出嫁也会有一定的时候。

《象传》说:延误婚期的心意,是有所等待才要行动。

[解读]

① "愆"为延误、拖延。九四在互离(九二、六三、九四)中,离为日,也在互坎(六三、九四、六五)中,坎为月,有日有月,表示时间漫长而未定,所以说"愆期"。

② 不过，九四已在上卦震中，震为行，并且震也代表春季。古代嫁娶以春季为主，所以说"迟归有时"。九四以阳爻居柔位，又无正应，所以必须"有待而行"，所待者既是时机，也是佳偶。

六五。帝乙归妹，其君之袂（mèi）不如其娣之袂良。月几望，吉。
象曰：帝乙归妹，不如其娣之袂良也。其位在中，以贵行也。

[白话]

六五。帝乙嫁妹妹，这位女君的服饰还没有娣的服饰那么华美。月亮快到满盈的时候，吉祥。

《象传》说：帝乙嫁妹妹，还没有娣的服饰那么华美。她处在中间的位置，因为是以尊贵的身份出嫁的。

[解读]

① "帝乙归妹"亦见于泰卦六五的爻辞，可以参照。帝乙是帝王，把妹妹嫁给诸侯，这在古代是常有之事。诸侯的正室称为"女君"，陪嫁的是"娣"。"袂"原指衣袖，引申为服饰。归妹卦由泰卦（䷊）变来，卦变时六五与九二皆未动，六五在上坤，坤为布，为吝啬，九二在下乾，乾为金，为玉。现在六五仍居上卦，是为女君，而九二则在下兑中，兑为妹，为娣。相形之下，正是"其君之袂不如其娣之袂良"。表示帝王之妹尚礼不尚饰。

② "望"为每月十五日，为月满之时；"月几望"是月尚未满，六五爻变，上卦成兑，卦象有如上弦月，为每月初八，正在走向满盈。六五在互坎（六三、九四、六五）中，坎为月，所以说"月几望"。帝王之妹，下嫁诸侯，满而不骄，所以"吉"。

③ 女君重礼而不骄，是因为她处于中位。以阴爻处尊位，地位高

贵又能柔顺，表示符合应有的身份，是为"以贵行也"。

上六。女承筐无实，士刲（kuī）羊无血，无攸利。
象曰：上六无实，承虚筐也。

[白话]

上六。女子捧着竹筐，里面是空的；士人宰杀活羊，无法取得血，没有什么适宜的事。
《象传》说：上六没有东西，是因为捧着空的筐子。

[解读]

① 上六所处的上卦，是由坤变震，坤为女，并且坤（☷）形有如空无一物，震（☳）形有如竹筐，合之则为"女承筐无实"。上六所对的六三则在下卦，下卦是由乾变兑，乾为男，兑为羊，六三在互坎（六三、九四、六五）中，坎为血，但是坎在兑上，血在上而不往下流，所以说"刲羊无血"。两皆不成，所以"无攸利"。上六居终位，下又无正应，一切都是空的。

② 古代女子嫁入夫家三个月后，要参与祭祀的礼仪。《仪礼·士昏礼》记载："妇入三月，然后祭行"，以及"妇入三月乃奠菜"。做法是以竹筐盛满菜蔬来敬奉祖先。男子则须负责杀羊取血来祭祀。如上六所云，则是祭祀不成，无法获得祖先福佑。

55　丰卦 ䷶

丰：亨。王假之，勿忧，宜日中。

象曰：雷电皆至，丰。君子以折狱致刑。

上六：**丰其屋，蔀其家，窥其户，阒其无人，三岁不觌，凶。**
象曰：丰其屋，天际翔也。窥其户，阒其无人，自藏也。

六五：**来章，有庆誉，吉。**
象曰：六五之吉，有庆也。

九四：**丰其蔀，日中见斗，遇其夷主，吉。**
象曰：丰其蔀，位不当也。日中见斗，幽不明也。遇其夷主，吉行也。

九三：**丰其沛，日中见沬，折其右肱，无咎。**
象曰：丰其沛，不可大事也。折其右肱，终不可用也。

六二：**丰其蔀，日中见斗，往得疑疾。有孚发若，吉。**
象曰：有孚发若，信以发志也。

初九：**遇其配主，虽旬无咎；往有尚。**
象曰：虽旬无咎，过旬灾也。

丰：亨。王假（gé）之，勿忧，宜日中。

[白话]

丰卦：通达。君王带来了丰盛，不用忧虑，适宜太阳在中午的时候。

[解读]

① 丰卦是下离上震，亦即"雷火丰"。《序卦》说："得其所归者

必大，故受之以丰。丰者，大也。"归妹卦描述来归，有如众人来归，则民聚国富，所以接着要谈代表盛大的丰卦。盛大自然为"亨"。

② "王假之"的"假"，音为格，义为至，亦即君王将会实现天下丰盛的理想。这是艰困的挑战，但是"勿忧"，只要学会"日中"，像太阳在中午时，以光明普照万物。意思是：以无私之心造福百姓，天下就会丰盛。

③ 丰卦是由泰卦（䷊，第 11 卦）变来，亦即泰卦九二与六四换位而成丰卦（䷶）。九四是由下乾移往上坤的，乾为君王，坤为百姓，所以说"王假之"；六二来到下乾中位，变为离卦，离为日，如日在中天，所以"宜日中"。

彖曰：丰，大也。明以动，故丰。王假之，尚大也。勿忧，宜日中，宜照天下也。日中则昃，月盈则食。天地盈虚，与时消息，而况于人乎？况于鬼神乎？

[白话]

《彖传》说：丰卦，是盛大的意思。光明而行动，所以丰盛。君王带来了丰盛，是因为他所崇尚的就是盛大。不用忧虑，适宜太阳在中午的时候，是说这样适宜普遍照耀天下。太阳到中午就会开始西斜，月亮到圆满就会开始亏蚀。天地的满盈与虚空，是随顺时势而消退及成长，更何况是人呢？何况是鬼神呢？

[解读]

① 丰卦下离上震，震为行，离为明；光明与行动配合，天下必然大治，民富国强而丰盛可观。这种理想境界，只有得位的君王可以具体实现。责任重大，所以有"忧"；但是把握"宜日中"的原则，有如公正无私的正午太阳那样普照万物，就不会有问

题了。另外，在物质丰盛之时，很可能反而遮蔽了心灵，本卦四爻出现了遮蔽（蔀、沛），值得警惕。
② "昃"为太阳西斜；"食"为蚀，指月圆则缺。"日中则昃"与"月盈则食"是常见的现象，在此警惕君王：要做到公正无私是极为困难的事，几乎是不可能的任务。日怎能永远居中？月如何常保圆满？最后，"天地盈虚，与时消息"一语，则是劝人了解"时势"的意义。在把握原则时，还要配合时势而知所进退。另外，在物质丰盛之时，很可能会遮蔽心灵。本卦有四爻出现了遮蔽（蔀、沛），值得警惕。

象曰：雷电皆至，丰。君子以折狱致刑。

[白话]

《象传》说：打雷闪电一起来到，这就是丰卦。君子由此领悟，要判决诉讼，执行刑罚。

[解读]

① 丰卦下离上震，震为雷，离为电，合之则为"雷电皆至"。闪电照亮大地，君子可以明察秋毫，公正断狱；打雷天下震动，君子将让恶人伏法，受到报应。
② 《易经》有直接以讼为名的讼卦（䷅，第6卦），同时在《象传》谈及法律及审判的，还有噬嗑卦（䷔，第21卦），其象曰："雷电噬嗑，先王以明罚敕法。"贲卦（䷕，第22卦），其象曰："山下有火，贲。君子以明庶政，无敢折狱。"旅卦（䷷，第56卦），其象曰："山上有火，旅。君子以明慎用刑而不留狱。"另外，中孚卦（䷼，第61卦），有如放大的离卦，其象曰："泽上有风，中孚。君子以议狱缓死。"这些卦的组合皆与离卦有关。

初九。遇其配主，虽旬无咎；往有尚。
象曰：虽旬无咎，过旬灾也。

[白话]

初九。遇到与自己搭配的主人，虽然彼此均等，但是没有灾难；前往会有好事。

《象传》说：虽然彼此均等，但是没有灾难，这是因为超过均等就会带来灾难。

[解读]

① 在讲求"明以动"的丰卦中，初九与九四虽然不应，但是互为宾主，形成二阳并进的局面。阳爻为君子，代表光明与动力，所以两者"虽旬无咎"，"旬"在此为"均"之意。

② 一般而言，上下相对的爻，不正应则有"咎"；在此则是强调"明以动"的搭配。这两个阳爻皆为阴爻所乘，彼此均等，所以"无咎"。对初九而言，"往有尚也"，合乎丰卦上下合作的主旨。

六二。丰其蔀（bù），日中见斗。往得疑疾。有孚发若，吉。
象曰：有孚发若，信以发志也。

[白话]

六二。遮蔽范围很大，中午见到了星斗。前往会受到怀疑猜忌。有诚信而表现的样子，吉祥。

《象传》说：有诚信而表现的样子，是因为要用诚信来表现心意。

[解读]

① 六二居下卦离的中位，离为日，所以说"日中"；但是它上无

正应，往上所见到的是一个震卦，震卦（☳）形状为仰盂，似"斗"，离又为见，所以合之成为"日中见斗"，这个"斗"又转而成为星斗。中午见到星斗，其黑暗可想而知。总之，六二的光明无法展现，有如"丰其蔀"。"蔀"为草席屋顶，用来遮蔽阳光。"丰其蔀"为"其蔀丰"，遮蔽范围甚大。

② 六二之"往"，是指要前去与六五会合，但是二者无应，六五在互兑中，兑为毁折，六二会受到"疑疾"。不过，六二在上下二阳爻之间，为"有孚"（离卦有如小型的中孚卦䷼，第61卦）。能够"信以发志"，所以"吉"。

九三。丰其沛，日中见沫。折其右肱，无咎。
象曰：丰其沛，不可大事也。折其右肱，终不可用也。

[白话]

九三。阴暗范围很大，中午见到小星星。折断了右臂，没有灾难。
《象传》说：阴暗范围很大，不可以办成大事。折断了右臂，终究不能有所作为。

[解读]

① "沛"通"旆"，为幡幔，遮蔽起来不见天日。"沫"为不知名的小星星。中午看见这样的小星星，表示阴暗的情况比六二更严重。九三比六二更接近上震所形成的"斗"，所以光明更受压制。九三以阳爻居刚位，又有上六正应，原想办些"大事"，但是天下一片漆黑，只好韬光养晦。

② 九三在互巽（六二、九三、九四）中，巽为股；九三爻变出现互艮，艮为手，为肱。"股肱"常常连用，表示得力的助手；它又在互兑（九三、九四、六五）中，兑为毁折，又为西方之卦，西方居右；合之则为"折其右肱"。九三终究无法为君主

重用。不过，它以正位与正应而可以"无咎"。

九四。丰其蔀，日中见斗，遇其夷主，吉。
象曰：丰其蔀，位不当也。日中见斗，幽不明也。遇其夷主，吉行也。

[白话]

九四。遮蔽范围很大，中午见到了星斗。遇到与自己相等的主人，吉祥。

《象传》说：遮蔽范围很大，是因为位置不恰当。中午见到了星斗，是因为幽暗不明。遇到与自己相等的主人，是因为吉祥而可以行动。

[解读]

① 九四的爻辞前半段，与六二的前半段相同。这是因为由泰卦（☰）变为丰卦（☳）时，九四与六二有换位的关系，所以出现相似的遭遇。不过，理由却不一样。九四以阳爻居阴位，是"位不当也"。它在互巽中，巽为不果；在互兑中，兑为毁折，所以对于下卦的光明，形成"幽不明也"。

② 九四与初九皆为阳爻，不应而并行，互为宾主。"夷"为平等。在初九是"虽旬无咎，往有尚"；在九四则为"吉"，并且可以行动，因为九四已在上卦震中，震为行。

六五。来章，有庆誉，吉。
象曰：六五之吉，有庆也。

[白话]

六五。来到的是光明，有喜庆与名声，吉祥。

《象传》说：六五的吉祥，是因为有喜庆。

[解读]

① 六二说"往得疑疾",六五说"来章",六五以阴爻居尊位,可以温和地招来贤才;六二代表下卦离,又有文明中正之德,所以六二之"来",是带来光明的。"章"为显明。

② 六五在互兑(九三、九四、六五)中,兑为悦,为"有庆";又为口,为"誉"。所以说"吉"。

上六。丰其屋,蔀其家,闚其户,阒(qù)其无人,三岁不觌(dí),凶。

象曰:丰其屋,天际翔也。闚其户,阒其无人,自藏也。

[白话]

上六。房屋很高大,居室被遮蔽。从门口窥视,寂静不见人。三年不能见面,有凶祸。

《象传》说:房屋很高大,是因为要到天空飞翔。从门口窥视,寂静不见人,是因为自己隐藏起来。

[解读]

① 上六在丰卦终位,犹如所住之屋高大无比;但是处在卦尽将变的关头,居家生活不得安定,犹如距离下卦离较远,被阴暗所遮蔽。"闚"为窥,为偷看,"阒"为寂静。上六与九三正应,九三在下卦离中,离为见;九三有互巽,巽为木,引申为门户;又有互兑,兑为缺,引申为无人。上六到九三须经三位,所以说"三岁不觌",而结果是凶。

② 上六处在丰卦终位,下一步只有两种选择:一是"天际翔也",二是"自藏也"。在人间获得盛大成就的人,若不能超然物外,就须善自隐晦,否则后果堪虑。

400　　傅佩荣解读《易经》(增订版)

56　旅卦

旅：小亨，旅贞吉。

象曰：山上有火，旅。君子以明慎用刑而不留狱。

上九：鸟焚其巢，旅人先笑后号咷。丧牛于易，凶。
象曰：以旅在上，其义焚也。丧牛于易，终莫之闻也。

六五：射雉，一矢亡，终以誉命。
象曰：终以誉命，上逮也。

九四：旅于处，得其资斧，我心不快。
象曰：旅于处，未得位也。得其资斧，心未快也。

九三：旅焚其次，丧其童仆，贞厉。
象曰：旅焚其次，亦以伤矣。以旅与下，其义丧也。

六二：旅即次，怀其资，得童仆，贞。
象曰：得僮仆贞，终无尤也。

初六：旅琐琐，斯其所取灾。
象曰：旅琐琐，志穷灾也。

旅：小亨。旅贞吉。

[白话]

旅卦：稍有通达。旅行守正就吉祥。

[解读]

① 旅卦是下艮上离，亦即"火山旅"。《序卦》说："穷大者必失

其居,故受之以旅。"丰盛到极点而不知收敛,一定会丧失居所。所以在丰卦之后,接着谈旅卦。《杂卦》说:"丰,多故也;亲寡,旅也。"丰卦有许多故旧,旅卦则很少亲友。这两者是正覆关系。旅行在外,诸多不便,所以只是"小亨"。

② 旅卦由否卦(䷋,第12卦)变来,亦即否卦六三与九五换位,形成旅卦(䷷)。六五以阴爻得尊位,阴爻为小,所以说"小亨";六五居中位而行,表示在旅行时要持守正道才可以"吉"。

象曰:旅,小亨。柔得中乎外而顺乎刚。止而丽乎明,是以小亨,旅贞吉也。旅之时义大矣哉。

[白话]

《象传》说:旅卦,稍有通达。柔顺者在外面取得中位并且顺应刚强者。停止下来依附光明,因此稍有通达,旅行守正才会吉祥。旅卦的时势意义太伟大了。

[解读]

① 旅卦六五取得上卦中位,并且顺应上九,这就是"柔得中乎外而顺乎刚"。上卦即是外卦,而六五上承上九,即是"顺乎刚"。

② 旅卦下艮上离,艮为止,离为明,为丽(依附),亦即"止而丽乎明",旅行时,能够看情况停下来,并且依附光明,才可以"小亨"。顺着时势而知所进退,是旅者的首要原则。整体而言,人生不也是形同客旅吗?所以说"旅之时义大矣哉"。

象曰:山上有火,旅。君子以明慎用刑而不留狱。

[白话]

《象传》说：山上出现了火，这就是旅卦。君子由此领悟，要明智而谨慎地施用刑罚，并且不滞留诉讼案件。

[解读]

① 旅卦下艮上离，离为火，艮为山，亦即"山上有火"。火在高处可以照明，山在底下，阻止行动，是明而慎之意。
② 君子所领悟的是"明慎用刑"；并且还要"不留狱"，因为火往上烧，不会留在原处。

初六。旅琐琐，斯其所取灾。
象曰：旅琐琐，志穷灾也。

[白话]

初六。旅行时猥猥琐琐，这是他自取的灾害。
《象传》说：旅行时猥猥琐琐，是因为心意受困所带来的灾害。

[解读]

① 初六已踏上旅途，但本身居下又为阴爻，自视甚卑。并且，初六在下卦艮中，艮为少男，为童仆，使初六表现有如童仆般"琐琐"。"琐琐"为细小，为卑污。
② 初六上有九四正应，奈何自己处于艮卦，艮为止，使他心意受阻，困于旅途，在外被人轻侮而"取灾"。艮为手，可取物；初六爻变，下卦为离为火，是为灾。

六二。旅即次，怀其资，得童仆，贞。
象曰：得童仆贞，终无尤也。

[白话]

六二。旅行到了馆舍住下，身上带着旅费，得到童仆，可以正固。《象传》说：得到童仆而可以正固，最终没有任何责怪。

[解读]

① "即"为就，为就居；"次"为客舍。《左传·庄公三年》："凡师，一宿为舍，再宿为信，过信为次。"这原本是说军队的行止，后来引申为客旅之用。六三在下卦艮中，艮为止，但是六二居中位，止得其所，可以"即次"。六二又在互巽（六二、九三、九四）中，巽为近利市三倍，所以他会"怀其资"，带着旅费。

② 六二往上与六五不应，但往下则见自己在艮卦居中得正，艮为童仆，使旅行有安定之感，是为"得童仆贞"，所以"终无尤也"。

九三。旅焚其次，丧其童仆，贞厉。

象曰：旅焚其次，亦以伤矣。以旅与下，其义丧也。

[白话]

九三。旅行时大火烧了馆舍，失去了童仆，一直如此会有危险。《象传》说：旅行时大火烧了馆舍，也对自己造成了伤害。以旅人的态度对待下人，理当失去童仆。

[解读]

① 九三在互巽（六二、九三、九四）中，巽为木；它上临离卦，离为火；木上有火，且在旅卦，所以说"旅焚其次"。九三在下卦艮中，艮为童仆；它也在互兑（九三、九四、六五）中，兑为毁折，所以说"丧其童仆"，一直如此会有危险，亦即

"贞厉"。

② 九三阳爻居刚位，在旅行时表现过于强势，又与上九敌而不应，所以最后伤害了自己。九三自恃刚强而"以旅与下"，自然会失去童仆。

九四。旅于处，得其资斧，我心不快。
象曰：旅于处，未得位也。得其资斧，心未快也。

[白话]

九四。旅行到了某个地方，获得旅费与用具，我心里不愉快。
《象传》说：旅行到了某个地方，是因为没有取得适当位置。获得旅费与用具，心里还是不愉快。

[解读]

① 九四以阳爻居柔位，是"未得位也"，所以会"旅于处"。"处"是某个处所，但不是馆舍，所以住得不顺。九四在互巽（六二、九三、九四）中，巽为近利市三倍，所以"得其资斧"。"资"是钱财、旅费，"斧"原是兵器，在此指旅途中的必备用具。"斧"的取象是九四在上卦离中，离为戈兵。
② 九四与初六正应，但是中间为艮卦所阻。所造成的结果，在初六是"志穷"，在九四则是"心未快"。九四爻变出现互坎，为加忧。

六五。射雉，一矢亡，终以誉命。
象曰：终以誉命，上逮也。

[白话]

六五。射野鸡，丢失一支箭，最后会有名声与禄位。

《象传》说：最后会有名声与禄位，是因为往上获得支持。

[解读]

① 六五在上卦离中，离为雉（野鸡），又为戈兵，引申为"矢"，所以有"射雉"之象。六五在互兑（九三、九四、六五）中，兑为毁折，所以说"一矢亡"。本卦唯六五不言"旅"，此为王者不离国的原则。

② 六五符合《象传》所云："柔得中乎外而顺乎刚"，所以它的"上逮"是指顺承上九而言。"逮"有到达、追随、施与之意。六五在互兑中，兑为口，为悦，所以有"誉"；它又居于互巽（六二、九三、九四）之上，巽为风，引申为命令、爵命，亦即禄位，所以说"终以誉命"。

上九。鸟焚其巢，旅人先笑后号咷。丧牛于易，凶。
象曰：以旅在上，其义焚也。丧牛于易，终莫之闻也。

[白话]

上九。鸟的巢被火烧掉，旅行的人先是大笑后来大哭。在边界丢失了牛，有凶祸。

《象传》说：旅行还要居于上位，居处理当被火烧掉。在边界丢失了牛，最后没有听到任何消息。

[解读]

① 上九在旅卦终位，可以做全盘取象。上离为雉，雉为鸟类，下有互巽（六二、九三、九四），巽为木，合之则为鸟在树上有其巢。离又为火，于是发生"鸟焚其巢"的情况。上九旅行在外，还要高居上位，下又与九三无应，所以说"其义焚也"。

② 旅卦中有互兑与互巽，兑为悦，引申为笑；巽为风，引申为呼

号、号哭，互兑在前而互巽在后，所以是"先笑后号咷"。然后，上九在原来的否卦（☷）中，有六三正应，现在变为旅卦，使它不但失去正应，也使下坤消失，坤为牛，而上九处于卦终之边界，所以说"丧牛于易"，"易"为场，为边界。上九已至旅卦终位，没有机会修正错误，所以说"终莫之闻也"。本卦唯上九称"旅人"，可知其结局不佳。

57　巽卦 ䷸

巽：小亨。利有攸往，利见大人。

象曰：随风，巽。君子以申命行事。

上九：巽在床下，丧其资斧，贞凶。
象曰：巽在床下，上穷也。丧其资斧，正乎凶也。

九五：贞吉，悔亡，无不利。无初有终。先庚三日，后庚三日，吉。
象曰：九五之吉，位正中也。

六四：悔亡，田获三品。
象曰：田获三品，有功也。

九三：频巽，吝。
象曰：频巽之吝，志穷也。

九二：巽在床下，用史巫纷若，吉，无咎。
象曰：纷若之吉，得中也。

初六：进退，利武人之贞。
象曰：进退，志疑也。利武人之贞，志治也。

巽：小亨。利有攸往，利见大人。

[白话]

巽卦：稍有通达。适宜有所前往，适宜见到大人。

[解读]

① 巽卦是下巽上巽，"巽为风"。《序卦》说："旅而无所容，故

受之以巽。巽者，入也。"旅人无处安顿，巽卦则表示可以进入某处，甚至像风一样，可以隐伏不见。《杂卦》说："兑见而巽伏也。"兑卦显现在外，巽卦隐伏于内。巽卦与兑卦为正覆关系。

② 巽卦由遁卦（☰，第33卦）变来，亦即遁卦六二与九四换位，形成巽卦（☰）。此一换位，是阴爻往上走。阴爻的上行活动使阴阳交流，由此所造成的通达，称为"小亨"。九二出现，使二、五这两个中位皆为阳爻，所以说"利见大人"。而此一活动则是"利有攸往"。

③ 巽卦为《系辞下》修德九卦之九，"巽，德之制也"，德行之制宜，要守经达权，既有原则又能变化，有如巽卦可进可退。

象曰：重巽以申命。刚巽乎中正而志行。柔皆顺乎刚，是以小亨，利有攸往，利见大人。

[白话]

《象传》说：巽卦相重，是要反复宣布命令。刚强者随顺于居中守正之道，使心意得以实现。柔顺者都能顺应刚强者，因此稍有通达，适宜有所前往，适宜见到大人。

[解读]

① 本卦两个巽卦重叠，而巽为风，风带来天上的消息，犹如反复宣布命令。"申"为反复，有如再三叮咛。

② 九五与九二都是阳爻居中行正，使君子之志可以实现。初六与六四两个阴爻都能顺承阳爻，是为"柔皆顺乎刚"。君子得位（九五）称为"大人"，所以说"利见大人"。

象曰：随风，巽。君子以申命行事。

[白话]

《象传》说：风与风相随而来，这就是巽卦。君子由此领悟，要反复宣布命令，推行政事。

[解读]

① "随"为相继，为相从。百姓随顺而君王顺利。巽为风，有随顺及顺利之意。相对于此，坤的顺是指柔顺与温顺。
② 君子发号施令时，也要不厌其烦、反复宣告，才能取得百姓的支持，办成政事。

初六。进退，利武人之贞。
象曰：进退，志疑也。利武人之贞，志治也。

[白话]

初六。进退不定，适宜武人的正固。
《象传》说：进退不定，是因为心意犹豫。适宜武人的正固，是因为心意确定。

[解读]

① 初六在重巽之下，以阴爻居刚位，有举棋不定之象。巽为进退，为不果。它又与六四不应，显示"志疑也"。
② "武人"犹言军人，以其勇武而保家卫国。《周书》谥法谈到"武"，有刚强理直、威强叡德、克定祸乱、保民犯难、刑民克服等。初六爻变为乾，乾为武人。初六本身优柔寡断，若能学习武人的正固，则可"志治"。"治"为修治而确立不移。"武人"一词亦见于履卦六三"武人为于大君"，可参照。

九二。巽在床下，用史巫纷若，吉，无咎。

象曰：纷若之吉，得中也。

[白话]

九二。随顺进入床底下，让祝史与巫觋纷纷发言，吉祥，没有灾难。

《象传》说：纷纷发言而吉祥，是因为取得中位。

[解读]

① 巽卦由遁卦变成时，九二由上卦来到下卦，下巽为床，所以说"巽在床下"，隐伏起来。"史巫"是祝史与巫觋（女曰巫，男曰觋〔xí〕），都是古代负责宗教活动（如礼神、消灾、祈福等）的神职人员。"史巫"可以测知天命。用在巽卦正好合宜。在尚未明辨天意之前，最好隐藏收敛。

② "纷若"是发言多而乱的样子。九二在互兑（九二、九三、六四）中，兑为口，又在下卦巽中，巽为不果。口说而不果，所以是"纷若"。至于何以能"吉"，则是因为九二居中位，所以即使"巽在床下"，也是"吉"。

九三。频巽，吝。

象曰：频巽之吝，志穷也。

[白话]

九三。频繁地重复命令，会有困难。

《象传》说：频繁地重复命令而有困难，是因为心意困穷了。

[解读]

① 九三在上下二巽之间，又是阳爻居刚位，所以一直在随顺与否之间挣扎，结果变成"频巽"。

② 九三上无正应，又被六四乘刚，显然是"志穷也"。有"吝"是可以想见的。

六四。悔亡，田获三品。
象曰：田获三品，有功也。

[白话]

六四。懊恼消失，打猎获得三种动物。
《象传》说：打猎获得三种动物，是因为取得功绩。

[解读]

① 六四下无正应，所以有悔。而"悔亡"的理由是"田获三品"。"品"为种类。
② 六四在原先的遁卦中，位在六二，初、二为地位，地为田，所以六四是由"田"而来的。田即猎。六四现在到了上巽，巽为鸡；在互兑（九二、九三、六四）中，兑为羊；又在互离（九三、六四、九五）中，离为雉；所以说"田获三品"。六四也因而"有功也"。

九五。贞吉，悔亡，无不利。无初有终，先庚三日，后庚三日，吉。
象曰：九五之吉，位正中也。

[白话]

九五。正固吉祥，懊恼消失，没有不适宜的事。没有开始但有结果。庚日的前三天，庚日的后三天，吉祥。
《象传》说：九五的吉祥，是因为处在守正居中的位置。

[解读]

① 九五居中正之尊位,所以"贞吉"。在发布命令时,先是下与九二不应,但上下皆为巽卦,所以说"无初有终",并且是"悔亡,无不利"。

② "先庚三日,后庚三日",要配合十天干来看。十天干为古人纪日之法,依序为甲、乙、丙、丁、戊、己、庚、辛、壬、癸。其次,在蛊卦(䷐,第18卦)卦辞有"先甲三日,后甲三日"之说,强调那是"终则有始",亦即甲之前是十天干的结束,甲之后是新的开始。现在"先庚三日"为丁、戊、己,"后庚三日"为辛、壬、癸,正好结束,所以说"无初有终"。"丁"为叮咛告诫,"癸"为揆度周详。《系辞下》说"巽以行权",要权宜行事,亦与此有关。

③ 程颐认为,发布命令会有所变更,目的是要使之更善。他说:"先庚三日,后庚三日,吉。出命更改之道,当如是也。甲者,事之端也;庚者,变更之始也。十干,戊己为中,过中则变,故谓之庚,事之改更,当原始要终,如先甲后甲之义,如是则吉也。"

上九。巽在床下,丧其资斧,贞凶。
象曰:巽在床下,上穷也。丧其资斧,正乎凶也。

[白话]

上九。随顺进入床底下,失去钱财与用具,一直如此会有凶祸。
《象传》说:随顺进入床底下,是因为居上位而困穷。失去钱财与用具,是因为正处于凶祸中。

[解读]

① 上九居巽卦终位,随顺到了极点,结果也像九二一般,"巽在

床下"。这是因为九二是变成巽卦的关键,上九也随之而行。上九走投无路,是为"上穷也"。

② 上九在巽卦中,巽为近利市三倍,所以有"资";它下临互离(九三、六四、九五),离为戈兵,引申为"斧"。"资斧"连为一词,原指旅人的资财与用具。上九已至穷极之位,不在互离之中,可谓"丧其资斧"。此时若是一直如此,则是"正乎凶也"。

58　兑卦 ䷹

兑：亨，利，贞。

象曰：丽泽兑。君子以朋友讲习。

上六：**引兑。**
象曰：上六引兑，未光也。

九五：**孚于剥，有厉。**
象曰：孚于剥，位正当也。

九四：**商兑未宁，介疾有喜。**
象曰：九四之喜，有庆也。

六三：**来兑，凶。**
象曰：来兑之凶，位不当也。

九二：**孚兑，吉，悔亡。**
象曰：孚兑之吉，信志也。

初九：**和兑，吉。**
象曰：和兑之吉，行未疑也。

兑：亨，利，贞。

[白话]

兑卦：通达，适宜，正固。

[解读]

① 兑卦是下兑上兑，"兑为泽"。《序卦》说："入而后说之，故

受之以兑。兑者，说也。"巽卦谈的是进入某种状况，亦即要接触沟通，才会彼此喜悦，所以现在继续讨论兑卦。兑为悦，也为口，由说话而生喜悦之情。

② 兑卦由大壮卦（☳，第 34 卦）变来，亦即大壮卦六五与九三换位而成兑卦（☱）。兑卦与巽卦则为正覆关系。此一变化使阴阳交错，所以"亨"。至于"利贞"，则在《象传》会有说明。

象曰：兑，说也。刚中而柔外，说以利贞。是以顺乎天而应乎人。说以先民，民忘其劳。说以犯难，民忘其死。说之大，民劝矣哉。

[白话]

《象传》说：兑卦，是喜悦的意思。刚强者居中而柔顺者居外，是因为喜悦才可适宜正固。因此，要顺从天道，并且应合人心。有了喜悦再来领导百姓，百姓就会忘记劳苦。有了喜悦再去冒险犯难，百姓就会忘记死伤。喜悦的伟大作用，是要振作百姓的心志啊。

[解读]

① 兑卦重叠，阴爻分居三位与上位，是为"刚中而柔外"，有如内心充实坚定而外表柔顺和悦。这是外柔内刚之象，所以说"说以利贞"。凡事考虑天道与人心，才是喜悦的真正保障。"顺乎天而应乎人"一语，是所有君王的首要原则。

② "说以先民"，"说"是使百姓心悦诚服，所以喜悦不能离开"说话"。说话真诚有理，态度委婉和善，百姓就会喜悦，以致"忘其劳"，"忘其死"。喜悦的作用，可以勉励及振作百姓的心志。

象曰：丽泽兑。君子以朋友讲习。

[白话]

《象传》说：沼泽与沼泽互相依附，这就是兑卦。君子由此领悟，要与朋友一起讨论及实践。

[解读]

① 兑卦为泽，二泽依附（丽）在一起，彼此流通润泽，有互相滋益之象。
② 君子要结交益友，讨论学习的心得，分享实践的体验。曾子说："君子以文会友，以友辅仁。"（《论语·颜渊》）这句话可以代表儒家对朋友的基本观点。

初九。和兑，吉。
象曰：和兑之吉，行未疑也。

[白话]

初九。应和而喜悦，吉祥。
《象传》说：应和而喜悦，吉祥，是因为行动没有疑惑。

[解读]

① 初九以阳爻居刚位，有动向。它在下卦兑中，兑为口，为悦；上卦亦为兑卦。形成上下互相唱和的局面。初九往上应和，成为"和兑"。
② 在大壮卦（☰）变为兑卦过程中，本来只有初九与九四无应，一变而为兑卦，则各爻皆不应。所以，对初九而言，任何行动都不会有差错，是"行未疑也"，为"吉"。

九二。孚兑，吉。悔亡。
象曰：孚兑之吉，信志也。

[白话]

九二。诚信而喜悦，吉祥。懊恼消失。

《象传》说：诚信而喜悦，吉祥，是因为心意真实。

[解读]

① 九二阳爻为实，居中位，有中实之相，所以说"信志也"。
② 九二与九五不应，但仍吉而"悔亡"。原因是：九二原来在大壮卦所正应的六五，现在下来成为六三，与它相比为邻，这是因诚信而产生的喜悦，所以"吉"。

六三。来兑，凶。
象曰：来兑之凶，位不当也。

[白话]

六三。来到而喜悦，有凶祸。

《象传》说：来到而喜悦，有凶祸，是因为位置不恰当。

[解读]

① 在大壮卦变为兑卦时，六三是从六五下来的。由于六三的来到，才形成了兑卦，所以称之为"来兑"。来而求悦，有奉承之嫌。
② 六三以阴爻居刚位，不中不正，"位不当也"，所以"凶"。

九四。商兑未宁，介疾有喜。
象曰：九四之喜，有庆也。

[白话]

九四。商量而喜悦，还不能安定；隔开了疾病，就会有好事。

《象传》说：九四的好事，是因为有喜庆。

[解读]

① 九四介于上下兑之间，兑为口，二口并现，有协商而未定之象。
② 九四之"疾"犹如初九之"疑"，在兑卦形成之后，各爻皆无正应，所以可以一笔勾销。"介疾"的"介"为隔开。"喜"与疾并用，专指病愈的好事。至于九四之庆，还在于它处于互巽（六三、九四、九五）中，而巽为近利市三倍。

九五。孚于剥，有厉。
象曰：孚于剥，位正当也。

[白话]

九五。受到衰退的人信赖，有危险。
《象传》说：受到衰退的人信赖，是因为位置正确而恰当。

[解读]

① "剥"是指上六而言。上六处于全卦终位，下临两个阳爻的进逼，有如被剥蚀的衰退之人。在大壮卦，上六有九三正应；在兑卦，九三已成九五，所以九五对上六是"孚于剥"。
② 九五居中守正，是"位正当也"，所以虽然"有厉"，但不会有灾难。

上六。引兑。
象曰：上六引兑，未光也。

[白话]

上六。牵引而喜悦。
《象传》说：上六牵引而喜悦，是因为自己的路不宽广。

[解读]

① 上六以阴爻居柔位,实力有所不足,又在兑卦终位,喜悦已近尾声。所以,上六要靠牵引,由九五而得喜悦。九五在互巽,巽为绳为引;上卦兑为羊,又为悦,是为"引兑"。

② 在大壮卦中,上六原与九三正应;到了兑卦,九三换位成九五;这犹如上六牵引九五而上,并因而喜悦。对上六而言,除此之外也别无他途,所以说它"未光也"。

59　涣卦

涣：亨。王假有庙。利涉大川，利贞。
象曰：风行水上，涣。先王以享于帝，立庙。

上九：涣其血，去逖出，无咎。
象曰：涣其血，远害也。

九五：涣汗，其大号涣，王居，无咎。
象曰：王居无咎，正位也。

六四：涣其群，元吉。涣有丘，匪夷所思。
象曰：涣其群，元吉，光大也。

六三：涣其躬，无悔。
象曰：涣其躬，志在外也。

九二：涣奔其机，悔亡。
象曰：涣奔其机，得愿也。

初六：用拯马壮，吉。
象曰：初六之吉，顺也。

涣：亨。王假（gé）有庙。利涉大川，利贞。

[白话]

涣卦：通达。君王来到宗庙。适宜渡过大河，适宜正固。

[解读]

① 涣卦是下坎上巽，亦即"风水涣"。《序卦》说："说而后散之，

故受之以涣。涣者，离也。"人在喜悦之后，心情就会涣散，所以接着要谈涣卦。《杂卦》也说："涣，离也。"可见涣为离散之意。在卦辞中出现"王假有庙"的，还有萃卦（第 45 卦）。

② 君王来到（假为至）宗庙，可以祭祀祖先。这种做法在《彖传》与《象传》会有明确的解释。两个中位（九五、九二）皆为阳爻，此时还有能力通过考验，并且"利贞"。

③ 涣卦由否卦（䷋，第 12 卦）变来，亦即否卦九四与六二换位，形成了涣卦（䷺）。否卦下坤上乾，天地隔绝，到了涣卦则是阴阳交往流动，所以说"亨"。

彖曰：涣，亨。刚来而不穷，柔得位乎外而上同。王假有庙，王乃在中也。利涉大川，乘木有功也。

[白话]

《彖传》说：涣卦，通达。刚强者下来而不困穷，柔顺者在外面取得位置而与上位者同心。君王来到宗庙，是说君王现在处于中位。适宜渡过大河，是说乘着木舟而有所贡献。

[解读]

① 否卦九四与六二换位时，是九四下来成为九二，形成阴阳交错的局面，使全卦又出现了生机，所以说"刚来而不穷"。"来"是指从外卦来到内卦的活动。与此同时，六二则前往外卦成为六四，是阴爻居柔位，并且上承九五之君，所以说"柔得位乎外而上同"。

② 否卦下坤上乾，乾为君；九四变为九二，代表君王来到中位，并且使九五、九二皆为阳爻居中。由此形成的涣卦（䷺）之中，有互震（九二、六三、六四）之象；震卦（䷲，第 51 卦）彖传有"出可以守宗庙社稷，以为祭主也"一语，所以依此可以说

"王假有庙"，可以安定民心。然后，涣卦下坎上巽，巽为木，坎为水，木在水上为行舟，正可以有渡河之功。《系辞下》说："刳木为舟，剡木为楫，舟楫之利，以济不通，致远以利天下，盖取诸涣。"正可说明涣卦的贡献。

象曰：风行水上，涣。先王以享于帝，立庙。

[白话]

《象传》说：风吹行在水面上，这就是涣卦。先王由此领悟，要向上帝祭献，并且建立宗庙。

[解读]

① 涣卦下坎上巽，巽为风，坎为水，所以说"风行水上"。水遇风则离散，冰遇风则溶解。涣散一方面使人不要陷于壅滞不通的困境，而另一方面又有分崩离析的危险。此可谓利弊互见，需要先王有所作为。

② 宗庙祭祀是凝聚民心最根本的办法，使人暂时忘记眼前的得失成败，产生报本反始的感恩之心。百姓若是有了信仰，则涣散将会适可而止。由君王"享于帝"，亦可知古人的信仰系统，有一最高位阶的神明。

初六。用拯马壮，吉。

象曰：初六之吉，顺也。

[白话]

初六。用来拯救的马强壮，吉祥。

《象传》说：初六的吉祥，是因为柔顺。

[解读]

① 初六居涣卦之始，本身阴爻属柔，又上承九二，所以表现为"顺"，并由此得"吉"。
② 初六在下卦坎中，坎为陷，为险；坎又为美脊马；所以初六有"用拯马壮"的机会。在此所谓的"马"，指初六所顺从的九二，所以说"壮"。
③ "用拯马壮"一语，亦见于明夷卦（䷣，第36卦）的六二爻辞，可对照参考。

九二。涣奔其机，悔亡。

象曰：涣奔其机，得愿也。

[白话]

九二。离散而奔向几案，懊恼消失。
《象传》说：离散而奔向几案，是因为要满足愿望。

[解读]

① 否卦变为涣卦时，是九四下来成为九二。九四原与初六正应，现在来到成为相比，所以说"得愿也"。初六犹如九二的凭靠矮桌，可以让九二稍事休息。"机"为几，古人常常"隐几而坐"（手靠几案，坐着休息）。
② 九二虽居中位，但与九五不应，现在有初六（也与六四不应）可以比邻相亲，所以说"悔亡"。

六三。涣其躬，无悔。

象曰：涣其躬，志在外也。

[白话]

六三。涣散了自己，没有懊恼。

《象传》说：涣散了自己，是因为心意在外面。

[解读]

① 在否卦中，六三在下坤中，坤为母，可以怀孕，是为"有身"，而"身"再转而指称自己本身。"躬"就是自身。现在成为涣卦了，所以说"涣其躬"。

② 六三依然有上九正应，这是"志在外也"。涣卦各爻只有这一对是正应，所以可以"无悔"。

六四。涣其群，元吉。涣有丘，匪夷所思。

象曰：涣其群，元吉，光大也。

[白话]

六四。涣散了同类，最为吉祥。涣散之后聚为山丘，不是根据常理所能想到的。

《象传》说：涣散了同类而最为吉祥，是因为展现广大的效果。

[解读]

① 六四原是否卦的六二，居下卦坤的中位，六二变成六四，则下卦坤的三个阴爻涣散，是为"涣其群"，"群"为同类相聚。此一活动，使全卦阴阳得以交流感通，所以说"元吉"。其效果广大，是为"光大也"。

② 六四形成了涣卦，并且在互艮（六三、六四、九五）中，艮为山，所以说"涣有丘"。先散后聚，其势更大。"匪"为非，"夷"为平常，这确实不是根据常理所能想到的。

九五。涣汗，其大号涣，王居，无咎。

象曰：王居无咎，正位也。

[白话]

九五。散发广布，大的政令散发出去，君王安居，没有灾难。

《象传》说：君王安居而没有灾难，是因为处在中正之位。

[解读]

① "涣"为离散、散发，"汗"为水势浩大；合之则为散发到极广的范围。涣卦卦象为"风行水上"，可以畅通无阻，无远弗届。"大号"为大政令。九五在上卦巽中，巽为风，为号令；九五阳爻为大，所以说"大号"。

② 九五为君位，居中守正，即使下无正应，也足以"无咎"。

上九。涣其血，去逖（tì）出，无咎。

象曰：涣其血，远害也。

[白话]

上九。涣散了血灾，离开而远走，没有灾难。

《象传》说：涣散了血灾，是因为远离了祸害。

[解读]

① 涣卦下坎，坎为险，为血卦，上九与六三正应，原本会受到牵连。幸好是在涣卦中，可以"涣其血"，情况才得以"无咎"。"逖"为远。上九在巽卦，巽为风，可远飏。

② 上九距离下卦最远，是为"远害也"。

60　节卦

节：亨。苦节不可贞。

象曰：泽上有水，节。君子以制数度，议德行。

上六：**苦节，贞凶，悔亡。**
象曰：苦节贞凶，其道穷也。

九五：**甘节，吉，往有尚。**
象曰：甘节之吉，居位中也。

六四：**安节，亨。**
象曰：安节之亨，承上道也。

六三：**不节若，则嗟若，无咎。**
象曰：不节之嗟，又谁咎也？

九二：**不出门庭，凶。**
象曰：不出门庭凶，失时极也。

初九：**不出户庭，无咎。**
象曰：不出户庭，知通塞也。

节：亨。苦节不可贞。

[白话]

节卦：通达。过度的节制不能正固。

[解读]

① 节卦是下兑上坎，亦即"水泽节"。《序卦》说："物不可以终

离，故受之以节。"一直离散下去，并不适宜，所以接着要谈节卦。节有节制、制止之意。《杂卦》说："节，止也。"

② 节卦与涣卦为正覆关系，所以论其来源，是由泰卦（䷊，第11卦）变来，亦即泰卦九三与六五换位，形成节卦（䷻）。泰卦虽然卦辞说"吉亨"，但是若保持不动，则依然天地无法交流。勉强保持不动，就是"苦节"，"苦"有过度而苦之意，"不可贞"。由卦象看来，节卦下兑上坎是"泽上有水"，泽的容量有限，必须有所节制。

彖曰：节，亨，刚柔分而刚得中。苦节不可贞，其道穷也。说以行险，当位以节，中正以通。天地节而四时成。节以制度，不伤财，不害民。

[白话]

《彖传》说：节卦，通达，刚强者与柔顺者分开，并且刚强者取得中位。苦涩的节制不能正固，是因为路已经走到尽头。喜悦而去冒险犯难，位置适当而能节制，居中守正才可通顺。天地有节制，四季才会形成。用制度来节制，就不会浪费钱财，也不会祸害百姓。

[解读]

① 泰卦下乾上坤，阴阳二组力量壁垒分明。一变而为节卦，则阴爻阳爻得到交错机会，并且九五与九二皆为阳爻，这就是"刚柔分而刚得中"。如果泰卦不变，则成为"苦节"，一切停滞下来，前无去路。所以说，"不可贞"。

② 节卦下兑上坎，坎为险，兑为悦，亦即"说以行险"。意思是：节制并非完全避开挑战，而是要在喜悦时才可冒险。得位时能够节制，才可做到"中正以通"。就自然界而言，天地的运行有其节制，四季才会依序出现。就人世间而言，则须以制度来

规范，才不至于耗费金钱与伤害百姓。

象曰：泽上有水，节。君子以制数度，议德行。

[白话]

《象传》说：沼泽上有水，这就是节卦。君子由此领悟，要制定数量上的限度，评议道德上的行为表现。

[解读]

① 节卦是下兑上坎，坎为水，兑为泽，是为"泽上有水"。泽的容量是固定的，少则聚积，多则流泄，显示某种节制。坎为水为平，要制数度；兑为口，要议德行。

② 君子照顾百姓的生活所需，要"制数度"；并且为了提升社会善良风气，要"议德行"。程颐说："君子观节之象，以制立数度。凡物之大小、轻重、高下、文质，皆有数度，所以为节也。数，多寡。度，法制。议德行者，存诸中为德，发于外为行。人之德行当义则中节。议，谓商度求中节也。"《中庸》首章所推崇的"中和"，所强调的是："喜怒哀乐之未发谓之中，发而皆中节谓之和。"

初九。不出户庭，无咎。
象曰：不出户庭，知通塞也。

[白话]

初九。不离开门户与庭院，没有灾难。
《象传》说：不离开门户与庭院，是因为知道通达与闭塞。

[解读]

① 在泰卦变为节卦的过程中，初九与其正应六四不受影响。现在处于节卦，理当有所节制，而初九知道自己的通（有正应）与塞（要收敛），所以"不出户庭"。

② 初九与六四正应，六四在互艮（六三、六四、九五）中，艮为门阙，又为止，所以初九"不出户庭"。如此能有分寸，可以"无咎"。

③ 《系辞上》谈到这句爻辞。"'不出户庭，无咎。'子曰：'乱之所生也，则言语以为阶。君不密则失臣，臣不密则失身，几事不密则害成，是以君子慎密而不出也。'"

九二。不出门庭，凶。
象曰：不出门庭凶，失时极也。

[白话]

九二。不走出门户与庭院，有凶祸。
《象传》说：不走出门户与庭院，会有凶祸，是因为过度错过了时机。

[解读]

① 九二与初九一样，在节卦的互艮之下，但是九二自身已进入互震（九二、六三、六四）中，震为行。所以"不出门庭"，反而是"凶"。

② 九二以阳爻居下卦中位，在卦变过程当行而未行，以致从原来的有应变成无应，甚至为六三所乘，所以说"失时极也"。"极"为过度，为极端。在本卦中则是错失了节度。

六三。不节若，则嗟若。无咎。

象曰：不节之嗟，又谁咎也？

[白话]

六三。没有节制的样子，就会出现悲叹的样子。没有责难。

《象传》说：没有节制的悲叹，又能责难谁呢？

[解读]

① 泰卦变为节卦之前，六三原是六五，居上卦之中位，又有九二正应，现在成为节卦的六三，位置不中不正，又无正应。这都是"不节若"造成的。

② 六三到了下卦成兑，兑为口，所以说"则嗟若"。"无咎"的"咎"在此为责难、责怪；这一切都是自己造成的，所以说："又谁咎也？"

六四。安节，亨。

象曰：安节之亨，承上道也。

[白话]

六四。安定的节制，通达。

《象传》说：安定的节制之所以通达，是因为顺承上位者的正道。

[解读]

① 六四在卦变中未动，卦变之后在互艮（六三、六四、九五）中，艮为止，所以是"安节"。

② 六四以阴爻居柔位，下有初九正应，现在又能顺承居中守正的九五，亦即"承上道也"，所以说"亨"。

九五。甘节，吉。往有尚。

象曰：甘节之吉，居位中也。

[白话]

九五。合宜的节制，吉祥。前往受到推崇。

《象传》说：合宜的节制之所以吉祥，是因为处于中位。

[解读]

① 九五在卦变中，由九三上来，取得上卦坤的中位。坤为土，依《尚书·洪范》所言，"土爱稼穑"，而"稼穑作甘"。所以九五是"甘节"。九五由下卦上来而取得尊位，是"往有尚也"。

② 九五之吉，在《象传》已经谈到，就是"当位以节，中正以通"，总之则是"居位中也"。

上六。苦节，贞凶。悔亡。

象曰：苦节贞凶，其道穷也。

[白话]

上六。过度的节制，一直如此会有凶祸。懊恼消失。

《象传》说：过度的节制，一直如此会有凶祸，是因为路已经走到尽头。

[解读]

① 上六在泰卦中，原与九三正应，但是九三与六五换位形成节卦，使上六失去正应。上六现在处于上卦坎中，坎为险，为苦难，所以上六的节制是"苦节"，因为一直如此而陷入苦涩的处境，所以说"贞凶"。

② 上六已至全卦终位，前无去路，"其道穷也"。不过，以阴爻居柔位，仍有柔顺之德，可以随从九五中位，而得以"悔亡"。

61　中孚卦

中孚：豚鱼，吉，利涉大川，利贞。
象曰：泽上有风，中孚。君子以议狱缓死。

上九：翰音登于天，贞凶。
　　象曰：翰音登于天，何可长也？
九五：有孚挛如，无咎。
　　象曰：有孚挛如，位正当也。
六四：月既望，马匹亡，无咎。
　　象曰：马匹亡，绝类上也。
六三：得敌，或鼓或罢，或泣或歌。
　　象曰：或鼓或罢，位不当也。
九二：鸣鹤在阴，其子和之。我有好爵，吾与尔靡之。
　　象曰：其子和之，中心愿也。
初九：虞吉，有它不燕。
　　象曰：初九虞吉，志未变也。

中孚：豚鱼，吉，利涉大川，利贞。

[白话]

中孚卦：猪与鱼出现，吉祥，适宜渡过大河，适宜正固。

[解读]

① 中孚卦是下兑上巽，亦即"风泽中孚"。《序卦》说："节而信

之，故受之以中孚。"有所节制，才可取信于人，所以接着要探讨的是中孚卦。《杂卦》说："中孚，信也。"符节在古代为信物，由卦象看，上下二卦搭配合宜，为"若合符节"，可作为凭信。"中"指内心，所以"中孚"为内心诚信。

② 关于"豚鱼"，程颐说："豚躁鱼冥，物之难感者也。孚信能感于豚鱼，则无不至矣，所以吉也。"若由卦象找根据，则涉及两度卦变，虞翻之说可供参考。他指出："讼四之初也。"亦即讼卦（☰，第 6 卦）的九四与初六换位而成中孚卦（䷼）。但是卦变多从十二消息卦产生，所以他又说："此当从四阳二阴之例，遁阴未及三，而大壮阳已至四，故从讼来。"结论则是要先由遁卦（☰，第 33 卦）变为讼卦，再由讼卦变为中孚卦。他如此解释的用意，是要找出"豚鱼"的出处。亦即，遁卦有互巽（六二、九三、九四），巽为鱼，而讼卦有下坎，坎为豕。最后再变为中孚，所以说"豚鱼，吉"。由此一例，可知历代学者研究《易经》所费之心力。由于卦变多来自十二消息卦，并以一次换爻为原则，因此中孚卦应如数学中之质数，本身即是如此，并可成为二卦（家人卦、睽卦）之由来。

③ 中孚卦下兑上巽，巽为木，引申为木舟，兑为泽，木舟可行于泽上，所以说"利涉大川"。九五与九二皆为阳爻居中位，所以说"利贞"。

象曰：中孚，柔在内而刚得中。说而巽，孚乃化邦也。豚鱼吉，信及豚鱼也。利涉大川，乘木舟虚也。中孚以利贞，乃应乎天也。

[白话]

《象传》说：中孚卦，柔顺者在内而刚强者取得中位。喜悦而随顺，诚信才可感化邦国。猪与鱼吉祥，是说诚信达到了猪与鱼。适宜渡过大河，是说乘坐木船还有空位。内心诚信而适宜正固，则是顺应天之道。

[解读]

① 中孚卦是下兑上巽，卦象为上下四个阳爻居外，中间两个阴爻，并且阳爻占有五、二中位。亦即"柔在内而刚得中"。下兑为悦，上巽为随顺；有如百姓喜悦而君上随顺，诚信到这种地步，才可化民成俗，邦国大治。

② 程颐说："内外皆实而中虚，为中孚之象。又二五皆阳，中实，亦为孚义。在二体则中实，在全体则中虚。中虚，信之本；中实，信之质。"讲求诚信，必须态度谦虚，才可尊重别人；同时要脚踏实地，做到言出必行。

③ "信及豚鱼也"，表示精诚所至，金石为开，自然可以感动百姓。"乘木舟虚也"，则指全卦中间两个阴爻，虚位以待。然后，能够诚信而正固，就合乎天地运行的恒久法则了。

象曰：泽上有风，中孚。君子以议狱缓死。

[白话]

《象传》说：沼泽上有风在吹，这就是中孚卦。君子由此领悟，要认真讨论讼案，缓慢判决死刑。

[解读]

① 中孚卦是下兑上巽，巽为风，兑为泽，所以说"泽上有风"。风有如政教命令，泽有如施恩于民；既要维持纲纪，又要照顾百姓。

② 君子所能做的是"议狱缓死"，在追求社会正义时，不忘同情体谅罪犯。中孚卦有如放大一倍的离卦（☲），离为明，用于议狱。

初九。虞吉,有它不燕。

象曰:初九虞吉,志未变也。

[白话]

初九。可预料就吉祥,有其他状况则不安。

《象传》说:初九可预料就吉祥,是因为心意并未改变。

[解读]

① "虞"为预料、猜测。古代有虞人,掌管山林,并担任王公贵族打猎时的向导。初九居中孚卦初位,上有六四正应;六四在互艮,艮为山林,引申为虞人,犹如前有可靠向导,不会迷路,所以"吉"。这也是初九"志未变也"。

② "燕"为安宁,"它"为其他。初九在下卦兑,兑为泽,它又上临互震(九二、六三、六四),震为雷,有雷入泽之象,应该沉寂安定。并且,初九爻变,下卦为坎为险,所以"有它不燕"。

九二。鸣鹤在阴,其子和之。我有好爵,吾与尔靡之。

象曰:其子和之,中心愿也。

[白话]

九二。大鹤在树荫下啼叫,它的小鹤啼叫应和。我有美酒一罐,我要与你共享。

《象传》说:它的小鹤啼叫应和,是发自内心的愿望。

[解读]

① 本卦有如放大的离卦,离为雉,在此指鹤。兑为泽,互艮为山,皆为群鹤居地。九二居柔位为阴,转为荫,互震为鸣。所以说

"鸣鹤在阴"。九二以阳爻居中位，刚实居中，显示诚信之至。自然界中，鹤在山林栖息，亲子以鸣呼应，既属本能之所为，也有全心的信赖。在人世间，朋友志同道合，愿意分享一切。

② 九二互震，上有互艮，皆为子，上下相和。震为仰盂，其形如爵。我与吾，皆来自九二爻变为坤为自身。"爵"为酒杯，引申为酒。"靡"为共，引申为共享。朋友共品美酒，贵在心意相通。

③ 《系辞上》引述孔子对这句爻辞的评述。他说："君子居其室，出其言善，则千里之外应之，况其迩者乎？居其室，出其言不善，则千里之外违之，况其迩者乎？言出乎身，加乎民；行发乎迩，见乎远。言行，君子之枢机。枢机之发，荣辱之主也。言行，君子之所以动天地也，可不慎乎！"

六三。得敌，或鼓或罢，或泣或歌。
象曰：或鼓或罢，位不当也。

[白话]

六三。遇到对手。或击鼓或休兵，或哭泣或唱歌。
《象传》说：或击鼓或休兵，是因为位置不恰当。

[解读]

① 六三在兑卦终位，其上为巽卦，可谓棋逢敌手。六三在互震（九二、六三、六四）中，震为雷，引申为击鼓作战；又在互艮（六三、六四、九五）中，艮为止，引申为休兵罢战。六三在下卦兑中，兑为口，为悦，引申为唱歌；它又面临上巽，巽为风，为号，引申为哭泣。于是形成爻辞的一段生动描写。

② 六三之种种犹疑状态，来自它的不中不正之位。

61 中孚卦

六四。月既望，马匹亡，无咎。

象曰：马匹亡，绝类上也。

[白话]

六四。月亮已经满盈，马匹丢失。没有灾难。

《象传》说：马匹丢失，是因为离开同类往上走。

[解读]

① "月既望"，在王弼本作"月几望"，而在帛书本则作"月既望"。六四已到上卦巽，巽为农历十六以后的月亮。如此取象系根据纳甲之说，亦即：每月三日为震，八日为兑，十五日为乾（月盈），十六日为巽，二十三日为艮，三十日为坤（月虚）。以此描写月之盈虚。

② 中孚卦由遁卦变来，遁卦上卦乾，乾为马；现在六四进入上卦，使乾卦消失，所以说"马匹亡"。

③ "月既望"与"马匹亡"都不是美好的事，而六四可以"无咎"，原因在于六四自己阴爻居柔位，足以取信于人；并且离开原本在六三的同类，往上顺承九五之君。

九五。有孚挛（luán）如，无咎。

象曰：有孚挛如，位正当也。

[白话]

九五。有诚信而系念着，没有灾难。

《象传》说：有诚信而系念着，是因为位置正确而恰当。

[解读]

① 九五居中正之位，为全卦核心。挛为卷曲抽紧、系念于心。

九五在上卦巽中，巽为绳，又在互艮（六三、六四、九五）中，艮为手；合之则为以手系绳以连结各爻。
② 九五的诚信不容置疑，但与九二不应，所以只可说是"无咎"。并且，真正的诚信不能全靠有形的力量来维持。

上九。翰音登于天，贞凶。
象曰：翰音登于天，何可长也？

[白话]

上九。鸡啼的声音传到天上，一直如此会有凶祸。
《象传》说：鸡啼的声音传到天上，怎么可能长久？

[解读]

① 《礼记·曲礼下》："凡祭宗庙之礼，牛曰一元大武……鸡曰翰音……"祭祀时特别称鸡为"翰音"，以示其音质之美。所以"翰音"为鸡啼的声音。上九在上卦巽中，巽为鸡；它与六三正应，六三在下兑中，兑为口；合之则有鸡鸣之象。
② 上九位居全卦终位，又不惧声名太大，而未觉察前无去路，"何可长也？"所以说"贞凶"。

62 小过卦

小过：亨，利贞。可小事，不可大事。飞鸟遗之音。不宜上，宜下，大吉。

象曰：山上有雷，小过。君子以行过乎恭，丧过乎哀，用过乎俭。

上六：弗遇过之，飞鸟离之，凶。是谓灾眚。
象曰：弗遇过之，已亢也。

六五：密云不雨，自我西郊，公弋取彼在穴。
象曰：密云不雨，已上也。

九四：无咎，弗过遇之。往厉必戒，勿用，永贞。
象曰：弗过遇之，位不当也。往厉必戒，终不可长也。

九三：弗过防之，从或戕之，凶。
象曰：从或戕之，凶如何也？

六二：过其祖，遇其妣。不及其君，遇其臣，无咎。
象曰：不及其君，臣不可过也。

初六：飞鸟以凶。
象曰：飞鸟以凶，不可如何也。

小过：亨，利贞。可小事，不可大事。飞鸟遗之音。不宜上，宜下，大吉。

[白话]

小过卦：通达，适宜正固。可以做小事，不可以做大事。有鸟飞过留下的声音。不应该往上走，而应该往下走，非常吉祥。

[解读]

① 小过卦是下艮上震，亦即"雷山小过"。《序卦》说："有其信者必行之，故受之以小过。"有凭信的人一定可以通行，所以接着要谈小过卦。《杂卦》说："小过，过也。"意思也是通过。然而，就小过卦而言，相对的有大过卦（☰，第28卦）。此时，就可由小过、大过来比较通过、超过、过分等的程度了。

② 小过卦与中孚卦是变卦关系，同样无法由消息卦变来。它是五卦来源（明夷卦、蹇卦、解卦、萃卦、升卦）。"飞鸟遗之音"，是说还听得到鸟飞过去时啼叫的声音，表示刚刚经过不久，这是就时间上说明"小过"。至于"不宜上，宜下"，则是"小过"应有的柔顺态度。如此方可"大吉"。小过卦有如放大一倍的坎卦（☵），六爻多险阻。

象曰：小过，小者过而亨也。过以利贞，与时行也。柔得中，是以小事吉也。刚失位而不中，是以不可大事也。有飞鸟之象焉，飞鸟遗之音。不宜上，宜下，大吉，上逆而下顺也。

[白话]

《象传》说：小过卦，是说小的方面超过而可以通达。超过而适宜正固，是要配合时势来运行。柔顺者取得中位，因此小事吉祥。刚强者失去地位而没有居中，所以不可以做大事。卦上出现飞鸟的意象，所以有鸟飞过留下的声音。不应该往上走，而应该往下走，这样非常吉祥，是因为往上违背时势，往下顺应时势。

[解读]

① "小者"是指阴爻，本卦四阴二阳，是为"小者过"。至于"亨"与"利贞"，则依程颐所说，是因为"过所以就正也"，"事固有待过而后能亨者"，以及"时当过而过，乃非过也"。换

言之，小过是为了矫枉过正，求其通达，并且依时而行。
② 阴爻占据二、五中位，所以"小事吉"。反之，则是"不可大事也"。全卦横看，有如鸟之张翼飞翔，至于"飞鸟遗之音"，则程颐说是："鸟飞迅疾，声出而身已过，然岂能相远也。事之当过者亦如是，身不能甚远于声，事不可远过其常，在得宜耳。"
③ "不宜上，宜下"，说明了小过卦的特色，亦即要顺应时势，以小过来取得常道。

象曰：山上有雷，小过。君子以行过乎恭，丧过乎哀，用过乎俭。

[白话]

《象传》说：山上出现雷鸣，这就是小过卦。君子由此领悟，行为要超过一般的恭敬，丧事要超过一般的哀伤，用费要超过一般的节俭。

[解读]

① 小过卦是下艮上震，震为雷，艮为山，所以说"雷在山上"。雷在山上所发出的震鸣，会超过它在平地时的声威，所以说是"小过"。
② 君子在自我要求方面，宁可超过一些。孔子说："躬自厚而薄责于人，则远怨矣。"（《论语·卫灵公》）对自己要求多一些，不但可以免去人怨，还可以增益德行。

初六。飞鸟以凶。
象曰：飞鸟以凶，不可如何也。

[白话]

初六。飞鸟会带来凶祸。

《象传》说：飞鸟会带来凶祸，这是无可奈何的事。

[解读]

① 小过卦有飞鸟之象，而初六一出现就想象飞鸟一般迅疾而过，所以说"凶"。
② 初六阴爻居刚位而不正，上虽有九四正应，而九四亦不中不正。九四在上卦震中，震为行，但是初六在下卦艮中，艮为止；行止相违而初六仍然一心想飞，所以这种"凶"是"不可如何也"。小过卦六爻，无一为吉，最多只是"无咎"；由此可见谨慎的重要。

六二。过其祖，遇其妣（bǐ）。不及其君，遇其臣。无咎。

象曰：不及其君，臣不可过也。

[白话]

六二。越过祖父，才可遇到母亲。没有赶上君王，遇到了臣子。没有灾难。

《象传》说：没有赶上君王，是说臣子不可以越过君王。

[解读]

① 六二希望连系六五，但其上有九三（父）与九四（祖），过之才可遇六五，故曰"过其祖"而"遇其妣"。但六二不及其君，所遇的是臣（九三）而已。
③ 换个方式解说，则是六二居中守正，安于臣位，既不会也不能冒进，所以"无咎"。六二在下艮中，艮为止，所以说"不及其君"。

九三。弗过防之，从或戕（qiāng）之，凶。
象曰：从或戕之，凶如何也？

[白话]

九三。不要越过而要防范，跟着去可能受到伤害，有凶祸。
《象传》说：跟着去可能受到伤害，这种凶祸还不大吗？

[解读]

① 在小过卦中，阴胜于阳，阳爻不可有"过"。九三以阳爻居刚位，应有防范能力，所以说"弗过防之"。但是它与上六正应，就有"从"的意愿，这个从就出了问题。
② 九三往上在互兑（九三、九四、六五）中，兑为毁折，所以说"戕之"。戕为杀害、伤害。至于"或"字，则用于三、四位，表示处于上下二卦之间，有些不确定的状况。

九四。无咎，弗过遇之，往厉必戒。勿用，永贞。
象曰：弗过遇之，位不当也。往厉必戒，终不可长也。

[白话]

九四。没有灾难。不要越过也会遇到；前往有危险，一定要警戒。不可以有所作为，长久保持正固。
《象传》说：不要越过也会遇到，是因为位置不恰当。前往有危险，一定要警戒，是因为终究没有成长的机会。

[解读]

① 九四以阳爻居柔位，不会过于刚强，所以说"弗过"；但还是遇到阴柔之君六五，亦即"遇之"。这是九四处于上下卦之间，并且居位不正的缘故，所以说"位不当也"。

② 九四在互兑（九三、九四、六五）中，兑为毁折，所以说"往厉必戒"。往上是两个柔爻，终究不会让九四有成长的机会。由于九四已入上卦震中，震为行，所以要特别提醒"勿用，永贞"。

六五。密云不雨，自我西郊。公弋取彼在穴。
象曰：密云不雨，已上也。

[白话]

六五。浓云密布而不下雨，从我西边的郊野飘聚过去。王公射箭猎取穴中之物。
《象传》说：浓云密布而不下雨，是因为已经往上去了。

[解读]

① 六五在互兑（九三、九四、六五）中，兑为泽，泽上天（五为天位）为云；兑又为西方；合之则为"密云不雨，自我西郊"。此语亦见于小畜卦（☰，第9卦）卦辞，可以参考。其意为六五的恩泽无法施及百姓，所以它要越过两个阳爻才可射取六二。六五在震卦，震为竹矢，又在互兑，兑为金，合之有射箭之象。"弋"为箭上附有生丝，射中猎物可使之缠绕。"在穴"指在下之相对而不应的阴爻。本卦有如放大的坎卦，坎为穴。
② 六五在震卦中，一心往上，所以会"密云不雨"。

上六。弗遇过之，飞鸟离之，凶。是谓灾眚。
象曰：弗遇过之，已亢也。

[白话]

上六。没有相遇，越过去了。飞鸟陷入罗网，有凶祸。这叫做天灾人祸。

《象传》说：没有相遇，越过去了，是因为已经太高了。

[解读]

① "飞鸟离之"的"离"通"罗"，为捕鸟的网。上六位居小过卦终位，又在上震之中，震为行，所以它有不知节制的动向，造成"弗遇过之"。这是处在高极之位的危机。上六爻变，上卦为离，为雉，为飞鸟。

② 孔颖达说："过而不知限……以小人之身，过而弗遇，必遭罗网。"本卦有如放大的坎卦，故有"灾眚"：灾自外来，眚由己生，分之则为天灾人祸。上六位居最高，又不知收敛，所以两害并至。小过卦的"飞鸟之象"最后也因超过"小过"而陷入困境。

63　既济卦

既济：亨小，利贞，初吉，终乱。
象曰：水在火上，既济。君子以思患而豫防之。

上六：濡其首，厉。
　象曰：濡其首厉，何可久也？

九五：东邻杀牛，不如西邻之禴祭，实受其福。
　象曰：东邻杀牛，不如西邻之时也。实受其福，吉大来也。

六四：繻有衣袽，终日戒。
　象曰：终日戒，有所疑也。

九三：高宗伐鬼方，三年克之，小人勿用。
　象曰：三年克之，惫也。

六二：妇丧其茀，勿逐，七日得。
　象曰：七日得，以中行也。

初九：曳其轮，濡其尾，无咎。
　象曰：曳其轮，义无咎也。

既济：亨小，利贞。初吉，终乱。

[白话]

既济卦：通达小的方面，适宜正固。起初吉祥，最后混乱。

[解读]

① 既济卦是下离上坎，亦即"水火既济"。《序卦》说："有过物

者必济，故受之以既济。"小过卦说的是有所超过，有所超过就一定可以办成事情，所以接着谈既济卦。"既济"原是渡河成功之意，在此泛指已成之事。

② 既济卦由泰卦（☷☰，第11卦）变来，亦即泰卦六五与九二换位而成既济卦（☵☲）。既济卦与未济卦（☲☵，第64卦）是既覆且变的关系。本卦三个阴爻分居三个阳爻之上，表示阴爻顺利，所以说"亨小"，全卦六爻皆居正位，所以说"利贞"。"初吉"是指既济之后的稳定，但是变化不可能在此中止，所以说"终乱"。

象曰：既济亨，小者亨也。利贞，刚柔正而位当也。初吉，柔得中也。终止则乱，其道穷也。

[白话]

《象传》说：既济卦通达，是说小的方面通达。适宜正固，是说刚强者与柔顺者都能守正而位置恰当。起初吉祥，是因为柔顺者取得中位。最后停止就会混乱，是因为这条路走到了尽头。

[解读]

① 既济卦下离上坎，六爻皆在正位上，而阴爻分处阳爻之上，所以是"小者亨"，并且可以"利贞"。

② "初吉"是指六二以阴爻居中，并且下离有文明之象；至于九五则更不在话下。"终乱"则是指既济不可能停止，还须顺着时势进入新的循环周期。

象曰：水在火上，既济。君子以思患而豫防之。

[白话]

《象传》说：水在火的上方，这就是既济卦。君子由此领悟，要考虑祸害而预先防范。

[解读]

① 既济卦是下离上坎，坎为水，离为火，亦即"水在火上"。《尚书·洪范》说："水曰润下，火曰炎上。"水在火上，则两者各顺其性而相互为用。
② 君子知道既济卦的优点，但是也明白长治久安之不易，并且警觉对于水与火稍有疏失就会酿祸，所以要未雨绸缪，"思患而豫防之"。"豫"为预。

初九。曳其轮，濡其尾，无咎。
象曰：曳其轮，义无咎也。

[白话]

初九。拉住车轮，浸湿尾巴，没有灾难。
《象传》说：拉住车轮，理当没有灾难。

[解读]

① 在本卦中，初九以阳爻居刚位，动向甚明；初九爻变，下卦为艮为止，因此又不应躁进，所以要设法约束之。初九面临二坎，一是互坎（六二、九三、六四），一是上卦坎，坎为弓轮，为曳马，所以说"曳其轮"；坎又为水，且初九在下为尾，所以说"濡其尾"。
② 拉住车轮则难以前行，动物（如，狐）浸湿尾巴则难以渡河。既然不再躁进，自然"义无咎也"。

六二。妇丧其茀（fú），勿逐，七日得。
象曰：七日得，以中行也。

[白话]

六二。妇人丢了头饰，不用寻找，七天可以失而复得。
《象传》说：七天可以失而复得，是因为居中而行。

[解读]

① 既济卦由泰卦（☷）变来，六五与九二换位，成为既济卦的六二。原本泰卦下乾上坤，坤为女，为妇，乾为首，变为既济卦后，乾坤二象皆失。六二阴爻为妇，所以说"妇丧其茀"。"茀"是妇女头上的装饰品。并且，六二在互坎（六二、九三、六四）中，坎为盗，所以才有要不要"逐"的考虑。

② 由于六二居中行正，将可顺利得回失物。按照《易经》的规则，一爻的运行，经过六个爻位，到第七日回到原位。所以说"七日得"。程颐说："虽不为上所用，中正之道无终废之理，不得行于今，必行于异时也。圣人之劝戒深矣。"

九三。高宗伐鬼方，三年克之。小人勿用。
象曰：三年克之，惫也。

[白话]

九三。高宗讨伐鬼方，三年才征服。不可任用小人。
《象传》说：三年才征服，是说太疲惫了。

[解读]

① "高宗"为殷高宗武丁，"鬼方"为西北边疆民族。《后汉书·西羌传》有："及殷室中衰，诸夷皆叛，至于武丁，征西戎鬼方，三年乃克。"九三在互坎（六二、九三、六四）与互离（九三、六四、九五）中，坎为弓轮，离为戈兵，合之则为征伐作战。泰卦变为既济卦时，是九二由下乾前往上坤，成为九五。乾为

君，指"高宗"，坤为国，为阴，所以称"鬼方"；中间经过三位，所以说"三年克之"。

② 九三阳爻居刚位，上有上六正应，但是自身为两个阴爻包围，又面临上坎，所以即使成功，也必是"惫也"，更须以"小人勿用"为戒。

六四。繻（xū）有衣袽（rú），终日戒。
象曰：终日戒，有所疑也。

[白话]

六四。采色绢帛也会变成破旧衣服，整天都在警戒。
《象传》说：整天都在警戒，是因为有所疑虑。

[解读]

① "繻"为彩色的绢帛，可以制成华贵的衣服。"袽"为敝絮，"衣袽"为破旧衣服。"有"是指变化的可能性。六四与九三一样，受到卦变的影响很大。由泰卦变为既济卦时，下乾上坤之象消失，坤为布，引申为帛，乾为衣，两者皆失，则为"繻有衣袽"。

② 六四在两坎之间，上卦为坎，以及互坎（六二、九三、六四），坎为盗，为加忧，为心病，又在互离（九三、六四、九五）中，离为日，合之则为"终日戒"。这一切皆因"有所疑也"。

九五。东邻杀牛，不如西邻之禴祭，实受其福。
象曰：东邻杀牛，不如西邻之时也。实受其福，吉大来也。

[白话]

九五。东邻杀牛举行大祭，还比不上西邻的简单禴祭，可以真正受到福佑。

《象传》说：东邻杀牛献祭，比不上西邻按时序进行的薄祭。可以真正受到福佑，是说吉祥盛大地降临。

[解读]

① "杀牛"代表盛大的太牢祭；"禴祭"是春季以应时蔬菜祭祀的薄祭。东邻与西邻，可能指称商纣王与周文王。九五已至尊位，居中守正，天下太平，所需要做的只有祭祀。祭祀以诚意为主，所以不必在乎场面规模，而要在乎按时及真诚。九五中正，为"实"的典型。

② 九五在卦变中，由九二上到坤卦中位，使坤象消失，坤为牛，所以说"杀牛"。既济卦上卦成坎，坎为水，有如简单而应时的春季水菜，可以用于禴祭。此一换位使六爻皆得正位，可以"吉大来也"，而"实受其福"。

上六。濡其首，厉。
象曰：濡其首厉，何可久也？

[白话]

上六。浸湿了头，有危险。
《象传》说：浸湿了头而有危险，怎么能够长久呢？

[解读]

① 上六居全卦终位，是为"首"；又在上卦坎中，坎为水；合之则为"濡其首"，有灭顶的危险。

② 已经走到这危险的一步，显然是"何可久也？"必须准备面对下一步的变化了。《系辞下》说："《易》穷则变，变则通，通则久。"这三句警语还可以在后面加上一句，成为首尾连环，就是"久则穷"。

64　未济卦

未济：亨。小狐汔济，濡其尾，无攸利。
象曰：火在水上，未济。君子以慎辨物居方。

上九：有孚于饮酒，无咎，濡其首，有孚失是。
象曰：饮酒濡首，亦不知节也。

六五：贞吉，无悔，君子之光，有孚，吉。
象曰：君子之光，其晖吉也。

九四：贞吉，悔亡，震用伐鬼方，三年有赏于大国。
象曰：贞吉悔亡，志行也。

六三：未济，征凶，利涉大川。
象曰：未济征凶，位不当也。

九二：曳其轮，贞吉。
象曰：九二贞吉，中以行正也。

初六：濡其尾，吝。
象曰：濡其尾，亦不知极也。

未济：亨。小狐汔（qì）济，濡其尾，无攸利。

[白话]

未济卦：通达。小狐狸快要渡过河，浸湿了尾巴，没有适宜的事。

[解读]

① 未济卦是下坎上离，亦即"火水未济"。《序卦》说："物不可

穷也，故受之以未济。终焉。"如前文所述，既济卦是久则穷，所以必须重启生机，以显示变易而不穷的《易经》原理，也就是以未济卦来作为六十四卦的压轴。"未济"是尚未完成也尚未结束。坎为水为穴为隐伏，生物之穴居隐伏，往来于水间者，狐为代表，所以坎也指狐。

② 小狐狸可以游水过河，但是湿了尾巴就无法成功。"汔"为迄，为几乎、将要。据说狐狸渡水会抬起尾巴，一旦浸湿尾巴就有下沉的危险。结果则是"无攸利"。本卦六爻皆无正位，但又皆可相应，所以为"亨"。

③ 未济卦由否卦（☷，第12卦）变来，亦即否卦六二与九五换位而成未济卦（☷）。既然是由否卦变来，所以也可依此而见其"亨"。

象曰：未济，亨，柔得中也。小狐汔济，未出中也。濡其尾，无攸利，不续终也。虽不当位，刚柔应也。

[白话]

《象传》说：未济卦，通达，是说柔顺者取得中位。小狐狸快要渡过河，是说它没有离开中位。浸湿了尾巴，没有适宜的事，是说它不能继续游到终点。虽然刚强者与柔顺者位置皆不恰当，但是全都可以相应合。

[解读]

① 未济卦由否卦变来，是否卦六二往上成为六五，亦即"柔得中也"，五不但是中位，还是君位，所以优于二。这也是"亨"的缘由。小狐狸渡河，犹如六二到六五，仍未脱离中位，亦即在河中而未及上岸。

② 未济卦有两个坎，下坎与互坎（六三、九四、六五），坎为水，

为险，所以说"濡其尾，无攸利，不续终也"。它与既济卦相反，是六爻皆不正，但是依然可以全部刚柔相应。

象曰：火在水上，未济。君子以慎辨物居方。

[白话]

《象传》说：火在水的上方，这就是未济卦。君子由此领悟，要慎重分辨物类，使它们各居其所。

[解读]

① 未济卦是下坎上离，离为火，坎为水，所以说"火在水上"。火向上烧，水向下流，两者分道扬镳，各自发展而不相为用，成为"未济"，不能成事。
② 君子眼见未济的困境，所以要谨慎分辨物类，使之各居其所，再作最完善的运用。

初六。濡其尾，吝。
象曰：濡其尾，亦不知极也。

[白话]

初六。浸湿了尾巴，有困难。
《象传》说：浸湿了尾巴，也是不知道有终点的缘故。

[解读]

① 初六居全卦底部，为尾；上有两坎，一是下卦坎，一是互坎（六三、九四、六五），坎为水，亦即尾巴在水中，是为"濡其尾"。
② 初六以阴爻居刚位，缺乏动向与动力，无法渡过二坎，甚至不

知道渡河须以过河为其终点,是"亦不知极也"。"极"为终点。

九二。曳其轮,贞吉。
象曰:九二贞吉,中以行正也。

[白话]

九二。拉住车轮,正固吉祥。
《象传》说:九二正固吉祥,是因为居中并且行正。

[解读]

① 九二与六五正应,它以阳刚居下,上有阴柔之主,必须有所戒惕。九二在下卦坎中,坎为弓轮,为曳马,所以说"曳其轮"。
② 九二居中可以行正,是为"贞吉"。

六三。未济,征凶。利涉大川。
象曰:未济征凶,位不当也。

[白话]

六三。尚未渡过,前进会有凶祸。适宜渡过大河。
《象传》说:尚未渡过,前进会有凶祸,是因为位置不恰当。

[解读]

① 六三在下卦坎与互坎中,前后都是水,所以说"未济"。坎为险,所以说"征凶"。六三爻变,下卦为巽卦,巽为风为木,有舟之象,它还有上九正应,而上九是全卦终位,所以说"利涉大川"。
② 六三以阴爻居刚位,又居上下二卦之间,是"位不当"也,所以会有"未济,征凶"的状况。

九四。贞吉，悔亡，震用伐鬼方。三年有赏于大国。

象曰：贞吉悔亡，志行也。

[白话]

九四。正固吉祥，懊恼消失，振奋起来讨伐鬼方。三年后成功，受到大国封赏。

《象传》说：正固吉祥而懊恼消失，是因为心意得以实现。

[解读]

① 本爻爻辞与既济卦的九三相似。这是正覆卦可能出现的情况。由史实看来，所述为周朝的季历（周文王之父）讨伐鬼方之事。《后汉书·西羌传》有云："及武乙暴虐，犬戎寇边。周古公逾梁山而避于岐下。及子季历，遂伐西落鬼戎。"这个武乙是商朝高宗武丁之后的第五世商王。九四为诸侯位，"震"卦指称诸侯，但在此用为振奋之意。当然，诸侯也可以称君，各种取象可参考既济卦的九三解读部分。"三年有赏于大国"，是指季历受到商王朝的封赏。"三年"常与离卦有关，因为在先天八卦中，离之数为三。

② 九四有初六正应，是"志行也"；它也因而正固吉祥，并且居位不正的"悔"也会消失。

六五。贞吉，无悔，君子之光。有孚，吉。

象曰：君子之光，其晖吉也。

[白话]

六五。正固吉祥，没有懊恼，君子的光明在照耀。有诚信，吉祥。

《象传》说：君子的光明在照耀，是说它的光辉带来吉祥。

[解读]

① 六五是否卦变成未济卦时，由六二升上来的。否卦上乾，乾为君子，六五来到上乾使它变为上离，离为明，所以说"君子之光"。六五居中行正，是为"贞吉"，可以"无悔"。

② 六五有九二正应，并且全卦下坎上离，坎为月，离为日，在此形成日月辉映之象，自然是"吉"。"晖"为光辉，光盛则有晖。

上九。有孚于饮酒，无咎。濡其首，有孚失是。
象曰：饮酒濡首，亦不知节也。

[白话]

上九。有诚信而去喝酒，没有灾难。浸湿了头，有诚信也无法没有灾难。

《象传》说：喝酒而浸湿了头，也是不知道节制的缘故。

[解读]

① 上九有六三正应，又有六五相承，所以说"有孚"；它下有两坎，坎为水，引申为酒，可以饮酒而"无咎"。但是上九为首，它与既济卦的上六处境一样，也遇到"濡其首"的问题。即使"有孚"也会"失是"，亦即失去"无咎"这种好运。

② 喝酒到浸湿头的地步，显示耽溺于逸乐，"亦不知节也"。程颐认为上九"居未济之极，非得济之位，无可济之理，则当乐天顺命而已。"六十四卦以提醒人"知节"为终，可谓深富理趣。

系辞·上传

第一章

天尊地卑，乾坤定矣。卑高以陈，贵贱位矣。动静有常，刚柔断矣。方以类聚，物以群分，吉凶生矣。在天成象，在地成形，变化见矣。是故刚柔相摩，八卦相荡，鼓之以雷霆，润之以风雨，日月运行，一寒一暑。

[白话]

天在上而地在下，乾与坤的属性就这样界定了。从低到高陈列出来，贵与贱就有了固定的位置。运动与静止都有常性，刚与柔就区隔开来了。同样类别的东西会聚在一起，不同群组的事物会分途发展，这样就产生了吉与凶。在天上展示出天体的现象，在地上演变为万物的形体，变化就这样彰显出来。因此，阳刚之气与阴柔之气彼此往来交错，八个单卦互相推移流转，振作万物时有雷与霆，滋润万物时有风与雨，日与月在天上运行不息，寒暑季节的变迁就形成了。

[解读]

① 《易经》是以符号来代表自然界的现象，再由符号之间的组合与变动，来描述自然界神奇奥妙的变化。基本的符号有八个，就是乾（☰），震（☳），坎（☵），艮（☶），坤（☷），巽

（☳），离（☲），兑（☱）。乾所象征的是天，坤所象征的是地。所以说，"天尊地卑，乾坤定矣"。

② 观察自然界万象的，是人。人，依其本性，就会思考、评价、判断与抉择，所以必须分辨尊卑，区别贵贱。以形成重卦的六爻来说，初爻为元士，二爻为大夫，三爻为三公，四爻为诸侯，五爻为天子，六爻为宗庙。百姓是接受统治的庶民，自我意识与自主能力皆受到局限，而其吉凶也往往是随人俯仰的。当然，六位之分可供参考，却不可拘泥，因为在每一卦中，"时"与"位"都有灵活解说的空间。

③ "动"代表刚强劲健，"静"代表柔顺敦厚，形成常态现象之后，就可以说：乾（天）为刚，坤（地）为柔。事实上，乾坤各有其动静的模式。古人认为天圆地方，是看到天体不断运行，显示旋转的球形样貌，而大地安稳不动，有如四方确立的磐石。

④ 事物的聚散与分合，依其类与群而定。"方"为事物走向，为方位。在自然界的万物分合之际，出现了客观上的得与失，以及人在主观上的吉与凶。《易经》教人如何明辨吉凶而加以趋避。最后，在天上有日月星辰的运行，风雨雷电的变迁，在地上有山川的形成以及动植物的化育，这种种变化都是我们可以观察的现象。

⑤ "刚"为乾，"柔"为坤。如果还原到最基本的二元，则刚柔分别是代表阳气的阳爻（⚊）与代表阴气的阴爻（⚋），这两者往来交错（摩），形成八个基本卦（又称"经卦"）。八卦所象征的是：乾为天，震为雷，坎为水，艮为山，坤为地，巽为风，离为火，兑为泽。这八卦再彼此推移流转（荡），自然界的万物就获得了振作与滋润的机会，于是天上有日月运行，地上有寒暑交替。

乾道成男，坤道成女。乾知大始，坤作成物。乾以易知，坤以简能；易则易知，简则易从；易知则有亲，易从则有功；有亲则可久，有功则可大；可久则贤人之德，可大则贤人之业，易简而天下之理得矣。天下之理得，而成位乎其中矣。

[白话]

乾卦所代表的法则构成了男性，坤卦所代表的法则构成了女性。乾卦主导万物的创始，坤卦运作形成了万物。乾卦以容易的方式来主导，坤卦以简单的方式来运作；容易就易于让人了解，简单就易于让人跟随；易于了解就会有人来亲近，易于跟随才可能成就功业；有人亲近就可以维持长久，有了功业就可以发展壮大；可以维持长久的才是贤人的德行，可以发展壮大的才是贤人的事业。光靠容易与简单，就可以使人领悟天下万物的道理。领悟了天下万物的道理，就可以在其中成就自己的地位了。

[解读]

① 乾卦代表阳气，坤卦代表阴气；阳与阴造成了万物男性（雄性）与女性（雌性）二元配对的基本形态；因此，把握了乾与坤，就可以进而明白万物的道理。

② "乾知大始"，"知"为过问、主管、主导之意，如以"知县"为一县之主。乾的作用是创始，是主动开创万物；坤的功能是生成，把乾所创始的万物孕育形成。朱熹说："乾健而动，即其所知（主），便能使物而无所难，故为以易而知大始。坤顺而静，凡其所能，皆从乎阳而不自作，故为以简而能成物。"这是说明易与简。

③ 后续的推论，从"易"到易知、有亲、可久、贤人之德；从"简"到易从、有功、可大、贤人之业；然后由此领悟了天下之理。这一段推论，说明了人如何由观察乾坤的运作，找到人

生的方向与位置。简而言之，每一个人都可以并且应该成为有德有业的贤人。至于此一论断在人性论上有何根据，则仍有待说明。

第二章

圣人设卦观象，系辞焉而明吉凶，刚柔相推而生变化。是故吉凶者，失得之象也；悔吝者，忧虞之象也；变化者，进退之象也；刚柔者，昼夜之象也。六爻之动，三极之道也。

[白话]

圣人设计卦的图案，观察卦象，附上解说，用以彰显吉祥与凶祸，藉由刚爻柔爻互相推移而展现变化。因此，吉祥与凶祸，是描写丧失与获得的现象；懊悔与困难是描写烦恼与松懈的现象；各种变化，是描写推进与消退的现象；刚爻与柔爻，是描写白昼与黑夜的现象。六爻的活动，代表了天地人三个层次的运行规则。

[解读]

① "卦"为挂，是挂出来的图案，用以象征自然界的变迁状况。圣人所做的是：设卦、观象、系辞。目的则是明示吉与凶，而吉与凶又会因为刚爻与柔爻的推移而产生变化。

② 所谓"吉凶"，是就得失而言。人生不能没有欲求，得为吉，失为凶。在此，必须假定这些欲求为正当的。其次，所谓"悔吝"，是就忧虞而言；"虞"是喜悦而不知预防，以致松懈。朱熹说："盖吉凶相对，而悔吝居其中间，悔自凶而趋吉，吝自吉而向凶也。"人若懊悔，知所警惕，就会自凶而趋吉；反之，人若松懈，不知收敛，就会自吉而向凶。

③ 刚为阳爻，代表阳气；柔为阴爻，代表阴气；这两种力量的进退，产生了变化；然后阳气与阴气的消长，形成了昼夜。

④ "六爻"分为天地人三组。"极"为端，犹如上、中、下三端，所以译为三个层次。初、二为"地"，三、四为"人"，五、上为"天"。六爻在这三个层次活动，展示出包罗万象的消息。

是故君子所居而安者，《易》之序也；所乐而玩者，爻之辞也。是故君子居则观其象而玩其辞，动则观其变而玩其占。是以自天佑之，吉无不利。

[白话]

因此之故，君子所安心静处的，是《易经》显示的位序；他所乐于玩味的，是卦爻辞的内容。因此之故，君子静处时就观察卦爻的图象，并且玩味其中的言辞；他行动时就观察卦爻的变化，并且玩味其中的占验。所以，上天会保佑他，吉祥而没有任何不利。

[解读]

① "《易》之序"，是指《易经》会显示一个人处在什么位序（位置与秩序）。"爻之辞"则因为含意丰富深刻而可供人反复琢磨。君子明白这些道理之后，才有可能乐天知命。

② 君子之"居"与"动"，都离不开《易经》，视之为智慧宝库，然后言行自然合宜，进退也有分寸。"自天佑之"一语，出现在大有卦（䷍，第14卦）上九的爻辞中，表示古人相信"天"仍为主宰者，会有赏善罚恶的作为，并且这种作为符合《易经》所揭示的原理。

第三章

象者，言乎象者也；爻者，言乎变者也。吉凶者，言乎其失得也；悔吝者，言乎其小疵也。无咎者，善补过者也。是故列贵贱者存乎位，齐小大者存乎卦，辩吉凶者存乎辞，忧悔吝者存乎介，震无咎者存乎悔。是故卦有小大，辞有险易；辞也者，各指其所之。

[白话]

象辞是说明卦象的；爻辞是说明各爻变化的。吉与凶，是说明丧失与获得的；悔与吝，是说明小的缺失的。至于无咎，则是指善于补救过错而言。因此之故，贵贱的排列在于爻位，阴阳的均等在于卦象，分辨吉凶要看卦爻辞，忧虑悔吝要看几微的心思，戒惧无咎要看是否悔悟。所以，卦有阴阳小大之分，卦爻辞有凶险与平易之别；卦爻辞指示了变化发展的趋向。

[解读]

① "象者"为象辞，所指为直接列在卦图之下的"卦辞"，而不是其后所附的《象传》。
② "吉凶""悔吝""无咎"之类的用语，为每一卦的占验之词，其意义在此得到清楚的说明。"齐小大者"所指为阴爻与阳爻，六十四卦共有三百八十四爻，其中阴与阳各占一半；并且，六十四卦在阴与阳的优势方面，整体而言也是均等的。由此亦可知"卦有小大"。
③ 悔与吝之差异，要看几微的心思；"介"为微小。无咎则有待悔悟，才能"善补过"。"忧"与"震"皆为动词，意思相近。

第四章

《易》与天地准,故能弥纶天地之道。仰以观于天文,俯以察于地理,是故知幽明之故。原始反终,故知死生之说。精气为物,游魂为变,是故知鬼神之情状。与天地相似,故不违;知周乎万物而道济天下,故不过。旁行而不流。乐天知命,故不忧。安土敦乎仁,故能爱。范围天地之化而不过,曲成万物而不遗,通乎昼夜之道而知。故神无方而《易》无体。

[白话]

《易经》的制作是以天地为参考的模型,所以能够普遍涵盖天地的法则。圣人抬头观察天文的现象,低头考察地理的形势,所以知道幽暗与明亮的缘故。推原于开始,追究到结束,所以知道死与生的说法。精气凝聚就是生物,精气飘散造成变化,所以知道鬼神的真实情况。《易经》的卦象与天地的活动相似,所以不会违背天地的法则;其中的智慧遍及万物而道理则帮助了天下人,所以不会有过错。广泛运行而不会超出界线。乐天道而知天命,所以不会忧虑。安于所处的位置,培养深厚的仁心,所以能够爱人。全盘笼罩天地的变化而没有失误,细致安排万物的形成而没有遗漏,彻底了解昼夜的道理而展现智慧。所以,神妙的变化没有固定的方式,而《易经》也没有固定的形态。

[解读]

① 本章说明《易经》制作的依据、目标与效应。其目标在于了解"幽明、死生、鬼神",而这些正是一般人最觉困惑者。"幽明"与天文及地理有关,所指为自然现象的奥秘。"死生"是特别就人的深刻关怀而言。"鬼神"则更涉及超越日常经验之外的领域。

② 由"精气为物,游魂为变"来理解"鬼神",可知古人认为万物都是气的变化。但是,人的社会却由此建立了教化。《礼记·祭义》记载宰我请教孔子的一段资料,可供参考。宰我曰:"吾闻鬼神之名,而不知其所谓。"子曰:"气也者,神之盛也。魄也者,鬼之盛也。合鬼与神,教之至也。众生必死,死必归土,此之谓鬼。骨肉毙于下,阴为野土,其气发扬于上,为昭明,焄蒿,凄怆,此百物之精也,神之著也。因物之精,制为之极,明命鬼神,以为黔首则,百众以畏,万民以服。"

③ 乐天知命:"天"是万物的本源,所以用来泛指客观上的既定条件,包括人的性格、遭遇与命运;能够欣然接受这些,就是"乐天"。"命"则在命运之外,还包括人的使命在内,譬如孔子"五十而知天命"(《论语·为政》),即是此意。孔子还说过:"不知命,无以为君子。"(《论语·尧曰》)知命者才有可能乐天;而这样的人又怎么会"忧"呢?

④ 安土敦乎仁:"土"是土地、处所、位置;"安土"是指随遇而安。"敦乎仁"则显示仁心或仁德并非天生完备,而是需要修养,使之日益深厚的。

⑤ 神无方:"神"是指天地之间变化之神妙状态,而不是指特定的神明。

第五章

一阴一阳之谓道,继之者善也,成之者性也。仁者见之谓之仁,知者见之谓之知,百姓日用而不知。故君子之道鲜矣。显诸仁,藏诸用,鼓万物而不与圣人同忧,盛德大业至矣哉。富有之谓大业,日新之谓盛德。生生之谓易,成象之谓乾,效法之谓坤,极数知来之谓占,通变之谓事,阴阳不测之谓神。

[白话]

一阴一阳搭配变化，就称为道；继续道的运作的，就是善；完成道的运作的，就是性。行仁者见到道，称它为仁；明智者见到道，称它为智。百姓每天使用它，却一无所知，所以君子体认的道很少有人明白。它显现在仁爱上，隐藏在日用中，鼓动万物的变化而不与圣人一起忧虑，这种盛美的道德与伟大的功业，是至高无上的啊。富有无缺就称为伟大功业，日日更新就称为盛美道德。生生不已就称为变易，形成现象就称为乾元，跟随法则就称为坤元，推究数理而知道未来就称为占筮，通达变化就称为事件，阴阳运作不可测度就称为神妙。

[解读]

① "道"是阴阳二气搭配变化的过程与法则。继续此一变化过程而不要终结它，就是"善"；具体使它凝成一物的，就是"性"。因此万物各有其"性"，此性无关乎善恶，而只是要让道可以经由它来形成万物。至于"善"，则是由生生不已的角度，肯定存在比虚无为佳。朱熹说："道具于阴而行乎阳。继，言其发也；善，谓化育之功，阳之事也。成，言其具也；性，谓物之所受，言物生则有性，而各具是道也，阴之事也。"由此可见，朱熹从这段资料也不曾推出"人性本善"的说法。

② 仁者与知者各依自身的观点，体认了道的奥妙，亦即肯定人在生命过程中，应该设定目标以提升价值。人的生老病死与万物的变迁流转，表面上并无差异；但是人还须修养成为君子，否则难免与草木同朽。

③ 道本身处于圆满状态，依时序而变动无已，没有"忧"的可能性。圣人则对天下一直有所"忧"，因为人世间的问题层出不穷，所以圣人是代天下人而忧。

④ 接着扼要界定的"大业、盛德、易、乾、坤、占、事、神"，都是用来描述道的伟大功用。

第六章

夫《易》广矣大矣，以言乎远则不御，以言乎迩则静而正，以言乎天地之间则备矣。夫乾，其静也专，其动也直，是以大生焉。夫坤，其静也翕，其动也辟，是以广生焉。广大配天地，变通配四时，阴阳之义配日月，易简之善配至德。

[白话]

《易经》的道理广阔啊，宏大啊，用它说明远方的事情，则没有界限；用它说明身边的事情，则清楚正确；用它说明天地之间的事情，则完备无遗。乾所代表的阳气，静止时专一，活动时正直，所以有最大的生产能力。坤所代表的阴气，静止时闭合，活动时张开，所以有最广的生产能力。广阔宏大可以配合天地，变化流通可以配合四季，阴阳的原理可以配合日月，容易简单的优点可以配合至高的德行。

[解读]

① 《易经》一书所谈的道理，与天地万物的变化法则是完全一致的。它所能说明的，"远"与"迩"除了指涉远近，也可以指涉时间上的未来与当下；"天地之间"则明白指涉了空间。

② 乾与坤为代表阳气与阴气的两个符号。朱熹说："乾一而实，故以质言而曰大。坤二而虚，故以量言而曰广。"乾坤各有其动静。乾之专，因其为一；为一则无所偏私（直），所以"大生"。坤之翕辟，则为顺承乾之大生，由此以致广生。

③ "阴阳之义"是指阴阳轮流消长的原理，彼此相反相成又共成一个整体，正如日月给人类的观感，是此消则彼长，明暗配合而有序。"易简之善"则是指《易经》所揭示易与简，其优点亦符合道的至高德行。

第七章

子曰：《易》其至矣乎！夫《易》，圣人所以崇德而广业也。知崇礼卑，崇效天，卑法地。天地设位，而《易》行乎其中矣。成性存存，道义之门。

[白话]

孔子说：《易经》说出了最高明的道理了吧！《易经》是圣人用来推崇道德及扩大功业的。智慧崇高而礼节谦卑，崇高是效法天，谦卑是效法地。天地设定了位置，《易经》的道理在其中运行。助成万物的天性，保存万物的存在，就是通往道义的门径。

[解读]

① "子"为孔子。孔子说过："加我数年，五十以学《易》，可以无大过矣。"（《论语·述而》）朱熹说："十翼皆夫子所作，不应自著'子曰'字，疑皆后人所加也。"事实上，《十翼》代表孔子及其后学的共同心得，为数代相传的成果，因此见到"子曰"的资料并不意外。

② 成性存存："成性"一方面是前文所说的"成之者性也"，另一方面也需要人类来助成；配合"存存"（存其所存）来看，则可以肯定人类有"参赞化育"的伟大使命。孔颖达说："性谓禀其始也，存谓保其终也"。这也是"道义之门"，是人类的光明坦途与正当责任。

第八章

圣人有以见天下之赜（zé），而拟诸其形容，象其物宜，是故谓之象。圣人有以见天下之动，而观其会通，以行其典礼，系辞焉以断其吉凶，是故谓之爻。言天下之至赜而不可恶也，言天下之至动而不可乱也。拟之而后言，议之而后动，拟议以成其变化。

[白话]

圣人见到天下事物的复杂微妙，就模拟其形态，描绘其样貌，所以有卦象之称。圣人见到天下事物的变动发展，就观察其会合通达的方式，依循常规法则，再附上解说来裁断吉凶，所以有爻的称呼。这些是要说明天下最微妙而不可破坏的现象，说明天下最繁复而不可混乱的活动。模拟比较之后再作说明，商议讨论之后再去行动，模拟商议之后才能成就一切的变化。

[解读]

① 天下之"赜"，是指幽深难解的微妙状况，系就静态的结构而言，可以画成图案，形成卦象。这些是不可破坏的。
② 天下之"动"，是就动态的发展而言，万物无时无刻不在变动之中，变动有"会通"，也有"典礼"（常规法则）；论及吉凶，则有"爻"（效也）来仿效并说明之。这些是不可混乱的。由此可知，卦象是展示静态的架构，爻画则彰显动态的变化以及吉凶效应。

第九章

"鸣鹤在阴，其子和之。我有好爵，吾与尔靡之。"子曰："君子居其室，出其言善，则千里之外应之，况其迩者乎？居其室，出其言不善，则千里之外违之，况其迩者乎？言出乎身，加乎民；行发乎迩，见乎远。言行，君子之枢机。枢机之发，荣辱之主也。言行，君子之所以动天地也，可不慎乎？"

[白话]

"大鹤在树荫下啼叫,它的小鹤啼叫应和。我有美酒一罐,我要与你共享。"孔子说:"君子住在屋内,说出的话有道理,那么千里之外的人也会呼应他,何况是身边的人?他住在屋内,说出的话没有道理,那么千里之外的人也会违背他,何况是身边的人?言语从自己口中说出,百姓都会听到;行为在身上表现出来,远处也会看到。言语与行为是君子处世的枢纽机关。枢纽机关一发动,就决定了获得荣耀还是受到耻辱。言语与行为,是君子借以感动天地的关键,可以不谨慎吗?"

[解读]

① 本段资料为中孚卦(䷼,第61卦)九二的爻辞。在大鹤小鹤,是纯属自然的感应;在人的社会,则在自然情感之上,还有一个人心所共同向往的道义世界。"出其言善"的"善",是指合乎道义而言,亦即我们常说的"有道理",有正确而正当之意。天下人都会呼应"善言善行",是否暗示了"人性向善"?

② 人之处世,以"言行"与人往来,其原则为"诚于中,形于外",所以言行成为君子之"枢机"。

"同人,先号咷而后笑。"子曰:"君子之道,或出或处,或默或语。二人同心,其利断金。同心之言,其臭(xiù)如兰。"

"初六。藉用白茅,无咎。"子曰:"苟错诸地而可矣,藉之用茅,何咎之有?慎之至也。夫茅之为物薄,而用可重也。慎斯术也以往,其无所失矣。"

"劳谦君子,有终,吉。"子曰:"劳而不伐,有功而不德,厚之至也。语以其功下人者也。德言盛,礼言恭,谦也者,致恭以存其位者也。"

[白话]

"聚合众人,先是痛哭后是欢笑。"孔子说:"君子所奉行的原则,是该从政就从政,该隐退就隐退,该静默就静默,该说话就说话。两人心意一致,其锋利可以切断金属;心意一致所说的话,其味道就像兰花一样。"

"初六。用白色茅草垫在底下,没有灾难。"孔子说:"就是把祭品摆放在地上也可以啊,底下还要垫一层茅草,这会有什么灾难呢?这是谨慎到了极点。茅草是一种微薄的东西,但是可以产生重大的作用。按照这种谨慎的方法去做事,就不会有什么过失了。"

"有功劳而谦卑的君子,有好结果,吉祥。"孔子说:"劳苦而不夸耀,有功绩而不自认为有德,真是忠厚到了极点。这是说那些有功绩依然谦下待人的人。德行要讲求盛美,礼仪要讲求恭敬,而谦卑正是使人恭敬从而保存自己地位的坦途。"

[解读]

① 本段先谈同人卦(䷌,第 13 卦)九五的爻辞。人生的际遇也须取决于自己的理想与志趣。孔子对于"出、处、默、语"能做合宜的判断,所以他宣称自己的作为是"无可无不可"(《论语·微子》)。然而,在际遇之外,能否获得真诚相待的知己,才是更重要的事。能有"二人同心",则其利与其言,无不可喜。

② 本段其次谈的是大过卦(䷛,第 28 卦)初六的爻辞。人有谨慎恭敬之心,则不仅远离咎害,也会受到众人肯定。

③ 本段最后所谈的是谦卦(䷎,第 15 卦)九三的爻辞。我们由此想到的是颜渊的志向,亦即"愿毋伐善,毋施劳"(《论语·公冶长》)。

"亢龙有悔。"子曰:"贵而无位,高而无民,贤人在下位而无辅,是以动而有悔也。"

"不出户庭,无咎。"子曰:"乱之所生也,则言语以为阶。君不密则失臣,臣不密则失身,几事不密则害成。是以君子慎密而不出也。"

子曰:"作《易》者,其知盗乎?《易》曰:'负且乘,致寇至。'负也者,小人之事也。乘也者,君子之器也。小人而乘君子之器,盗思夺之矣。上慢下暴,盗思伐之矣。慢藏诲盗,冶容诲淫。《易》曰:'负且乘,致寇至。'盗之招也。"

[白话]

"龙飞得太高,已经有所懊悔。"孔子说:"地位尊贵却没有职位,高高在上却失去百姓,贤人居下位而无法前来辅佐,所以他一行动就会有所懊悔。"

"不离开门户与庭院,没有灾难。"孔子说:"祸乱的产生,是以言语为其阶梯。君主不能保密,就会失去臣子;臣子不能保密,就会丧失性命;几微之事不能保密,就会造成失败。因此,君子谨慎保密而不随便说话。"

孔子说:"《易经》的作者大概懂得强盗的心理吧?《易经》上说:'背着东西坐在车上,招来了强盗。'背负东西,是小人的工作;车子是君子代步的工具。小人却坐在君子代步的工具上,强盗就会想要抢夺他。居上位的傲慢,在下位的粗暴,强盗就会想要攻击他。不藏好珍贵之物,是教唆别人来抢夺;打扮得过于妖艳,是教唆别人来调戏。《易经》上说:'背着东西坐在车上,招来了强盗。'正是说明招来强盗的缘故。"

[解读]

① 本文第一段所谈,为乾卦(䷀,第1卦)上九的爻辞。后续的

系辞·上传

"子曰"则引自乾卦《文言》上九部分，可自行参考。

② 本文第二段所谈为节卦（☱，第60卦）初九的爻辞。接着，强调说话必须谨慎。我们固然希望"谣言止于智者"，但是首先还是要求自己不要轻易说话。所谓"人言为信"，信有约定、守信之意，也有真实可信之意。尤其对于"几微之事"，更须谨慎。

③ 本文第三段所谈为解卦（☳，第40卦）六三的爻辞。《易经》作者深通人情世故，更了解人的心理机制，所以提醒我们不要引起别人的邪恶念头。我们除了自己要坚持行善，也要避免别人因为我们的疏忽而陷入诱惑中。"慢藏诲盗，冶容诲淫"一语，在今日社会实在有太多惨痛的例子了。

第十章

天一，地二，天三，地四，天五，地六，天七，地八，天九，地十。天数五，地数五。五位相得而各有合，天数二十有五，地数三十，凡天地之数五十有五，此所以成变化而行鬼神也。

[白话]

天数一，地数二，天数三，地数四，天数五，地数六，天数七，地数八，天数九，地数十。天的数共有五个，地的数共有五个。五个方位的数分配得宜并且各自配合。天数加起来是二十五，地数加起来是三十；天地之数合起来是五十五，这些数造成了各种变化，并且使鬼神之道得以运作。

[解读]

① 天为阳，代表奇数；地为阴，代表偶数。人类用来计算的十个序数，从一到十，依此分为两系。五个奇数相加为二十五，五个

偶数相加为三十。既然皆有五，就可用来配合五个方位，亦即东、南、西、北、中。有天地，有方位，有数的组合，然后就可以由此掌握变化的奥妙与鬼神的功能了。

② 朱熹说："变化，谓一变生水而六化成之，二化生火而七变成之，三变生木而八化成之，四化生金而九变成之，五变生土而十化成之。"阳数为变，阴数为化，依序而有水、火、木、金、土。至于"鬼神"，则朱熹说："谓凡奇耦生成之屈伸往来者。"这些说法并不明确，并且也难有定论。

大衍之数五十，其用四十有九。分而为二以象两，挂一以象三，揲（shé）之以四以象四时，归奇于扐（lè）以象闰；五岁再闰，故再扐而后挂。乾之策二百一十有六，坤之策百四十有四，凡三百六十，当期之日。二篇之策，万有一千五百二十，当万物之数也。是故四营而成易，十有八变而成卦。

[白话]

在进行大型演算时，准备五十根筹策，真正使用的是四十九根。将这四十九根分为两组，象征天地两仪；由任何一组中抽出一根挂在左手小指间，象征天地人三才；再以四为单位去计算筹策，象征一年的四季；将剩下的零数夹在左手中三指间，象征闰月；每五年有两次闰月，所以要把另一组筹策依四计算所剩下的零数，也夹在指缝挂起来。乾卦的策数是二百一十六，坤卦的策数是一百四十四，总数为三百六十，相当于一年的天数。《易经》上下篇六十四卦的策数有一万一千五百二十，相当于万物的数目。所以，要经过四次经营才能形成《易经》的一爻，经过十八次变化才能完成一卦。

[解读]

① "大衍"是指大型推演。"大"是就五十为一完整之数而言。前

面说过"凡天地之数五十有五",在此却说"大衍之数五十",原因或许如《黄帝书》所说:"土,生数五,成数五,是以大衍之数五十也。"生数是一、二、三、四、五,成数是六、七、八、九、十。土的成数本来是十,现在以五代十,于是五十五成了五十。此说尚无定论。"策"为筹策,指蓍草或竹片等可用以计算之物。使用四十九根,是以抽出一根象征太极,使后续的象征有个起源。

② "四营"是指"分二"、"挂一"、"揲四"、"归奇"这四个步骤。"揲"为分组计算,"扐"是夹在指间,"奇"为剩余的零数。

③ 乾卦有六个阳爻,每爻以四策为一组,而阳数用九,所以总数为六乘三十六,共二百一十六。坤卦有六个阴爻,每爻以四策为一组,而阴数用六,所以总数为六乘二十四,共一百四十四。两者相加得出三百六十。然后六十四卦共有三百八十四爻,阳爻与阴爻各半。于是一百九十二乘三十六,为六千九百一十二;加上一百九十二乘二十四,为四千六百零八;总数为一万一千五百二十。当然,所谓"万物",其数远过于此。

八卦而小成,引而伸之,触类而长之,天下之能事毕矣。显道神德行,是故可与酬酢(zuò),可与佑神矣。子曰:"知变化之道者,其知神之所为乎。"

[白话]

八个单卦代表初步的成就,由此引发而延伸出去,再按感触的类别扩展出去,天下可能取象的事物就全在里面了。《易经》呈现天地之道,使其功能与效应显得神妙无比,所以它不但可以用来应对各种需要,也可以用来助成神明的化育。孔子说:"了解变化之道的人,大概也会了解神明的作为吧。"

[解读]

① 八个单卦是乾(☰)、震(☳)、坎(☵)、艮(☶)、坤(☷)、巽(☴)、离(☲)、兑(☱)。这八卦再排列组合为六十四卦，就构成了《易经》的完整体系。

② 《易经》可以"显"道，并且"神"其德行。"德行"所指为天地之道的功能与效应。"酬酢"是指应对自然界与人世间的一切状况。"佑神"以及"神之所为"二语，合而观之，可知"神"是名词，指神妙的变化。天地之间的变化虽然神妙，但人依然有可能助成之。

第十一章

《易》有圣人之道四焉：以言者尚其辞，以动者尚其变，以制器者尚其象，以卜筮者尚其占。是以君子将有为也，将有行也，问焉而以言，其受命也如响。无有远近幽深，遂知来物。非天下之至精，其孰能与于此？参伍以变，错综其数。通其变，遂成天下之文；极其数，遂定天下之象。非天下之至变，其孰能与于此？《易》无思也，无为也，寂然不动，感而遂通天下之故。非天下之至神，其孰能与于此？

[白话]

《易经》在四方面展现了圣人之道：用在言语方面的人会推崇它的言辞，用在行动方面的人会推崇它的变化，用在制造器物方面的人会推崇它的图象，用在卜筮方面的人会推崇它的占验。因此，君子准备有所作为，准备有所行动时，用言语去询问，它就会接受提问并且像回音一样地答复。远的、近的、幽隐的、艰深的问题，它都可以让人得知未来的状况。不是天下最精微的智慧，谁能做到这些？用阳爻与阴爻相参差与相并行来演变各卦，再交错综合相关的数字。通达其中的演变，于是形成天下的形态；推究其中的数字，于是确定天下的现象。不是天下最卓越的变化，谁能做到这些？《易经》的卦象没有思虑，没有作为，寂静不动，一受到感应就能通达天下的道理。不是天下最神妙的力量，谁能做到这些？

[解读]

① 《易经》所展示的圣人之道，分别是"辞、变、象、占"，我们可以依此学习"言、动、制器、卜筮"。接着描述《易经》中的智慧如何为天下之"至精、至变、至神"。

② 参伍以变：参为异者相参差，伍为同者相并行，所指为一卦六爻之各种排列，由此形成六十四卦。错综其数：在以蓍草占卦时，会出现"六、七、八、九"之数字，其组合则为六十四卦之一，可由此推知未来。

夫《易》，圣人之所以极深而研几也。唯深也，故能通天下之志；唯几也，故能成天下之务；唯神也，故不疾而速，不行而至。子曰："《易》有圣人之道四焉"者，此之谓也。

[白话]

《易经》这本书，是圣人用以探求深奥与研究几微的凭借。由于深奥，所以它能贯通天下人的心意；由于几微，所以它能成就天下人的功业；由于神妙，所以它不匆忙却迅速反应，不行走却照样抵达。孔子说："《易经》在四方面展现了圣人之道"，说的就是这些。

[解读]

① 此段说法突显了《易经》的难度。天下的道理，在百姓身上是"日用而不知"。但是在"不知"的情况下，人生之祸福常常

身不由己，以致最后只能求助于命运或盲目的信仰。圣人身负造福百姓的使命，所以必须具备《易经》的智慧。这是古代的情况。我们现代人则须自己担起这个责任。

② 《易经》的道理在此显示了三个特色，就是极深、研几与通神。

第十二章

子曰："夫《易》何为者也？夫《易》开物成务，冒天下之道，如斯而已者也。"是故圣人以通天下之志，以定天下之业，以断天下之疑。是故蓍之德圆而神，卦之德方以知，六爻之义易以贡。圣人以此洗心，退藏于密，吉凶与民同患。神以知来，知以藏往，其孰能与于此哉？古之聪明睿知，神武而不杀者夫！

[白话]

孔子说："《易经》可以用来做什么？《易经》的哲理可以开发万物，成就功业，涵盖天下的法则，如此而已。"因此之故，圣人用它来贯通天下人的心意，奠定天下人的事业，裁断天下人的疑问。所以，蓍策的作用圆通而神妙，卦象的作用方正而明智，六爻的特性变易而彰显。圣人用它来洁净心思，退藏于隐密之中，与百姓一起忧虑吉凶的发生。神妙可以让他知道未来的状况，明智可以让他容纳过去的经验，谁能做到这些呢？大概只有古代耳聪目明、智慧过人、勇敢无比又不愿夸耀的人吧！

[解读]

① 《易经》一书的作用是"开物成务，冒天下之道"，试问还有什么比它更广大更精微的著作？"开物成务"一语即是人类"文化"的具体过程与内涵。"冒"为笼罩、涵盖，"道"为事物

② 圣人有三项任务，就是"通天下之志，定天下之业，断天下之疑"。这三者分别需要"德行、能力、智慧"，而《易经》提供了所有必要的指示。
③ "蓍"为蓍策，以蓍草的茎制成，圆形。"贡"为告，为彰显其意。朱熹说："圆神，谓变化无方；方知，谓事有定理；易以贡，谓变易以告人。"他接着说："圣人体具三者之德，而无一尘之累。无事，则其心寂然，人莫能窥；有事，则神知之用，随感而应，所谓无卜筮而知吉凶也。神武不杀，得其理而不假其物之谓。""杀"为杀伐，"不杀"是说不利用这种专长来对付别人或夸耀自己。

是以明于天之道，而察于民之故，是兴神物以前民用。圣人以此斋戒，以神明其德夫！是故，阖户谓之坤，辟户谓之乾。一阖一辟谓之变，往来不穷谓之通。见乃谓之象，形乃谓之器。制而用之谓之法，利用出入，民咸用之谓之神。是故《易》有太极，是生两仪。两仪生四象。四象生八卦。八卦定吉凶。吉凶生大业。

[白话]

因此，明白自然界的运行规律，又了解百姓的实际状况，这才发明神奇的蓍占，引导百姓去使用。圣人用它来斋戒心思，使占筮的功能神妙而明显啊！所以，关起门来静处就称为坤，打开门来活动就称为乾。有关有开就称为变化，往来不已就称为通达。显现出来的就称为现象，具体赋形的就称为器物。制定出来使用的就称为法则，进进出出利用它，百姓都要使用的就称为神妙。所以，《易经》揭示了作为究竟真实的太极，从太极展现出天地两种体式。天地两种体式展现出四季的现象。四季的现象展现出八个单卦。八个单卦决定了吉与凶。由吉与凶再衍生出伟大的功业。

[解读]

① 圣人知天又知人，所以发明了"神物"。凡是可用以占筮的都属于"神物"，目的是要帮助百姓趋吉避凶。关于"斋戒"，朱熹说："湛然纯一之谓斋，肃然警惕之谓戒。"可见这是以心思为主，而非涉及饮食也。

② 接着一系列界说，简单指出何谓"坤、乾、变、通、象、器、法、神"。这些语词的定义，在《系辞》中不一而足，可以对照比较。

③ "太极"是指究竟真实或绝对真实而言。宇宙万象若非纯属虚幻或偶然，则必须有一最后底基，它同时也是最初的开端，而"太极"所指为此。太极既然是绝对者，则其本身不能成为观察的对象，所以接着要说"是生两仪"。"两仪"具体而言，是指天与地这两大体式或形态；抽象而言，则是阳气与阴气这两种元素及力量。因为下一段资料直接论及天地与四时，所以在此译为"天地"。以"展现出"译"生"，则是因为它与一般所谓的生育不同。

④ 朱熹说："易者，阴阳之变，太极者其理也。两仪者，始为一画以分阴阳。四象者，次为二画以分太少。八卦者，次为三画，而三才之象始备。"他的意思是两仪是指阴爻（--）与阳爻（—）。四象则为太阳（⚌），太阴（⚏），少阳（⚎），少阴（⚍）。八卦则是乾（☰）、震（☳）、坎（☵）、艮（☶）、坤（☷）、巽（☴）、离（☲）、兑（☱）。

⑤ 八卦再合成六十四卦，就可以界定各种处境中的吉与凶，然后人类才可依此创建功业。是故法象莫大乎天地，变通莫大乎四时，悬象著明莫大乎日月。崇高莫大乎富贵。备物致用，立成器以为天下利，莫大乎圣人。探赜索隐，钩深致远，以定天下之吉凶，成天下之亹亹（wěi）者，莫大乎蓍龟。是故，天生神物，圣人则之。天地变化，圣人效之。天垂象，见吉凶，圣人

象之。河出图，洛出书，圣人则之。《易》有四象，所以示也。系辞焉，所以告也。定之以吉凶，所以断也。

[白话]

因此之故，取法的对象没有比天地更大的，变化通达的情形没有比四季更大的，悬挂而显明的现象没有比日月更大的。让人推崇仰望没有大过富贵的。齐备物品供人使用，制定现成器物来谋求天下人的福利，没有大过圣人的。探究精微，考察幽隐，撷取深奥，推及遥远，以此来确定天下人的吉凶，促成天下人勤勉不息的，没有大过蓍与龟的。因此之故，上天赐下神奇的东西，圣人要取法。天地之间变化无穷，圣人要仿效。天垂示天象，显现吉凶之兆，圣人要模拟。黄河出现龙图，洛水出现龟书，圣人要参照。《易经》有这四种重要的取象，就是要用来彰显奥秘的。附上卦爻辞，就是要用来告诉人们的。判定它是吉是凶，就是要用来裁断的。

[解读]

① 本段提及六种"大"，各依其性质，分别为"天地、四时、日月、富贵、圣人、蓍龟"。其中，"富贵"是就一般人的愿望而言，而富贵的极致则是"天子"。"亹亹"为勤勉。

② 接着，圣人制作《易经》并非凭空想象，而是根据神物（蓍龟等占筮之物）、天地变化、天垂象，以及河图洛书。关于河图洛书，孔安国说："河图者，伏羲氏王天下也，龙马出河，遂则其文以画八卦。洛书者，禹治水时，神龟负文而列于背，有数至九，禹遂因而第之，以成九类。"详情不易查证，录之以供参考。

第十三章

《易》曰:"自天佑之,吉无不利。"子曰:"佑者,助也。天之所助者顺也;人之所助者信也。履信思乎顺,又以尚贤也。是以自天佑之,吉无不利也。"子曰:"书不尽言,言不尽意。"然则圣人之意,其不可见乎?子曰:"圣人立象以尽意,设卦以尽情伪,系辞焉以尽其言。变而通之以尽利,鼓之舞之以尽神。"

[白话]

《易经》上说:"获得天的助佑,吉祥而无所不利。"孔子说:"佑是帮助。天所帮助的是顺从的人,人所帮助的是诚信的人。履行诚信并且存心顺从,还会因而推崇贤者。所以获得天的助佑,吉祥而无所不利。"孔子说:"文字不能完全表达言语,言语不能完全表达心思。"那么,圣人的心思就不能充分显示了吗?孔子说:"圣人设立爻象来尽量表达心思,设立卦象来尽量表达真实与虚伪,附上卦爻辞来尽量表达他要说的话。藉由卦爻的变化与通达来尽量表现可取的利益,藉由鼓动它与活跃它来尽量表现神妙的作用。"

[解读]

① "自天佑之,吉无不利。"一语出现于大有卦(䷍,第14卦)上九爻辞。"天之所助者,顺也。"在此,"顺"是指顺从天命而言,亦即大有卦《象传》所说的"顺天休命"。

② 圣人要传达智慧让众人分享,所以写下《易经》。他所表达的是"意、情伪、言、利、神"。"情伪"是指真伪,要避免真假混淆。"利"是自求多福,而非损人利己;所谓"变而通之",是要强调人生不会走投无路。"神"则是展现造化的奥妙,亦即要人从卦爻的活泼变化中,找到无限的生机与趣味。

乾坤，其《易》之蕴邪（yé）？乾坤成列，而《易》立乎其中矣。乾坤毁，则无以见《易》。《易》不可见，则乾坤或几乎息矣。是故形而上者谓之道，形而下者谓之器。化而裁之谓之变，推而行之谓之通，举而错之天下之民谓之事业。

[白话]

乾卦与坤卦，是《易经》所含藏的精华吧？乾卦与坤卦排列成序，《易经》的法则就在其中建立起来了。乾卦与坤卦毁坏，就没有办法见到《易经》的法则。《易经》的法则无法见到，乾卦与坤卦的作用也几乎消失了。因此之故，超越在形体之上的就称为道，落实在形体之下的就称为器物。让道化解而裁定的，就称为变化；使道推演而运行的，就称为通达；把道推举出来并且加在天下百姓身上的，就称为事业。

[解读]

① 乾卦与坤卦所象征的，不只是有形的天与地，还包括阳气与阴气这二元力量。宇宙万物无一不是这二元力量的互动所形成的。但是，推究乾坤与阴阳之根源，依然可以找到一个究竟原理，亦即"道"。道作为究竟原理，与"太极"作为究竟真实，这两者原是二而一的，只是我们分别由万物的结构与生成来观察，可以使用不同的名称而已。

② 有形可见者，皆为"器"；"道"超越于形器之上，作为永恒的模型。依此可以界说"变，通，事业"。圣人也是体悟此"道"，才发明《易经》之理的。

是故，夫象，圣人有以见天下之赜，而拟诸其形容，象其物宜，是故谓之象。圣人有以见天下之动，而观其会通，以行其典礼，系辞焉以断其吉凶，是故谓之爻。极天下之赜者存乎卦，鼓天下之动者存乎辞，化而裁之存乎变，推而行之存乎通，神而明之存乎其人。默而成之，不言而信，存乎德行。

[白话]

因此之故，《易经》中的象，是圣人见到天下事物的复杂微妙，就模拟其形态，描绘其样貌，所以有卦象之称。圣人见到天下事物的变动发展，就观察其会合通达的方式，依循常规法则，再附上解说来裁断吉凶，所以有爻的称呼。穷尽天下精妙的在于卦象，鼓舞天下活动的在于卦爻辞，让卦象化解而裁定的在于变化，使卦象推演而运行的在于通达，把握卦象的神妙并且彰显出来的在于圣人。默默地成就卦象，不说话而有诚信的，在于德行。

[解读]

① 本文前半段，从"圣人有以见"到"是故谓之爻"，已见于第八章，现在重复引述，以连接底下的结论。
② 总结以上所说，是要再度强调"卦、辞、变、通、其人、德行"的伟大作用。"其人"是指圣人以及后来的君子。"德行"是依《易经》的启发而明智地行善所生的效应。

系辞·下传

第一章

八卦成列，象在其中矣。因而重之，爻在其中矣。刚柔相推，变在其中矣。系辞焉而命之，动在其中矣。吉凶悔吝者，生乎动者也。刚柔者，立本者也。变通者，趋时者也。吉凶者，贞胜者也。天地之道，贞观者也。日月之道，贞明者也。天下之动，贞夫一者也。

[白话]

八卦排成系列，卦象就在其中了。取八卦来重叠组合，六爻就在其中了。刚爻与柔爻互相推移，变化就在其中了。附上卦爻辞的说明，活动就在其中了。吉凶悔吝，是由活动产生出来的。刚爻与柔爻，是建立卦象的基础。变化与通达，是配合时势趋向的发展。吉与凶，要定位在助人取胜。天地的法则，要定位在可供观察。日月的法则，要定位在可供照明。天下的活动，要定位在一个常道上。

[解读]

① 八卦所代表的象，分别是乾为天，震为雷，坎为水，艮为山，坤为地，巽为风，离为火，兑为泽。"因而重之"，"因"是凭借，"重"是重叠，由此形成了六爻，并且组成六十四卦。《易经》称三爻卦为"经卦"，共有八个。六爻卦有六十四个，则

称为"别卦"。

② 本文最后谈及"贞胜、贞观、贞明、贞夫一",这几个"贞"字,原意为正,在此有正其功能之意,所以译为"定位"。以吉与凶为例,其目的在助人取胜,亦即趋吉避凶。

夫乾,确然示人易矣。夫坤,隤(tuí)然示人简矣。爻也者,效此者也。象也者,像此者也。爻象动乎内,吉凶见乎外,功业见乎变,圣人之情见乎辞。天地之大德曰生,圣人之大宝曰位。何以守位曰仁,何以聚人曰财。理财正辞,禁民为非曰义。

[白话]

乾卦以其刚健向人显示容易;坤卦以其柔顺向人显示简单。所谓爻,就是仿效这些的。所谓象,就是模拟这些的。爻与象在卦里活动,吉与凶表现于外,功业表现在变化上,圣人的情意表现在卦爻辞中。天地最大的功能是创生,圣人最大的宝物是地位。如何守住地位?以仁德。如何聚集众人?用财物。因此经理财物,导正言论,禁止百姓为非作歹,就是义行。

[解读]

① "确然"是以其明确而显示刚健;"隤然"是以其向下而显示柔顺。这两者分别说明了易与简。"圣人之情","情"是情意,表示愿意与人分享智慧。

② 天地之大德曰生:"德"为功能,而非恩德,因为一说恩德,则无从理解死亡与寂灭。当然,人可以感念上天之恩德,因为既然万物并无必然存在的理由,那么"能够并且真正存在",毕竟是一件美事。

③ 圣人之大宝曰位:最高的"位"是天子;即使不是天子,圣人也可以不在其位而谋其政,努力造福百姓。接着谈到的仁与义,

符合后续所将肯定的"立人之道，曰仁与义"。在此，加进一个"财"字，表示这是人类生活的必要条件。但是却不能止于有财，其理至明。

古者包羲氏之王天下也，仰则观象于天，俯则观法于地，观鸟兽之文与地之宜。近取诸身，远取诸物，于是始作八卦，以通神明之德，以类万物之情。作结绳而为网罟（gǔ），以佃（tián）以渔，盖取诸离。

[白话]

古代伏羲氏统治天下时，抬头就观看天体的现象，低头就考察大地的规则，检视鸟兽的花纹与地理的特性。就近取材于自己的经验，并且往远处取材于外物，然后着手制作八卦，用以会通神明的功能，比拟万物的实况。他编草为绳并且制成罗网，用来打猎捕鱼，这大概是取象于离卦。

[解读]

① 包羲氏即是伏羲氏，古称太皞帝，姓风。据说他蛇身人首，有圣人之德，在位一百二十年。他或许是古代氏族部落的领袖，代表古代文明肇始的阶段。

② 本文肯定伏羲氏为八卦的作者。依上下文看来，伏羲氏所作的不只是八个三爻的经卦，并且也已经重卦为六十四卦了。离卦（☲，第30卦），其形如网，"离"字与"罗"通。"网"为打猎所用，"罟"为捕鱼所用。"佃"为田，为打猎。"盖"为推测之词。

第二章

包羲氏没，神农氏作。斫（zhuó）木为耜（sì），揉木为耒（lěi），耒耨（nòu）之利，以教天下，盖取诸益。日中为市，致天下之民，聚天下之货，交易而退，各得其所，盖取诸噬嗑。神农氏没，黄帝、尧、舜氏作，通其变，使民不倦，神而化之，使民宜之。《易》穷则变，变则通，通则久。是以自天佑之，吉无不利。黄帝、尧、舜，垂衣裳而天下治，盖取诸乾坤。

[白话]

伏羲氏死后，神农氏兴起。他砍削木头制成犁，揉弯木条制成犁柄，取得耕地锄草的便利，再用来教导天下百姓，这大概是取象于益卦。每天正午开设市集，招来天下的民众，聚集天下的货物，大家相互交换然后散去，让人人都得到所需之物，这大概是取象于噬嗑卦。神农氏死后，黄帝、尧、舜相继兴起，会通各种变化，使百姓不会倦怠，以神奇能力化解困难，使百姓适宜生存。《易经》的法则是：穷困就会变化，变化就会通达，通达就会持久。因此，获得上天的助佑，吉祥而无所不利。黄帝、尧、舜让衣裳下垂而天下得到治理，这大概是取象于乾卦与坤卦。

[解读]

① 本文提及四卦。一是益卦（䷩，第42卦），下震上巽，巽为木，震为足，中有互艮（六三、六四、九五）与互坤（六二、六三、六四），艮为手，坤为地。合之则为手持木器，脚入地下而行动，为耕田之象。

② 其次谈到噬嗑卦（䷔，第21卦），下震上离，离为日，为龟，震为行。中间有互艮（六二、六三、九四），艮为手。合之则为在太阳下，行人以手易物；"龟"为值钱的货物之一。并且，

"噬嗑"一词有"市合"之音，或许亦有关。

③ 到了黄帝、尧、舜等的五帝阶段，文明更进一步，把握了"穷、变、通、久"的道理。至于"垂衣裳而天下治"，则是以乾卦（☰，第1卦）为上衣，并以坤卦（☷，第2卦）为下裳。乾坤所象征的天地，无心而万物自化，有如无为而治，亦即"垂衣裳而天下治"。

刳（kū）木为舟，剡（yǎn）木为楫，舟楫之利，以济不通，致远以利天下，盖取诸涣。服牛乘马，引重致远，以利天下，盖取诸随。重（chóng）门击柝（tuò），以待暴客，盖取诸豫。断木为杵，掘地为臼，杵臼之利，万民以济，盖取诸小过。弦木为弧，剡木为矢，弧矢之利，以威天下，盖取诸睽。

[白话]

挖凿树干做成船，砍削木头做成桨，船与桨的便利，可以助人渡过横阻的河流，去到远方造福天下的人，这大概是取象于涣卦。驯服牛，乘着马，可以拉着重物去到远方，造福天下的人，这大概是取象于随卦。重重门户加上打更巡夜，用以防备凶暴的来者，这大概是取象于豫卦。截断木头做成杵，挖掘平地做成臼，杵与臼的便利，让所有的百姓得到帮助，这大概是取象于小过卦。揉弯树枝做成弓，削尖树枝做成箭，弓与箭的便利，用以威镇天下，这大概是取象于睽卦。

[解读]

① 本文谈及五卦，一是涣卦（䷺，第59卦），下坎上巽，巽为木、为风，坎为水。中间有互震（九二、六三、六四），震为行。合之则为木在水上，并且借风而行，正是行船之象。

② 其次是随卦（䷐，第十七卦），下震上兑，兑为悦，震为足，为行。随卦由否卦（䷋，第12卦）变来，否卦下坤上乾，乾为

马，坤为牛。变为随卦，牛马成为人的帮手，并因而使人愉悦。
③ 接着是豫卦（䷏，第16卦），下坤上震，震为东方之卦，为木，又为善鸣马，合之则为击柝示警；坤为阖户。其中有互坎（六三、九四、六五），坎为盗。所以说"重门击柝，以待暴客"。
③ 然后是小过卦（䷽，第62卦），下艮上震，上动而下止，为桩米之象。
④ 最后是睽卦（䷥，第38卦），下兑上离，离为火，兑为泽，水火背道而驰，需要威镇之。离为戈兵；卦中有互坎（六三、九四、六五），坎为弓轮；有了武器才可安定社会的乱象。

上古穴居而野处，后世圣人易之以宫室，上栋下宇，以待风雨，盖取诸大壮。古之葬者，厚衣之以薪，葬之中野，不封不树，丧期无数。后世圣人易之以棺椁，盖取诸大过。上古结绳而治，后世圣人易之以书契，百官以治，万民以察，盖取诸夬。

[白话]

上古时代，人们住在洞穴与野外，后代的圣人改变为建造宫室，上有栋梁下有屋宇，用来防御风雨，这大概是取象于大壮卦。古代埋葬死人，用许多层柴草把人裹起来，埋在荒野中，不堆成坟墓，也不设立标志，服丧也没有固定的期限。后代的圣人改变为用棺椁殓葬，这大概是取象于大过卦。上古时代，用结绳记事的方法来治理，后代的圣人改变为使用文字记事，官员得以治理天下，百姓得以知过往，这大概是取象于夬卦。

[解读]

① 本文谈及三卦。一是大壮卦（䷡，第34卦），下乾上震。不过，在此是取全卦为一屋顶之象。
② 其次谈及大过卦（䷛，第28卦），下巽上兑。巽在下为木，兑

在上为反巽，为反盖之木，中间互乾为人，有如人在上下二木之间，为棺椁之象。
③ 最后谈及夬卦（☰，第43卦），下乾上兑。兑为口，为言，乾为金，合之为以金属刻下言语。古代的"书"指文字，"契"为以刀刻之。"书契"一词后来指书写的文字。古代最初确有结绳记事的阶段，但是所记有限而不精确。以上共谈及十三卦例子，可以说明古人"观象制器"的大致情况。

第三章

是故《易》者，象也。象也者，像也。彖者，材也。爻也者，效天下之动者也。是故吉凶生而悔吝著也。

[白话]

因此之故，《易经》所展示就是卦象。所谓卦象，就是要模拟外在的现象。彖辞是要裁断一卦的意义。爻辞是效法天下的变动。所以，吉凶由此产生，而悔吝也显现出来。

[解读]

① 卦象是要具体反映外在的客观现象的，如此才可让人在实际处境中获得启发而知所趋避。
② "彖"为彖辞，又称卦辞（并非《彖传》）。是直接附在卦图下的简短语句。"彖"字音近"断"，"材"为"裁"，亦即彖辞（卦辞）是要裁断卦意的。
③ "爻"的变化，在一卦之中有六位之别，而六爻之间亦有"乘、承、比、应"的关系，还有上下卦与互卦等变化的可能，所以说它"效天下之动者也"。

第四章

阳卦多阴，阴卦多阳，其故何也？阳卦奇，阴卦偶。其德行何也？阳一君而二民，君子之道也。阴二君而一民，小人之道也。

[白话]

阳卦中多阴爻，阴卦中多阳爻，这是什么缘故？这是因为阳卦要求奇数，阴卦要求偶数。它们的功能与表现是什么？阳卦一个阳爻为君，两个阴爻为民，这样合乎君子的作风。阴卦两个阳爻为君，一个阴爻为民，这样属于小人的作风。

[解读]

① "阳卦"是指乾（☰）为父，以及震（☳）为长子，坎（☵）为中子，艮（☶）为少子。震、坎、艮三子皆为一阳二阴的组合。原因是阳爻为一，阴爻为二（断裂的直线），一阳爻与二阴爻，其和为五，为奇数，符合阳卦的要求。

② "阴卦"是指坤（☷）为母，以及巽（☴）为长女，离（☲）为中女，兑（☱）为少女。巽、离、兑三女皆为一阴二阳的组合。原因是一阴二阳，其和为四，为偶数，符合阴卦的要求。

③ 阳卦一阳二阴，犹如一君二民，为人世间的合理结构，所以称为君子之道。反之，阴卦二阳一阴，为二君一民，如何行得通？

第五章

《易》曰："憧憧往来，朋从尔思。"子曰："天下何思何虑？天下同归而殊途，一致而百虑。天下何思何虑？日往则月来，月往则日来,日月相推而明生焉。寒往则暑来,暑往则寒来,寒暑相推而岁成焉。往者屈也,来者信也,屈信相感而利生焉。尺蠖（huò）之屈,以求信也。龙蛇之蛰（zhí）,以存身也。精义入神,以致用也;利用安身,以崇德也。过此以往,未之或知也;穷神知化,德之盛也。"

[白话]

《易经》说:"忙着来来往往,朋友跟从你的想法。"孔子说:"天下万物思索什么又考虑什么?天下万物有共同的归宿却经由不同的途径,有同样的目标却出自千百种考虑。天下万物思索什么又考虑什么?日往则月来,月往则日来,日月互相推移而光明自然产生。寒往则暑来,暑往则寒来,寒暑互相推移而一年自然形成。前往的要屈缩,来到的要伸展,屈缩与伸展互相感应就会出现有利的情况。尺蠖这种小虫屈缩起来,是为了向前伸展;龙与蛇蛰伏起来,是为了保存自身。探究精微义理到神妙的地步,是为了应用在生活上;藉由各种途径安顿自己,是为了提升道德。超过这些再向前推求,就没有办法清楚知道了;能够穷尽神妙的道理并懂得变化的法则,已经代表道德盛美了。"

[解读]

① 本文开头所引述的资料,见于咸卦（☱☶,第31卦）九四的爻辞。孔子藉此提醒人:只要心意真诚,则天下君子皆会前来呼应,不必忙着往来交际应酬。

② 自然的变化,依循一定的规律;时机成熟,则水到渠成。孔子特别发挥屈伸（信）的道理。对于《易经》的智慧,只有沉潜得越深刻,才能越恒久而广泛地加以应用。能够安然自处,才是"崇德"的康庄大道。

《易》曰:"困于石,据于蒺藜,入于其宫,不见其妻,凶。"子曰:"非所困而困焉,名必辱。非所据而据焉,身必危。既辱且危,死期将至,妻其可得见耶?"

《易》曰:"公用射隼于高墉之上,获之无不利。"子曰:"隼者,禽也,弓矢者,器也,射之者,人也。君子藏器于身,待时而动,何不利之有?动而不括,是以出而有获,语成器而动者也。"

[白话]

《易经》上说:"困处于石块中,倚靠在蒺藜上。进入宫室,没见到妻子,有凶祸。"孔子说:"不该受困的地方却受了困,名声一定会受到羞辱。不该倚靠的地方却去倚靠,身体一定会陷入危险。既遭羞辱又处险境,死期即将来到,怎么可能见到妻子?"

《易经》上说:"王公去射高墙上的鹞鹰,擒获它就无所不利。"孔子说:"鹞鹰是飞鸟,弓箭是武器,要去射的是人。君子身上带着武器,到了时候就要行动,会有什么不利呢?行动时运用自如,因此一出手就有收获,这是在强调练好了武器再去行动。"

[解读]

① 本文前一段取材自困卦(䷮,第47卦)六三的爻辞。孔子认为,一个人名辱身危,则死期将至。人生不可能无"困",也不可能无"据",但是要看所困与所据是否合宜。

② 本文第二段取材自解卦(䷧,第40卦)上六的爻辞。人首先要培养专长,到达"动而不括"的境界。"括"为约束、限制。然后再"待时而动"。

子曰:"小人不耻不仁,不畏不义,不见利不劝,不威不惩。小惩而大诫,此小人之福也。《易》曰:'屦校灭趾,无咎。'此之谓也。"

"善不积不足以成名;恶不积不足以灭身。小人以小善为无益而弗为也，以小恶为无伤而弗去也，故恶积而不可掩，罪大而不可解。《易》曰：'何校灭耳，凶。'"

[白话]

孔子说："小人不知羞耻就不会行仁，无所畏惧就不会行义，不见到利益就不会振作，不受到威胁就不知惩戒。受到小的惩戒而避开大的过错，这是小人的福气啊。《易经》上说：'带上脚枷，遮住脚趾，没有灾难。'说的就是这个意思。"

"善行不累积，不足以成就名声；恶行不累积，不足以害死自己。小人以为小善没有益处而不去做，以为小恶没有害处而不排斥，所以恶行累积到无法遮掩的地步，罪过也大到无法开脱的程度。《易经》上说：'肩扛着枷，遮住耳朵，凶祸。'"

[解读]

① 本文前一段取材自噬嗑卦（䷔，第 21 卦）初九的爻辞。小人在古代所受教育有限，又不知立志学习，所以"小惩而大诫"是他们的福气。

② 本文第二段则是引述噬嗑卦上九的爻辞。孔子在此强调"积"的重要，表示人在日常生活中不可忽略养成好的习惯，也就是"勿以恶小而为之，勿以善小而不为"。

子曰："危者，安其位者也；亡者，保其存者也；乱者，有其治者也。是故君子安而不忘危，存而不忘亡，治而不忘乱；是以身安而国家可保也。《易》曰：'其亡其亡，系于苞桑。'"

子曰："德薄而位尊，知小而谋大，力小而任重，鲜不及矣。《易》曰：'鼎折足，覆公𫗧，其形渥，凶。'言不胜其任也。"

[白话]

孔子说:"危险的,是那安居其位的人;灭亡的,是那保住生存的人;动乱的,是那拥有治绩的人。因此之故,君子在安居时不忘记危险,在保存时不忘记灭亡,在太平时不忘记动乱,如此才能使自身平安,并且保住国家。《易经》上说:'想到要灭亡了,要灭亡了,这样才会系在大桑树上。'"

孔子说:"道德浅薄而地位崇高,智慧不足而谋划大事,力量微弱而担当重任,很少有不拖累到自己的。《易经》上说:"鼎足折断,打翻了王公的粥,自己身上也沾污了,有凶祸。"

[解读]

① 本文第一段取材自否卦(䷋,第12卦)九五的爻辞。孔子的意思,是要人居安思危,因为万物一直在变化之中,不是变好,就是变坏,稍有疏忽就悔之晚矣。孟子所谓的"生于忧患而死于安乐"(《孟子·告子下》)(忧患中能获得生存,安乐中会遭致灭亡),也是出于同样的考虑。

② 本文第二段取材自鼎卦(䷱,第50卦)九四的爻辞。孔子谈到人的"德、知、力",正是我们应该努力的三个方向,就是德行、智慧与能力。引文中,"力小而任重",若改为"力少而任重",更文雅,参考《唐石经》。

子曰:"知几其神乎!君子上交不谄,下交不渎,其知几乎?几者,动之微,吉之先见者也。君子见几而作,不俟终日。《易》曰:'介于石,不终日,贞吉。'介如石焉,宁用终日?断可识矣。君子知微知彰,知柔知刚,万夫之望。"

子曰:"颜氏之子,其殆庶几乎?有不善未尝不知,知之未尝复行也。《易》曰:'不远复,无祗悔,元吉。'"

[白话]

孔子说:"知道事情的几微,可以算作神奇吧!君子与上位者交往不谄媚,与下位者交往不轻慢,可以算作知道几微吧?几微,是变动的微妙征兆,是吉祥的预先显示。君子见到几微就起来努力,不用等一整天。《易经》上说:'耿介如坚石,不用一整天,正固吉祥。'耿介有如坚石,怎么会等待一整天?一定会有他独到的见识。君子察知几微也察知彰明,懂得柔顺也懂得刚强,所以成为百姓的盼望。"

孔子说:"颜回的修养大概差不多了吧?有错误很快就能察觉,察觉之后就不再犯了。《易经》说:'走得不远就返回,没有到懊悔的程度,最为吉祥。'"

[解读]

① 本文第一段取材于豫卦(䷏,第16卦)六二的爻辞。一个人耿介如坚石,能够正固而自我安顿,则能察知变化的几微,一旦时机成熟,立即付诸行动而不会稍有等待。有操守又能担当,言行无所不合宜,自然成为百姓仰望的对象了。

② 本文第二段取材自复卦(䷗,第24卦)初九的爻辞。"颜氏之子"是指颜渊。孔子称赞颜回"好学"时,特别肯定他的表现是"不迁怒,不贰过"(《论语·雍也》)。此处所说为其"不贰过"的证明。知过能改,并且不再重犯,则人格修养自然可观。

天地氤氲(yīn yūn),万物化醇。男女构精,万物化生。《易》曰:"'三人行则损一人。一人行则得其友。'言致一也。"

子曰:"君子安其身而后动,易其心而后语,定其交而后求。君子修此三者,故全也。危以动,则民不与也;惧以语,则民不应也;无交而求,则民不与也;莫之与,则伤之者至矣。《易》曰:'莫益之,或击之,立心勿恒,凶。'"

[白话]

天地的阴阳二气亲密流通，万物得以变化而丰富。雄性与雌性精血交合，万物得以变化而产生。《易经》上说："'三人一起行走，就会减去一人；一人行走，就会得到友伴。'说的就是阴阳要合而为一。"孔子说："君子要安顿好自己才行动，心情平静了才说话，建立了交情才求人。君子修养这三方面，所以能够万无一失。如果自身危险而行动，百姓不会来参与；心情恐惧而说话，百姓不会有回应；没有交情而求人，百姓不会来帮助；没有人支持他，那么伤害他的人就会来到了。《易经》上说：'没有人来增益他，却有人来打击他，所立定的心思无法长期守住，有凶祸。'"

[解读]

① 本文第一段取材于损卦（䷨，第41卦）六三的爻辞。《易经》的基本原理是阴阳二元相反相需，互动而相成。阴阳二气使万物"化醇"，至于具体的生殖成长，则要靠雌雄二性的配合。在此所谓的"男女"，是泛指两性而言。这是古代粗糙的观察结果。

② 本文第二段取材自益卦（䷩，第42卦）上九的爻辞。在此，君子是指有官位的人，所以他面对的是百姓。但是，官员若无适当的修养（安其身，易其心，定其交），则无法得到百姓的支持。"易"为平和自在。这样的修养非有恒心不可。

第六章

子曰："乾坤，其《易》之门邪？"乾，阳物也；坤，阴物也。阴阳合德，而刚柔有体。以体天地之撰，以通神明之德。其称名也，杂而不越。于稽其类，其衰世之意邪？

系辞・下传

[白话]

孔子说:"乾卦与坤卦,是进入《易经》的门径吧?"乾卦代表阳性的东西;坤卦代表阴性的东西。阴性与阳性要互相配合功能,然后刚强与柔顺才会有各自的体质。由此可以体现天地的化育,可以贯通神明的功能。《易经》所称各卦的名目,杂乱而不会过当。考察其中的各类情况,大概有描写衰世的意思吧?

[解读]

① 乾卦与坤卦,分别代表阳气与阴气这基本的二元。阴与阳的功能要配合才能发生作用,亦即分别成为柔与刚这两种基本的性质。

② 天地之撰:"撰"为撰作,为化育之功。神明之德:"神明"在此为名词,可以指天神地祇。不过,《易经》所强调的是神明的功能,而非其本体。

③ 《易经》用以称呼各卦的名目,确实纷杂混乱,但是却又实事求是,没有过当。其中透露的消息,显然是对人世间的状况有深刻的忧虑,所以会说它是"衰世"之作。

夫《易》,彰往而察来,而微显阐幽。开而当名辨物,正言断辞则备矣。其称名也小,其取类也大。其旨远,其辞文,其言曲而中,其事肆而隐。因贰以济民行,以明失得之报。

[白话]

《易经》明白过去并且察知未来,进而探究现象的细微变化,阐发幽隐的内情。解释时,以恰当的名称分辨事物,用准确的言词来下断语,做到完备的程度。它所使用的名称虽然有限,但是取材的类别却很广大。它的特色是:旨意深远,语词文雅,所说的话委婉而中肯,所说的事直率而含蓄。用这些来辅佐卦象,因而有助于百姓的行动，显示丧失与获得这两种报应。

[解读]

① 本文是就卦爻辞的功能而言。圣人运用语言文字的最高境界，在此可见一二。"微显阐幽"一语，兼顾了显与幽，亦即以"微"与"阐"为动词。"开"为解开，解释。
② 因贰以济民行："贰"为辅佐，所辅佐的是卦爻之象。若无卦爻辞，则百姓无从窥其堂奥，也就无从受益了。

第七章

《易》之兴也，其于中古乎？作《易》者，其有忧患乎？是故"履，德之基也。谦，德之柄也。复，德之本也。恒，德之固也。损，德之修也。益，德之裕也。困，德之辨也。井，德之地也。巽，德之制也。""履，和而至。谦，尊而光。复，小而辨于物。恒，杂而不厌。损，先难而后易。益，长裕而不设。困，穷而通。井，居其所而迁。巽，称而隐。""履以和行，谦以制礼，复以自知，恒以一德，损以远害，益以兴利，困以寡怨，井以辨义，巽以行权。"

[白话]

《易经》的兴起，大概是在中古时代吧？创作《易经》的人，大概是有忧患吧？因此之故，"履卦谈德行的基础。谦卦谈德行的要领。复卦谈德行的本质。恒卦谈德行的稳固。损卦谈德行的修炼。益卦谈德行的充裕。困卦谈德行的辨别。井卦谈德行的处境。巽卦谈德行的制宜。""履卦和谐而有成。谦卦尊贵而光耀。复卦几微而可分辨事物。恒卦纷杂而不厌倦。损卦开始困难而以后就容易了。益卦增长充裕而不造作。困卦是穷困中求其通达。井卦是处在自己位置上再分施利益。巽卦是配合时势而潜入人心。""履卦用来和谐行动，谦卦用来制定礼仪，复卦用来自我反省，恒卦用来专一德行，损卦用来远离祸害，益卦用来兴办福利，困卦用来减少怨恨，井卦用来分辨道义，巽卦用来权宜行事。"

[解读]

① 作《易》者的忧患，具体展示于以下九卦，其关怀焦点显然是德行。德行若能兼顾这九方面的考虑，才有可能完备。由此亦可知，若无此一智慧，则德行难以修成。

② 本文从三种角度描述九个卦的重点。先说各卦与德行的关系，再谈各卦的特性，然后指出其具体效应。文中三段资料的引号内容，为译者所加，以便于阅读及理解。

第八章

《易》之为书也不可远。为道也屡迁，变动不居，周流六虚，上下无常，刚柔相易，不可为典要，唯变所适。其出入以度，外内使知惧，又明于忧患与故。无有师保，如临父母。初率其辞而揆其方，既有典常。苟非其人，道不虚行。

[白话]

《易经》这部书，不可看成遥远无关。它所揭示的法则常在迁移，演变活动而不会静止，在六个爻位上循环流转，往上往下没有常规，刚爻柔爻互相交换，不可当成固定模式，总是随着变化去发展。它的来去按照节度，在外在内都足以让人知所戒惧，还会让人明白忧患及其缘故。即使没有老师与保护者，也会好像面临父母在指导一样。起初要依循它的言辞，再去推度它的方法，就会找到固定规则。如果不是这样的人，《易经》的法则也不会徒然运行。

[解读]

① 由此以下三段，都在探讨《易经》之"为书也"，亦即《易经》这本书所谈的内容。首先说明六十四卦的变迁是"唯变所适"，好像人生的际遇无法预测。但是变中又有"度"，由此让人"知惧"，进而明白"忧患与故"，然后就会认真看待人生，选择正确的方向去发展了。

② "师保"是指师氏与保氏，职责在于教育君王之子。《礼记·文王世子》上说："入则有保，出则有师，是以教喻而德成也。"一般人明白《易经》之后，有如面临圣人的智慧如父母一般在指导。如果未能按照正确的方式学会《易经》，则它的道是不会徒然运行的。"虚"为徒然。

第九章

《易》之为书也，原始要终，以为质也。六爻相杂，唯其时物也。其初难知，其上易知，本末也。初辞拟之，卒成之终。若夫杂物撰德，辨是与非，则非其中爻不备。噫！亦要存亡吉凶，则居可知矣。知者观其彖辞，则思过半矣。

[白话]

《易经》这部书，推究初始，归纳终局，以此作为它的实质。六爻相互错杂，全都根据应时的事物。它的初爻很难理解，上爻就容易明白了，这就如同事情的开始与结束。初爻的爻辞拟议后续的发展，上爻则完成而有了结果。至于错综爻画以确定卦的功能，辨别是与非，那就不靠中间四爻不能完备。啊！要了解存亡与吉凶，看爻处于什么位置就知道了。明智的人仔细考察彖辞，就会想到一半以上的情况了。

[解读]

① 本文说明应该如何理解《易经》各卦。首先，全书是"原始要终"，形成一个整体。在推演各卦的过程中，必定会出现吉凶祸福。接着，就解释如何由一卦的六爻中，领悟相关的讯息。

② 同一卦中，常有象辞（卦辞）吉，而各爻未必吉的情况；反之亦然。所谓"思过半矣"，是指对这种吉凶相杂的状况有所领悟，而不致错失全卦的要旨。

二与四同功而异位，其善不同。二多誉，四多惧，近也。柔之为道，不利远者。其要无咎，其用柔中也。三与五同功而异位，三多凶，五多功，贵贱之等也。其柔危，其刚胜也。

[白话]

二爻与四爻功用相同而位置有别，好坏就有差异了。二爻美誉较多，四爻戒惧较多，这是因为远近不同。柔爻的法则，是不适于离刚爻太远。如果要能没有灾难，就用柔爻居中位。三爻与五爻功用相同而位置有别，三爻凶祸较多，五爻功劳较多，这是因为贵贱等级不同。在这两个位置上，柔爻有危险，刚爻则可以胜任。

[解读]

① 本文讨论一卦中间的爻（二、三、四、五）的优劣。初爻与上爻不在此列，是因为它们代表始与终，前文谈得较多。原则上，由初到上，是依刚柔相间来区分其位，如初、三、五为刚位，二、四、上为柔位。

② 二与四皆属柔位，阴柔功能相同，但是二在下卦中位，而四在上下卦之间，所以"其善不同"。此处所谓的"远、近"，有二种说法：一是阴爻以顺承阳爻为佳，所以不宜离阳爻太远，但是专就二与四而言，谈不上离阳爻远近。所以，在此"不利远者"是泛指一般状况，而不局限于二与四；二是以五位为准，则四位较近却反而不利，显然有违"不利远者"之说。
③ 五为天位，为尊位，而三仍在下卦，且处于上下卦之间；两者贵贱有别，处境当然不同了。

第十章

《易》之为书也，广大悉备。有天道焉，有人道焉，有地道焉。兼三才而两之，故六。六者非它也，三才之道也。道有变动，故曰爻。爻有等，故曰物。物相杂，故曰文。文不当，故吉凶生焉。

[白话]

《易经》这部书，范围广大而无所不备。其中有天的法则，有人的法则，有地的法则。综括天地人三才而两相重叠，所以每一卦都有六爻。六爻所代表的不是别的，就是三才的法则。法则有变迁移动，所以称为爻。爻有等级差别，所以称为事物。事物交错呈现，所以称为文。文的错杂不恰当，所以产生了吉与凶。

[解读]

① 一卦六爻，初与二代表地，三与四代表人，五与上代表天。如此形成由下而上的完整系统，亦即包括了天道、人道与地道，然后才能用以象征万物的变化。
② "爻"是"效天下之动者也"，所以它可以代表"道有变动"。

"物"是事物，彼此千差万别，正好可以藉"爻有等"来象征。至于"文"，原为"错画"，泛指一切交错复杂的现象。虽然复杂，还是有"当"与"不当"的问题，所以产生了吉凶。

第十一章

《易》之兴也，其当殷之末世，周之盛德邪？当文王与纣之事邪？是故其辞危。危者使平，易者使倾。其道甚大，百物不废。惧以终始，其要无咎，此之谓《易》之道也。

[白话]

《易经》的兴起，大概是在殷商的末世、周朝道德兴盛的时代吧？是在周文王与商纣王发生事故的时候吧？所以，它的言辞充满了危机感。危殆的让他平安，轻忽的让他倾塌。它的道理非常广大，各种事物都不废弃。从始到终都有戒惧之感，所要做到的就是没有灾难，这就是《易经》的道理。

[解读]

① 本文说明《易经》的时代背景。在周文王之前，已有六十四卦存在。一般认为：为六十四卦加上卦辞与爻辞的是文王；至于《十翼》，则是孔子及其后学的合作成果。

② 《易经》的卦爻辞，可以用"惧以终始，其要无咎"八个字来描述其特色。我们联想到孔子所谓的"君子有三畏：畏天命，畏大人，畏圣人之言"（《论语·季氏》）。由忧患意识而生畏与惧之心，显然是圣人宣教的用意所在。

第十二章

夫乾，天下之至健也，德行恒易以知险。夫坤，天下之至顺也，德行恒简以知阻。能说诸心，能研诸虑，定天下之吉凶，成天下之亹亹者。是故变化云为，吉事有祥。象事知器，占事知来。天地设位，圣人成能，人谋鬼谋，百姓与能。

[白话]

乾卦代表天下最为刚健的力量，它的功能与效应总是容易的，由此让人知道险难。坤卦代表天下最为柔顺的力量，它的功能与效应总是简单的，由此让人知道困阻。这种道理可以愉悦人们的心思，可以探求各方面的考虑，进而界定天下人的吉凶，成就天下人勤勉努力的工作。因此之故，在变化纷纭的状况中，吉祥的事情会有先兆。由它所模拟的现象，可以知道制作器物；由它所占断的事情，可以知道未来发展。天地设立了位置，圣人成就了它们的功能。人的谋划与鬼的谋划配合，百姓也来参与这种功能。

[解读]

① "德行"是指功能与效应而言。前文说过，"乾以易知，坤以简能"。乾卦刚健，所以容易，然后稍有偏差，立即"知险"。坤卦柔顺，所以简单，然后一遇状况，立刻"知阻"。知道险阻，就可以因应了。

② 能说诸心："诸"为之于，"心"是泛指人心而言。"能研诸虑"，则是为了对天下百姓负责。

③ 变化云为："云"为多而纷纭；"为"为所行之事。"吉事有祥"的"祥"是先兆。"鬼谋"指占筮所得。

八卦以象告，爻象以情言，刚柔杂居，而吉凶可见矣！变动以利言，吉凶以情迁。是故爱恶相攻而吉凶生；远近相取而悔吝生，情伪相感而利害生。凡《易》之情，近而不相得则凶，或害之，悔且吝。将叛者其辞惭，中心疑者其辞枝。吉人之辞寡，躁人之辞多。诬善之人其辞游，失其守者其辞屈。

[白话]

八卦是用图象来告知，爻辞与象辞则依实情来叙述。刚爻与柔爻交错取位，吉与凶就显示出来了。变动要按适宜来说明，吉凶要随实情而改变。因此之故，爱好与厌恶互相冲突就产生了吉凶，远方与近处互相对照，就产生了悔吝，真实与虚伪互相感通就产生了利害。大体说来，《易经》所描述的实情是：两爻相近而不兼容，就有凶祸，或者有伤害，造成懊悔与困难。将要背叛的人说话羞惭，心中疑惑的人说话支离。吉祥的人说话少，浮躁的人说话多。诬陷好人的人说话游移，失去操守的人说话卑屈。

[解读]

① 本文多次谈到"情"字，"情"为实，指实情、实况而言。文中提及"吉凶、悔吝、利害"产生的缘故，值得特别留意。这些占验之辞都是由"比较"而来的。若能化解比较之心，则将不为所困。

② 最后谈到说话，有辞之"惭、枝、寡、多、游、屈"六种情况，显示言为心声是不可逃避的事实。孔子曾说："不知言，无以知人也"（《论语·尧曰》）；孟子则自认为"知言"，可以分辨"诐辞、淫辞、邪辞、遁辞"（《孟子·公孙丑上》）。因此，《易经》此一说法，显然符合儒家观点。

说卦传

第一章

昔者圣人之作《易》也，幽赞于神明而生蓍。参天两地而倚数，观变于阴阳而立卦，发挥于刚柔而生爻，和顺于道德而理于义，穷理尽性以至于命。

[白话]

从前圣人创制《易经》，是要暗中赞助神明的作用而发明蓍草占筮。从天地分别为奇数偶数来确定演算方式，观察阴阳的变化而设立卦，依循刚柔的活动而产生爻，协调顺从规律与功能而以合宜为依归，穷究事理探求本性直到掌握命运为止。

[解读]

① 本文说明圣人作《易经》的用心与目的。首先肯定神明的作用极为奥妙，须由蓍草占筮才可得知其理。朱熹说："幽赞神明，犹言赞化育。龟策传曰，天下和平，王道得，而蓍茎长丈，其丛生满百茎。""蓍"是取其圆茎为策，用以占筮。

② "参天两地"是说在五个生数（一、二、三、四、五）之中，有三个奇数，两个偶数。天圆地方，天奇而地偶，是因为圆周上没有对称点，所以其数为奇，而方形则有对称而为偶。所以说"参天两地"，这是《易经》数理演算的出发点。"倚数"的

"倚"为立,是确定之意。
③ 本文谈及"蓍、数、卦、爻、义、命"。所谓"义",是指合宜而正当;至于"道德",则指天地的规律与功能。"理于义"的"理"为动词,有整理为系统之意。最后所说的"性"为本性,万物各有其本性;"命"为命运,指万物的客观条件与注定的归趋。

第二章

昔者圣人之作《易》也,将以顺性命之理,是以立天之道曰阴与阳,立地之道曰柔与刚,立人之道曰仁与义。兼三才而两之,故《易》六画而成卦。分阴分阳,迭用柔刚,故《易》六位而成章。

[白话]

从前圣人创制《易经》,是要以它顺应本性与命运的道理,因此确立天的法则,称之为阴与阳;确立地的法则,称之为柔与刚;确立人的法则,称之为仁与义。综括天地人三才而两相重叠,所以《易经》以六画组成一卦。分开阴与阳,交替使用刚与柔,于是《易经》以六个爻位组成一卦的交错。

[解读]

① 本文继续发挥圣人作《易经》的目的。天之道为阴与阳,这是笼罩地与人在内的两大原理。地之道为柔与刚,则显然已经落入形质世界,易于理解与分辨。
② 人之道为仁与义,表示人的生命必须以实现价值为其依归。这也是儒家的基本立场。

第三章

天地定位，山泽通气，雷风相薄，水火不相射，八卦相错。数往者顺，知来者逆。是故《易》逆数也。

[白话]

天与地上下定位，山与泽气息贯通，雷与风相互激荡，水与火背道而驰，八卦形成彼此交错的现象。推算过去，要顺序向前数；测知未来，要逆序向后数。因此之故，《易经》是逆序而数的。

[解读]

① 本文先谈八卦所象征的八大自然现象。大致可以分为两个相关的四组。"薄"为近，引申为激荡；"射"为侵入，引申为往来。
② 八卦的顺数为：乾1，兑2，离3，震4，巽5，坎6，艮7，坤8。这也是伏羲氏的先天八卦，其图如下。

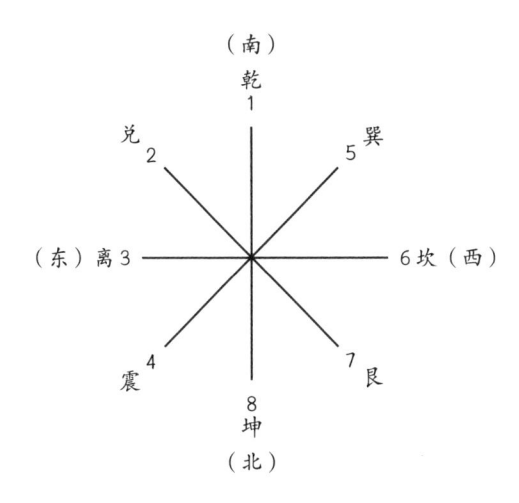

```
          （南）
           乾
           1
  兑  2         5  巽

（东）离 3 ─────── 6 坎（西）

  震  4         7  艮
           8
           坤
          （北）
```

③ 八卦的逆数为：坎1，坤2，震3，巽4，中5，乾6，兑7，艮8，离9。这是后天八卦，其图如下。

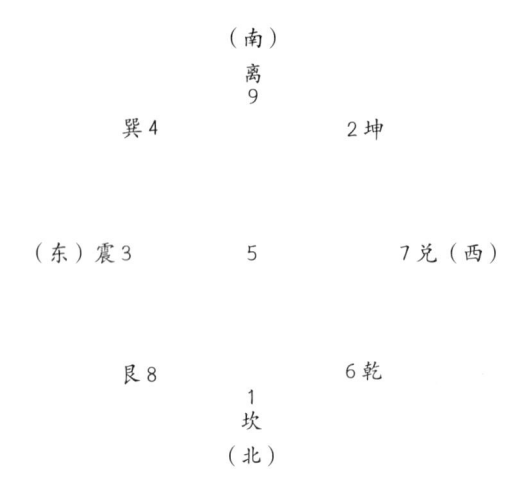

```
              (南)
               离
               9
      巽 4            2 坤


  (东)震 3      5        7 兑(西)


      艮 8            6 乾
               1
               坎
              (北)
```

④ 王船山说:"故数,往者必顺,而知来者必逆。易以占未来之得失吉凶,故其画自初而二,以至于上,积之而卦成。"其意为占卦时由下而上,此为逆数。此说可供参考。

第四章

雷以动之,风以散之,雨以润之,日以烜(xuǎn)之,艮以止之,兑以说(yuè)之,乾以君之,坤以藏之。

[白话]

雷(震卦)可以振作万物,风(巽卦)可以散播万物,雨(坎卦)可以滋润万物,日(离卦)可以晒干万物,艮卦(山)可以阻止万物,兑卦(泽)可以愉悦万物,乾卦(天)可以主宰万物,坤卦(地)可以包容万物。

[解读]

① 本文简述八卦及其所代表的现象对于万物的重大作用。"烜"

为使之干燥，"说"为悦。
② 本文将八卦分为两组，前四句说物象，后四句说四卦，所以翻译时加注在内。依其次序可知两卦一组，仍依先天八卦的方式排列，亦即位置对立的为一组。

第五章

帝出乎震，齐乎巽，相见乎离，致役乎坤，说言乎兑，战乎乾，劳乎坎，成言乎艮。万物出乎震，震东方也。齐乎巽，巽东南也；齐也者，言万物之絜（jié）齐也。离也者，明也；万物皆相见，南方之卦也；圣人南面而听天下，向明而治，盖取诸此也。坤也者，地也；万物皆致养焉，故曰致役乎坤。兑，正秋也；万物之所说也，故曰说言乎兑。战乎乾，乾，西北之卦也，言阴阳相薄也。坎者，水也，正北方之卦也；劳卦也，万物之所归也，故曰劳乎坎。艮，东北之卦也，万物之所成终而所成始也，故曰成言乎艮。

[白话]

天帝从震位出发，到了巽位使万物整齐生长，到了离位使万物彼此相见，到了坤位使万物得到帮助，到了兑位使万物愉悦欢喜，到了乾位使万物相互交战，到了坎位使万物劳苦疲倦，到了艮位使万物成功收场。万物从震位生长出来，震卦位在东方。到了巽位万物整齐生长，巽卦位在东南方；所谓整齐，是说万物完备而整齐。离位是指光明而言；使万物都可以相见，它是南方的卦；圣人面向南方听取天下事务，面向光明来治理，大概就是取象于此。坤位是指大地而言；万物都依赖大地的养育，所以说它使万物得到帮助。兑位是正秋；是万物所喜欢的，所以说它使万物愉悦欢喜。到了乾位使万物相互交战，乾卦是西北方的卦，是说阴气与阳气在此互相接触而激荡。坎位是指水，正北方的卦；它是劳苦的卦，是万物所要归藏的地方，所以说它使万物劳苦疲倦。艮位是东北方的卦，万物在此成功结束又重新开始，所以说它使万物成功收场。

[解读]

① "帝"有二解。一是以"帝"为北极星，此星在古代有"天帝"之称。如此则本文所述为依循后天八卦，配合天文地理，再推及人世间的某种规律。二是以"帝"为万物之造化者，其位阶显然高于乾卦。在此，不妨视之为造化万物的力量，或根本的元气。

② 本文分为两段，前面一小段简述"震、巽、离、坤、兑、乾、坎、艮"的不同功能。此为后天八卦的位序。后半段则引申说明前面的简述，并且清楚界定了各卦的方位与顺序，值得仔细研读。

第六章

神也者，妙万物而为言者也。动万物者莫疾乎雷。挠万物者莫疾乎风。燥万物者莫熯（hàn）乎火。说万物者莫说乎泽。润万物者莫润乎水。终万物始万物者莫盛乎艮。故水火不相逮，雷风不相悖，山泽通气，然后能变化，既成万物也。

[白话]

所谓神，是就万物的奥妙而说的语词。震动万物，没有比雷更迅捷的。曲挠万物，没有比风更快速的。干燥万物，没有比火更炎热的。取悦万物，没有比泽更有效的。滋润万物，没有比水更潮湿的。使万物终结又重新开始，没有比山更宏大的。所以水火不兼容纳，雷风不相背离，山泽气息贯通，然后才能出现变化，生育成就万物。

[解读]

① "神"字在此得到清楚的界说，是就万物的神奇奥妙而言，尤其是其中变化之难以预测。
② 本文就六大自然现象对万物的作用，说明何以可用之为一切变化之示范。此处未谈乾与坤，因为这两者代表天与地，有如造成一切变化之父母。

第七章

乾，健也；坤，顺也；震，动也；巽，入也；坎，陷也；离，丽也；艮，止也；兑，说也。

[白话]

乾为刚健；坤为柔顺；震为震动；巽为进入；坎为下陷；离为附丽；艮为阻止；兑为喜悦。

[解读]

① 此为八卦的属性，已经由自然现象移转至人类观察的对象，并且与人的生活世界产生了联系。
② 我们在理解六十四卦时，这八种属性是认知的基础，再辅以后续的各种取象。在此所谈的顺序又回到了先天八卦，以两两相对的方式呈现，并且自此以后皆依此序。

说卦传　　515

第八章

乾为马，坤为牛，震为龙，巽为鸡，坎为豕，离为雉，艮为狗，兑为羊。

[白话]

乾是马，坤是牛，震是龙，巽是鸡，坎是猪，离是野鸡，艮是狗，兑是羊。

[解读]

① 乾为马，马能健行。坤为牛，牛性温顺，又能负重致远。震为龙，则因震为东方之卦，而古代四象以苍龙居东。巽为风，古代风神皆为鸟形，鸡属鸟类。
② 坎为水，而猪喜潮湿，《贾子·胎教》有"毚者，北方之牲也"的说法。离为南方之卦，而古代四象以朱雀居南，所以说它是雉。艮为狗，狗能看守家门，阻人入内。兑为羊，在西部草原的沼泽边大量牧养。以上各种说法可供参考，但并非定论。

第九章

乾为首，坤为腹，震为足，巽为股，坎为耳，离为目，艮为手，兑为口。

[白话]

乾是头，坤是肚子，震是脚，巽是腿，坎是耳朵，离是眼睛，艮是手，兑是口。

[解读]

① 这是以八卦配合人的身体部位所作的说明。乾为主宰,理当在头。坤能容纳,成为肚子。震为起动,指涉双脚。巽为风行,有如股腿。

② 坎能积水,有如耳能聚声。离为光明,有如目之能视。《淮南子·精神训》说:"耳目者,日月也。"艮为手,人手可以止物。兑为泽又为口,因为人口可吞吐如泽。以上亦仅供参考而已。

第十章

乾,天也,故称乎父;坤,地也,故称乎母。震一索而得男,故谓之长男。巽一索而得女,故谓之长女。坎再索而得男,故谓之中男。离再索而得女,故谓之中女。艮三索而得男,故谓之少男。兑三索而得女,故谓之少女。

[白话]

乾卦象征天,所以称为父;坤卦象征地,所以称为母。震卦是坤卦从乾卦索取到第一个阳爻而生出的男孩,所以称为长男。巽卦是乾卦从坤卦索取到第一个阴爻而生出的女孩,所以称为长女。坎卦是坤卦从乾卦索取到第二个阳爻而生出的男孩,所以称为中男。离卦是乾卦从坤卦索取到第二个阴爻而生出的女孩,所以称为中女。艮卦是坤卦从乾卦索取到第三个阳爻而生出的男孩,所以称为少男。兑卦是乾卦从坤卦索取到第三个阴爻而生出的女孩,所以称为少女。

[解读]

① 乾坤象征天地,进而象征父母。乾坤生六子,所指原是自然界的六大现象,现在亦可用于人类家庭的组合成员。

② 震（☳）为长子，因为阳爻居初位，象征首生之子。其形则如坤卦向乾卦索取一阳。其余子女皆可依此类推。

第十一章

乾为天，为圜（yuán），为君，为父，为玉，为金，为寒，为冰，为大赤，为良马，为老马，为瘠马，为驳马，为木果。
坤为地，为母，为布，为釜，为吝啬，为均，为子母牛，为大舆，为文，为众，为柄，其于地也为黑。

[白话]

乾卦的象包括天、圆形、君主、父亲、玉、金、寒、冰、大红色、良马、老马、瘦马、杂色马、植物果实。
坤卦的象包括地、母亲、布帛、锅、吝啬、均匀、小母牛、大车、文采、众人、握柄，就地而言是黑色的。

震为雷，为龙，为玄黄，为旉（fū），为大涂，为长子，为决躁，为苍筤（láng）竹，为萑（huán）苇。其于马也，为善鸣，为馵（zhù）足，为作足，为的颡。其于稼也，为反生。其究为健，为蕃鲜。
巽为木，为风，为长女，为绳直，为工，为白，为长，为高，为进退，为不果，为臭（xiù）。其于人也，为寡发，为广颡，多白眼，为近利市三倍。其究为躁卦。

[白话]

震卦的象包括雷、龙、青黄色、展开、大路、长子、急躁、青色竹子、芦荻苇子。就马而言，是善鸣，后左蹄白色，抬足而动，白额头。就禾稼而言,是反向而生。变到最后是刚健的乾卦,茂盛鲜洁。

巽卦的象包括木、风、长女、准绳、工巧、白色、长、高、进退不定、没结果、有气味。就人而言,是头发少,大脑袋,白眼多,近利市三倍。变到最后是急躁的震卦。

坎为水,为沟渎,为隐伏,为矫輮,为弓轮。其于人也,为加忧,为心病,为耳痛,为血卦,为赤。其于马也,为美脊,为亟(jí)心,为下首,为薄蹄,为曳。其于舆也,为多眚,为通。为月,为盗。其于木也,为坚多心。

离为火,为日,为电,为中女,为甲胄,为戈兵。其于人也,为大腹。为乾卦,为鳖,为蟹,为蠃(luó),为蚌,为龟。其于木也,为科上槁。

[白话]

坎卦的象包括水、沟渠、隐伏、可曲可直、弓或车轮。就人而言,是忧愁多,心病,耳痛,血象,红色。就马而言,是美脊,心急,低头,薄蹄,肯拉车。就车而言,是多灾难,通行。月亮,强盗。就树木而言,是坚实多刺。

离卦的象包括火、日、电、中女、盔甲、戈兵武器。就人而言,是大肚子、干燥的象、鳖、螃蟹、甲虫、蚌、龟。就树木而言,是树叶脱落而枯槁。

艮为山,为径路,为小石,为门阙,为果蓏(luǒ),为阍(hūn)寺,为指,为狗,为鼠,为黔喙之属。其于木也,为坚多节。

兑为泽,为少女,为巫,为口舌,为毁折,为附决。其于地也,为刚卤。为妾,为羊。

[白话]

艮卦的象包括山、小路、小石、门阙、植物果实、守门人、手指、狗、鼠、黑嘴禽兽。就树木而言,是坚硬多节。

兑卦的象包括泽、少女、巫觋、口舌是非、毁折、脱落。就地而言,是坚硬多咸。包括妾、羊。

序卦传

有天地，然后万物生焉。盈天地之间者唯万物，故受之以屯。屯者，盈也，屯者，物之始生也。物生必蒙，故受之以蒙。蒙者，蒙也，物之稚也。物稚不可不养也，故受之以需。需者，饮食之道也。饮食必有讼，故受之以讼。讼必有众起，故受之以师。师者，众也。众必有所比，故受之以比。比者，比也。比必有所畜也，故受之以小畜。物畜然后有礼，故受之以履。

[白话]

乾卦为天，坤卦为地，有天地，然后万物才会产生。充满天地之间的就是万物，所以接着出现的是屯卦。屯是盈满的意思，也是万物开始出生的意思。万物出生时一定是蒙昧的，所以接着有蒙卦。蒙是指蒙昧，万物的幼稚状态；万物在幼稚时不可以不养育，所以接着有需卦。需是指饮食之道。饮食一定会有争讼，所以接着是讼卦。争讼一定会有众人起来参与，所以接着是师卦。师是众人的意思。人多了一定会有所亲近，所以接着是比卦。比是亲近依靠的意思。比合在一起一定会有所积蓄，所以接着是小畜卦。物资积蓄之后就要推行礼仪，所以接着是履卦。

履而泰，然后安，故受之以泰。泰者，通也。物不可以终通，故受之以否。物不可以终否，故受之以同人。与人同者，物必归焉，故受之以大有。有大者不可以盈，故受之以谦。有大而能谦，必豫，故受之以豫。豫必有随，故受之以随。以喜随人者必有事，故受之以蛊。蛊者，事也。有事而后可大，故受之以临。临者，大也。物大然后可观，故受之以观。

[白话]

遵守礼仪就会通达，然后得到安定，所以接着有泰卦。泰是通达的意思。事物不可能永远通达，所以接着有否卦。事物不可能永远阻滞，所以接着有同人卦。与人同心相处，外物必来归附，所以接着是大有卦。富有的人不可以自满，所以接着是谦卦。富有又能谦虚，一定会愉悦，所以接着是豫卦。愉悦一定会有人跟从，所以接着是随卦。因喜悦而跟从人的一定会有事故，所以接着是蛊卦。蛊是事故的意思。有事故然后可以创造大业，所以接着是临卦。临是盛大的意思。事物盛大才有可观之处，所以接着是观卦。

可观而后有所合，故受之以噬嗑。嗑者，合也。物不可以苟合而已，故受之以贲。贲者，饰也。致饰然后亨，则尽矣，故受之以剥。剥者，剥也。物不可以终尽，剥穷上反下，故受之以复。复则不妄矣，故受之以无妄。有无妄，然后可畜，故受之以大畜。物畜然后可养，故受之以颐。颐者，养也。不养则不可动，故受之以大过。物不可以终过，故受之以坎。坎者，陷也。陷必有所丽，故受之以离。离者，丽也。

[白话]

盛大可观才可符合众望，所以接着是噬嗑卦。嗑是相合的意思。事物不可以苟且求合，所以接着是贲卦。贲是文饰的意思。经过文饰而通达，也就到了尽头，所以接着有剥卦。剥是剥蚀的意思。事物不能一直剥蚀下去，剥蚀到最上面还是会回到底下再开始，所以接着有复卦。回复正道就不会虚妄了，所以接着是无妄卦。能够无妄就可以有所集聚，所以接着是大畜卦。事物集聚之后才可以蓄养，所以接着是颐卦。颐是养育的意思。不蓄养就不可以有所行动，所以接着是大过卦。事物不可能总是通过，所以接着是坎卦。坎是坎陷的意思。陷落时一定要有所附着，所以接着是离卦。离是附丽的意思。

有天地，然后有万物；有万物，然后有男女；有男女，然后有夫妇；有夫妇，然后有父子；有父子，然后有君臣；有君臣，然后有上下；有上下，然后礼义有所错。夫妇之道，不可以不久也，故受之以恒。恒者，久也。物不可以久居其所，故受之以遁。遁者，退也。物不可以终遁，故受之以大壮。物不可以终壮，故受之以晋。晋者，进也。进必有所伤，故受之以明夷。夷者，伤也。伤于外者必反其家，故受之以家人。家道穷必乖，故受之以睽。睽者，乖也。乖必有难，故受之以蹇。蹇者，难也。物不可以终难，故受之以解。解者，缓也。

[白话]

有了天地，然后才会产生万物；有了万物，然后才会有男女两性；有了男女两性，然后才会有夫妇；有了夫妇，然后才会有父子；有了父子，然后才会有组成国家的君臣；有了君臣，然后才会有上下尊卑之分；有了上下尊卑之分，然后礼义才可以有所安排。夫妇的正道不可以不长久，所以在咸卦之后，接着就有恒卦。恒是长久的意思。事物不能长久占住一个位置，所以接着是遁卦。遁是退避的意思。事物不能一直退避，所以接着是大壮卦。事物不能一直壮大，所以接着是晋卦。晋是前进的意思。一味前进必定会受到伤害，所以接着是明夷卦。夷是伤害的意思。在外受到伤害一定会回家，所以接着是家人卦。家道困穷一定会出现乖离，所以接着是睽卦。睽是乖离的意思。乖离一定会遇到险难，所以接着是蹇卦。蹇是阻难的意思。事物不能永远阻难，所以接着是解卦。解是缓解的意思。

缓必有所失，故受之以损。损而不已必益，故受之以益。益而不已必决，故受之以夬。夬者，决也。决必有所遇，故受之以姤。姤者，遇也。物相遇而后聚，故受之以萃。萃者，聚也。聚而上者谓之升，故受之以升。升而不已必困，故受之以困。困乎上者必反下，故受之以井。井道不可不革，故受之以革。革物者莫若鼎，故受之以鼎。

[白话]

缓解松懈一定会有所损失，所以接着是损卦。一直减损下去必定会获得增益，所以接着是益卦。一直增益下去必定会遇到溃决，所以接着是夬卦。夬是决退的意思。决退之后一定会有遇合，所以接着是姤卦。姤是相遇的意思。事情相遇之后才能聚合，所以接着是萃卦。萃是聚合的意思。聚合之后往上发展就称为升进，所以接着是升卦。一直升进必然会遭遇困阻，所以接着是困卦。在上位受到困阻一定会回到底下，所以接着是井卦。正常的水井不能不定期变革清理，所以接着是革卦。能变革事物的没有比得上鼎的，所以接着是鼎卦。

主器者莫若长子，故受之以震。震者，动也。物不可以终动，止之，故受之以艮。艮者，止也。物不可以终止，故受之以渐。渐者，进也。进必有所归，故受之以归妹。得其所归者必大，故受之以丰。丰者，大也。穷大者必失其居，故受之以旅。旅而无所容，故受之以巽。巽者，入也。入而后说之，故受之以兑。兑者，说也。说而后散之，故受之以涣。涣者，离也。物不可以终离，故受之以节。节而信之，故受之以中孚。有其信者必行之，故受之以小过。有过物者，必济，故受之以既济。物不可穷也，故受之以未济，终焉。

[白话]

主持国家之鼎的没有比得上长子的，所以接着是震卦。震是动的意思。事物不可以一直在动，要使它停止，所以接着是艮卦。艮是停止的意思。事物不可以总是停止，所以接着是渐卦。渐是渐进的意思。渐进一定要有归宿，所以接着是归妹卦。得到所归的一定盛大，所以接着是丰卦。丰是大的意思。穷极奢大的人一定会失去住所，所以接着是旅卦。旅行而无处容身，所以接着是巽卦。巽是进入的意思。进入安顿才会愉悦，所以接着是兑卦。兑是愉悦的意思。愉悦然后就会涣散，所以接着是涣卦。涣是离散的意思。事物不可以一直离散，所以接着是节卦。有节制才可取信于人，所以接着是中孚卦。有凭信的人一定可以通行，所以接着是小过卦。能超过其他事物的人一定可以办事成功，所以接着是既济卦。事物发展不可能穷尽，所以接着是未济卦，然后六十四卦结束。

杂卦传

乾刚坤柔。比乐师忧。临观之义，或与或求。屯见而不失其居，蒙杂而著。震，起也；艮，止也。损、益，盛衰之始也。大畜，时也。无妄，灾也。萃聚而升不来也。谦轻而豫怠也。噬嗑食也。贲无色也。兑见而巽伏也。随，无故也。蛊，则饬也。剥，烂也；复，反也。晋，昼也；明夷，诛也。井通而困相遇也。咸，速也；恒。久也。涣，离也；节，止也。解，缓也；蹇，难也。睽，外也；家人，内也。否、泰，反其类也。大壮则止；遁则退也。大有，众也；同人，亲也。革，去故也；鼎，取新也。小过，过也；中孚，信也。丰，多故也；亲寡，旅也。离上而坎下也。小畜，寡也；履，不处也。需，不进也；讼，不亲也。大过，颠也。姤，遇也，柔遇刚也。渐，女归待男行也。颐，养正也。既济，定也。归妹，女之终也。未济，男之穷也。夬，决也，刚决柔也，君子道长，小人道忧也。

[白话]

乾卦刚健，坤卦柔顺。比卦和乐师卦忧苦。临卦观卦的意义，有的给与，有的求取。屯卦出现而不会失去居所，蒙卦错杂而显著。震卦是发动，艮卦是阻止。损卦益卦是兴盛与衰退的开始。大畜卦把握时机。无妄卦是灾难。萃卦聚合而升卦下不来。谦卦轻己而豫卦懈怠。噬嗑卦讲究饮食。贲卦没有颜色。兑卦显现于外而巽卦隐伏于内。随卦没有事故。蛊卦整饬积弊。剥卦是朽烂；复卦是返回。晋卦是白昼；明夷卦是诛灭。井卦畅通而困卦相遇受阻。咸卦是迅速；恒卦是长久。涣卦是离散；节卦是节制。解卦是缓解，蹇卦是险难。睽卦是乖离于外；家人卦是和睦于内。否卦泰卦是状况相反。大壮卦就会停止；遁卦就会退避。大有卦拥有众多；同人卦彼此亲近。革卦是除去旧的；鼎卦是采取新的。小过卦是越过；中孚卦是诚信。丰卦是故旧多；亲友少是旅卦。离卦往上烧而坎卦往下流。小畜卦是积蓄少；履卦是不停留。需卦是不前进；讼卦是不亲和。大过卦是颠覆。姤卦是相遇，柔爻遇到刚爻。渐卦是女子出嫁等待男方行聘。颐卦是养之以正。既济卦是安定。归妹卦是女子有终身归宿。未济卦是男子穷途末路。夬卦是决断，刚爻决去柔爻，君子的作风成长，小人的作风受困。

附　录

《易经》难解之卦爻辞
——天干地支篇

傅琪煊

　　《易经》中难解的卦爻辞相当多，本篇论文所探讨的是与天干地支相关的卦爻辞。谈到与干支相关，大多数人最先想到的应该是蛊卦卦辞"先甲三日，后甲三日"与巽卦九五爻辞"先庚三日，后庚三日"。首先，笔者就某些特定的解法，如"谐音双关""六庚六甲""连续爻变"及"圆图夹象"等加以分析。其次，再就诠释逻辑的一致性和解卦时的独立性，来选择占卦时较适宜的解法。此外，笔者也依据卦爻辞创作时代的生活形态及习惯，提出一种平实且合理的解释。

　　至于"已日"则是出现在革卦卦辞"已日乃孚"和六二爻辞"已日乃革之"。由于"己""已""巳"三字外型相似，极易有传抄之误，因此也出现两种主要的版本。大多数义理派以"已日"解之，而象数派如朱震、来知德则释为"己日"，笔者将针对这两种观点加以分析。

　　在解析与干支相关的卦爻辞后，笔者受象数派的启发，用连续爻变的方式，得出一条串连四个卦的史事线。这四个卦与史事相关的密度之高，足以使人振奋。《易经》卦爻辞涵盖当时的古史早已得到认同，但史事出现的方式似乎颇为随机，并无一定的规则。这次提出探讨的四个卦，除了卦义符合史事进程，连爻辞也多能和当时的重大事件契合。易学浩瀚，或许还有许多类似的史事线有待发掘，值得进一步研究。

关键字：天干地支、明夷、丰、革、同人、古史

易经中与天干地支相关的爻辞"应该"有四个，就是蛊卦（䷑）卦辞"先甲三日，后甲三日"、巽卦（䷸）九五爻辞"先庚三日，后庚三日"、革卦（䷰）卦辞"已（己）日乃孚"以及革卦六二爻辞"已（己）日乃革之"。在此说"应该"，是因诸多笺注对于革卦有不同的看法。如为"已日"，则和天干地支无关；若为"己日"或"巳日"，则属于本篇讨论的范围。

一、"先甲三日，后甲三日"与"先庚三日，后庚三日"

"先甲三日，后甲三日"是山风蛊卦（䷑）的卦辞。《说文》："蛊，腹中虫也。"《春秋传》则解为："淫溺惑乱之所生也。"从字义上可看出这是个负面意涵的字。程颐（1033—1107）在《易程传》中的解释相当清楚："蛊，事也。蛊非训事，蛊乃有事也。为卦，山下有风，风在山下，遇山而回则物乱，是为蛊象。蛊之义，坏乱也。在文为虫皿，皿之有虫，蛊坏之义。"也就是当情势败坏到了一定的程度，就必须加以整饬。不过危机就是转机，只要有适当的作为，依然可恢复"元亨"之象。所以本卦的卦义其实相当积极[①]，《象传》也说："山下有风，蛊。君子以振民育德。"那么，何以会出现"先甲三日，后甲三日"如此特殊的卦辞呢？这是因为改变由来已久的积弊确非易事，贸然行动可能会招致反弹，所以事前的准备与事后的检讨都不可轻忽。

至于"先庚三日，后庚三日"，由于和"先甲三日，后甲三日"文句架构完全一致，很难忽略两者的关连性。此句出于巽卦（䷸）九五，整句爻辞为"九五，贞吉，悔亡，无不利。无初有终。先庚三日，后庚三日，吉。"为什么如此相似的句型结构和内容出现在巽

[①] 程颐认为："以卦之象言之，所以成蛊也；以卦之才言之，所以治蛊也。"

卦九五呢？巽卦的上下二体皆为巽，《象》曰："重巽以申命。"也就是上下皆顺，可理解为在上位者出令而在下者顺从，这时"九五"的地位就格外重要。若在上位者有中正之德，所发布的政令也都合于情理，国家自然上轨道。相反的，若在上位者优柔寡断或德行不端，而臣民依然顺从，则政风必然日趋败坏。这点由卦象可得到印证：把巽卦九五爻变成六五（☴→☶），蛊卦就出现了。这也是为什么巽卦六爻中有四个阳爻，其中九二、九三和上九的爻辞皆有"巽"字，而唯独九五不言"巽"？就是为了凸显君王要有定见，否则将有变蛊之患。由此可知，这一组卦爻辞确实有特殊的连结，因此有多本笺注①将"先庚三日，后庚三日"并入蛊卦卦辞一起解释。

统整笔者所参考的笺注，对于甲与庚的看法大抵分为以下两种：一、甲为事之开端，庚为事之更改；二、甲与庚互为首尾，形成一个循环，与人事更迭或天体运行相呼应。看似简单，但是在诠释的方法和取象的步骤上却各有巧思。笔者会列出颇具特色的解法，但并不代表完全认同，因为结构如此相似的卦爻辞，应以能用"一致的逻辑②"来诠释为佳。兹归纳如下：

（一）以谐音双关解之

甲为十天干之首，用来比喻治蛊的开端。"先甲三日"就是从甲日往前推算三天，所得的天干是"辛"，引申出"改过自新"或"更新"之义，代表除弊之前的状况已坏，必须加以改善。而"后甲三日"就是甲日往后推算三天，得出的天干是"丁"，引申为"叮咛"。这是因为改变现况后还必须多加观察、时刻警惕，莫忘前车之鉴。

根据来知德（1526—1604）在《周易集注》中的记载，谐音双

---

① 如《易程传》《东坡易传》《汉上易传》《周易集注》等。
② 所谓"一致的逻辑"，是指可以用相同的步骤得出所需之象，或解出卦爻辞之义。

关的解法始于郑玄（127—200）[1]，笔者在《周易正义》中也找到相关资料：孔颖达（574—648）曾于其疏中点明郑玄做此诠释后，有许多学者从之。[2] 然而孔颖达比较赞同王弼（226—249）的说法，强调"甲"是指"创制之令"而非"创制之日"。即便如此，谐音双关的解法获得南宋学者朱熹（1130—1200）的认同[3]，并且引申之意也合于情理，所以仍有其可观之处。

再者，谐音双关的妙处，就是对于"先庚三日，后庚三日"也能用一致的逻辑产生合理的诠释。那么，"先庚三日，后庚三日"该如何解呢？在计算日期的十天干中庚排第七，以十日为周期等于已过了一半，所以"过中则变"。朱熹在《周易本义》中云："庚，更也，事之变也。"若将庚日往前推算三天，得出的天干是"丁"，代表"叮咛"。将庚日向后推算三天，得出的天干是"癸"，引申为"揆度"。所以，在更改现况或政令之前，要再三叮咛避免出错，之后则要揆察测度以示慎重。将这两句卦爻辞合而观之，显示出古人对于事件的开始与变更特别重视，因此前后皆有"三日"，代表所作所为是经过深思熟虑和沙盘推演的，且在事后也会持续检讨成效。

（二）以六甲六庚解之

苏轼（1037—1101）在《东坡易传》中这样解释"先甲三日，后甲三日"与"先庚三日，后庚三日"：

---

[1] 郑康成曰："甲者，造作新令之日。甲前三日取改过自新故用辛也，甲后三日取丁宁之义故用丁也。"
[2] 孔颖达疏："褚氏、何氏、周氏等并同郑义，以为'甲'者造作新令之日，甲前三日，取改过自新，故用辛也。甲后三日，取丁宁之义，故用丁也。"
[3] 朱熹在《周易本义》中曰："甲，日之始，事之端也。先甲三日，辛也；后甲三日，丁也。前事过中而将坏，则可自新以为后事之端，而不使至于大坏；后事方始而尚新，然更当致其丁宁之意，以监其前事之失，而不使至于速坏。"

先甲三日，后甲三日，则世所谓六甲也；先庚三日，后庚三日，则世所谓六庚也。甲庚之先后，阴阳相反，故《易》取此以寄治乱之势也。

我们将十天干与十二地支依序搭配制作成"六十甲子表"（表1）。在表中可见，每个天干都会重复六次，所以"六甲"指的是甲子、甲戌、甲申、甲午、甲辰、甲寅；而"六庚"指的是庚午、庚辰、庚寅、庚子、庚戌、庚申。苏轼认为"先甲三日"为甲子、甲戌、甲申；"后甲三日"为甲午、甲辰、甲寅。而"先庚三日"为庚午、庚辰、庚寅；"后庚三日"为庚子、庚戌、庚申。由上所述可以看出"先甲三日"的地支（子、戌、申）刚好是"后庚三日"的地支；而"后甲三日"的地支（午、辰、寅）恰巧为"先庚三日"的地支。这就是苏轼所谓的"甲庚之先后，阴阳相反，故《易》取此以寄治乱之势也"。

表1：六十甲子表

甲子	乙丑	丙寅	丁卯	戊辰	己巳	庚午	辛未	壬申	癸酉
甲戌	乙亥	丙子	丁丑	戊寅	己卯	庚辰	辛巳	壬午	癸未
甲申	乙酉	丙戌	丁亥	戊子	己丑	庚寅	辛卯	壬辰	癸巳
甲午	乙未	丙申	丁酉	戊戌	己亥	庚子	辛丑	壬寅	癸卯
甲辰	乙巳	丙午	丁未	戊申	己酉	庚戌	辛亥	壬子	癸丑
甲寅	乙卯	丙辰	丁巳	戊午	己未	庚申	辛酉	壬戌	癸亥

他还提到一个重要的概念，"先甲三日"是先阳后阴，所以需要"后甲三日"让阴尽而后复阳，这就是"终则有始"的道理。而"先庚三日"则是先阴后阳，先乱后治，所以"无初有终"。[①]仔细

[①] 苏轼云："先甲三日，子、戌、申也，申尽于巳，而阳盈矣。盈将生阴，治将生乱，故受之以后甲。后甲三日，午、辰、寅也，寅尽于亥，然后阴极而阳生。……先庚三日，午、辰、寅也，后庚三日，子、戌、申也。庚之所后，甲之所先也。故先庚三日尽于亥，后庚三日尽于巳，先阴而后阳，先乱而后治，故曰'无初有终'。"

查阅"六十甲子表",在十天干中,确实只有"甲"和"庚"的地支有互为首尾的关系。

由此观之,《易经》中出现"先甲三日,后甲三日"与"先庚三日,后庚三日"的卦辞和爻辞确实蕴含了巧思。若此解法的原创者确实为苏轼,笔者相信他对于干支排序和阴阳消息一定有相当的研究,才能琢磨出如此别出心裁的诠释。

(三)虞翻与朱震的爻变解法

虞翻(164—233)对于"先甲三日,后甲三日"与"先庚三日,后庚三日"采用爻变与互体来解释(《周易虞氏易笺》),这种说法被朱震(1072—1138)沿用并且制作图例详加说明(《汉上易传》)。

1. 虞翻对于"先甲三日,后甲三日"的解法

首先,将蛊卦初九爻变,下卦出现乾卦(䷑→䷑),乾为甲。再将九二爻变,下卦成为离卦(䷑→䷑),离为日。至此,"甲"与"日"的象都出现了,而下三爻在过程出现"甲",所以卦辞云"先甲三日",[①]全卦也由蛊卦变为贲卦(䷕)。接着,继续将九三和六四爻变,上卦出现离卦(䷑→䷑),再继续把六五变为九五,此时上卦出现乾卦(䷑→䷑),而全卦已成无妄卦。[②]代表"甲"的乾卦出现在上三爻,所以是"后甲三日"。

2. 虞翻对于"先庚三日,后庚三日"的解法

先阐明:"震,庚也"[③],然后进行连续的爻变。先将初六、九二

---

① 易卦中六爻卦顺序是由下而上,所以下三爻为"先",上三爻为"后"。
② 虞翻曰:"谓初变成乾,乾为甲。至二成离,离为日。乾三爻在前,故先甲三日。'贲'时也。变三至四体离,至五成乾。乾三爻在后,故后甲三日。'无妄'时也。"(《汉上易传》)
③ 在纳甲法中震纳庚。

变为初九、六二（☲→☲），下卦成为离卦，再将九三变为六三（☲→☳），震卦出现。震代表庚，离代表日，震出现在下三爻，所以为"先庚三日"，此时全卦已变为益卦。①继续将六四、九五变为九四、六五（☲→☲），上卦成为离卦。最后将上九变为上六（☲→☳），震出现在上三爻，是为"后庚三日"。

上述两种解法看似相同，但成"象"先后却没有完全对称。在"先甲三日，后甲三日"爻变过程中，"象"出现的顺序为：乾、离、离、乾；而"先庚三日，后庚三日"的爻变过程，"象"出现的顺序为：离、震、离、震。虽有些微差异，但能以相同手法于不同的卦得出所需的"象"，实属不易。

朱震承袭了虞翻的解法，并且用天体运行来解释"为何易经用甲与庚代表天地之终始"，相当有说服力。他以"日之出入图"（图1）解释太阳在春分早晨于甲方升起，在秋分傍晚落于庚方；再用"月之盈虚图"（图2）说明月亮三日成震，震出庚，十五日成乾，乾纳甲。由此总结出："甲庚者，天地之终始也。"②综上所述，虞翻用"乾成于甲，震成于庚"的纳甲法，朱震再辅以日月天体的运行，两相配合来解释天地终始，或有所本。③

---

① 虞翻曰："初至二成离，至三成震，震主庚，离为日，震三爻在前，故先庚三日。谓'益'时也。动四至五成离，终上成震，震三爻在后，故后庚三日也。"
② 朱震曰："以日言之，春分旦出于甲，秋分暮入于庚。以月言之，三日成震，震纳庚，十五日成乾，乾纳甲，三十日成坤，灭藏于癸，复为震。甲庚者，天地之终始也。"（《汉上易传》）
③ 日与月在《易经》中的重要性，《系辞上》已明确指出：如"日月运行，一寒一暑，乾道成男，坤道成女""阴阳之义配日月，易简之善配至德"以及"法象莫大乎天地，变通莫大乎四时，悬象着明莫大乎日月"等。

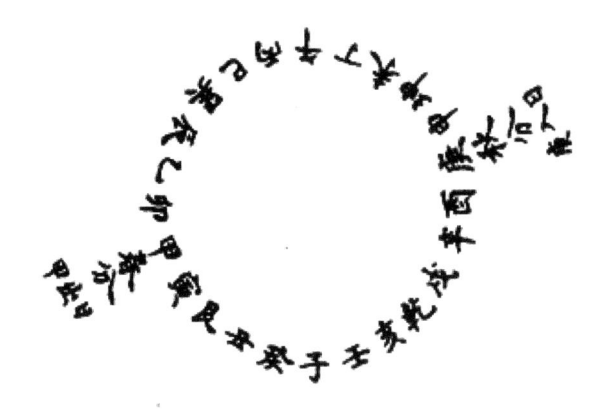

图1：日之出入图（取自《汉上易传》）

图2：月之盈虚图（取自《汉上易传》）

（四）马融与来知德的圆图解法

李鼎祚[①]在《周易集解》中记载马融（79—166）对于"先甲三日，

[①] 李鼎祚是唐朝中后期资州盘石（今属四川资中县）人。其生平不详，精于经学，尤通象数易学，擅筮占，著有《周易集解》。

后甲三日"的看法：蛊卦的组成为下巽上艮，在"文王圆图[①]"（图3）中，以顺时针方向由坎向离前进，依序出现的卦为艮（东北）、震（东）、巽（东南）。由于甲在东方为震，且夹于艮与巽之间，所以在震之前的艮为"先甲"，在震之后的巽为"后甲"。[②] 马融对于"甲"也做了解释："甲为十日之首，蛊为造事之端，故举初而明事始也。"至于为何前后各有三日呢？这是因为"不令而诛谓之暴"，所以要让百姓先熟悉新令，才不致于犯法。

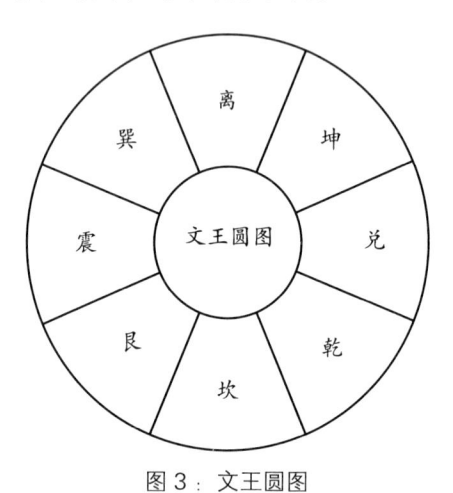

图3：文王圆图

用"文王圆图"来解蛊卦卦辞相当有新意，可惜不适用于"先庚三日，后庚三日"，因为巽的上卦与下卦皆为巽，两个同样的卦象是无法把"庚"夹入其中的。明朝的来知德承袭了马融的解法并加以延伸，用"伏羲圆图[③]"（图4）来解释"先庚三日，后庚三日"。

---

① 文王圆图即后天八卦图。
② 马融曰："甲在东方，艮在东北，故云'先甲'。巽在东南，故云'后甲'。"（《周易集解》）
③ 伏羲圆图即先天八卦图。

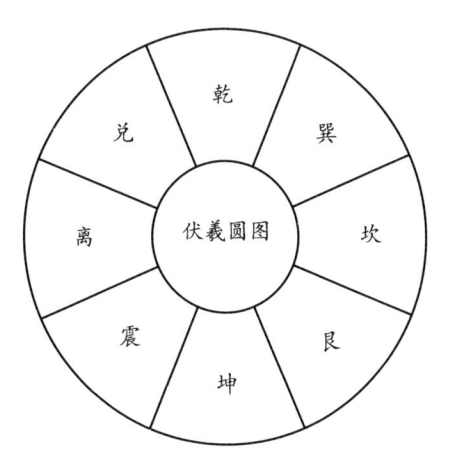

图 4：伏羲圆图

以下为来知德的解法。

首先，来知德的"先甲"与"后甲"和马融说的不同。他认为蛊卦（䷑）下巽上艮，而"文王圆图"中两象夹震于东方，所以巽为"先甲"、艮为"后甲"[①]。至于"先庚三日，后庚三日"的解法则是用互兑加上错综法找出艮巽之象，并与"伏羲圆图"相对照，西方刚好夹在巽艮之间，所以巽为"先庚"，艮为"后庚"[②]。然而，在"伏羲圆图"中，西方是坎水而非兑金，是否要同时参照两种圆图，笺注中并未说明。再者，相较于"先甲三日，后甲三日"的解法，此处增加了以错综卦来取象，未能用同样的步骤来解卦，颇为

---

① 因六爻由下而上。此外，蛊卦含震木（九三、六四、六五）与巽木（下卦），所以是"分甲于蛊"。
② 巽卦的九二、九三、六四为互兑，兑为金、为西方。兑金错艮综巽，所以上错下综得出上艮下巽，夹坎水于伏羲圆图中。至于两种圆图间的相互关系，可参考来氏书中"六十四卦致用之图"的内容。

附　录　《易经》难解之卦爻辞——天干地支篇　　　537

可惜。[1]来知德除了对此组卦爻辞有独特的见解外，他还将甲、庚在圆图中的位置对应到泰卦（小往大来）和否卦（大往小来），藉此阐述天地循环之道。至于"先三日"与"后三日"，来知德认为是由于一卦有六爻，所以应指下三爻与上三爻。

（五）试探"三日"之说的其他可能性

以上所列的解法各有巧妙，只不过在逐步拆解这些方法的同时，心中不免疑惑，当初撰写爻辞的作者是否先确认了结果，并加以逆推才下笔？以"谐音双关"的解法为例：难道是先揣摩所需的双关意含，如"更新""叮咛"等，然后才决定用"三日"？还是原本就打算写"先甲三日，后甲三日"与"先庚三日，后庚三日"，而后世的学者在做注时，发现刚好可以运用谐音双关来解释？再用同样的角度分析象数派，以"先甲三日，后甲三日"为例：作者是否将六爻依序爻变，发现有离代表的"日"，并且过程中"下三爻成乾"和"上三爻成乾"，所以将"三日"写入卦辞？抑或是后世学者根据卦辞，再从爻变中找答案？其实"先有结果，再找答案"原本就是理解《易经》的方式之一，并无不妥。但如果能从经典文献中找到可靠资料相互印证，或许可以避免过度诠释。

那么，是否有其他来源支持"三日"之说呢？笔者以为，《易经》为卜筮之书，且当时有机会学习者多为贵族，所以其内容应该适度反映出贵族和执政阶层的情况。笔者阅读《礼记正义》时留意

---

[1] 笔者以为，若要用"夹象"和"圆图"来解，善加运用蛊卦和巽卦本身的架构再加上"文王圆图"，也是足够的，因为蛊卦的六爻中原本就夹了一个震卦（九三、六四、六五），震在"文王圆图"中位于东方（甲木），甲位于前三爻（巽）与后三爻（艮）间，所以是"先甲三日，后甲三日"。同样的，巽卦的六爻中夹了一个兑卦（九二、九三、六四），兑在"文王圆图"中位于西方（庚金），而庚也位于前三爻（巽）与后三爻（巽）间，所以是"先庚三日，后庚三日"。如此一来，便可以用同样的逻辑和同一幅圆图来解释这两句卦爻辞。

到以下内容：

《礼记·月令》

是月也，以立春。先立春三日，大史谒之天子曰：某日立春，盛德在木。天子乃齐。立春之日，天子亲帅三公、九卿、诸侯、大夫……

是月也，以立夏。先立夏三日，大史谒之天子曰：某日立夏，盛德在火。天子乃齐。立夏之日，天子亲帅三公、九卿、大夫……

是月也，以立秋。先立秋三日，大史谒之天子曰：某日立秋，盛德在金。天子乃齐。立秋之日，天子亲帅三公、九卿、诸侯、大夫……

是月也，以立冬。先立冬三日，太史谒之天子曰：某日立冬，盛德在水。天子乃齐。立冬之日，天子亲帅三公、九卿、大夫……

众所周知，《礼记·月令》的成书年代颇有争议，特别是文中的历法、官制、行事等，似与西周的实际状况有所出入。[1]学术界已有许多深入剖析《月令》出处的相关论文，在此不做赘述。至于笔者引用《月令》部分段落的原因，是为了指出"先……三日"与"天子乃齐[2]"的时序关系。由这样的时序关系，可以推得天子所行的应为"三日斋"。"三日斋"在与礼相关的典籍中时有所见，通常是在祭祀或重大事件之前，为表慎重而行之。例如，周武王曾为了学

---

[1] 郑玄云："名曰《月令》者，以其记十二月政之所行也，本《吕氏春秋·十二月纪》之首章也，以礼家好事抄合之，后人因题之名曰《礼记》。言周公所作，其中官名时事多不合周法。此于《别录》属《明堂阴阳记》。"
[2] "齐"亦可作"斋"。

习治国之道而"斋三日"①;孔子②也在"三日斋"后向鲁哀公上奏讨伐陈恒③;而像诸侯变更宗庙位址④之类的大事,自然也免不了"三日斋"⑤。

笔者以为,一个制度实行久了,自然会内化成一种习惯,所以"三日"在当时应已成为一个"适当的缓冲期"⑥。无论是事前的静心思考、仔细推演和提醒,或者事后的观察检讨、除错改善,以"三日"为期,是个人心理上、众人默契上都能接受的时间长度。再者,以"先三日、后三日"比拟"下三爻、上三爻"这种将一日和一爻

---

① "武王践阼三日,召士大夫而问焉,曰:'恶有藏之约行之,行万世可以为子孙恒者乎?'诸大夫对曰:'未得闻也。'然后召师尚父而问焉,曰:'昔黄帝颛顼之道存乎?意亦忽不可得见与?'师尚父曰:'在丹书,王欲闻之,则齐矣!'王齐三日,端冕奉书而入,负屏而立。王下堂,南面而立……"(《大戴礼记·武王践阼》)

② 子曰:"周监于二代,郁郁乎文哉!吾从周。"(《论语·八佾》)孔子虽然生在春秋时代,但因其崇拜周公,且对于礼乐有深刻研究,故其言行应可作为参考。

③ 《左传·哀公十四年》:"甲午,齐陈恒弑其君壬于舒州。孔丘三日齐,而请伐齐三。公曰:'鲁为齐弱久矣,子之伐之,将若之何?'对曰:'陈恒弑其君,民之不与者半。以鲁之众,加齐之半,可克也。'公曰:'子告季孙。'孔子辞。退而告人,曰:'吾以从大夫之后也,故不敢不言。'"(《春秋左传正义》)

④ "成庙将迁之新庙,君前徙三日齐,祝、宗人及从者皆齐;徙之日,君玄服,从者皆玄服。"(《大戴礼记·诸侯迁庙》)

⑤ 除了以上述举例,《礼记》中还有许多礼在执行过程中以"三日"为观察期或准备期。

⑥ 《礼记·月令》中记载:"先雷三日,奋木铎以令兆民曰:雷将发声,有不戒其容止者,生子不备,必有凶灾……"即便文中所载之事有迷信成分,但仍然可以从"先雷三日"看出,在提醒民众注意某些事项时,也使用"三日"为缓冲。

相对应的卦爻辞在易经中也曾出现。① 由此看来，无论是基于当时的礼教惯例与《易经》写作体例的统一，"三日"确实是其来有自，用得恰如其分。基于同样的逻辑，今人若占得这组卦爻辞便可以有更灵活的解释空间。例如根据所占事件之大小、行规或相关法令来拿捏适当的时程。

综合本章所述，我们可以从谐音双关、六甲六庚、爻变取象以及先后天八卦（圆图）等多种角度来分析"先甲三日，后甲三日"与"先庚三日，后庚三日"。然而，如果由解卦的角度出发，笔者会优先选择"单独存在也能有完整含义"的解法。也就是当占到二者任一时，可以直接解释卦爻辞的意思，如"谐音双关"的解法。否则，明明占到"先庚三日，后庚三日"，却要把甲与庚的特殊关系②一并带入，又或者在解卦过程中产生其他卦象，恐有混淆占卦结果的疑虑。③

再者，笔者认为《经》重于《传》，也就是应该以《易经》文本为主，《易传》为辅。仔细阅读《易经》文本中的蛊卦卦辞和巽卦九五爻辞：

蛊，元亨，利涉大川。先甲三日，后甲三日。

---

① 《易经》复卦卦辞提到"反复其道，七日来复，利有攸往。"有笺注以一日为一爻释之，如王弼注："阳气始剥尽，至来复时，凡七日。"俞琰（约1234—1297）曰："易以一爻为一日，剥六画并复初画是为七日。易穷则变，其道与天道同。故反剥为复，则不过七日。"（《俞氏易集说》）然而解《易》重变通，所以七日也可泛指历经七个步骤（爻变）后变回复卦，形成一个循环。例如，来知德曰："七日来复者，自姤而遁、否、观、剥、坤、复，凡七也，即七日得之意。"以上二种解释各有其理，并不影响在撰写卦爻辞时，以一日代表一爻的表述方式。
② 如利用六甲六庚互为首尾或"日之出入图""月之盈虚图"中甲与庚的重要位置，来辅助理解卦爻辞。
③ 例如虞翻和朱震的爻变取象法，在解释卦爻辞的过程中出了现贲卦、无妄卦和益卦，是否要一并纳入解释，或是有什么特殊的影响，该笺注未作说明。

附录 《易经》难解之卦爻辞——天干地支篇

九五，贞吉，悔亡，无不利。无初有终，先庚三日，后庚三日，吉。

如上所列，"初"与"终"两个关键字只出现在巽卦九五的爻辞，并且明显是指庚在天干中的位置。① 然而有些笺注却把出自《象传》的"终则有始，天行也"当成重心，并由此连结甲与庚，才会需要日月圆图或"六甲六庚"等说法来完善其诠释。其实，如同"无初有终"之于庚，"终则有始"也可以是指甲在天干中"起始"的特殊位置，而"天行也"则是形容十天干周而复始，如同"天地之道，恒久而不已也"。② 因此，在无需扩充概念的前提下，"谐音双关"的解法在十天干的范围内，用相对单纯的方式给出更深入的解释，这是笔者予以较多认同的主要原因。③

所谓义理象数各有巧妙，笔者虽然不赞同过度繁复的取象，但是经由接触这些有特色的解法，也从中领悟到不少触类旁通的技巧，获益良多。

二、"已日乃孚"与"已日乃革之"

"已日乃孚"与"已日乃革之"出自《易经》革卦，分别为卦辞与六二的爻辞。革卦的结构为下离上兑，是为泽中有火。程颐说：

---

① 十天干为甲、乙、丙、丁、戊、己、庚、辛、壬、癸。庚日的前三日为丁日，不是天干记日周期的开始，但后三日为癸日，是周期的最后一天，所以"无初有终"。

② "终则有始"在象传中出现两次，一次为蛊卦，另一次为恒卦："恒，久也……久于其道也，天地之道，恒久而不已也。利有攸往，终则有始也。"由此可以看出，所谓"天行也"应是指天地之道循环不已，而这和十天干周而复始是可以呼应的。

③《易传》包含了儒家经世济民的理想，所以往往赋予卦爻辞诸多正向的发挥。不过在解卦时，还是应该回归《易经》为卜筮之书的本质，找出实用的面向来解决疑惑。

"革,变革也。水火,相息之物,水灭火,火涸水,相变革者也。"(《易程传》)火的性质向上,而泽水往下,倘若各安其位火上泽下,最多各行其道,好比睽卦。然而,在革卦中,泽与火的位置一经对调,便有直接冲突之势。① 在《易传》成书之前,中国最重要的两次革命事件,莫过于汤武革命。因此《彖》曰:"天地革而四时成,汤武革命,顺乎天而应乎人。革之时大矣哉。"由《彖传》的解释可知,革卦相当重视"时"的重要性,而"已日"正是把握时机的关键。由于"己""已""巳"在隶书与楷书中字形相似,传抄时可能有"形近之误",因此出现不同的版本也不意外。我们将分两组讨论这组卦爻辞,第一组是"己日",第二组是"已日"和"巳日"。

(一)"己日乃孚"与"己日乃革之"

虽然多本《易经》笺注采用"已日"或"巳日"②,但仍有两本偏向象数派的笺注赞同"己日",就是朱震的《汉上易传》与来知德的《周易集注》。先讨论朱震对于"己日乃孚"与"己日乃革之"的解法。

首先,朱震认为"己日"才是正确的,原因有二。

十天干"至庚而更","更"有改革、变革之义。那么为何出现"己日"呢?因为由庚日起算,己日刚好是第十天,完成一个十天干循环的周期。而"浃日"代表十日③,所以朱氏曰:"己日者,浃日也。"④

---

① "火之性上,水之性下,若相违行,则睽而已。乃火在下,水在上,相就而相尅,相灭息者也,所以为革也。"(《易程传》)
② 如《周易正义》《易程传》《周易本义》《诚斋易传》《俞氏易集说》等。
③ 古代以干支纪日,称甲至癸十日为"浃日"。
④ "己日,先儒读作'已事'之'已',当读作'戊己'之'己',十日至庚而更。更,革也。自庚至己,十日,浃矣。己日者,浃日也。"(《汉上易传》)

庚和己的关系源自卦变。① 朱氏引用虞翻的说法，认为六十四卦中组合为四阳二阴者，部分是由遯卦而来。革卦则是历经四次变化而成：一变无妄卦（䷘）→二变家人卦（䷤）→三变离卦（䷝）→四变革卦（䷰）。而无妄卦下卦为震，纳庚，革卦下卦为离，纳己，由此取出庚和己的象。

综上所述，可知朱震用卦变与纳甲法证明"己"和"庚"的特殊关系，并且以"浃日"强调变革不可遽然为之，在行动之前要先取得信任，也就是"上下既信之日，乃可革之"（《汉上易传》）。

接着，讨论来知德支持"己日"之说的原因。

以五行搭配五性②，则甲乙木为仁，丙丁火为礼，戊己土为信，庚辛金为义，壬癸水为智。"孚"为诚信之意，而革卦下离上兑皆阴，所以用己土（阴土）③作为代表。④

在"文王圆图"中，坤土位于离火与兑金之间，⑤坤为阴土，所以用己土也合于其义。

---

① "革自遯来，无妄变也。二变家人，三变离，四变革，无妄之震纳庚，革之离纳己，故有此象。"（《汉上易传》）
② 五性就是仁、义、礼、智、信，又称五常。
③ 天干中单数者为阳，偶数者为阴。所以，甲、丙、戊、庚、壬为阳，乙、丁、己、辛、癸为阴。
④ "己者，信也。五性，仁义礼智信，惟信属土，故以己言之。不言戊而言己者，离、兑皆阴卦，故以阴土言。"（《周易集注》）
⑤ 来知德曾在解释"先甲三日，后甲三日"与"先庚三日，后庚三日"时使用过"圆图"和"夹象"的取义法。（《周易集注》）

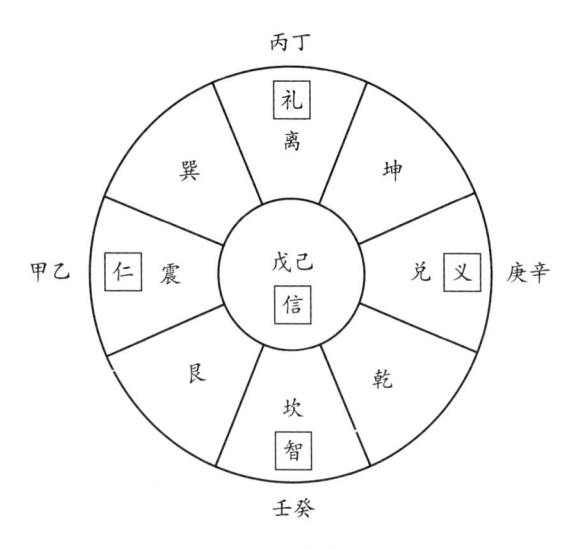

图 5：五行五性文王圆图

来知德认为离火烧兑金所造成的破坏，只有土可以修复，这是《月令》篇将中央土置于火与金之间的原因。① 而十天干的排列顺序也是因为这个原因，将戊己土置于丙丁火和庚辛金之间，让相克转为相生，才能彼此信任（见图 6）。

---

① 以下为《月令》段落，由文中记载当日所祭祀之神祇与迎接季节之地点，可知天干的五行属性和代表方位。来知德认为，此五段内容的排序与十天干的排序，皆强调"土"的特殊作用。
"孟春之月……其日甲乙。其帝大皞，其神句芒。……立春之日，天子亲帅三公……以迎春于东郊。"
"孟夏之月……其日丙丁。其帝炎帝，其神祝融。……立夏之日，天子亲帅三公……以迎夏于南郊。"
"中央土。其日戊己。其帝黄帝，其神后土。"
"孟秋之月……其日庚辛。其帝少皞，其神蓐收。……立秋之日，天子亲帅三公……以迎秋于西郊。"
"孟冬之月……其日壬癸。其帝颛顼，其神玄冥。……立冬之日，天子亲帅三公……以迎冬于北郊。"

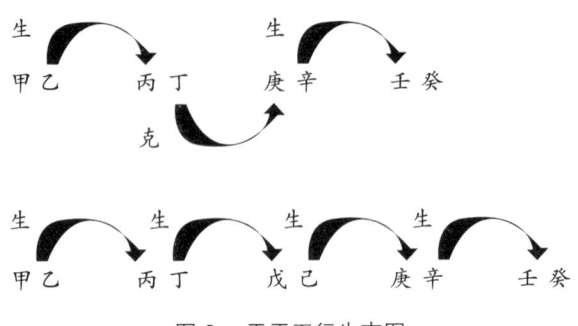

图6：天干五行生克图

除了上述原因，再加上离为"日"，所以是"己日乃孚"。来知德强调："盖不信而革，必生其悔，惟亨而正，则人心信我矣，所以己日乃孚而后革也。"此外，他还提出变革之时若还没到，即便是天地与圣人也不能提早行动；而到了该变革之时，天地与圣人也不能予以延迟。①

（二）"已日乃孚"与"巳日乃革之"

"已"与"巳"两字关系相当密切，应合而观之。《史记·律书》言："巳者，言阳气之已尽也。"②《释名·释天》则曰："巳，已也，阳气毕布已也。"《说文》对于"巳"的解释为："已也。四月阳气已出，阴气已藏，万物皆成文章……"③而段玉裁《说文解字注》

---

① 来知德曰："时不可革，天地、圣人不能先时；时所当革，天地、圣人不能后时。"他还引用《礼记·礼器》中的一段话，强调"时"的重要性："礼，时为大，顺次之，体次之，宜次之，称次之。尧授舜，舜授禹，汤放桀，武王伐纣，时也。"
② 何以言巳"阳气之已尽"？将十二消息卦搭配十二地支，可知巳月或巳时为乾卦，阳爻上升之势无以复加，故云"阳气已尽"或"阳气毕布"。（参见表2）
③ 原文为"已也。四月阳气已出，阴气已藏，万物皆成𠂹彰。"（《说文解字·巳部》）

讲得更详细："辰巳之巳既久用为已然已止之已。故即以已然之已释之。"由此可知，"已"出于"巳"。至于读音，《韵补·纸韵》云："古巳午之巳，亦读如已矣之已。"综上所述，"已"与"巳"原本共享一字，读音则随字义而有所不同。此外，"巳"又通"祀"，《释名·释天》："殷曰祀。祀，巳也，新气升故气巳也。"这也可以解释为何损卦初九爻辞有"已事遄往"和虞翻的"祀事遄往"两种版本。[①] 不过，虞翻在注释革卦时，仍以"已日"解之，所以本章不将"祀日"列入讨论。

厘清"已"与"巳"的关系后，再来研究义理派对于"已日"有哪些诠释。

1.将"已"解作"已经"，则"已日"大致可以归纳为三种诠释。

（1）变革已成之日。王弼注："夫民可与习常，难与适变。可与乐成，难与虑始。故革之为道，即日不孚，已日乃孚也。"[②] 俞琰援引王弼之说，并加以解释："已日，已革之日也，孚，信也。"（《俞氏易集说》）

（2）天命已经来临之日。干宝曰："天命已至之日也。乃孚，大信著也。"[③]

（3）可以变革之时已到。李简曰："'已日'者，已可革之时也。先时而革，则人疑而罔孚，故已日乃孚。"[④] 此说与干宝的解释相近，皆需等待适当的时机。

[①] "初九，巳事遄往，无咎，酌损之。"注云："〔释文〕已，本亦作'以'，虞作'祀'。遄，荀作'颛'。按：《说文》引作'呂'。"（引自孙星衍《孙氏周易集解》）

[②] 孔颖达疏："故革命之初，人未信服，所以'即日不孚，已日乃孚'也。"（《周易正义》）

[③] 干宝曰："武王陈兵孟津之上，诸侯不期而会者八百国，皆曰纣可伐矣。武王曰：'尔未知天命，未可也。'还归。二年，纣杀比干，囚箕子，尔乃伐之。所谓'已日乃孚，革而信'也。"（《周易集解》）

[④] 引自李光地《御纂周易折中》。

2. 将"己日"解作"终日",因为在上位者需要时间对人民详加说明变革之故。程颐曰:"事之变革,人心岂能便信? 必终日而后孚。在上者于改为之际,当详告申令,至于己日,使人信之。"(《易程传》)

根据以上内容,无论是"己日"或"已日",都是着眼于"革"和"孚"的关系,也就是孚于革之前、孚于革之时、孚于革之后。其实一场成功的变革或革命,三者缺一不可。孚于革之前,变革才有正当性;孚于革之时,变革的当下方能万众一心;孚于革之后,有益于招降纳叛稳定局势。而综观革卦六爻,也确实涵盖前述三种状况。因此各家笺注虽有不同,却齐力呈现出革卦完整的面向。至于解卦方面,则需视所占之爻位,审慎评估"有孚"与否,方能行动。

表2:十二消息卦与十二地支对照表

子	丑	寅	卯	辰	巳	午	未	申	酉	戌	亥
䷗	䷒	䷊	䷡	䷪	䷀	䷫	䷠	䷋	䷓	䷖	䷁
复	临	泰	大壮	夬	乾	姤	遁	否	观	剥	坤

三、笔者心得:由连续爻变得出的四个史事卦

近日研究象数解易,在整理革卦时,用连续爻变的方式,找到一条贯穿四个卦的叙事线,特与读者们分享。

笔者使用的方式为下卦离卦维持不变,由第四爻开始向上爻变,也就是上卦由全阴的坤卦开始,阳气渐生至全阳的乾卦。这个象征光明由埋藏地中到重见天日的过程,刚好和商末至周初的发展相符。这四个卦依序为明夷卦、丰卦、革卦与同人卦(见表3)。

表3:史事卦对应表

明夷 ䷣	丰 ䷶	革 ䷰	同人 ䷌
商 → 周			

针对这四个卦，笔者先列出卦辞或爻辞，接着说明其对应之史事，再将相关记载列举于文中或注中。

1. 地火明夷

明夷卦六爻的内容，是分别以离卦（光明）和坤卦（黑暗）来比喻西周和殷商的人与事。而《象传》也明确地将本卦内容导向史事，如"内文明而外柔顺，以蒙大难，文王以之。利艰贞，晦其明也。内难而能正其志，箕子以之。"因此，大部分的笺注也都以相关的史实来诠释。

初九。明夷于飞，垂其翼。君子于行，三日不食。有攸往，主人有言。

"明夷于飞，垂其翼"隐喻至暗者在上位，有德之士只能收敛，不敢有所作为，[①]"三日不食"则是形容因不食君禄而导致困窘之状。[②] 杨万里（1127—1206）以"伯夷、太公避居海滨之事"为例[③]，并说明"晦己之明，避上之暗，义当去之之速也，何食之暇？"（《诚斋易传》）与爻辞甚合。

六二。明夷，夷于左股，用拯马壮，吉。

[①] 王弼注："怀惧而行，行不敢显，故曰'垂其翼'也。"（《周易王韩注》）程颐则认为其翼已伤："昏暗在上，伤阳之明，使不得上进，是于飞而伤其翼也。"（《易程传》）

[②] 程颐曰："君子于行，谓去其禄位而退藏也。三日不食，谓困穷之极也。"（《易程传》）朱震也认为："断之以义，虽困穷饥饿而不悔，故曰'君子于行，义不食也'。"（《汉上易传》）

[③] 孟子于《孟子·离娄上》中援引过"伯夷辟纣，居北海之滨"，以及"太公辟纣，居东海之滨"的史事，并认为"诸侯有行文王之政者，七年之内，必为政于天下矣。"亦可作为参考。

六二是指涉文王蒙难及众臣营救的过程。来知德曰："言用健壮之马以救之，则吉矣。文王囚于羑里，'夷于左股'也。散宜生之徒献珍物美女，'用拯马壮'也。脱羑里之囚，得专征伐，吉也。"①《史记·殷本纪》记载："纣囚西伯羑里。西伯之臣闳夭之徒，求美女奇物善马以献纣，纣乃赦西伯。……赐弓矢斧钺，使得征伐，为西伯。"

九三。明夷于南狩，得其大首，不可疾，贞。

九三位于离卦最高位，和处于坤卦最高位的上六相对应，可视为不同阵营的领导者。此二爻针锋相对，铲除上六自然也成为九三的目标。②又，"南狩"有征伐之义③，"得其大首"则有两种含意，一个是去除暗之魁首④，另一个则是指实际的行为，也就是"斩纣头"⑤。由"不可疾，贞"可知此举尚处于计划阶段，须待时机成熟方能执行。《史记·周本纪》记载："武王自射之，三发而后下车，以轻剑击之，以黄钺斩纣头，县大白之旗。"

六四。入于左腹，获明夷之心，于出门庭。

众多笺注对此爻辞看法不一。程颐认为六四是纣王身边的恶

---

① 引自《周易集注》。陈梦雷也有相同看法："如文王赖散宜生有美女奇物之献，以脱羑里之囚也。"（陈梦雷《周易浅述》）
② 程颐曰："至明居下，而为下之上，至暗在上，而处穷极之地，正相敌应，将以明去暗者也。"（《易程传》）
③ 来知德曰："南狩者，去南方狩也。离为火，居南方，南之象也。离为戈兵，中爻震动，戈兵震动，出征远讨之象也。大首者，元恶也。"（《周易集注》）
④ 程颐曰："大首，谓暗之魁首，上六也。"（《易程传》）
⑤ 克敌制胜后用敌人的首级献祭是当时的作风。（详见《逸周书·世俘》）

臣，杨万里也有相同的看法，故曰："所谓六四者，其飞廉、恶来之事乎？出门庭者，出而肆于外。"(《诚斋易传》)另一种说法则认为六四应指微子奔周之事，从此说者有朱震、来知德等①，笔者以为此说较合理。因为本卦六爻所举之事都属当时的重要事件，且此爻位于互卦坎（六二、九三、六四）与互卦震（九三、六四、六五）中，坎为加忧、震为行，可解释为因忧虑而远行，和史书中的描述颇合。《史记·殷本纪》记载："纣愈淫乱不止。微子数谏不听，乃与大师、少师谋，遂去。"

六五。箕子之明夷，利贞。

六五的爻辞直接点出箕子之名，所以各家笺注几乎都提及箕子装疯被囚之事。②至于箕子是否适宜担当五爻的君王之位？马融说得有理："箕子，纣之诸父，明于天道《洪范》之九畴。德可以王，故以当五。"(《周易集解》)

上六。不明，晦。初登于天，后入于地。

上六位于坤卦最高位乃至暗之君，应指商纣王。史书以"资辨捷疾，闻见甚敏；材力过人，手格猛兽"来形容他，可见资质极佳，

---

① 朱震曰："六四柔顺而正，与上六同体，比于三而远于上六，以譬则微子之类也。"(《汉上易传》)来知德曰："言微子终日在腹里左边，黑暗幽隐之中，已得明夷之心意，知其暴虐无道，必亡天下，不可辅矣，于是出门庭而归周。"(《周易集注》)
② 《史记·殷本纪》："箕子惧，乃佯狂为奴，纣又囚之。"

原本可以造福天下，却不幸失德成为臣民痛苦的来源。① 杨万里在《诚斋易传》中根据史实加以发挥："纣之嗣位，闻见甚敏，材力过人，其'初登于天，照四国'之时乎？及其以昏弃失德而为独夫，其'后入于地'而'失则'之时乎？"

2. 雷火丰

丰：亨。王假之，勿忧，宜日中。

丰卦卦辞应该是指文王迁都于丰邑之事②，而爻辞内容则与伐纣之前所做的准备工作有关。

文王自羑里获释后，继续进行取代殷商的计划，其中至关紧要的布局为：一、与有可能结盟的诸侯国维持良好互动，逐步建立威信及领导地位；二、以纣王所赐"得征伐"③为由，剿灭不受控的异族与亲近商王的诸侯国④；三、由岐下迁都至丰邑，作为进攻殷商的根据地。

"王假之"是指君王来到，"宜日中"是指应该像正午的太阳一样，公平地照耀四方。⑤ 不过，文王迁都丰邑时商朝还存在，那么卦辞中的"王"是指谁呢？《史记·周本纪》有云："诗人道西伯，

---

① 《史记·殷本纪》："帝纣资辨捷疾，闻见甚敏；材力过人，手格猛兽；知足以距谏，言足以饰非；矜人臣以能，高天下以声，以为皆出己之下。……百姓怨望而诸侯有畔者，于是纣乃重刑辟，有炮格之法。"
② "文王受命，有此武功。既伐于崇，作邑于丰。"（《诗经·大雅·文王之什·文王有声》）
③ "帝纣乃囚西伯于羑里。闳夭之徒患之。乃求有莘氏美女，骊戎之文马，有熊九驷，他奇怪物，因殷嬖臣费仲而献之纣。纣大说，曰：'此一物足以释西伯，况其多乎！'乃赦西伯，赐之弓矢斧钺，使西伯得征伐。"（《史记·周本纪》）
④ "文王伐犬戎、密须、耆、邘与崇。"（《史记·周本纪》）
⑤ 程颐曰："宜如日中之盛明广照，无所不及，然后无忧也。"（《易程传》）

盖受命之年称王而断虞芮之讼。"所以商朝末年文王已经自立为王，但也是商王所册封的"西伯"[①]。

丰卦的爻辞之所以特别，是因其内容为天象与人事双线并行。天象方面，出现在六二、九三、九四三个爻，爻辞为：

六二。丰其蔀，日中见斗。
九三。丰其沛，日中见沫。
九四。丰其蔀，日中见斗。

依笔者所参阅的笺注[②]，可知许多学者是依照字词与卦象解释。先解释"蔀"和"沛"为何物，再加入卦象诠释，然后将太阳被遮蔽的情况带入人世现状。[③]但是，此解法未能说明何以"蔀"与

[①] 王国维在《殷周制度论》中提及："自殷以前，天子、诸侯君臣之分未定也。故当夏后之世，而殷之王亥、王恒，累叶称王。汤未放桀之时亦已称王。当商之末，而周之文、武亦称王。盖诸侯之于天子，犹后世诸侯之于盟主，未有君臣之分也。"（王国维《观堂集林》）

[②] 详见本文参考文献。

[③] 王弼曰："蔀，覆暧，鄣光明之物也。处明动之时，不能自丰以光大之德，既处乎内，而又以阴居阴，所丰在蔀，幽而无覩者也，故曰'丰其蔀，日中见斗'也。"（《周易王韩注》）

程颐曰："二五虽皆阴，而在明动相资之时，居相应之地。……蔀，周匝之义。用障蔽之物，掩晦于明者也。斗属阴，而主运乎象。五，以阴柔而当君位。日中盛明之时，乃见斗，犹丰大之时，乃遇柔弱之主。斗以昏见，言见斗则是明丧而暗矣。"（《易程传》）

朱震曰："震巽为草，二在草中，有周匝掩蔽之意，故曰蔀。……沛，古本作'旆'，王弼以为幡幔。震为玄黄，兑金断之，旆也。幡幔围蔽于内，故丰其沛。"（《汉上易传》）

附　录　《易经》难解之卦爻辞——天干地支篇　　　553

"沛"能遮住太阳。[1]也有少数学者如虞翻认为太阳是被云遮住,他说:"日蔽云中称蔀",又曰:"日在云下称沛。"然而云是否能将太阳遮蔽到看得见星斗的程度,又是一大疑问。笔者以为,比较合理的说法是以"日食现象"解之。杨万里曰:"今'日中'至明至盛之时而'见斗',是能以昼为夜也,意者无日而昼晦与?意者非无日,其有日而食之既与。"李光地抱持同样的看法,解释得更为详细:"然以实象求之,则如太阳食时是也。食限多则大星见,食限甚则小星亦见矣。"(《御纂周易折中》)也就是说随着日食进程的变化,能看见的星体大小也不同。[2]当太阳被遮蔽至天色昏暗时,可以看见大星体,也就是"斗";而遮蔽面积继续增加时更加晦暗,连小星体"沫"也可以看见。笔者为求慎重,特地根据《中国历史日食典》的资料[3],以商纣在位其间(前1075—前1046)[4]所发生的日食进行查考。由结果得知食分大于0.8[5]的可视日食至少有三次[6],所以将爻辞内容当作对日食现象之描述,是相当合理的。

由爻辞"见斗""见沫""见斗"的编排方式可知,当时的天

---

[1] 来知德认为《易经》的内容,有其象却未必确有其事,也不一定合乎常理。他说:"易止有此象无此事,亦无此理,如金车玉铉之类是也。又如刲羊无血,天下岂有杀羊无血之理?所以易止有此象。"(《周易集注》)

[2] 日食有四种,其中全环食极为罕见;而常见的三种为日全食、日环食与日偏食。日全食有五个阶段:初亏、食既、食甚、生光、复圆。日环食也有五个阶段:初亏、环食始、食甚、环食终、复圆。日偏食只有三个阶段:初亏、食甚、复圆。

[3] 见刘次沅、马莉萍.《中国历史日食典》.北京:世界图书出版公司,2006.

[4] 根据"夏商周断代工程"。

[5] 食分大小与观测地点有关,此数据是以西安为观测地点。观测地点除了会影响所见日食种类,也会影响所见食分。而食分0.8左右的日食能否达到爻辞所形容的"日中见沫",则有待商榷。因此,爻辞作者未必是如实描述某次特定的日食,而是选择以明暗差异最大的日全食现象来形容纣王失德。

[6] 日食是否可见,和观测点有关,详见《中国历史日食典》。根据资料,在此期间发生的日食种类为全食和环食,不过实际看到的日食种类会因观察者所处的地理位置而有所不同。

色应为昏暗[1]、更暗[2]、恢复至昏暗[3]，这和日食过程由明、入晦、再复明的顺序一致，因此以第三种说法较为合理。此外，古人习惯将君王比喻为太阳，日食属不祥的征兆，刚好对应纣王失德、天下离心的混乱情况。

接着讨论与人事相关的爻辞。初九与九四处于相应的位置，并且爻辞内容有呼应之处，故一并讨论。

初九。遇其配主，虽旬无咎；往有尚。
九四。遇其夷主，吉。

这两句爻辞有三个关键字词，也就是"配主""夷主"与"旬"。王弼曰："处'丰'之初，其配在四，以阳适阳……旬，均也。"（《周易王韩注》）程颐的发挥为："初九明之初，九四动之初，宜相须以成其用。故虽旬而相应。位则相应，用则相资，故初谓四为配主，己所配也。……故初于四云配，四于初云夷也。虽旬无咎：旬，均也。"程颐于《易程传》又云："夷主，其等夷也，相应故谓之主。"持类似看法的还有朱熹[4]、陈梦雷[5]等。由上述笺注可知"旬"为"均"，初九与九四属同德相应，且彼此平等。然而，易经六十四卦

---

[1] 此处是指由初亏进入下一个日蚀阶段前，遮蔽范围相当大的状态。
[2] 此处指更大面积的太阳被遮蔽，若为日全食应为食既、食甚、生光三个阶段（此三阶段掩蔽面积皆相当大，只不过日月的相对位置（切点）不同；若为日环食则是指环食始、食甚、环食终三个阶段（此三阶段掩蔽面积皆相当大，但日月的相对位置（切点）不同；若为日偏食则为食甚阶段。笔者以为，爻辞用"丰其蔀"和"丰其沛"两种不同的方式来形容遮蔽现象，再加上两者间的明暗能分出"见斗"和"见沫"之别，因此遮蔽面积之大小应有差异。
[3] 太阳回复到部分面积被遮蔽，然后进入复圆。
[4] 朱熹于丰卦初九云："配主，谓四。旬，均也，谓皆阳也"，于九四云："夷，等夷也，谓初九也。"（《周易本义》）
[5] 详见《周易浅述》。

中同德相应的爻甚多，也多有尊卑之分，何以丰卦初九与九四能以"均"相对待？《墨子·兼爱》中有一段对于文王的描述可资参考："昔者文王之治西土，若日若月，乍光于四方，于西土，不为大国侮小国，不为众庶侮鳏寡，不为暴势夺穑人黍、稷、狗、彘。"其中"若日若月，乍光于四方"和丰卦卦辞"宜日中"相呼应[①]，而"不为大国侮小国"则正是初九和九四能平等互待的原由。因此，笔者以为九四与初九系指大小不一的诸侯国，因文王对待臣民的公平原则，而有了相等的地位。

六二。往得疑疾。有孚发若，吉。
象曰：有孚发若，信以发志也。

"往得疑疾"是指人们看见日食的反应。一般而言，爻上行称"往"，下行称"来"。而六二是日食现象出现的第一个爻，所以"往"是指继续发展下去进入九三、九四，"得疑疾"则是有如得了疑心病般惶惶不安。在这样的关键时刻若能"有孚发若"得到大家的信任，自然是吉祥的。《象传》中"有孚发若，信以发志"的说明，和文王解决"虞芮之讼"所传达的意涵若合符节。[②] 由"西伯阴行善，诸侯皆来决平"可看出文王处事公正深得诸侯们信赖，才会纷纷请他做仲裁。《诗经·大雅·緜》也以"虞芮质厥成，文王蹶厥生"[③]来形容文王"以德化人"的事迹。

[①]《尚书·泰誓下》中也有以"若日月之照临，光于四方，显于西土"等字句形容文王。
[②]《史记·周本纪》："西伯阴行善，诸侯皆来决平。于是虞、芮之人有狱不能决，乃如周。入界，耕者皆让畔，民俗皆让长。虞、芮之人未见西伯，皆惭，相谓曰：'吾所争，周人所耻，何往为，祇取辱耳。'遂还，俱让而去。"
[③] 出自《诗经·大雅·文王之什·緜》，意为虞芮两国达成和解，是因文王感化其本性。

九三。折其右肱，无咎。

象曰：丰其沛，不可大事也。折其右肱，终不可用也。

剿灭不受控的异族与亲近商王的诸侯国，是文王在伐商之前的重要计划。笔者以为所谓的"右肱"，正是指崇国。崇国位于商朝王城的西方偏南，地处险峻，是商王重要的屏障。古代帝王南面而治，而当人面向南方时，西方刚好在其右手边，故以商王的右肱称之。

崇侯虎忠于商纣王，因担心西伯势力坐大造成威胁而出言提醒，导致文王被囚。[1]所以无论是为了报被囚七年之仇，还是为了日后的革命，克灭崇国都势在必行。我们可由《诗经》对此战役的详细形容看出克崇的艰难和重要性。[2]不过，位于王城西方的黎国当时也颇为强大，且"西伯勘黎[3]"也是重要的战役，因此也不排除爻辞作者将此二国皆比作"右肱"。

象曰："丰其沛，不可大事也。"是指日食发生时人心惶惶，不宜做出重大决定。"折其右肱，终不可用也。"是指崇国被灭好比折断了商纣王的右臂，无法再发挥作用。这里又有一个可以讨论的重点，就是爻辞为"折其右肱，无咎"，但是象传却解为"折其右肱，终不可用也"，笔者以为这是以不同角度评价同一件事。以周人的角度来看，伐崇等于替文王的牢狱之灾讨了一个公道，自然是"无咎"。而从客观的角度看，诸侯国被灭对商王是无法弥补的损失，

---

[1]《史记·周本纪》："崇侯虎潛西伯于殷纣曰：'西伯积善累德，诸侯皆向之，将不利于帝。'帝纣乃囚西伯于羑里。"

[2] "帝谓文王，询尔仇方，同尔兄弟，以尔钩援，与尔临冲，以伐崇墉。临冲闲闲，崇墉言言，执讯连连，攸馘安安。是类是禡，是致是附，四方以无悔。临冲茀茀，崇墉仡仡，是伐是肆，是绝是忽，四方以无拂。"（《诗经·大雅·文王之什·皇矣》）

[3] 详细内容可参考《尚书·西伯勘黎》。

所以"终不可用也"。

六五。来章，有庆誉，吉。

程颐曰："若能来致在下章美之才而用之，则有福庆，复得美誉，所谓吉也。"（《易程传》）此说可从，本爻是指众多人才弃商从周，来到文王身边，[①]其中最具指标性的便是辛甲。他原是纣臣，向纣王进谏了七十五次，皆不被采信，于是投靠文王，受封太史。[②]

上六。丰其屋，蔀其家，阒其户，阒其无人，三岁不觌，凶。
象曰：丰其屋，天际（降）翔（祥）也。阒其户，阒其无人，自藏也。

若六五是指文王广纳贤才之事，那么以爻位更高且与九三相应的上六为商纣王，也就合理了。干宝曰："此盖记纣之侈造为璇室玉台也。'蔀其家'者，以记纣多倾国之女也。社稷既亡，宫室虚旷，故曰'阒其户，阒其无人'。"（《周易集解》）可知此爻是指纣王豪奢淫逸，导致忠臣远离，最终亡国。

上六《象传》所书"天际翔也"在不同版本的笺注中有作"天际祥也"，[③]也有作"天降祥也"者（《周易集解》）。孟喜[④]解作："天降下恶祥也。"（《周易集解》）《说文》注曰："凡统言则灾亦谓之祥。"因此，无论版本是"天际"还是"天降"，重点是灾异现

[①]《史记·周本纪》："伯夷、叔齐在孤竹，闻西伯善养老，盍往归之。太颠、闳夭、散宜生、鬻子、辛甲大夫之徒皆往归之。"
[②] 班固注："纣臣，七十五谏而去，周封之。"（《汉书·艺文志第十》）
[③]《释文》："翔"，郑、王肃作"祥"。按：《周易集解纂疏》作"祥"。（引自《周易正义》）
[④] 孟喜，西汉人，从田王孙学易，倡导"卦气说"。

象的出现。那么,"丰其屋"何以会出现"恶祥"呢?这是因为此举违背了本卦卦辞"宜日中"的原则。丰卦卦辞强调,君王应像正午的太阳一样公平照耀四方,是故应以"丰天下"为己任而非"丰其屋"。在上位者一旦以丰盛私人住所为目标,就会导致家风败坏,进而忠臣远去,沦落至"阒其无人"的困境。此外,若以"天际(降)祥也"解之,更可以和六二、九三与九四的日食现象前后呼应。而"自藏"亦有版本作"自戕"①,隐喻商纣王自食恶果。

1. 泽火革

革。已日乃孚。元亨利贞。悔亡。

无论"已日"或"己日",都是在强调"时"为变革之关键,并且"已日乃孚"和"已日乃革之"应有先后之别。革卦中先于卦辞言"已日乃孚",再于六二爻辞言"已日乃革之",是因为没有众人信任的变革缺乏正当性,所以变革之前必先"有孚"。也就是说,"有孚"之时才是可革之时,而"有孚"在本卦首次出现是在九三。因此,将变革化暗为明展开具体的行动,应始于九三。

在解释革卦时,常被提及的史事为"盟津之会"②与"武王伐纣",且多以六二为可革之时。不过笔者认为革卦所描述的变革过程中,初九和六二系指文王的事迹,"武王伐纣"始于九三。

初九。巩用黄牛之革。
象曰:巩用黄牛,不可以有为也。

---

① 《释文》:"藏",众家作"戕"。(引自《周易正义》)
② 《史记·周本纪》:"九年,武王上祭于毕。东观兵,至于盟津。……诸侯不期而会盟津者八百诸侯。"

干宝曰:"此喻文王虽有圣德,天下归周三分有二,而服事殷,其义也。"(《周易集解》)依此,本爻旨在说明变革的时机未到,只能隐忍以顾全大局。如文王自羑里被释后,表面上依然顺服于商纣王,甚至"率诸侯入贡"[1]。

《左传》曾提到"文王帅殷之叛国以事纣,唯知时也"[2];《吕氏春秋》中也记载文王对于纣王"冤侮雅逊,朝夕必时,上贡必适,祭祀必敬。"[3] 从爻辞"巩用黄牛之革"便能看出文王心中的不平,[4] 但仍以时机为优先考量。

六二。已日乃革之。征吉,无咎。
象曰:已日革之,行有嘉也。

此爻提到"已日乃革之",却不代表变革之时已至,因为"有孚"尚未出现,所以只是再次强调必须等到"已日"才能变革。六二为下卦离之主,离为戈兵有动武之象,但还不是正式的变革,所以应是指文王对于异族与诸侯国的征伐。根据《史记·周本纪》所述:"明年,伐犬戎。明年,伐密须。明年,败耆国。……明年,伐邘。明年,伐崇侯虎。"由此看出文王出征的结果确实符合"征吉"。

九三。征凶,贞厉。革言三就,有孚。
象曰:革言三就,又何之矣?

---

[1]《竹书纪年·帝辛》:"帝辛三十年春三月,西伯率诸侯入贡。"
[2]《春秋左传正义》:"四年,春……韩献子患之,言于朝曰:'文王帅殷之叛国以事纣,唯知时也。'"
[3] 引自《吕氏春秋·季秋纪·顺民》。
[4]《吕氏春秋·孝行览·首时》:"王季历困而死,文王苦之,有不忘羑里之丑,时未可也。"

"征凶，贞厉。"是说出征不吉祥，正固有危险。乍看之下会觉得相互矛盾，但这只是爻辞作者再次强调"时"的重要性。出征不吉祥是因为时候未到就出兵；正固有危险是因为到了该出兵的时候却按兵不动。而关键的"有孚"终于在此爻出现，不过有个先决条件，就是"革言三就"。此爻可对应到"盟津之会"与"武王伐纣"。"盟津之会"是指文王崩逝后，武王自称太子发，以文王的名义号召诸侯会师盟津。① 据《史记·周本纪》记载："是时，诸侯不期而会盟津者八百诸侯。诸侯皆曰：'纣可伐矣。'武王曰：'女未知天命，未可也。'乃还师归。"武王之所以认为时机未到，或许是因为纣王身边仍然有几位贤德之人。

过了两年，纣王愈发暴虐，造成微子离去、比干被杀、箕子被囚，以及少师和太师投靠西周等事件。② "革言三就"的情况于是出现。所谓"革言三就"，乃指呼吁讨伐纣王的谏言日益增加，汇聚成强大的共识与信心。至此，武王认为出兵征讨的时机已到，便召集诸侯共同伐纣。然而，武王出兵的过程并非一帆风顺。先是出发前占了一个凶卦，又遇上狂风暴雨，众人因此信心动摇，只有太公吕尚劝导武王坚持原先的计划，才迎来牧野之战的重大胜利。③

由上述可之，武王知时，在于明白时未至而贸然出兵是不吉祥的；太公知时，则在于了解时已至却按兵不动是危险的。一静一动皆为知时，想要拿捏得宜确实不易。

---

① 《史记·周本纪》："九年，武王上祭于毕。东观兵，至于盟津。为文王木主，载以车，中军。武王自称太子发，言奉文王以伐，不敢自专。"
② 《史记·殷本纪》："纣愈淫乱不止。微子数谏不听，乃与大师、少师谋，遂去。比干曰：'为人臣者，不得不以死争。'迺强谏纣。纣怒曰：'吾闻圣人心有七窍。'剖比干，观其心。箕子惧，乃详狂为奴，纣又囚之。殷之大师、少师乃持其祭乐器奔周。"
③ 《史记·齐太公世家》："武王将伐纣，卜龟兆，不吉，风雨暴至。群公尽惧，唯太公彊之劝武王，武王于是遂行。十一年正月甲子，誓于牧野，伐商纣。纣师败绩。"

九四。悔亡，有孚，改命，吉。
象曰：改命之吉，信志也。

爻辞所说的"命"是指天命。天命在当时有两个主要特色：一、非主动性。个人无法主动争取，必须由皇天上帝所授；① 二、可转移性。已受天命之人若长期失德，就会失去天命，导致天命转移至他人的现象。② 那么，如何知道被授与天命了呢？从文王和武王的例子来看，可由信仰上和实质上两方面的事件得到印证。信仰上的事件主要有祥瑞之兆、感应和龟卜。如《史记·周本纪》记载："武王渡河，中流，白鱼跃入王舟中，武王俯取以祭。既渡，有火自上复于下，至于王屋，流为乌，其色赤，其声魄云。"《逸周书·程寤》载录太姒梦见太子发在荆棘满布的商朝廷上种下一株梓树，忽然间梓树化为松柏棫柞；③《尚书·大诰》则描述了文王曾藉龟卜确认受命之事。④ 而实质上的受命应是指文王断虞芮之讼后，"诸侯闻之，曰

---

① 由《诗经·周颂·清庙之什·昊天有成命》："昊天有成命，二后受之。"《诗经·大雅·文王之什·文王》："上帝既命，侯于周服。"《诗经·大雅·文王之什·大明》："有命自天，命此文王。"《逸周书·程寤》："受商命于皇天上帝"等内容可知，天命并非主动争取而来。
② 谈及此观念的资料甚多，因篇幅关系仅举二例："今在商纣，昏忧天下，弗显上帝，昏虐百姓，弃天之命。上帝弗显，乃命朕文考曰：'殪商之多罪纣！'"（《逸周书·商誓》）"非我小国敢弋殷命。惟天不畀允罔固乱，弼我，我其敢求位？惟帝不畀，惟我下民秉为，惟天明畏。"（《尚书·多士》）
③ 本篇亡佚，据"清华简"补录。
④《尚书·大诰》："敷贲，敷前人受命，兹不忘大功。予不敢闭于天降威用。宁王遗我大宝龟，绍天明即命。……天休于宁王，兴我小邦周，宁王惟卜用，克绥受兹命。"提及文王受命于龟卜；而武王则在《尚书·泰誓》中说："朕梦协朕卜，袭于休祥，戎商必克。"以此加强出兵的信心与正当性。

'西伯盖受命之君'"①,也就是形成了众人归心的趋势。②同样的,改命之法也有信仰上的改命和实质上的改命。因此九四所谓的改命,除了战场上的胜利,更有信仰上的仪式,也就是祭祀。

根据《逸周书·世俘》的记载,周人自牧野之战大获全胜、商纣自焚于鹿台后,③便有一系列的献馘俘和祭祀的活动。④待回师周都,武王继续在周庙举行杀俘献祭的仪式,并燃烧祭品以祭天。⑤至辛亥日,武王祭祀天帝。又过了五日,武王率领诸侯在周庙祭祀,并献上馘俘和牲礼,祈祷能获得庇佑。⑥诸多祭礼中,最具"改命"意义的祭祀,就是祀天,因为祀天是天子独有的权力。武王既已祀天,就代表完全承接了天命,而天命由商转移至周的程序于焉完成。

---

① 《史记·周本纪》:"西伯阴行善,诸侯皆来决平。于是虞、芮之人有狱不能决,乃如周。入界,耕者皆让畔,民俗皆让长。……遂还,俱让而去。诸侯闻之,曰'西伯盖受命之君'。……诗人道西伯,盖受命之年称王而断虞芮之讼。"
② 《毛诗正义》:"虞、芮之君,相与争田,久而不平,乃相谓曰:'西伯,仁人也,盍往质焉?'乃相与朝周。……乃相让,以其所争田为闲田而退。天下闻之而归者四十余国。"
③ 《逸周书·克殷》:"周车三百五十乘,陈于牧野,帝辛从。武王使尚父与伯夫致师。王既誓,以虎贲戎车驰商师,商师大崩。商辛奔内,登于鹿台之上,屏遮而自燔于火。"
④ 如"戊辰,王遂禀,循追祀文王,时日,王立政。……辛亥,荐俘殷王鼎。武王乃翼矢珪、矢宪,告天宗上帝。王不革服,格于庙……王烈祖自太王、太伯、王季、虞公、文王、邑考以列升,维告殷罪。籥人造;王秉黄钺,正国伯。""壬子,王服衮衣,矢琰格庙。籥人造;王秉黄钺,正邦君。""乙卯,籥人奏《崇禹生开》,三终。王定。"等等。(《逸周书·世俘》)
⑤ 《逸周书·世俘》:"武王朝至,燎于周庙。武王降自车,乃俾史佚繇书于天号。武王乃废于共恶臣百人,伐右厥甲小子鼎大师,伐厥四十夫冢君鼎师,司徒、司马初厥于郊号。乃夹于南门,用俘皆施佩衣,先馘入。武王在祀,大师负商王纣县首白旂、妻二首赤旂,乃以先馘入,燎于周庙。"
⑥ 《逸周书·世俘》:"若翼日辛亥,祀于位,用籥于天位。越五日乙卯,武王乃以庶国祀馘于周庙:'翼予冲子!'断牛六,断羊二。庶国乃竟。"

附 录 《易经》难解之卦爻辞——天干地支篇

九五。大人虎变，未占有孚。
象曰：大人虎变，其文炳也。

由于毛皮之于虎豹犹如服饰之于人，所以九五和上六以"虎变"和"豹变"来比喻"易服色"。① 九五是君王之位，自然是指天子，上六则是泛指官员。《礼记·玉藻》有载："君羔幦虎犆；大夫齐车鹿幦豹犆；朝车，士齐车，鹿幦豹犆。"② 幦是帷席，也就是车前横木上的覆盖物，用来遮蔽风尘。天子的帷席是以虎皮镶边来装饰，官员的则是以豹皮镶边来装饰，所以爻辞以"虎"和"豹"代指天子和官员，确有其理。至于"其文炳也"，或许是因夏后氏尚黑、殷人尚白、而周人尚赤，相较于前两朝，的确比较显眼。③ 而改换服色的重要性，除了有焕然一新的气象外，也可让百姓知晓已经改朝换代。

"未占有孚"则是由于革道已成、天命已改，自然无须再占。此处也可对应到文王曾以龟卜来确认天命之事。

上六。君子豹变。小人革面，征凶，居贞吉。
象曰：君子豹变，其文蔚也。小人革面，顺以从君也。

豹变之说参请看九五的解说。但若单纯由爻象来解，以陆绩之说最为直接易懂："兑之阳爻称虎，阴爻称豹。豹，虎类而小者也。君子小于大人。故曰'豹变，其文蔚也'。"（《周易集解》）

"小人革面。征凶，居贞吉。"是指武王对于殷商诸侯和遗民的

---

① 郑玄注革卦："革，改也。水火相息而更用事，犹王者受命，改正朔，易服色，故谓之革也。"（《周易集解》）
② 正义曰："此一节论君及大夫、士等齐车、朝车所饰之物，尊卑不同。"（《礼记正义》）
③ 据《礼记·檀弓上》记载："夏后氏尚黑，殷人尚白，周人尚赤。"

警告。《逸周书·商誓》中，武王不断提醒殷人三个重点：一、由于商王失德，上帝才将天命授予"小国"周，因此一切都是上帝的命令；二、将商纣与殷人划分开来，所以上天的惩罚不会波及他们；三、倘若不安分守己、妄图反抗，武王随时会来征伐他们。① 由此处可见，信仰在当时确实相当有影响力，武王才会以信仰和军事双管齐下，使殷人"革面"且"顺以从君"。

2. 天火同人

同人。同人于野，亨。利涉大川，利君子贞。
象曰：天与火，同人。君子以类族辨物。

同人，其义为"合同于人"，程颐引申为"以天下大同之道，则圣贤大公之心也"，这样的卦义与笔者要代入的史事甚为契合。《礼记·大传》云："牧之野，武王之大事也。"② 武王克商后曾在牧野举行盛大的祭祀。除了追封其先祖、向天宗上帝报告外，武王还确定了诸侯长和诸侯国的席位。被分封的对象，有周王室成员、圣王后裔、重要功臣③以及商纣的儿子武庚④。这种不独厚宗族的分封，确实符合"同人"的概念。此外，武王还"命召公释箕子之囚。命毕公释百姓之囚，表商容之闾。命南宫括散鹿台之财，发巨桥之粟，

---

① 详见《逸周书·商誓》。
②《礼记·大传》："牧之野，武王之大事也。既事而退，柴于上帝，祈于社，设奠于牧室。遂率天下诸侯，执豆笾，逡奔走。追王大王亶父、王季历、文王昌，不以卑临尊也。"
③《史记·周本纪》："武王追思先圣王，乃褒封神农之后于焦，黄帝之后于祝，帝尧之后于蓟，帝舜之后于陈，大禹之后于杞。于是封功臣谋士，而师尚父为首封。封尚父于营丘，曰齐。封弟周公旦于曲阜，曰鲁。封召公奭于燕。封弟叔鲜于管，弟叔度于蔡。余各以次受封。"
④《史记·殷本纪》："封纣子武庚禄父，以续殷祀，令修行盘庚之政。"

以振贫弱萌隶。……命闳夭封比干之墓。"这些事迹也十分符合程颐所述的"圣贤大公之心"。因此，笔者以为"同人于野"，是指在牧野祭祀分封之事。

当然，除了表明革命并非为了一己之私外，周人在以小并大的情况下，也必须"合同于人"才能稳定局势。而重新分封后，大部分的贵族与官员有了不同于以往的身份类别，这与《象传》所言的"类族辨物"不谋而合。

初九。同人于门，无咎。
象曰：出门同人，又谁咎也？

武王克商后约二年崩逝，[1] 因成王年幼，故由周公践天子之位代为执政。周公曾召集大宗族的族长们于库门[2]会面，谈话内容概述如下：首先，周公希望宗亲们要以德辅君，认真访求人才、举荐贤士、提供善言到朝廷；接着再三强调，不可因嫉妒而妄作逸言诋毁贤德之人，并且希望他们能帮助自己度过难关。显然这次集会是为了安定中央、团结宗族，在《逸周书·皇门》以及《竹书纪年》皆有记载，应有其重要性，故以此对应到"同人于门"。

六二。同人于宗，吝。
象曰：同人於宗，吝道也。

卦辞"同人于野，亨"指的是武王牧野大胜后的分封，然而"同人于宗，吝"说的也是这次分封。从整体来看，武王的分封雨露均

---

[1]《史记·封禅书》："武王克殷二年，天下未宁而崩。"
[2] 周制王宫有五门：皋门、库门、雉门、应门、路门。传本《周书·序》记载此集会地点在"闳门"。

沾，不过聚焦于细节，便可发现武王将最重要的任务——看守武庚，交给了三个同胞弟弟，也就是管叔、蔡叔与霍叔。[1]武王崩逝后，由周公摄政当国，管叔和几位弟弟们不服，竟然散播"公将不利于孺子"[2]的谣言，并联合武庚、东夷等[3]一同造反。[4]当初武王只相信同宗之人的行为，却造成周初第一次大型叛乱，的确反映了爻辞内容。

九三。伏戎于莽，升其高陵，三岁不兴。
象曰：伏戎于莽，敌刚也，三岁不兴，安行也。

笔者以为此爻所描述的史事为为"三监之乱"，原因有四：一、由"伏戎于莽"可看出系指战争，而周初的重要战事即为"三监之乱"；二、战事发生的区域，确实有许多崎岖的地形，符合"升其高陵"之描述；[5]三、周公东征平乱耗时三年[6]，与爻辞"三岁"[7]相合；四、参考《诗·大雅·大明》中以"殷商之旅，其会如林。矢于牧野，维予侯兴。"形容牧野之战，可知"兴"字用于战争情况时，

---

[1] 对于"三监"有两种主要说法：一说是以管叔、蔡叔与霍叔为"三监"；另一说是以管叔、蔡叔与武庚为"三监"。无论是哪一种，武王将重责大任委托给同宗之亲人是可以确定的。
[2]《尚书·金縢》："武王既丧，管叔及其群弟乃流言于国，曰：'公将不利于孺子。'"
[3]《逸周书·作洛》："周公立，相天子，三叔及殷、东、徐、奄及熊盈以略。"
[4]《史记·周本纪》："成王少，周初定天下，周公恐诸侯畔周，公乃摄行政当国。管叔、蔡叔群弟疑周公，与武庚作乱，畔周。"
[5] 周公东征之对象包含奄国。《毛诗传疏》曰："东山，鲁国蒙山，在今山东沂州府蒙阴县南。周公所诛之奄国，在鲁境内。"由此可知战事发生之地确有高陵。
[6]《史记·周本纪》："管、蔡畔周，周公讨之，三年而毕定……"
[7]《说文·步部》："岁，木星也。越历二十八宿，宣遍阴阳，十二月一次。"由此可知一岁代表一年。

附　录　《易经》难解之卦爻辞——天干地支篇

与胜利有所连结，故"不兴"应指战败不起。[1] 由上所述，可知爻辞内容应为三监、武庚等发动叛乱，三年后以战败收场。

九四。乘其墉，弗克攻，吉。
象曰：乘其墉，义弗克也；其吉，则困而反则也。

说明此爻前，要对易经卦爻辞中"其"的用法略做讨论。卦爻辞中偶尔会出现两个主体，一为爻辞本身这一方（占卦者），我们称之为"己方"，另一个则为"他方"，而"其"这个字经常置于所有物之前。例如，小畜卦九五："有孚挛如，富以其邻。"此处的"其邻"就是指"己方的邻人"；再看明夷卦九三："明夷于南狩，得其大首，不可疾，贞。"此爻"南狩"者为己方，"其大首"则是指"他方的首级"。由此可知，"其"字置于己方之物或他方之物前皆可。

回到九四爻辞，先把"其"省略，可解为："登上城墙，无法进攻，结果吉祥。"我们试着由句末往前分析，或许能减少先入为主的影响。首先，占验之辞是吉祥，所以"无法进攻"的应不是己方。[2] 接着是"登上城墙，无法进攻"，这似乎不合理，因为登上城墙是攻城最困难的过程之一。既然都上了城墙，怎么又无法进攻？因此

---

[1]《史记·周本纪》："周公奉成王命，伐诛武庚、管叔，放蔡叔。以微子开代殷后，国于宋。"

[2] 易经的占验之辞通常站在占卦者（己方）的立场，如鼎卦九二："鼎有实，我仇有疾，不我能即。吉。"也就是他方若有负面状态，我方依然可以得吉。倘若爻辞内容为我方有负面状态而占验之辞却为"吉"，则通常有以下两种表述法：一、在负面爻辞后有正面爻辞作为转折，如震卦初九："震来虩虩（负面），后笑言哑哑（正面），吉。"二、附加但书或警语并以"终吉"示之，如履卦九四："履虎尾（负面），愬愬（但书），终吉。"以及蛊卦初六："干父之蛊，有子，考无咎。厉（警语），终吉。"综上所述，以"弗克攻"之负面状态直接给予"吉"之结果，确实有矛盾。因此若解释为描述他方状态，则合于上述爻辞撰写方式的一致性。

解作"己方登上城墙所以敌方（他方）无法进攻"于理更合。现在把"其"放回句中，再推论城墙是哪一方的。若是敌方的城墙，则变成我方（己方）在进攻，上了敌人的城墙，那么"弗克攻"就不应是"吉"。所以比较合理的解释为：我方在自己的城墙上，使敌方无法进攻，结果是吉祥。那么，这座墙是属于哪个城的？为何敌人无法进攻？

周公平定三监之乱后，为避免战事卷土重来，一方面计划将殷贵族等潜在的反抗势力迁居至洛邑附近[1]，以便就近看管。另一方面也紧锣密鼓地依照武王的规划营建东都，以巩固对于领土东部的监管。[2]待洛邑建成后，有了镐京和洛邑两个王城，周朝对于国土的掌控更加全面，也奠定了数百年稳定的基础。藉由上述史料，可推知"弗克攻"的是殷贵族及其他方国的反叛势力[3]，"墉"则是指洛邑或洛邑的城墙。[4]

综合以上所述，若将"乘其墉，弗克攻，吉"理解为"登上我方洛邑的城墙，敌人无法进攻，结果吉祥"，似乎比较合理。[5]

---

[1]《逸周书·作洛》："凡所征熊盈族十有七国，俘维九邑。俘殷献民，迁于九里。俾康叔宇于殷，俾中旄父宇于东。"

[2] 武王克商后，回师途中曾因忧虑周朝的未来而失眠。周公前来探望时，武王便将理想的王城规划告诉周公，并托付他完成营建洛邑的任务。此为《逸周书·度邑》内容之概述。

[3] 由于殷贵族被迁至洛邑严加看管，无法再兴兵作乱，故曰"弗克攻"。《尚书·多士》："成周既成，迁殷顽民，周公以王命诰，作《多士》。"

[4]《诗经·大雅·皇矣》："与尔临冲、以伐崇墉"，注曰："墉，城也"，便是以墉指城。（《毛诗正义》）

[5] 再者，"乘"除了升、登之义外，还有"依凭"之意，如"乘地利之便"，因此理解为"依凭我方的洛邑，敌人无法进攻，吉祥"，也是一种解法。此外，"三监之乱"（九三）是由敌方发动攻击，因此九四以"弗克攻"形容敌方（他方），在叙事上有其连贯性。

九五。同人，先号咷而后笑，大师克相遇。

象曰：同人之先，以中直也。大师相遇，言相克也。

"先号咷而后笑"可诠释为原先有误会，后来冰释前嫌。九五是君王之位，能和君王有先哭后笑的纠结，应有相当的地位和份量，而周初刚好有一位不是君王但地位堪比九五之人：周公旦。[①]武王崩逝后，有许多人对于周公代天子执政的做法有意见，导致流言不断，连成王也起了疑心。后来因为"金縢之书"的开启，成王才解开心结，恢复对周公的信任。[②]孔子对于"同人，先号咷而后笑"的发挥为："二人同心，其利断金。同心之言，其臭如兰。"（《系辞上》）确实切中肯綮。[③]

"大师克相遇"的意思是"大军（部队）能够会合"。除了指真正的军队会师外，也可以引申为去除嫌隙后，王室恢复了团结。

此外，许多笺注解释九三时，将"敌刚也"之"敌"视为

[①] 周公曾践天子位代成王执政。

[②] 《尚书·金縢》记载："武王既丧，管叔及其群弟乃流言于国，曰：'公将不利于孺子。'周公乃告二公曰：'我之弗辟，我无以告我先王。'……秋，大熟，未获，天大雷电以风，禾尽偃，大木斯拔，邦人大恐。王与大夫尽弁以启金縢之书，乃得周公所自以为功代武王之说。……王执书以泣，曰：'其勿穆卜！昔公勤劳王家，惟予冲人弗及知。今天动威以彰周公之德，惟朕小子其新逆，我国家礼亦宜之。'王出郊，天乃雨，反风，禾则尽起。二公命邦人凡大木所偃，尽起而筑之。岁则大熟。"此事于《史记·鲁周公世家》亦有记载，然而事件发生的时间点却是在"周公卒后"，可参考《尚书正义》及屈万里《尚书集释》，以《尚书》之说为准。

[③] 程颐曰："五既于君道无取，故更不言君道，而明二人同心，不可间隔之义。"（《易程传》）

九五。①而笔者所代入的史事，以九五为成王与周公、九三为武庚与三监等反叛势力，亦符合这样的诠释。

上九。同人于郊，无悔。
象曰：同人于郊，志未得也。

东征平乱后，周公在国土中心地区营建洛邑，除了安定天下的考虑外，更是为"致政成王"做准备。②我们藉由《逸周书·作洛》的内容可知洛邑的规划相当细致：除了王城本身的建筑外，连郊外的王畿也纳入安排，让士农工商得以各安其所、各司其职。③由于原本就预计作为行政中心，自然设有祭祀的场所，《逸周书·作洛》的描述为："乃设丘兆于南郊，以祀上帝，配以后稷，农星、先王皆与食。"

根据《尚书·洛诰》，洛邑完工后，周公请成王至新都执政、

---

① 程颐："所敌者五既刚且正，其可夺乎？"（《易程传》）朱震："言九三刚而不中，不能同人，与五争应。"（《汉上易传》）杨万里："其如九五之刚而不可敌何，是以久而不能兴也。"（《诚斋易传》）来知德："伏戎于莽者，俟其五之兵也。……以势言，五居尊位，势不敌。"（《周易集注》）陈梦雷："伏于下以伺五之隙，有伏戎于莽之象。"（《周易浅述》）
b 《逸周书·作洛》："周公敬念于后，曰：'予畏周室不延，俾中天下。'及将致政，乃作大邑成周于土中。"
c 《逸周书·作洛》："立城方千六百二十丈，郛方十七里。南系于雒水，北因于郏山，以为天下之大凑。制郊甸方六百里，因西土为方千里。分以百县，县有四郡，郡有四鄙。……都鄙不过百室，以便野事。农居鄙，得以庶士；士居国家，得以诸公、大夫。凡工贾胥市，臣仆州里，俾无交为。"

附　录　《易经》难解之卦爻辞——天干地支篇　　　　　　　　　571

举行祭典[a]。到了十二月戊辰，成王在洛邑进行冬祭[b]，并希望周公留守东都继续处理政务。"致政成王"是周朝开国史上重要的里程碑，它象征将上帝所受的天命顺利传承给子孙。从古公亶父迁都于岐[c]，历经四代先王[d]的耕耘及周公的努力，周人终于如愿以偿承接天命，迎来了属于自己的盛世——成康之治。笔者以为上九的爻辞"同人于郊"就是记载这次重要的祭典。

《尚书大传》云："周公摄政，一年救乱，二年克殷，三年践奄，四年建侯卫，五年营成周，六年制礼作乐，七年致政成王。"周公接下武王未完成的志业，竭心尽力付出，自然是"无悔"。然而又如成王所说"四方迪乱，未定于宗礼，亦未克敉公功"[e]，还需要周公协助统领百官，照顾好文王与武王所托付的百姓，[f]因此也符合《象传》所言："志未得也。"

结论

笔者学《易》，多以义理和象数为诠释途径，史事方面的研习则大多为了举例验证之用，因此多以有占卦案例可资参考者为主。然而，

---

a 《尚书·洛诰》："周公曰：'王肇称殷礼，祀于新邑，咸秩无文。予齐百工，伻从王于周。'"
b 《尚书·洛诰》："戊辰，王在新邑，烝祭岁，文王骍牛一，武王骍牛一。王命作册，逸祝册，惟告周公其后。王宾，杀禋，咸格，王入太室裸。王命周公后，作册逸诰。"《尔雅·释天》云："春祭曰祠，夏祭曰礿，秋祭曰尝，冬祭曰蒸（烝）。"至于烝祭何以在戊辰月举行，详见《尚书正义》。
c 由"后稷之孙，实维大王。居岐之阳，实始翦商。"（《诗经·鲁颂·閟宫》）可知从古公亶父开始便为取代殷商立下基础。
d 四代先王为古公亶父、王季（季历）、文王和武王。
e 正义曰："王意恐公意以四方既定，不须更留，故谓公云，四方虽已道治，而犹未能定于尊大之礼。言其礼乐未能彰明也。"（《尚书正义》）
f 《尚书·洛诰》："四方迪乱，未定于宗礼，亦未克敉公功。迪将其后，监我士师工，诞保文武受民乱，为四辅。"

即便以义理派之广博、象数派之灵活，遇上某些极为特殊的卦爻辞，仍有难以圆满解答之憾。例如丰卦的内容笔者就常系念于心，总觉得尚有可究之处，这次带入史事解之，算是有了相对合理的说明。

兹简要归纳本文研究心得。

一、由爻变得出的四个史事卦中，确以丰卦和同人卦挑战较大。笔者浏览过的笺注，在卦辞方面，有将"作邑于丰"对应丰卦的卦辞者，也有将"牧野之战"对应同人卦的卦辞"同人于野"者。但是在爻辞方面，除了丰卦上六已由干宝代入纣王之事，其余诸爻，即便为史事派所作的笺注，也鲜少着墨于特定的商周事迹。因此，笔者特别针对此二卦的各爻，将"虞芮之讼""文王伐崇""辛甲归周""武王分封""皇门之会""三监之乱""营建洛邑""启金縢之书"以及"致政成王"等史事，一一代入并予以诠释，这也是本篇论文主要用力之处。

二、明夷卦方面，由于《象传》已点出文王与箕子之事，原本就有不少笺注从史事角度解说。本文将资料加以汇编补充，以利相互对照。

三、至于革卦，笔者和大多数笺注持不同看法的是六二和九三。许多笺注认为六二已到变革之时，但笔者以为需等到关键字"有孚"出现后，才能展开行动。此外，本文并找出合于九三爻辞中"征凶，贞厉"动静皆为知时的史例，以及在经典中有关虎豹之说的印证资料。而正是在这样琢磨举证的写作过程中，体悟到部分卦爻辞和史事确实有密不可分的关系。笔者撰写本文的初衷，是要探讨义理派和象数派重要的笺注如何解释与干支相关的卦爻辞，却在进一步解析象数派的连续爻变法时，得出四个相连的史事卦。这说明了《易经》中的古史材料并非完全是随意安插于各卦中，而是有其特殊的排列规则。因此，义理、象数、史事三派是否能圆融互通用以解《易》，仍有值得探讨的空间。今后笔者将致力于相关古史的学习，以期对《易经》有更全面的理解。

主要参考文献

古籍（依作者出生年份）

〔周〕左丘明传，〔晋〕杜预注，〔唐〕孔颖达正义.《春秋左传正义》（十三经注疏）. 浦卫忠，龚抗云，胡遂，于振波，陈咏明整理. 杨向奎审定. 北京：北京大学出版社，2000.

〔汉〕毛亨传，〔汉〕郑玄笺，〔唐〕孔颖达疏.《毛诗正义》（十三经注疏）. 龚抗云，李传书，胡渐逵，肖永明，夏先培整理. 刘家和审定. 北京：北京大学出版社，2000.

〔汉〕孔安国传，〔唐〕孔颖达疏.《尚书正义》（十三经注疏）. 廖名春，陈明整理. 吕绍纲审定. 北京：北京大学出版社，2000.

〔汉〕司马迁撰，〔宋〕裴骃集解，〔唐〕司马贞索隐，〔唐〕张守节正义.《史记》. 北京：中华书局，1959.

〔汉〕许慎撰，〔清〕段玉裁注.《说文解字注》.

〔汉〕郑玄注，〔唐〕孔颖达疏.《礼记正义》（十三经注疏）. 龚抗云整理. 王文锦审定. 北京：北京大学出版社，2000.

〔魏〕王弼注，〔唐〕孔颖达疏.《周易正义》（十三经注疏）. 卢光明，李申整理. 吕绍纲审定. 北京：北京大学出版社，2000.

〔魏〕王弼注，〔晋〕韩康伯.《周易王韩注》.

〔晋〕郭璞注，〔宋〕邢昺疏.《尔雅注疏》（十三经注疏）. 李传书整理. 徐朝华审定. 北京：北京大学出版社，2000.

〔唐〕李鼎祚.《周易集解》. 北京：中华书局，2016.

〔宋〕程颐.《易程传》.

〔宋〕苏轼.《东坡易传》（摛藻堂四库全书荟要经部）.

〔宋〕朱震.《汉上易传》.上海：上海古籍出版社，2020.
〔宋〕杨万里.《诚斋易传》.北京：九州出版社，2019.
〔宋〕朱熹.《周易本义》.
〔宋〕俞琰.《俞氏易集说》.
〔明〕来知德.《周易集注》.北京：中华书局，2019.
〔清〕李光地.《御纂周易折中》（四库全书）.
〔清〕陈梦雷.《周易浅述》.上海：上海古籍出版社，1982.

近人著作

屈万里.《尚书集释》.新北：联经出版事业公司，2021.
牛鸿恩.《新译逸周书》.台北：三民书局，2015.

图书在版编目（CIP）数据

傅佩荣解读《易经》（增订版）/ 傅佩荣，傅琪媗 著 . — 北京：东方出版社，2023.4
ISBN 978-7-5207-1960-5

Ⅰ．①傅… Ⅱ．①傅… Ⅲ．①《周易》- 研究 Ⅳ．① B221.5

中国版本图书馆 CIP 数据核字（2023）第 276006 号

傅佩荣解读《易经》（增订版）
（FU PEIRONG JIEDU YIJING）

作　　者：	傅佩荣　傅琪媗
责任编辑：	王夕月
出　　版：	东方出版社
发　　行：	人民东方出版传媒有限公司
地　　址：	北京市东城区朝阳门内大街 166 号
邮　　编：	100010
印　　刷：	三河市中晟雅豪印务有限公司
版　　次：	2023 年 4 月第 1 版
印　　次：	2023 年 4 月第 1 次印刷
开　　本：	710 毫米 × 1000 毫米　1/16
印　　张：	36.25
字　　数：	332 千字
书　　号：	ISBN 978-7-5207-1960-5
定　　价：	128.00 元
发行电话：	（010）85924663　85924644　85924641

版权所有，违者必究

如有印装质量问题，我社负责调换，请拨打电话：(010) 85924602　85924603

傅佩荣

当代著名哲学家。1950年生，祖籍上海，台湾大学哲学系教授。历任台湾大学哲学系主任兼研究所所长，比利时鲁汶大学、荷兰莱顿大学讲座教授。早年师从哲学大家方东美先生，后于耶鲁大学深造，受教于余英时先生，继而执教欧洲。

曾在央视"百家讲坛"讲授《孟子的智慧》；凤凰卫视主讲《国学的天空》；山东卫视"新杏坛"任首席主讲人。曾被台湾地区《民生报》评选为大学最热门教授；台湾地区最高文艺奖得主。近年来在"得到APP"开设《傅佩荣的西方哲学课》；在"喜马拉雅APP"开设《道德经》《易经》《庄子》等精讲课程。傅教授态度真诚，语言幽默，说理清晰，能使听者不倦、相悦以解，从而将国学讲得生动又贴近人心，为当代人提供了阅读国学原典的简易方法。

傅教授兼具中西文化之深厚学养，以哲学建构和逻辑分析的眼光，站在中西文化的制高点上诠释中国传统经典的现代意义，搭建起东西方思想的桥梁，视野辽阔深远，堪称中西文化之摆渡者，在当今学术界享有盛名。

傅教授潜心研究传统经典五十年，撇开成见和定论，多有建树。目前已出版《哲学与人生》《国学的天空》《易经入门》《国学与人生》《四大圣哲》，傅佩荣解读经典系列、傅佩荣详说经典系列等图书逾百种。